苦悩とケアの人類学

サファリングは創造性の源泉になりうるか?

浮ヶ谷幸代 編
Ukigaya Sachiyo

suffering
care

世界思想社

苦悩とケアの人類学

目　　次

第三部　看取りと死をめぐるケア

序章　サファリングは創造性の源泉になりうるか？

浮ケ谷幸代

本書のねらいは、現代社会における生老病死《しょうろうびょうし》をめぐる「人間の根源的スタイルとしてのサファリング（＝苦悩）とケア」の概念を再構築することにある。そのために、国内外のフィールドから、苦悩の経験とケア実践のあり方について民族誌的に描き出す論考を集めている。本書の特徴は、苦悩を排除や否定の対象とするのではなく、暮らしの場で苦悩と向き合う実践から、苦悩に対処する術《すべ》や生きる技法が創造されていることを明らかにすることである。

一九七〇年代以降、日本を含めて欧米の医療は、ＱＯＬや病いの経験、キュアとケア、セルフケアやセルフコントロールなど、〈個〉を重視する概念を獲得しながら変革を遂げてきた。ところが、高齢化が加速する日本社会にとって、コミュニティベースの医療、つまり在宅医療やそれを担う多職種連携によるケアを組み立てていくことが要請されている。いいかえれば、近代以降の個人主義を前提とする〈個〉を重視した病院中心の医療ではなく、コミュニティや家族を中心としたケアのあり方をどう構築していくのかが問われているのである。また、医療テクノロジーは、人びとが病いや老い、死から逃れることで「幸福」を享受できるという「幻想」のなかで発達してきたが、他方で治癒の不確実性、予防に内在するリスクという問題、若さと健康への強迫観念、延命治療の選択を伴うゆえに、不安や怖れ、葛藤という「不幸」をもたらしている。近代以降、個人の選択の自由と自己決定を善なる価値として希求してきた私たちに新たな苦悩をもたらしているのである。

こうした生老病死をめぐる営みを人文社会科学的に解明していくために、人びとの暮らしのなかから生まれるサファリングとケアについて人類学的に探究することは重要な意義をもつと考える。これまで医療人類学におけるサファリング研究では、慢性病者の苦悩を人間の根源的な存在様式として位置づけてきた。さらにサファリングを政治、経済、宗教、社会の文脈に置き、国家戦略や民族紛争、経済的格差などが生み出す犠牲者の社会的苦悩を描き出してきた。そうした苦悩を抱えた個人やコミュニティは、いかに苦悩や苦難に向き合い、与えられた環境条件のなかで生き抜いてきたのであろうか。

以下に、本書の前提となるサファリングとケア、そしてその関係について、医療人類学での議論を中心にまとめて、本書の方向性についてふれておきたい。

サファリングと人類学

「サファリング」[1]という言葉は、医療人類学における意味中心的アプローチ[2]の主要なテーマとなってきた。日本語に訳すと、「苦しむこと、苦痛、不幸」、または「難儀、苦難、被害」などの意味がある。本書ではサファリングに「苦悩」という訳語を充てることとし、この二つの語をほぼ同義として使用する。

サファリングという概念は、医療人類学ではアーサー・クラインマンらによって、病いや障がい、生活上の問題を抱えながら生きる人の経験を形づくる生の根源的な営みとしての感情や情動として位置づけられている［Kleinman and Kleinman 1995］。人は社会関係や健康などの面で必ずしも順風満帆な生を全うするものではなく、さまざまな意味で喪失や剝奪、圧迫、痛みなどを経験する。これらの経験に対する反応として現れるのがサファリングである。それは悲嘆や怒り、恐れ、辱め、忍耐、希望、ユーモア、アイロニーなどの感情や情動として表出するという［Kleinman and Kleinman 1995: 119］。順調な生のプロセスをとりわけ乱すものとして病いや死の体験があり、それをめぐってサファリングは日常生活を送るなかで顕著に現れるのである。

クラインマンらによれば、サファリングには、(1)重篤な急性の病いのような予期せぬ偶然の不幸によって生まれる突発的サファリング、⑵慢性病や死のような人間の存在条件として位置づけられる慢性的サファリング、そして、⑶ホロコースト、原爆、大量虐殺、革命など、政治的、経済的、社会的な極限状況において生存者が抱える社会的サファリングの三つのレベルがあるという［Kleinman and Kleinman 1995: 101］。

⑴と⑵のサファリング研究は、バイロン・グッドやクラインマン、マイケル・ジャクソンらによる現象学的アプローチによって引き継がれている［Csordas ed. 1994; Good 1994; Kleinman 2006; Jackson ed. 1996; Jackson 2009］。これらは病いの経験と不確実性、偶然性と必然性との関係、病いの経験とその神秘化、宗教的経験との関連など、人間の根源的な存在様態としてのサファリングの探究であり、〈いまを生きる〉人びとの現象学的な研究である。このテーマは、本書の第一部、第1章で出生前検査という近代の医療テクノロジーが生み出すサファリング（菅野論文）、第2章と第3章で慢性病や死という苦境から生まれるサファリング（鷹田論文、近藤論文）について、「あいまいさ」「揺れ」「偶然性」「必然性」をキーワードとして検討されている。医療人類学における現象学的アプローチについては、第3章の近藤論文に詳しい。

⑵の死をめぐるサファリングについては、第三部で「看取りとケア」との関連で取り上げている。第7章の在宅ホスピス・緩和ケアの事例は、自宅での看取り文化を失いつつある日本で、死がもたらすサファリングが本人だけではなく看取りにかかわる家族や専門家にとって葛藤や矛盾、齟齬など、多様な様相を呈することを明らかにしている（相澤論文）。それに対して、第8章のラオス低地農村部の看取りの場の民族誌的記述は、日常生活における人びとの役割と関係性の文脈を基盤とした死の迎え方としてラオスの伝統的なスタイルを提示している（岩佐論文）。第9章のタイのHIV-AIDS感染者の死をめぐるケアのロジックは、欧米中心の医療的ケアではなく、上座仏教の中心的な概念である功徳のやりとりの文脈で解釈されている。この論文は、タイのローカルなロジックの提示にとどまらず、日本の終末期医療のあり方に再考を促す切り口になると指摘している（鈴木論文）。

⑶の社会的サファリング研究では、クラインマンらによって論集が三巻シリーズとして世に送り出されている。第一巻では、サファリングを個人の問題として限定するのではなく、きわめて社会的な経験であることを明確に位置づけている。人びとに退去や移住を強制し、家族や集団に深いトラウマを与え、家庭内虐待や個人的苦悩を増大させる政治的

暴力が今なお生み出される現状について扱っている。世界各地に生じているさまざまな社会的サファリングと政治経済との関係を明らかにし、「他者の苦しみへの責任」を主張するために社会的サファリングの可視化を試みている[Kleinman, Das and Lock eds 1997: クラインマンら 二〇一一]。国家戦略としての隔離収容制度と制度によってスティグマ化がより強化されるなかで生み出される社会的サファリングというテーマは、本書の第二部で取り上げている。第4章では、今なお「植民地的状況」にある北米のネイティブ社会において、国家のリザーブ政策が生み出したアルコール依存症を抱える人たちの社会的サファリングを描き出している（渥美論文）。そして第5章と第6章では、日本の精神障がい者と元ハンセン病者に対する国家の隔離収容の医療政策がもたらした社会的サファリング（浮ヶ谷論文、坂田論文）を描くことで、国家的暴力が生み出す社会的サファリングが可視化されることになる。

社会的サファリングの概念をより洗練化するために、政治的暴力が個人の主体形成と行為（ふるまい）にいかに影響を及ぼすか、民族紛争や市民戦争が生み出す暴力をいかに分析、解釈すべきか、というテーマを扱ったのがクラインマンらの論集の第二巻である。人びとの多様な主体の形成や文脈によって変化する行為の違いなど、加害者と被害者との関係を一様に捉えるのではなく、その多元的な関係性を捉える必要性を指摘している[Das and Kleinman 2000]。

しかし、人は社会的サファリングの状況下に身を置かざるをえないにしても、サファリングに対処する術《すべ》がないわけではない。そこで、サファリングからの回復をテーマにしたのがクラインマンらの論集の第三巻である。人は社会的サファリングからいかに回復していくのかが問われ、コミュニティはサファリングを生み出しもするが、サファリングからの回復への手がかりを与えてくれる力の源泉ともなることが示されている[Das and Kleinman 2001]。社会的サファリングを生み出す暴力は、ローカルな世界における日常活動の文脈を完全に喪失させる。だとしたら、暴力からの回復は、切断され、喪失された文脈を新たに作り直すことだという。もちろん、それは簡単なことではない。だが、対立していたグループ間で商売をすることや人びとの健康に関心をもち続けること、いいかえればローカルなコミュニティのなかで日常活動を取り戻すことによって、政治的暴力からの回復は可能かもしれないと指摘している。

先に言及した本書の第二部は、社会的サファリングからの回復の場をコミュニティによるケアと結びつけて論じてもいる。第4章では、アルコール依存症という社会的サファリングを生み出す植民地状況からの回復は、個人レベルにあるのではなくコミュニティ全体にあること〔渥美論文〕、第5章では精神障がいを抱えながら地域で暮らす当事者にとって、生きていくことの拠り所は当事者コミュニティであるが、そのコミュニティはサファリングを生み出し続ける地域社会に向かって常に開かれていること〔浮ヶ谷論文〕、第6章では社会的サファリングを生み出す源であったかつての隔離収容施設が、同時にそこで生きる人びとにとっては生活の場でもあり、さまざまなかたちでハンセン病療養所入所者たちが実存を模索してきた場であることが描かれている〔坂田論文〕。

サファリングの創造性

サファリングに対処する試みを表す用語として、個人レベル、コミュニティレベルを問わず、苦悩という状況からの「回復 recovery」、苦悩を生み出した暴力や破壊、崩壊状態から新たに「作り直すこと remaking」という言葉がふさわしいかもしれない。あるいは『災害の人類学』のなかで提示されている「復元＝回復 resilience」という言葉を充てることもできよう〔ホフマン＆オリヴァー＝スミス　二〇〇六〕。いずれにしても、本書では、サファリングを抱えている人びともしくはコミュニティがサファリングに向き合うことで、サファリングに対処する術〔生き方も含めて〕が編み出され、またアイデンティティの組み直しがなされることを「サファリングの創造性」と位置づけている。

苦悩と創造性の結びつきを考えるとき、まず思い起こすのはナチスドイツの強制収容所生活を生き延びた精神科医のヴィクトール・フランクルの生きざまであろう。彼は「人間が生きることには、つねに、どんな状況でも、意味がある、この存在することの無限の意味は苦しむことと死ぬことを、苦と死をもふくむのだ」〔フランクル　二〇〇二、一三八〕と、絶望と死の淵にいる収容所の仲間に繰り返し「生きることの意味」を語った。とことん苦しみ尽くすことで生きる意味を見出すという苦悩の創造性について語っている。

私たちは二〇一一年三月一一日に東日本大震災を経験した。とりわけ被災地の多くの人びとは、家族を亡くし、住む家を奪われ、かつて居住していた土地や風景さえ喪失した。日常の営みの場である職場や学校、祈りの場である神社や寺院、亡くなった家族の位牌や墓を流失した。しかし、人びとは怒りと悲しみと苦しみのなかで打ちひしがれているだけではない。長引く仮設住宅での生活と災害公営住宅への移行の問題、失業問題、子育てや教育の問題、放射能被曝の問題、コミュニティの機能不全など、現実生活で多くの問題を抱えつつも、個人レベルで、コミュニティレベルで、「生きることの意味」を模索しながら復興に向けて取り組んでいる。苦悩を苦悩として享受しながら、苦悩のなかから生きることの希望を見出そうとしているのである[3]。

サファリングに創造性が内在されているという理論的な着想は、精神科医のアンリ・エランベルジュの「創造の病い」の議論から得ている。病いの経験に創造性を見出したエランベルジュが「創造の病い」という着想を得ることになったのは、エランベルジュの論文の冒頭にあるドイツの詩人ノヴァーリスによる次の言葉である。

病いというものは万人にとっての重大事のひとつとされているが、それは、病いの数が実に多いからとか、各自が病いに対する闘争を大いに必要としているからで、病いを活かす術のほうには無知も同然なのだが、ひょっとすると、病いは人間の思索と行動の最も重要な題材となり刺激剤となるかもしれないのである。こういう見方をすれば、知性の領域をはじめ道徳・宗教の領域、さらには未知の神秘の世界において豊かな収穫がもたらされるのではないかという気がする。［エランベルジュ　一九八四、二二四］

病いというのは人間にとって最大の関心事であると述べるノヴァーリスの視点は、病いゆえのサファリングの経験を人間が生きる上での根源的なものと位置づけるクラインマンらの主張と重なっている。そして、病いに対処しようとする営みはいつの時代、どの社会でも必要とされていた、という点も両者に共通している。エランベルジュは、病いが「人間の思索と行動の最も重要な題材となり刺激剤となる」ことに着目したのである。

エランベルジュはさらに、ノヴァーリスの「健康よりも高級な病い、いわば健康よりも健康な病いがある」という言葉に着目する［エランベルジュ　一九八四、二二四］。エランベルジュは、健康よりも病いを優位に置くこの言葉から、「創造の病い」という考え方の確信を得たと思われる。シャーマンのイニシエーションの病いや精神医学史のフロイトやユングなどの独自の理論の発見は、彼らが長期にわたって経験したサファリングの果てに治療の力や新たな理論の創造につながったのだという(4)。

本書では、サファリングの創造性を基軸に置き、サファリング経験が人間の根源的な存在様式であることから、ローカルの資源や環境のなかで創り出される、サファリングに対処する人びとの生きる術《すべ》に焦点をあてている。サファリングを否定したり、排除したりすることでは見えてこない人びとの創造的な営みに焦点をあてるということを意図している。また、それは外部に閉ざされた〈個〉ではなく、家族や友人知人などの社会関係、さらには専門家や地域住民を含めたコミュニティレベルにおいて、サファリングを抱えた個人やグループをめぐる顔の見える関係のなかでこそ生き方の術が編み出されることを描き出すことになる。

ケアと人類学

次に「ケア」という用語であるが、本書では、苦悩に向き合い、それに対処する人びとの生き方の術《すべ》を日常生活の文脈で捉えるために、人と人との関係のなかで生まれる配慮、心配、気遣い、世話という、ケアと呼びうる具体的な感情、態度やふるまいをケアという用語で総称している。それだけではなく、ケアには専門家による看護や介護なども含まれる。サファリングをめぐるケアについて考察するために、まずはこれまで別の文脈で研究されてきたサファリングとケアとの関係が不即不離にあることを確認する必要がある。

ケアの名詞形の語義には、ランダムハウス英和大辞典（第二版）によれば、第一の意味として「心配、気苦労、不安、懸念、気がかり、心配ごと、苦労の種」がある。二番目の意味として「注意、用心、留意、気配り、心遣い」がある。そして、三番目に一般的に使用されている意味として「世話、保護、看護、ケア、介護、介抱、介助、養護、監督、管理、保育」をも含み、最後に廃語として「悲しみ、悲嘆、苦しみ」が掲載されている。第一の意味では、ケアには苦悩を意味する、あるいは苦悩から派生する言葉が使われている。第二の意味は、人が人として生きていくために必要なケアの基本的な営みが示されており、第三は今日の専門家の業務と役割を示している。辞書的な意味からすれば、ケアの語から連想する一般的なイメージとしてのケア、すなわち専門家による看護や介護、養護などのケアは、あくまでもケアの一部であるといえる。最後の廃語に着目すれば、ケアは苦悩そのものを意味していたことから、辞書的にはケアとサファリングは表裏一体の関係にあったといえる。

サファリングとケアとの関係を民族誌研究から考えてみると、サファリング（病気）とケア（治療儀礼）の関係は不即不離の関係かつ一連のプロセスとして扱われてきた。ある社会で病人が出れば、病気からの回復を祈り、治療装置としての儀礼を執り行うことがその社会全体で共有されてきたのである［Turner 1968; 1974 et al.］。民族誌的アプローチからすれば、サファリングとケアとを分けて捉えることは、全体的事実を捉えることにならないばかりか、サファリングとケアの根源的な意味を捉えそこなうことになる。ゆえに、「すべての人間に共通する生を構成する根源的なスタイルとしてのサファリングとケアの研究」として考察する意義がある。第三部の第8章、ラオスの死の看取りの場で見られる家族、親族、近隣の人たちの日常の関係性を基盤としたケアの連鎖を、ともすれば見落とされがちな子どもの存在も含めて描き出そうとする試みは、民族誌的アプローチの代表的なものである（岩佐論文）。さらに続く第9章では、ホスピス寺院において、医学的看護学的な苦痛の軽減から、転生という宗教的な恩恵を受けることへとケアのモードが切り替わる臨床状況を民族誌的に描き出している。

人類学が研究対象としてきた小規模のコミュニティ社会では、そもそもケアとして見える行為やその機能、意味というものが慣習や文化としてすでに埋め込まれていた、もしくはこれまでそうした現象を相互扶助や贈与、互酬性という別の言葉や概念で説明してきたといえる。したがって、あえて欧米の言葉、概念で議論する必要はなかったし、むしろそうした概念を無批判に使用することに慎重であったのかもしれない。しかし、今日、近代的な保健医療福祉制度のもと、世界各地でさまざまな専門家が誕生している。専門家は個々の社会に住む人びとの安寧と健康に積極的にかかわることが期待されている。そこで本書では、欧米由来のケアという言葉をあえて使用しながら、人類学の視点を活かした学際的研究を目指している。本書の内容はこれまでの医療系、社会科学系におけるケア研究の視座自体を問い直すヒントを提供できるものと考えている。

ケア研究のアプローチ

では、人文社会科学の領域でケアはどのようなアプローチで研究されてきたのだろうか。ケアの概念は社会学において膨大な蓄積があるのと同時に、医療福祉の現場に身を置く実践者にとっては馴染みのある言葉である。[5] ケア研究は、近年、さまざまな分野で多面的に取り組まれている。ラフスケッチすれば、(1)配慮・気遣い・世話を意味するケアは、人間としての基本的な態度であり、主に子育てや病人の世話、高齢者の介護という日常生活の文脈で研究されている。(2)専門分化したケアは、近代の医療制度をもとに専門教育を基盤とした近代特有のケアであり、専門知識や専門的な対人技術を表す語として、看護や介護という文脈で研究されている。[6] (3)社会化されるケアは、保健医療制度、政策にかかわる語として、ジェンダー研究とケアの配分にかかわる政治経済の文脈で研究されている。[7] (4)哲学・倫理におけるケアは、道徳や価値との関係、臨床哲学の文脈で研究されている。本書ではこの分野について、哲学・倫理学の立場から第10章で論じられている（加藤論文）。

このように、ケア研究は一定の蓄積があるが、これまで日本の人類学領域では正面から論じられたものは少ないといえる。それでも、近接領域の研究として「介護の人類学」と題した特集［藤田　二〇〇五］があげられる。その後、『ケアのコミュニティ』［田辺　二〇〇八］と『ケアと共同性の人類学』［浮ヶ谷　二〇〇九］という民族誌的な取り組みや、ケア論の再検討を促す論考があげられる［工藤　二〇〇八］。

「介護の人類学」の特集では、藤田真理子が「介護」の概念を「世話」「ケア」「介助」「看護」「支援」「自立支援」「サポート」「癒し」という言葉を含め、病気や障がいを前提とせず、関連する現象を幅広く扱い、広義の概念として捉える全体論的アプローチを提示している［藤田　二〇〇五、三二一］。このアプローチは本書の立場と軌を一にするものである。全体論的アプローチをいかした鈴木七美は、高齢者が一方的な援助の対象として固定化されるという視点ではなく、地域活性化のための産業振興が高齢者の生きがいにつながる事例を通して、「介護」の問題を地域全体の循環的共生のなかで捉えようとする。これはケアを地域産業に関連づけ、高齢者のケアをコミュニティの産業と結びつけた点で興味深い［鈴木　二〇〇五］。

田辺は、北タイのHIV-AIDSの感染者が集まるコミュニティ（HIV感染者自助グループ）がケアの場となっていることを論じている。タイの保健医療政策や近代医療の機関、医療専門家を基軸とする保健医療サービスの提供システムに対して、コミュニティに基盤を置く自助グループの活動に着目している。田辺が描く「コミュニティ・ケア」では、感染者と非感染者のあいだで労働、生産、治療、ケア、食養生などが一体化され、労働と相互扶助を組み合わせた独特のハビトゥスが形成され、しかもこのコミュニティは外部に向かって開かれた社会空間であることが示されている［田辺 二〇〇八、一二三］。田辺の議論の眼目は、ミシェル・フーコーの「統治の技法」の概念に倣い、国家や近代医療、医療機関が提供するケアのあり方を「上からの統治性」とし、それに対して自助グループの「生の技法」に見られるケアのあり方を「下からの統治性」と呼んでいることである［田辺 二〇〇八、一三一―一三三］。ケア実践が個人と個人とのあいだで行われるだけでなく、コミュニティ全体でケア実践が生まれているということ、そしてコミュニティ外部の空間と地続きであるという点は、本書の第二部で扱う三本の論文とほぼ重なっている。

ここではケア論を再検討するために、筆者のケア論を俎上にあげて踏み台としたい。これまで筆者は、北海道浦河赤十字病院（以下浦河日赤）精神科を中心とした医療福祉の専門家と精神の病いをもつ当事者、当事者とその仲間、浦河町住民と当事者とのかかわり方から見えてきたケアについて、四つの特性[8]を指摘してきたが、ここではそのうちの「ケアの互酬性」と「ケアの場所性」という二点を出発点としたい［浮ヶ谷 二〇〇九］。

ケアの互酬性と継承性

ケアは人と人との相互行為であることから、そこに互酬的な関係を見ることができる。互酬的な関係とは、日常生活の場に組み込まれた非意図的な交換関係の一側面を表しており、ときに即興的で一時的な関係も含まれるが、持続的な関係をも意味する。そして、個人と個人との直接的な二者関係から二者以上の複数の人たちとの関係へと関係の連鎖を形づくるものといえる。

浦河日赤の精神保健福祉におけるケアの相互関係として、直接的な関係では、ケアを提供する看護師が、逆に患者から慰めの言葉をかけてもらう、幻聴体験のことや自分を知ることの大事さを教えてもらう、ということがある［浮ヶ谷 二〇〇九、一八三―一九〇］。このようなケアの双方向の関係性は、患者教育や一方的な専門的ケアの提供を前提とする医療に対して、あらためて「ケアとは何か」という問いを投げかける契機となっている。また、ケアの双方向性は退院予定の患者をサポートするピアサポーター〈9〉が患者から「心配してもらう」「暖かい気持ちをもらう」という、ピアサポート事業におけるケア関係にも見ることができる［浮ヶ谷 二〇〇九、二七一―二七四］。さらに、浦河町には精神の病いをもつ当事者を応援する地域住民がいる。彼らはサポーターと自称しているが、当事者が町にいることで「自分たち（地域住民）も同じ部分がある、安心できる」ことに気づいていく。地域住民と当事者との関係性にもケアの互酬性を見ることができた［浮ヶ谷 二〇〇九、三四三］。

筆者は、こうしたケアの互酬的な関係をネットワークとして展開させた「ケアの連環関係（ケアの連鎖）」という概念を提唱した。ピアサポーターが、看護師や保健師、共同住居の友人にサポートされる、また仲間のピアサポーターや当事者コミュニティにサポートされる（第5章参照）。ケアを提供するはずの看護師やソーシャルワーカーが、病棟や共同住居でピアサポーターにサポートされる、もしくは他の患者の力を借りて間接的にケアをするというように、開かれた関係性を形づくっていることを示してきた［浮ヶ谷 二〇〇九、二七三―二七五］。ケアの連鎖というアプローチは、自宅での死の看取りが当たり前であるラオスの農村の事例を扱った第8章の岩佐論文に詳しい。また、第9章の鈴木論文では、功徳の獲得をめぐる互酬的なケアの重層的な広がりが報告されている。

さらに重要なのは、浦河ではフォーマルなケアとインフォーマルなケアとが重なり合っているが、あえて専門家がそれらを区分けしないことで互いに支え合っている点である。これは専門家主導のケアの視点では見落とされがちな視点である。この視点は、近年、精神保健福祉でクローズアップされているACT-J（Assertive Community Treatment-Japan）〈10〉、そしてピアサポート事業で取り組まれている専門家と行政主導のシステムの精緻化やピアサポーターの資格化だけではなしえないものである。鈴木七美は、スイスの福祉サービスの充実化を目指した“Spitex”システムが、日常生活の細かな部分には配慮の不行き届き（困難さ）を生み出していると指摘しているが、これも同根の課題であるといえよう［鈴

木　二〇〇五、三六四―三六五］。

ケアの互酬的な関係という視点について、藤田の「介護」には「世話をする側」と「世話をされる側」との相互作用や変換可能性が内在しているという指摘がある［藤田　二〇〇五、三二八］。そして、八木は乳がん患者の聞き取りから、ケアを受ける人が他者をケアすることで得られる喜びを描き、ピアによる支え合いという介護＝ケアの双方向性について指摘している［八木　二〇〇五］。近年、鈴木は多文化社会における高齢者ケアと子どもの教育におけるウェルビーイングについて、福祉国家の設計と人びとの営みとのあいだのズレを浮き彫りにしている。北欧や北米、オーストラリア、東南アジアそして日本との文化比較から、欧米諸国が高齢者の目標として掲げてきたアクティブ・エイジングや自律を相対化し、相互依存の関係の重要性を明らかにしている［Suzuki ed. 2014; 鈴木　二〇一四、二九］。これらの視点は、保健医療福祉の制度のもと、人びとが社会的苦悩といかに向き合い、いかに生き方の術《すべ》を見つけているかと問い、ケアの相互依存関係をケアの互酬性という観点から読みとく本書のテーマと重なっている。

さて、「互酬性」という概念には同時期、同時代での人と人との関係性だけでなく、世代間という時間差のある関係性が含意されている。これまで「関係性としてのケア」というとき、時間差や世代間の関係性として現れるケアについてはほとんど検討されてこなかった。そこで、本書では時間を越えて世代を越えて継承されるケア実践について検討するために、「世代継承性 generativity」という概念を導入してみたい。

世代継承性という概念は、心理学者のE・H・エリクソンによって「次の世代を確立させ導くことへの関心」［エリクソン　一九七七、三四三］と定義されている。[11] 死の臨床にこの概念を導入した社会学者の田代志門は、一個人の人生が次の世代へいかに引き継がれていくかという世代継承性の観点から、末期患者の意思の継承性について検討している。終末期患者が自分の死後、自分の意思を子どもに継いでもらいたいと願う気持ち、それは必ずしも継承されるとは限らない。しかし、患者にとって自分の意思がいかに継承されるかが、残された患者の生のアイデンティティを形づくるという［田代　二〇〇八］。ケア実践を、時間差や世代間関係という側面がよりクローズアップされる継承性という観点から検討していくことは、ケアの新たな側面を明らかにすると考える。

ケアの継承性というテーマは、特に第二部第5章の精神障がいをもつピアサポーターの仲間の助け方、仲間からの助けられ方に現れている。それ以外に第二部の第4章、第6章、そして第三部の第7章、第8章、第9章で扱っている。

ケアの場所性

ケアと場所との関係について論じるとき、参考になるのはミルトン・メイヤロフの「私たちはケアを通して〝場の中にいる〟」［メイヤロフ　一九八七、一一五―一一三］という指摘である。メイヤロフについては「その人が成長すること自己実現することをたすけることがケアである」［メイヤロフ　一九八七、一八―一九］という指摘が、一般的には引用されている。しかし、本書では他の人にかかわっている、そのあり方ゆえに〝場の中にいる〟という、ケアの場所性に注目する。メイヤロフが〝場の中にいる〟という、その場の具体的なケア実践の文脈について人類学的に明らかにしたい。

ケア実践は、基本的には「ともにいる」「ともに暮らす」という、そこにかかわる人びとの「時間と場所」の共有によって形成されている。それは、ケア実践の反復による持続的な関係の積み重ねによって形づくられる歴史性という意味をも含んでいる。この視点によれば、ケア実践は周囲の環境から引き離された中空で行われているわけではなく、ケアを成り立たせている物理的環境を含めた社会空間のなかで、ある特定の文脈によって形づくられるといえる。先の鈴木は、高齢者ケアや教育にかかわるプライベート・セクターが取り組んできた「コモンズ」について検討している。そこでは、多様な文化的背景をもつ人びとが異なる価値観をもちながらともに参加していることを通して、画一なウェルビーイングに関する価値観を問い直す場となっていることを指摘している［Suzuki ed. 2014: 鈴木　二〇一四、二九］。

浦河日赤精神科病棟の詰所は、一九九〇年代以降、スタッフと患者に限らず、多職種の専門家、〈べてるの家〉のメンバー、面会者、見学者など、多種多様の人びとが日々出入りする場所となっていた〈12〉。そこは、看護師にとって看護記録を書く、申し送りをする、服薬を準備する、患者との話し合いや交渉を行うなどの通常業務の空間であるだけでなく、ときに医師やべてるのメンバーを交えた即興カンファレンスの場となり、またアカオニという幻聴に悩む患者を主人公にしたドラマ「アカオニ退治」が演じられる舞台ともなっている［浮ヶ谷　二〇〇九、一九三―二〇〇、二一七―二三七］。患者にとっては、看護師に相談や要求をしたり、ただ黙して座る「居場所」となったり、他の患者の相談に居合わせる場となったりしている。また、病室では定型的な看護役割では考えられない「引きこもりの患者とともにベッドに寝る」（患者にとっての時間と場所の共有）という看護実践も起きている［浮ヶ谷 二〇〇九、二二四―二二六］。

浦河住民にとって〈べてるの家〉のメンバーとの付き合いは一時的な関係にとどまらず、「地元」と「よそ者」との関係として意識されている。〈べてるの家〉（精神障がい者の集団というイメージ）に対する拒否や反発、嫌悪を含めて、「ともに暮らす」時間の共有（歴史性）が重要な意味をもっている［浮ヶ谷 二〇〇九、三三六―三四〇］。浦河日赤という場所性、さらには浦河町という場所性というものが、サポーターと自称する一部の住民によるケア実践に深くかかわっている。

また、筆者は浦河日赤のデイケアで開催されているミーティングというミクロな場から、「場所がケアを生み出し、ケアが場所化される」というケアの場所性について検討している［浮ヶ谷 二〇一〇］。ケアを表現する言葉として、「応援する、応援される」「助ける、助けられる」という浦河町独自の民俗用語に着目し、これらの言葉が〈べてるの家〉のメンバーやピアサポーターのあいだだけでなく、保健医療福祉の専門家や一部の地域住民のあいだで使用され、共有されていることを明らかにした。この現象を「ケアが場所化される」と捉えた。これらの言葉が各種開催されるミーティングの場で繰り返し使用され、ベテランの参加者から新人の参加者へと伝承されている様、ときに民俗用語のバージョンとして新たな言葉が生まれ、解釈の世界が広がっていく様を「場所がケアを生みだす」と捉えた。このようにケア実践を、個人対個人の関係を越えて人が集合する場や人が生活の場をともにするコミュニティとの関係として捉えることで、より広がりのあるケア概念を明らかにすることができると考えている。

ケアの場所性に関しては、第二部の第5章に詳しい。他にも、ケアと場所、ケアとコミュニティとの関係をテーマにしているのは、第二部の第4章と第6章、第三部の第8章、第9章である。

本書の構成

本書の構成は、「不確実性が生み出す苦悩」と題した第一部（第1章、第2章、第3章）、「社会的苦悩とケア」と題した第二部（第4章、第5章、第6章）、「看取りと死をめぐるケア」と題した第三部（第7章、第8章、第9章）、そして哲学・倫理学の立場からケアの二面性について論じた第10章という構成になっている。国内外の九つのフィールドから日常の暮らしの場で生老病死をめぐって経験するサファリングとは何か、その対処の術《すべ》とは何か、ケアのあり方とは何かと問い、サファリングとケアとの関係の諸相を描き出している。

第一部の第1章では、胎児の障がいの有無を確率で示す出生前検査は、確率という不確実性のなかで妊婦に選択を迫ることから、日本の妊婦が産むか産まないかの自己決定に迷い、葛藤している苦悩の実態が記述される。そして、結果的に導かれるのが、妊婦や医師の「あいまいなことはあいまいなままにしておく」という態度である、苦悩の末に、女性たちは妊娠、出産、子どもに対する多義的な意味づけを見出し、自らの人生を構築していく様が描かれる（菅野論文）。また、第2章と第3章では、慢性病とともに生きる人にとって、完治を望めないことや予後への不確実さゆえに、喪失感や絶望、挫折、さらには恨みや孤立をもたらす状況が描き出される。しかし、他方で病むこと自体に内包される不確かさは、偶然を必然に転換する契機をはらんでいることも示される（鷹田論文、近藤論文）。病むことの不確実性は、日常の暮らしや生き方の位相が転換される契機となり、生き方の新たな道標を創造する可能性をはらんでいる。

第二部の第4章では、今でもなお植民地状況にある北米のサーニッチの人びとにとって、アルコール依存がもたらす社会的苦悩はコミュニティ全体が抱える苦悩であることが描かれる。しかし、アルコール依存からの回復者がコミュニティにとどまり、依存者をケアしていくのもコミュニティの力であることが示される（渥美論文）。第5章では、精神の病いは、日本独自の精神医療のもと、生理学的な苦痛だけではなく、人間関係や現代社会での生きづらさという社会的苦悩や、生きることの意味を問う人間の根源的な苦悩をもたらすことが示される。ところが、〈浦河べてるの家〉のピアサポーターたちにとって、自身の苦悩の経験とケアされた経験が、同じ病いを抱える仲間の苦悩を理解し、ケアするためのリソースとなりうることが描かれる（浮ヶ谷論文）。第6章では、日本の長期にわたるハンセン病隔離政策のもと、ハンセン病という病いをめぐる受苦の経験を当事者はいかに生きてきたかが問われる。その答えの一つとして、生業を通して自己の存在理由を希求するという営みが存在したことが示される。また、自らの生きざまを他者へと物語っていくことによって、社会状況の変化や加齢に伴う衰えなどとたたかいつつ、今もなお、入所者たちがアイデンティティを確認・維持していこうとしている創造性が明らかになる。そうした姿は、ハンセン病療養所において、自己への配慮（ケア）がいかに行われてきたかを浮き彫りにしているともいえよう（坂田論文）。

現代の日本では病院死が八〇％となっており、在宅で死を迎えた時代の看取り文化はほぼ喪失したといえる。病院医療や専門家依存を志向する風潮のなかで、在宅での看取りは非日常の現象となり、死を迎える本人だけでなく家族にとっても大きな苦悩を生み出している。

第三部の第7章では、日本で在宅ホスピスケアを選択した人たちが葛藤と迷いのなかで、看取りをめぐるケアのあり方を医療者とともに模索し始めていることが示される（相澤論文）。第8章では、ラオスの低地農村部において看取りはふだんの社会関係とその役割のなかでなされており、日常生活の延長にあることから、ケア実践そのものが暮らしのなかに組み込まれていることが、看取り現場への子どものかかわりに注目しながら明らかにされる（岩佐論文）。ラオスの事例は、地域コミュニティのなかで家族や親戚、近隣の関係が機能するケアのあり方が、専門家に依存しない看取り文化の一つのかたちを示唆している。第9章では、タイにおいてＨＩＶ-ＡＩＤＳを抱える人びとの死に逝く場所として、仏教寺院が大きな役割を果たしていることが報告される。そこでは「功徳」という上座仏教の鍵概念を背景に、病いや死をめぐる苦悩の意味が「何もしないケア」という宗教的な態度と結びつけられ解釈されている（鈴木論文）。終末期において積極的にケアする日本の医療の「常識」を相対化する視点を提供してくれている。

最後に第10章は、サファリングとケアとの関係を、その暴力性と創造性という二面性から論じている。特に「ケアの社会化」において鮮明となったケアと労働との関係、さらには近代化とともに進行する「個人化」をケア言説の根源的場面と捉え、人間の誕生時に発する「おぎゃー」に、ケアするものとされるものの根源的サファリングを見出し、それへの対処としてケアがあるという議論を展開している。民族誌的アプローチとは異なる哲学・倫理学的な立場からの取り組みは、ケアの根源的な意味に立ち戻るきっかけを与えてくれている。

本書全体のテーマは、サファリングが創造性の源泉になりうることを示し、苦悩を否定したり排除したりするのではなく、苦悩に向き合う態度から新たな方策（ローカルな知と術）が生まれることを提示することである。また苦悩を内包するケアこそがケアの原点であり、本書ではそれを「根源的ケア」と呼ぶ［浮ヶ谷　二〇一四、一二一一三］。苦悩を排除したケアは成り立たないという、サファリングとケアとの不即不離の関係を示すつもりである。また、継承性という概念を導入することによって、サファリングに対処するケア実践が、日常生活の文脈にそっていかに人びとの暮らしの場で継承されていくかを明らかにする。それは、ローカルな環境状況におけるサファリングとケアをめぐる知と実践の継承のあり方を、「ローカルな文脈（習俗や慣習）」に見出すことでもある。

二一世紀に入り超高齢化社会を迎えるにあたり、制度的医療の質と量に関してさまざまなレベルでの変革が求められている一方、医療サービスやケアの配分の領域では貧困や不平等を是正するためのグローバルなスタンダードが求められている。しかし、グローバルなスタンダードを異なる政治的、経済的、社会的環境のなかに導入することで、新たな問題も生じている。こうした問題に応えるために、コミュニティベースの医療が注目されることにより、「ローカルな資源」や「ローカルな知」に目を向けてきた人類学的な知がよりいっそう求められている。本書が、今日的な時代の要請に応えられる医療はどうあるべきか、生老病死の現場に向き合う専門家、そして生老病死をめぐる苦悩を根源的に抱えざるをえない私たちにとって、ともに考え、議論し合う共通の基盤となることを願っている。

付記　本章は、国立民族学博物館共同研究「サファリングとケアの人類学」の第一回研究会（二〇〇九年一一月二八日）で発表した「「サファリングとケアの人類学的研究」に向けて――医療人類学におけるサファリング研究の流れと枠組み、問題提起」と題した草稿に加筆修正したものである。

注

〈1〉「苦悩」という言葉が「サファリング」と同義であるとするなら、なぜ「苦悩」という言葉を使わずに「サファリング」という言葉を使うのか、と疑問に思うかもしれない。一般的にも医療人類学以外の人類学内部にも馴染みの少ない「サファリング」という語をあえて使うことで、この言葉の誕生とこの概念が使用される社会的文脈に注意を喚起したいからである。

〈2〉医療人類学には、主に意味中心的アプローチと批判的医療人類学アプローチという二つのアプローチがある。意味中心的アプローチとは「病気は解釈という活動によって、構成され、はじめて理解しうる」と見なして、生物医療の枠組みを相対化する立場のことである。このアプローチは現象学に基づくサファリング研究や病いの語り研究［クラインマン　一九九六］へとつながり、身体を知識と経験と意味の主体として捉える「身体化 embodiment」についての研究へと展開していった［Csordas ed. 1994］。他方、批判的医療人類学のアプローチは、生物医療の知識や制度、実践や技術の意味や価値がいかに生み出されるか、その再生産の過程で隠されている生物医療のイデオロギーや実証科学の優位性などを明らかにしている［Lindenbaum and Lock eds 1993; Lock and Gordon eds 1988 et al.］。このような背景から、「批判的-解釈学的アプローチ」という視座を導入し、二つのアプローチを架橋する方向性が示されている［Good 1994: 62-64］。

〈3〉筆者は、石巻市を中心とした仮設住宅で活動（カフェデモンク）を行っている宗教者たちのケアのあり方について、二〇一二年四月から調査を行ってきた。被災地の人びとが抱える苦悩の経験と宗教者たちが提供するケアのあり方との関係については、別稿にて論じる予定である。

〈4〉エランベルジュは「創造の病い」という着想に基づいて、まず「未開人の宗教」としてのシャーマニズムをとりあげ、シャーマンの「イニシエーションの病い」に病いの創造性の一端を見る。続いて、神秘主義者の霊的苦悩や文学者の苦悩、哲学者の苦悩についてとりあげ、そこに「創造の病い」を読み取る。最後に、精神医学史のなかのフロイトとユングをとりあげ、二人の心理学者が独自の理論を生み出したのは、彼らが精神の逸脱状態や心理的な不安、孤立感など神経症的な病いを経験していたからだと結論づけている［エランベルジュ　一九八四、二三六－二四〇］。つまり、エランベルジュは「創造の病い」という表現を用いて、病気に対する通説とは逆に、病いこそが創造の源泉だと主張したのである。エランベルジュの「創造の病い」という考え方を受けて、精神科医の中井久夫は、近世から近代へという時代の変換期に興った天理教の創始者、中山みきが経験した生涯にわたる宗教的な苦悩の経験に「創造の病い」の一つの典型を見出している［中井　一九九〇、四〇－六三］。

〈5〉医療福祉領域におけるケアという言葉は、専門家の対人援助で使用される専門用語である「支援」や「援助」という言葉に代替されるものとして一般的には扱われている。本書では、専門家の実践にとどまらず、一般の人たちの働きや目に見えない意識をも包含したかたちの「ケア」をとりあげることから、「支援」や「援助」という言葉は限定的に使用している。

〈6〉看護や介護の領域におけるケアは、「専門職ケア」の研究として膨大な蓄積がある。ケアは一般的には看護師の専売特許のように認識されているが、本書では「ケアは人間の生の根源的様式である」とする立場から、専門職ケアはあくまでもケアの一部であるとして限定的に位置づけている。

〈7〉ケアの政治経済学的な研究は、主に「ケアの社会化」と「ケアの再分配」というテーマで取り組まれている。本書は、広義のケアについて論じるために、この領域でのケア研究は扱わない。

〈8〉ケアの四つの特性のうち、「ケアの応答性（受動性）」と「ケアにある他者性」については拙著で検討してきたが［浮ヶ谷　二〇〇九、三五九―三六〇］、さらなる検討は本書では扱わず、今後の課題としたい。

〈9〉ピアサポーターとは、一般的には国や都道府県が主導した精神障がい者の退院促進のためのサポート事業を請け負う当事者（仲間）のことである。しかし、浦河町の場合、事業が導入される以前から、当事者同士におけるサポートは職場や共同住居などで行われてきた。詳細は第5章を参照。

〈10〉ACTとは一九七〇年代に障がい者の権利獲得活動とともに発展してきた精神医療のプログラムのことである。一九九〇年代になると欧米諸国において専門家の多職種チームにおける訪問型のプログラムとして普及してきた。これは精神保健福祉を病院中心から地域中心に変換するプログラムであり、医師、看護師、ソーシャルワーカー、心理士、作業療法士など、さまざまな職種から構成される多職種チームを中心にした集中的ケアのモデルである。二四時間体制で当事者を支援するサービスの充実を目指している［西尾　二〇〇四］。

〈11〉出典の『幼児期と社会Ⅰ』［エリクソン　一九七七］では「生殖性」と訳されているが、ケアの継承性を考えるために「世代継承性」という訳を使用している。

〈12〉浦河日赤精神科病棟は二〇一三年頃からその存続が問われ、紆余曲折の末、二〇一五年三月に入院患者数がゼロとなり、実質的に幕が閉じられた。その詳細については別稿にて論じる予定である。

引用・参照文献

浮ヶ谷幸代　二〇〇九『ケアと共同性の人類学――北海道浦河赤十字病院精神科から地域へ』生活書院。

――二〇一〇「ケアの場所性――北海道浦河町精神保健福祉の取り組みから」『相模女子大学紀要』七四巻A、七―一九頁。
――二〇一四「医療専門家の苦悩をいかに解き明かすか?」浮ヶ谷幸代編著『苦悩することの希望』協同医書出版社。
エランベルジュ、アンリ・F　一九八四「「創造の病い」という概念」中井久夫・西田牧衛訳、飯田真・笠原嘉・河合隼雄・佐治守夫・中井久夫編『岩波講座　精神の科学　別巻　諸外国の研究状況と展望』二二四―二四六頁、岩波書店。
エリクソン、E・H　一九七七『幼児期と社会 I』仁科弥生訳、みすず書房。
工藤由美　二〇〇八「ケア論の再考――民族誌的アプローチへ向けて」『千葉大学人文社会科学研究』一七号、一八三―一九七頁。
クラインマン、A　一九九六『病いの語り』江口重幸・五木田紳・上野豪志訳、誠信書房。
クラインマン、A／クラインマン、J／ダス、V／ファーマー、P／ロック、M／ダニエル、E・V／アサド、T　二〇一一『他者の苦しみへの責任――ソーシャル・サファリングを知る』坂川雅子訳、みすず書房。
鈴木七美　二〇〇五「柿の葉を摘む暮らし――ノーマライゼーションを超えて」『文化人類学』七〇巻三号、三五五―三七八頁。
――二〇一四「The anthropology of care and education for life: searching for resilient communities in multicultural aging societies」『民博通信』一四五号、国立民族学博物館。
田代志門　二〇〇八「死の臨床における世代継承性の問題――ある在宅がん患者のライフヒストリー」桜井厚・山田富秋・藤井泰編『過去を忘れない――語り継ぐ経験の社会学』せりか書房。
田辺繁治　二〇〇八『ケアのコミュニティ――北タイのエイズ自助グループが切り開くもの』岩波書店。
中井久夫　一九九〇『治療文化論――精神医学的再構築の試み』（同時代ライブラリー 30）岩波書店。
西尾雅明　二〇〇四『ACT入門――精神障害者のための包括型地域生活支援プログラム』金剛出版。
藤田真理子　二〇〇五「特集の序文〈特集〉介護の人類学」『文化人類学』七〇巻三号、三一七―三三四頁。
フランクル、V・E　二〇〇二『夜と霧　新版』池田香代子訳、みすず書房。
ホフマン、S・M＆オリヴァー=スミス、A　二〇〇六『災害の人類学――カタストロフィと文化』若林佳史訳、明石書店。
メイヤロフ、M　一九八七『ケアの本質――生きることの意味』田村真・向野宣之訳、ゆみる出版。
八木彌生　二〇〇五「乳がん患者会のリーダーにおける人をケアすることの意味」『文化人類学』七〇巻三号、三三五―三五四頁。
Csordas, T.J. (ed.) 1994 *Embodiment and Experience: the existential ground of culture and self*. Cambridge University Press.
Das, V. and A. Kleinman 2000 'Introduction', in V. Das, A. Kleinman, M. Ramphele and P. Reynolds (eds) *Violence and Subjectivity*, pp. 1-18,

University of California Press.

——— 2001 'Introduction', in V. Das, A. Kleinman, M. Lock, M. Ramphele and P. Reynolds (eds) *Remaking a World: violence, social suffering, and recovery*, pp. 1–30, University of California Press.

Good, B. J. 1994 *Medicine, Rationality and Experience: an anthropological perspective*, Cambridge University Press.

Jackson, M. 2009 *The Palm at the End of the Mind: relatedness, religiosity, and the real*, Duke University Press.

Jackson, M. (ed.) 1996 *Things as They Are: new directions in phenomenological anthropology*, Indiana University Press.

Kleinman, A. 2006 *What Really Matters: living a moral life amidst uncertainty and danger*, Oxford University Press.

Kleinman, A., V. Das and M. Lock (eds) 1997 *Social Suffering*, University of California Press.

Kleinman, A. and J. Kleinman 1995 'Suffering and its professional transformation: toward an ethnography of interpersonal experience', in A. Kleinman *Writing at the Margin: discourse between anthropology and medicine*, pp. 95–119, University of California Press.

Lindenbaum, S. and M. Lock (eds) 1993 *Knowledge, Power, and Practice: the anthropology of medicine and everyday life*, University of California Press.

Lock, M. and D. Gordon (eds) 1988 *Biomedicine Examined*, Kluwer Academic Publishers.

Suzuki, N. (ed.) 2014 *The Anthropology of Care and Education for Life: searching for resilient communities in multicultural aging societies* (Senri Ethnological Studies 87), National Museum of Ethnology.

Turner, V. 1968 *The Drums of Affliction: a study of religious processes among the Ndembu of Zambia*, Oxford University Press.

——— 1974 *Dramas, Fields, and Metaphors: symbolic action in human society*, Cornell University Press.

第一部　不確実性が生み出す苦悩

第1章 「リスク」と「あいまいさ」を生きる身体
出生前検査をめぐる調査から

菅野摂子

はじめに

医療が病人の治療から病人でない人の予防へと役割を広げていく中[1]、検診／健診の意味が問われ始めている。妊娠中の身体を対象とする妊婦健診も例外でなく、妊娠の初期からさまざまな検査が行われる。体重測定、尿の検査、血液検査など妊婦の身体そのものを対象とするだけではなく、胎児に対する直接的な眼差しが深化する中で、胎児診断は進歩し続けてきた。超音波診断装置のモニターに映し出された胎児は、妊婦にとって身近な存在であると同時に診断の対象として客体化される両義的な存在となっている。

胎児診断の議論は障碍者[2]対女性という構図で捉えられ、胎児という特別な存在に関わる生命倫理からの問いであるとともに障碍者の異議申し立てという枠組みで論じられてきた。確かにしばしば指摘されるように、胎児の障碍を否定的に捉える視角そのものが差別的であり、そうした差別は国家によって先導される、いわば「優生思想」と同根である。障碍者が生活者として居場所を与えられないのであれば、障碍を持った子どもの養育、さらに誕生は忌避される。国家による施策がなくても、出生前検査が存在し利用可能な状況において、妊婦は「障碍を持った子どもを産まないこと」

を個人の選択として迫られているのではないだろうか。出生前検査を提供する産科医療の現場がサファリングの生まれるローカルな場となりつつある中で、妊婦による「医療における意思決定」を精査する必要がある。

著者はこれまで、出生前検査において妊婦が何を経験しどのように意思決定してきたのか、妊婦の立場から研究してきた。そこから浮上してきたのが、出生前検査における「リスク」の捉え方とそれへの処し方である。出生前検査は確定的検査と非確定的検査に分けられ、多くの場合出生前検査の入口は非確定的な検査である。非確定的な検査の結果は、確率や可能性という言葉で表現され、その先に確定的な結果を想定していることが示唆されるが、一方で確定診断できないさまざまな障碍があり、確率は低いものの分娩時の事故等で障碍を持つ場合もある。こうした不測の事態も含めて、出生前検査の結果は「あいまいさ」を伴っているとも捉えられる。

本章では胎児の障碍における「リスク」と「あいまいさ」を焦点に妊婦のさまざまな経験を記述し、この二つの概念が妊婦の身体にいかに関わり、利用されているのか議論していきたい。

一　出生前検査におけるリスク概念と不確定性

まず、リスクの一般的な解釈を整理する。ナショナル・リサーチ・カウンシル（National Research Council）〈3〉によれば、リスクの概念は「ハザード（危険因子）の危害が実際に生じるかもしれない可能性の確率を段階ごとに加味し、さらに数量化したもの」［ナショナル・リサーチ・カウンシル　一九九七、三七］であり、一般的に「ハザードの大きさ×ハザードが起こる確率（生起確率）」で表される。障碍のある子どもを出産するリスクをあてはめれば、障碍の種類や重篤度がハザードの大きさ、生起確率は妊婦の年齢や非確定的検査などによって推定される確率と言えよう。しかし、胎児の障碍をハザードとみなすかどうか、みなすとしてもどういった障碍がハザードと言えるのか。障碍児を育てることに対する価値観や経済的および精神的負担感は個人によって異なるため、あくまでも主観的に判断される。例えば、口唇口蓋裂など、致死性ではなく、出生してから医療的処置を行えばほとんどわからなくなる疾患の場合、それを妊娠中に起こるハザードとするかどうかの判断は非常に難しい。先天性の異常を持って生まれてくる子どもは新生児のうちの三〜五%と言われており［川目　二〇一三、二六九］、その中で重篤でないこうした疾患はハザードとは言えない、とする判断もありうる。この他、該当の障碍を持った子どもを育てることができるか、という点も考慮されよう。夫や親族の支援をはじめとする育児環境を準備できるかといったインフラの整備が求められるのは当然である。だが、例えば、比較的多くの人が有している色覚異常の場合、困難がないとは言えないまでも通常の社会生活が営める。もし胎児診断の対象と想定した場合、人々がそれをハザードと認識するかは微妙な問題となるだろう。

ところで、医療者は専門家として客観的[4]および科学的な判断をしていると思われがちだが、ある疾患に対する専門性の高さは診療科によって異なる。出生前検査を実施し、結果を伝えるのは通常産科医だが、産科医は妊娠と周産期に関与するものの、障碍を持った子どもの成長を見続けるわけではない。療育の情報を十分に持っているとは言えない産科医の経験や個人の価値観が臨床の場で反映される余地は大きい。石原は、専門家の間でもリスク評価に関する不一致が見られるほか、専門家特有のリスク認知バイアスがあることを、スロヴィックらの研究をもとに次のように論じている。「リスク評価を行う場合には、自分の専門外の領域に関しても何らかの判断を迫られる。専門家によるそうした判断は「素人」と同様の認知バイアスにさらされているが、専門家はそのことをあまり意識しない」［石原　二〇〇四、九四］。また、障碍の種類を推測できたとしても重篤度まではわからない場合が多い。出産してみないとわからないこうした詳細な情報は診断技術が向上すれば解決されるという見方もあろうが、精度の高い情報を得たいという要求自体が高まっていけば、さらに高度な技術が求められるため、それほど容易に解消できないだろう。医療者からは「最悪の場合」という言葉で障碍の大きさが過剰に伝えられることもありうる。

では、生起確率の方はどうだろう。こちらは、疫学的な調査によって一見議論の余地がないように見える。スクリーニングとして実施されている非確定的な検査、例えば超音波検査[5]・NTや母体血清マーカー検査[6]などは、できる限り的中率を上げ、侵襲的で確定的な検査である羊水検査[7]を受検する人を減らす目的で実施されている。しかし、石原が指摘するには、専門家のリスク認知の特徴は「(1)ヒューマンエラーが技術システムに与える影響を見落とし、(2)現在の科学的知識に関する過信、(3)技術システムが全体としてどのように動くかを適切に予測することの失敗、(4)慢性的・累積的影響の評価に関する遅延」であり、「これらのいずれも、専門家がリスクを過小評価する方向に作用する」〔石原 二〇〇四、九三―九四〕という。これを出生前検査のハザードに適用すれば、超音波検査・NTの的中率は高めに見積もられがちで、エラーすなわち流産をはじめとする羊水検査の副作用やスクリーニング検査による諸々の問題点を過小評価する傾向にあるということになろう。この他、染色体異常疾患の出現率は妊婦の年齢が上がると高くなることも、専門家によってしばしば指摘され周知されている。だが、「自分は障碍を持った子どもを産む可能性があるか」という観点から、妊婦側からも主観的な生起確率が計られる。妊娠中の薬剤の摂取や、親族で同じ病気を持つ人がいるなどは、医学的側面で言及されるものの、それが必ずしも正確にそして精緻に妊婦に認識されているとは限らない。遺伝カウンセリングがそれほど一般的でない日本では、親族の疾病が自分に遺伝するかどうか、専門家に相談する機会は多くない。胎児の障碍のリスクを自分なりに解釈せざるをえない状況の中で、主観的な判断がなされていると思われる。

確率自体も哲学的にはいくつか悩ましい問題がある。確率に対する考察のひとつである「ソライティーズ問題」が示しているように、どこかでその確率の意味を確定しようとする場合、その値に限りなく隣接する確率をいかに捉えるかは難しい。例えば「死の三兆候が現れてからどのくらいの時間蘇生が可能か」という命題について、隣同士を区別・識別できない一連の連鎖式をつなげていくと、「三兆候が現れて一年経ったとき」も蘇生可能性がある（その人は死んでいない）という、明らかに事実に反した主張になりうる。こうしたパラドックス的不整合を「ソライティーズのパラドックス」と言い、実際に「人工妊娠中絶」の議論（いつから胎児は人間とみなせるのか）や死刑存廃論（絞首刑の執行は日本国憲法が禁ずる「残虐な刑罰」に当たるかどうか）などで生じている〔一ノ瀬 二〇一一、二一一―二一五〕。そう考えると、ある確率を閾値として検査結果を「陽性」と「陰性」に分けた場合、たえず心配はつきまとう〈8〉。

さらに、一ノ瀬は確率にまつわる議論である「過去確率原理」にも言及している。「過去確率原理」とは、すでに生じてしまった出来事の確率が1となるという考え方である。これは一見自明のようにも見えるが、ここでの困難として「因果的困難」が挙げられる。特に滅多に起こらないであろう出来事が起こった場合、非常に低い確率が、ある瞬間に

1へと飛び上がるという劇的かつ徹底的な変化に感じられることで生じる。一ノ瀬は、「なぜそのようなことが起こったのか、と問うことはとても自然なことと思われる」と言い、現象間の因果的関係を探り出したい、すなわち「1より小さい確率から確率1へという突然の変化の原因は何なのか」と問うことを提起する〔一ノ瀬　二〇〇六、三九―四四〕。現在、出生時における先天異常そのものは前述したように、三〜五％と少なくはないものの、超音波検査で異常を認識できる障碍は（画像を解読する医師の技量にも依存するが）それほど多いわけではない。ましてや母体血清マーカー検査や超音波検査・NTが主に対象とする染色体異常症は先天異常の二五％にすぎない〔川目　二〇一三、二六九〕。こうした状況の中で、出生前検査を受けて最終的に染色体異常だと診断される件数は限られよう。加えて、障碍を持って生まれた子どもの話題は特に妊娠中には入手しづらい情報であるため、(9) それが現実となったとき、まさにこうした「因果的困難」が生じる。

こう考えると、出生前検査において胎児が障碍を持っているかどうかというリスク概念は、診断技術の向上や新たな検査の登場が喧伝されているにもかかわらず、不確定で蓋然性が高く、問題含みである。妊婦にとっては子どもが生まれるということが障碍を超えるほどの価値であるため相対的にハザードが低く設定されたり、ハザードの評価が家族特に夫婦の間で異なるためリスク評価が定まらなかったりする場合もあるだろう。したがって、本章ではハザードの主観的評価も重く考えた上で、胎児の障碍のリスクが妊婦たちにどのように経験されているのか探っていくこととする。

二　女性の語りから見る「ハザード」と「生起確率」

筆者は、妊婦が出生前検査を受けるか否かを決定するのはどういった要因からなのか、という関心から実施された文部科学省科学研究費補助金事業「新生殖技術における意思決定の文化・社会的要因分析――胎児診断の事例から」（研究代表者　柘植あづみ）（二〇〇二〜二〇〇四年度）(10) に参加した。この研究成果から、出生前検査における「あいまいさ」と「リスク」を考察していく。

胎児の障碍というハザード

インタビュー調査では、胎児の障碍は多様に語られ、ハザードの認識もさまざまなことが明らかになった。

⑴負担として語られるハザード

Cさんはフルタイムの仕事をこなしながら子どもを育てており、勤務先近くの障碍児施設で障碍を持った子どもを見かけることも多く、「（自分の子どもが）そういうふうになったら怖いな」と思っていたという。そろそろ二人目を考える時期になり、障碍を持つ子どもを育てることと選択的中絶についてたずねたところ、以下のように語った。

Cさん　そうですね、それはやっぱり自信ないですね。そういうふうにもし検査で言われたら、それはちょっと自信ないですね。ノーとも言いたくはないという、やっぱり罪悪感もあるけれども、じゃあって、その責任を一生つづけるわけじゃないですか。その罪悪感と交換できるかというと、やっぱり一生以上ですよね。ある意味、その子に財産残してあげなきゃというのまであるわけだから。〔柘植・菅野・石黒　二〇〇九、三九二〕

Cさんにとって、財産を残すことまで考えると障碍を持った子どもの療育の負担は一生以上のもので、ハザードとして捉えられている。羊水検査については友だちから聞いており受けようと思っていたが、「妊娠したら、まあいいかと思い、深く考えなくなった」と言い、医師からも説明されなかったため受けなかった。

⑵周囲の人の意見で変化するハザードの評価

インタビュー調査で、Mさんは、ダウン症への漠然とした恐れを感じており、職場の先輩など周囲の人たちで羊水検査を受けている人が多かったことからも、出生前検査について自分で本を読んで調べ、受検の心構えをした。夫の親族にダウン症の人が複数いたのも気になった。しかし、医師からは何も説明がなく、こちらから羊水検査についてたずねたところ、返ってきたのは「そんなの受けてどうするの？」という予想外の返事だった。Mさんはそれを「受ける必要はない」と受け取った。

調査者　それは、どうして必要ないっていうふうにおっしゃったのだと思いますか。

Mさん　「べつにダウン症だったら堕ろすわけではないでしょう」という、ほんとうに何か、「じゃあダウン症だったら堕ろすわけ?」っていう、そんなことありえないというような先生の言い方がすごい印象的だったので、だからそう言われてみればそうだなって……。それまでも私の中で堕ろすという頭が多少あったんですけど、何かそういうふうに言われたら、「ああ、それはそうだよなあ」という目からうろこじゃないですけど、確かにそれって産むことがあたりまえなんだなあって、ダウン症でも、とほんとうに言われたような気がして……。［柘植・菅野・石黒　二〇〇九、三七八］

ダウン症であったとしても育てていこう、と思うようになった理由は、他にもあった。自分の母親の「ダウン症の子は素直だから、生まれたら楽しいよ」という言葉であった。ダウン症の子が生まれることに対して、夫は「僕は絶対に育てる」と意思表明しており、それに加えて「母も育ててくれるんだ」と思えたのは、心強かったという。こうした「周りが受け入れてくれるという感じ」はMさんの感じるハザードの評価を低下させた。

けれどもMさんは障碍を持った子どもを育てることの負担をまったく感じなくなったわけではない。二人目の出産について、「(今度は)もしかしてそういうふうに障害をもっても、ちょっとがんばってみようかな」［柘植・菅野・石黒　二〇〇九、三七九］と語り、母体血清マーカー検査で「確率だけ知って、こっそり準備をしてあげよう」と、流産の危険のある羊水検査は受けずに確率だけの情報を得ることも考慮していた。

Mさんは、学生時代にアルバイトしていた遊興施設で重度の身体障碍児を迎えることがあり、「身体的な障碍に関してはちょっとまた別問題」と感じていた。ダウン症の療育はできる範疇と認識していたが、「頑張って」「準備する」ものとも思っており、ハザードがゼロというわけではないようだった。

(3)別の困難のために下がるハザードの相対的評価　Dさんは再婚で、夫の前妻との間にできた子どもは片耳が聞こえなかった。飼っていたネコからトキソプラズマが感染したのではないかと夫は言っており、そのネコをDさんの妊娠中にも飼っていた。Dさんは、トキソプラズマの抗体検査のことを知っており、「産むまでずっと不安というのはもっていました」［柘植・菅野・石黒　二〇〇九、三八二］と語った。しかし、妊娠中体調が非常に悪く会社も退職して「経済的にも逼迫していた」ことなどから、検査を受けるところまで思いが至らなかった。トキソプラズマは羊水検査や母体血清マーカー、超音波検査・NTなどで診断されたりスクリーニングされるものではないので、一般的に出生前検査の対象にはなっていないが、抗体検査を行うことで妊婦の感染時期を特定し、投薬によって重い症状が出るリスクを下げることができるとされている。(11) しかし、Dさんはこうした情報を入手する余裕がなく、出生前診断の対象となる障碍のハザードも考慮されることはなかった。

障碍と言ってもさまざまな種類があり、Mさんのように身体障碍と知的障碍とを分けて考えている場合もある。Dさんの事例も合わせると、他の障碍や生活上の困難など、さまざまな要因によって胎児の障碍は相対的に評価され、妊娠してからも変化する。また、胎児の障碍のハザードを療育の負担とつなげ「育てる責任」について語っている人は少なくなかった。出生前検査は「育てる責任」と「産む責任」を比較する機会を妊婦に与えた。「育てる責任」を全うすることが自身に負担だと感じられても、子どもを出産すればその責任から逃れることはできない。しかし、「産む責任」からは妊娠中絶という医療技術によって、(罪悪感があったとしても) 逃れられる。

胎児の障碍というハザードは子どもの療育のハザードが前倒しにされて認識されるが、果たして胎児の観察によって子どもの療育のハザードを正しく把握できるのか疑問を呈する人もいた。こうした意見については第三節で議論したい。

生起確率の認識

先述したように、染色体異常症は妊婦の年齢が上がるほど多く出現することがわかっており、それは女性たちにも周知され共有されていることがこのアンケート調査からも読み取れた。羊水検査を受けた人の半数が「高齢」を理由としており［柘植・菅野・石黒　二〇〇九、二〇一二］、受けなかった人の中で最も多かった「自分は心配ないと思った」という内容の中で、その理由として年齢に言及している人が最多だった。また、母体血清マーカー検査や超音波検査・NTなどのスクリーニング検査の結果から羊水検査の受検を決めている人たちがおり、こちらも医療的には合理的な判断と言える。インタビュー調査でも三五歳で第三子を妊娠したとき、夫と話し合って母体血清マーカー検査を受けた事例があった。

アンケート調査では妊娠時の不安として胎児の障碍を挙げた人は多く、具体的には、妊娠初期に飲んだ薬の影響や、仕事で催奇性のある薬品を扱ったこと、持病の影響や、夫が投薬を受けていたことも不安の要因として記述されていた。実際に、夫が結核で長期にわたって薬を飲んでいたときに妊娠し、胎児の状態が心配で妊娠二ヵ月で人工妊娠中絶をした人もいた［柘植・菅野・石黒　二〇〇九、一三〇］。

障碍の生起確率は疫学的に一定のデータが出され、出生前のスクリーニング検査という手段は妊婦の合理的な行動を促すと期待されているが、実際は主観的な判断によって受検するかどうかが決定され、その判断の基準が当事者の間でも異なることがある。

⑴身体の不安との関係　障碍児の療育施設で医療職として働くVさんは、第一子の妊娠中、切迫早産を繰り返し、妊娠後期は仕事を休んで安静状態にしていたにもかかわらず、前期破水で救急搬送されて翌日出産した。今は元気になったという子どもも、出産後に心臓に穴が開いていることがわかり手術を受けた。二回目の妊娠時には「なんか障害がでないか」と不安を抱き、３Ｄ超音波検査を受けた［柘植・菅野・石黒　二〇〇九、三六五］。

インタビュー調査では、他にも子宮がんの経験、子宮内膜症、繰り返す流産、子宮下垂など自分の身体の状態に不安を感じている人たちがいたが、そうした不調を胎児の障碍が起こることにつなげていない人もおり、つなげて考えていても、不安があるからこそ羊水検査の副作用である流産を強く意識して受けなかった人もいた。

⑵確率に対するリアリティーの齟齬　Ｅさんは、母体血清マーカー検査について医師から説明されたものの、出産を継続したいと望んでおり、検査を希望することはなかった。しかし、夫の認知とは差があった。

調査者　そのこと（母体血清マーカー検査について説明され、受けないと決めたこと）についてご主人とお話をされたり、ということはありましたか。

Eさん あったけど、主人はぜんぜん、ひとごとですよね。何となく、健康な子が生まれると信じているから、ぜんぜん自分の身とは思ってない。テレビでそういうドキュメンタリー見ていても、いっしょに涙していても、自分の子とは違う、みたいな。そういう感覚で受けいれているとと思うのですよね。健康な子が生まれてきて当然、〔生まれてくる子が〕障害をもっているると思ってないでしょうね。〔柘植・菅野・石黒 二〇〇九、四〇六〕

Eさんは母体血清マーカー検査を受けないと決めた後、本でダウン症について勉強した。ダウン症を産む確率がゼロではないことを自覚し、障碍を持った子どもを育てていく可能性を強く意識していたのに対し、夫は障碍のある子どもが生まれてくることは「ひとごと」、つまり生起確率はゼロに近いと認識しており、そこに齟齬が生じていた。

(3)医師からの説明の有無

生起確率を得るための合理的な方法として、母体血清マーカー検査や超音波検査・NT、近年では新型出生前検査（NIPT）[12]が登場したが、調査を行った時点では母体血清マーカー検査がスクリーニング検査の代表的な存在であった。だが、先述した（注〈6〉）とおり一九九九年の厚生省の「見解」により、積極的に説明する医師はそれほど多くなかったと思われる。それでも、検査の情報について説明され、納得して受検し、胎児の障碍の確率を得た人もいた。その中には、受検の説明の内容が受けるように勧めているように感じた、反対に、受けることに医師が不快な感情を見せた、など説明に納得がいかないと話した人たちもいた〔柘植・菅野・石黒 二〇〇九、四六一―四六八〕。そうした状況を医療者側も鑑みて、新型出生前検査（NIPT）の臨床研究においては、遺伝カウンセリングの体制作りに努めていると言える。

けれども検査について説明を受けなかった人の場合、単に情報を得られなかったから受ける機会がなかったというだけではなく、そのことが、胎児が障碍を持つ可能性が低いという生起確率の低さとして意識されていた。母体血清マーカー検査はスクリーニング検査であり、年齢の制限がなく運用されているが、検査を受けなかった理由として、「医師から聞いていないから／医師が勧めなかったから」のほか、「自分には不要だと思った」という回答が比較的多かった〔柘植・菅野・石黒 二〇〇九、一六三〕。羊水検査の非受検理由でも、先述したように「自分は心配ないと思った」が最も多かったが、根拠は書かれていないものも多くあった。インタビュー調査では、医師が検査について説明しないことについて、自分の年齢や親族に障碍を持った人がいないことを挙げて、胎児の障碍について考えないようにした事例もあった。Aさんは、母体血清マーカー検査を雑誌などを通して知っていたが、医師にたずねなかった理由を次のように語った。

調査者　訊かなかったのは？　自分があまり関係ないと？

Aさん　遺伝的なものがかなり強い［注：これは誤解である］と思うので、私も主人もないと思うしとか。年齢もそんな高齢ではないし。

（中略）

調査者　やらなかった理由は時期ですか。

Aさん　時期と私にはそんなことはないっていう。もしそうだったとしたときに、それがわかって産むっていうのはかなり勇気がいるし、といって途中でというのも勇気がいるし。［柘植・菅野・石黒　二〇〇九、四一二―四一三］

Aさんは二回流産を経験しており、三人目の妊娠では二九歳になっていた。高齢妊娠とは言えないが、二五歳から妊娠・出産・流産を繰り返してきた妻に対して、夫は心配して出生前検査について話に出したこともあった。それでもAさんが医師にたずねなかったのは、検査ができる期限を過ぎていたことに加え、胎児の障碍はあくまでも自分とは関係ないという意識があったからではないだろうか。

生起確率の主観的認知は、自分の体調や子どもの病気によって左右されるが、医師の説明がないことが主観的な生起確率を下げる場合もある。心配事がない場合には、自分に関係ないこととして退けられる。しかし、Eさんのように医師から説明があったり、何かのきっかけで検査が「選択の対象」となると、周囲の人との生起確率の見積もりの齟齬が浮き彫りになる場合もあった。

三 「あいまいなままにする」ということ

生起確率の見積もりが主観的要素を多分に含み、自分には関係のないこと、つまり生起確率がゼロに近いと認知されるとすれば、ハザードが大きく意識されたとしても受検にはつながらないだろう。しかし、生起確率をある程度高めに見積もっているからこそ受けたくないと語った人たちもいた。

Gさん アンケートの結果を読ませていただきながら、さっき来るときに思ってたのは、ああ、実はこう……、もし、悪い結果が出たときに自分はその、結果を知ることが怖かったのかなぁ……っていう思いも、実は来るときは、ちょっとしたんですけど……。うーん、どっちにしても産むにはかわりないんだからっていう思いだったですね、そのときは。ただ、今になってこう、読ませていただきながら思ったのは、もしかしたら、何か悪いことが出たときに、それを知らされるのが怖いっていうのが自分の中にあったのかもしれない。特別その年齢がっていうことで、すごく心配していたわけではないんですけど……。［柘植・菅野・石黒 二〇〇九、三五五］

Gさんは、第一子妊娠時に三五歳、第二子妊娠時には三八歳になっており、二回とも医師から母体血清マーカー検査について説明された。「知らされるのが怖かった」ということから、生起確率が高いと感じていたのだろうが、だからこそ検査を受けたくないと思った。検査を受けないことは、胎児の状態をあいまいなままにしておくことでもある。しかし、だからといって、出生前検査の情報が必要ないと言っているわけではなかった。医療者がこうした情報をきちんと説明するのが大切だと語った。

Gさん 初めての妊娠だと、自分なりの考えをもつのは、なかなか難しい。やはり、母体血清マーカー検査を受けるにあたっては、陽性［胎児に障害がある可能性が高い］だった場合も問題がない場合も含めて、医師にきちんと説明してもらうことがだいじだと思う。［柘植・菅野・石黒 二〇〇九、二八九］

また、診断のリアリティーに関わるあいまいさを指摘した人もいた。先ほど紹介したCさんの場合、生まれてきた子どもは多指症で、一歳のとき切除手術を受けた。妊娠中に子どもの病気を知っておきたかったかどうかたずねたところ、知らなかったのは、むしろよかったと次のように語った。

Cさん　私は指が1本多くたって別に産むし、かといってそれを知ったところで、対処ができないのであれば、対処の何か方法が、食事制限して治るとかならそれは調べる価値はありますけれども、じゃないのだったらそんなにやらないでいいと思いますね。（中略）見ちゃえば、あ、この程度なんだって逆にある意味安心もできるのに、聞くと、どの程度それがすごいのかというのは、音だけだと余分な想像もしちゃうので。〔柘植・菅野・石黒　二〇〇九、三九三―三九四〕

Cさんの語りから、超音波検査・NTでハザードの程度を知るのは困難であると解釈できる。母体血清マーカー検査や羊水検査でも同様であろう。どんな診断であっても胎児を直接見ることが不可能である以上、「陽性」「障碍がある」といった言葉は「音だけ」である。妊婦にとってのリアリティからは離れており、「余分な想像もしちゃう」ほどあいまいだと言える。

さらに、スクリーニング検査を受けた結果でさえも、あいまいにしておこうとする姿勢も垣間見られた。胎児に障碍があるかもしれないという妊婦の不安は、妊娠中絶の苦悩につながる。医療者側がそれを先取りし、あえてあいまいな表現をとることもありうる。アンケート調査では、母体血清マーカー検査の結果を「陽性に近い」と言われた、と回答した人が二名いた。その後、一人は羊水検査を受け、もう一人は詳細な超音波検査を受けているので、二人とも実際は陽性だったと推察できる。インタビュー調査からは、医師があいまいな表現を用いて結果を伝えたという事例は見当たらなかったが、医療現場で悪いニュースが伝えられる場合は、しばしば「軽減された」仕方で提示され、それは「不確実性であるとする徴をもちいる」〔メイナード　二〇〇四、一四四〕という。不確実性が提示されることで、患者はわずかな希望を持ちながら、その先の医療行為、つまり羊水検査による確定診断や精緻な超音波検査・NTによる診断を求める。

このように、診断の持つあいまいさは、悪いニュースを知りたくないという妊婦と、患者を無為に傷つけたくないという医師との間で「あいまいな表現」をとおして増幅されていくのではないだろうか。妊婦が検査を受けたくない理由のひとつにこうした検査の持つ蓋然性がしばしば挙げられるが、それは悪いニュースを知りたくないという妊婦に代替的に用いられている可能性もある。

このように、生起確率、ハザード、そしてリスクを伝える過程においても、あいまいさはついてまわり、それは解消されるべきものというより、妊婦が冷静さを保つために必要とされ利用されている。冒頭で述べたようにリスクは本来定量化を指向しており、特に生起確率については精緻化に向かって臨床データが集められ、より正確にスクリーニングが行われるようになってきた。ラプトンは、リスクを論じる医療者は彼らの知識が科学的で中立的だとみなしており、胎児診断や遺伝相談が始まってからそうした知識は激増していると指摘する。一方で、妊婦にとってリスクは対象化できるものではなく、生きること、つまりリスクを生きているとみなすべきであるという［Lupton 1999］。リスクを生きる際に妊婦が用いる戦略のひとつが胎児の状態を「あいまいなままにする」という方法であり、それは医療者や家族との相互作用をとおして表れていた。

ただし、医療者によるあいまいな表現は、リスクを生き抜くためというより、医療者個人の信条や臨床の経験知から生まれてくるようだ。拙稿では産婦人科医としての出生前検査に関わる経験と考え方を三名の医師へのインタビューから詳述したが、妊婦の知る権利や「自主選択」に重きを置く検査に積極的な医師以外の二名は、何らかの形であいまいさを担保していた。一人の医師は「良い情報でも悪い情報でも（妊婦にとっては）必要」と説きながら、妊娠二二週以降の羊水検査は妊婦の選択ができないという理由から実施せず、「そのときには生まれて、生まれればＮＩＣＵ、小児科で診てもらう」［菅野　二〇〇九、二〇五］と語っていた。もう一人の医師は、胎児に何らかの操作を施すこと自体に懐疑的であり、次のように語った。「僕らのようなどちらかというと自然分娩の先生に多い考え方は、出生前、こういう生命の選択を、われわれがすべきではない。だから、異常があれば中絶するっていうのはよろしくない。その代わりそういう先生に多いのは、出生前に調べれば何とか早く治るようなものも、神様の手に預けちゃって治療をしない。だから、そういう新生児とか出生前の治療そのものに消極的なんです」［菅野　二〇〇九、二一〇］。妊婦の中絶の権利に抵触しない妊娠二二週以降は胎児の状態を精査しないとする前者の医師に対し、後者の医師は、胎児の生命を初期の段階から（全面的にではないにせよ）「神様の手に預け」ており、自らの立場を「自然主義者」［菅野　二〇〇九、二二三］と語っていた。こうした医師たちが積極的に妊婦に情報提供せず胎児の状態を「あいまいなまま」にしておくのは、それが妊婦にとってリスクを生き抜くための方策だからというよりも、自らの信条や信念に基づいた態度と言えよう。

妊婦が胎児に障碍や病気を持たずに生まれてきてほしいと望みながら障碍を持つ子どもを持つか持たないかの決断を先延ばしする心情と、医療者のこのような思いは、齟齬を抱えながら「健常児」の出産を希求していく。

妊婦の家族へのインタビューは行っていないため独自の調査データを持ち合わせていないが、夫婦同席の遺伝カウンセリングにおいて夫にも妊婦同様の迷いや苦悩が見られ［Pilnic and Zayts 2012］、妻に対して、単にサポートするだけではなく必要に応じて親や傍観者、情報の管理人、執行者といった複数の役割を夫が担っている［Locock and Alexander 2006］と、海外の文献は示唆している。あいまいさをめぐる当事者の関係性について、さらなる研究が必要である。

おわりに

本章では、リスクを構成するハザードと生起確率という二つの要素におけるリスクの捉えられ方を分析し、当事者がそのリスクを引き受ける際に用いるあいまいさを呈示してきた。ただ、当事者たちがこのような戦略をとれるのは、「見解」によって母体血清マーカー検査の情報提供が差し控えられつつ容認される、という医療環境自体のあいまいさによるところもある。医療者がこの検査の情報を提供するのもしないのも、医療者の個人的な考えや病院の方針に任されており、だからこそ妊婦はあいまいにふるまうことができたと考えることもできる。

新型出生前検査（ＮＩＰＴ）における遺伝カウンセリングの体制が整いつつある中で、出生前検査の法的社会的体制を整えるのは急務だと医療サイドは考えている。もちろん、妊婦の側も障碍を持った胎児を出産することも中絶することも社会から忌避される中で、胎児の障碍についての不安を表明できる機会が得られた意義は大きい。石戸はこうしたリスク社会のありようを、「リスク社会とは、「不安」という根源的感情と向かい合いつつ、それをより積極的な不安へと昇華することを目指す社会と見ることも可能なのではないだろうか。すなわち、不安は必ずしもネガティブな感情としてとらえる必要はないということである」〔石戸　二〇〇七、六九〕と説明しており、遺伝カウンセリング体制の整備によって、胎児の障碍という不安が社会で昇華される第一歩が踏み出せたと言えるだろう。

しかし、「正確な情報提供・情報整理と、心理社会的支援が組み合わさって、患者、クライエントの自律的な決定を支援する医療行為」としての遺伝カウンセリング〔ＮＩＰＴコンソーシアム　二〇一三〕は「リスク」を飼い馴らす術として「あいまいさ」を許容できるのだろうか。正確な情報提供と情報整理の先には自律的な決定があるという指向性から、「あいまいさ」は零れ落ちていくかもしれない。

他方で胎児の障碍がリスク化され、自己責任化される状況（いわゆる「犠牲者非難イデオロギー」）において、制度化された検査状況が人々を検査の受検へと追い立てるのではないかという懸念もある。ピーターセンは冒頭で述べたような一般の人々を主なターゲットとするリスクの医学の実践が、上からの強制ではなく自発的な服従であることに注目して、自己責任の強調を単純な「犠牲者非難イデオロギー」と呼ぶべきではない、と主張した。美馬はリスクや自己責任の範囲が社会的価値観によって規定されているとしつつ、ピーターセンの見方を支持して次のように述べている。「喫煙するかどうかは現代社会で個人の自己責任に委ねられている。自己責任による選択という自己への配慮を通じて、結果として実現されていくネオリベラリズム的な統治の孕んでいる窮屈さに抵抗する批判的な視点を提示することはリスク学の今後の課題ではないだろうか」〔美馬　二〇〇七、七五〕。

批判的な視点として「あいまいさ」は一見脆弱に思われるかもしれない。だが、本章で呈示したリスクは「あいまいさ」を多分に含み、その「あいまいさ」は妊婦の心理的戦略として、すなわちサファリングに対処する術として用いられていた。それは医療者との不思議な協働関係において実現されており、場合によっては家族や周囲の人の影響も受けており、医療の知を侵食する可能性にも開かれている。ＮＩＰＴコンソーシアムの「遺伝カウンセリング」があいまいさを排斥し、情報の集積と提供によって受検の決定を妊婦の自己責任へと押しやるのなら、美馬が危惧しているような

「統治の孕んでいる窮屈さ」が蔓延し、結果としてネオリベラリズム的な世界が現れるだろう。検査技術にまつわる、そして妊娠という事態が根源的に抱える「あいまいさ」とリスクの間で浮遊する妊婦の身体は、リスク社会のもつ窮屈さをすり抜けていくのか、それともネオリベ的な地平へと着地するのか、遺伝カウンセリングの在り方を含めて今後の課題としたい。

付記　この調査の詳細は、柘植あづみ・菅野摂子・石黒眞里『妊娠――あなたの妊娠と出生前検査の経験をおしえてください』（二〇〇九年、洛北出版）に記述されているので、ご参照ください。

注

〈1〉アームストロングは一般の（病んでいない）住民を対象とした医療を「監視医療（surveillance medicine）」と呼び、二〇世紀の医療を特徴づける重要な観点であるという［Armstrong 1995］。井上は一般の人々の「健康」の基準はその社会の都合で左右されるとし、「「一〇〇%の健康」とは実は一種の観念でしかないのだが、成熟した消費社会の中でそれは不安を駆り立てられた人々によって追い求められるべき対象にいつの間にかなってしまいがちである」と危惧している［井上　二〇一二、三〇五］。

〈2〉「しょうがい」の表記は「障害」が一般的だが、「害」という字が「（しょうがいは）社会における害悪」と受け取られる懸念があ る。一方「障がい」という表記も行政の文書などで散見されるが、まだ多くはなく、漢字とひらがなの組み合わせが不自然だと感じるという指摘もあることから、本章では「碍」を使うこととする。当事者や行政関係者から「碍」を常用漢字にしてほしいという要請が出ている（朝日新聞、二〇一〇年四月五日）のも理由のひとつである。

〈3〉National Research Council は米国研究審議会もしくは全米研究評議会と訳されており、科学および工学関係の研究者からなる全米科学アカデミー（National Academy of Sciences）によって一九一六年に研究の実務を担う機関として設立された。

〈4〉阪口は、リスク概念には専門家が往々にして用いる客観的なリスクと、当事者が感じる主観的リスクの両方があると指摘する。例えば、客観的な失業リスクは他のカテゴリと変わらないにもかかわらず、中卒層において失業リスク認知が高ければ、失業時における雇用の選択肢の少なさなどが失業の（主観的な）リスク認知を高めていると解釈することができる［阪口　二〇一一、八―九］。

ただし、出生前検査という医療技術におけるリスクを胎児の障碍のリスクを含めて考えた場合、ハザードの大きさを客観的指標として捉えることができないため、主観的リスクと客観的リスクを分けて考えることは困難である。

〈５〉 超音波検査は妊婦健診で広く用いられており、現在ではより精緻にそして積極的に胎児の「異常」を発見するためのツールにもなっている。積極的に胎児の「異常」を発見する方法として、ひとつは心臓など特定の臓器の形態や機能の異常に対するスクリーニングがあり、もうひとつはＮＴ（Nuchal Translucency）測定や胎児鼻骨の有無などの染色体異常に対するスクリーニングがある。胎児の頸部浮腫の厚みが染色体異常などの疾患の出現率と関係していることからＮＴが測定されるようになったが、ＮＴでわかるのはあくまでも可能性にとどまる。確定診断である羊水検査を受けなければ胎児が染色体異常かどうかの診断を下すことはできない。超音波診断装置を用いて子宮の内部を見るという行為は妊婦健診でも行われており、外形の精密な診断、ＮＴも何ら変わることはない。ＮＴを希望しなくても妊婦健診で疑いが持たれた場合、そこから遺伝学検査の領域に入っていくこともある。

妊婦健診における超音波画像は妊婦にとって「赤ちゃんと会える」貴重な機会であり、被曝の心配や費用の負担を憂える妊婦はそう多くはない［柘植・菅野・石黒　二〇〇九］。もっぱら楽しみとして見ていた胎児画像に「胎児の障碍」というハザードが付与されるのも超音波検査の特徴と言えよう。

〈６〉 アメリカから上陸し一九九四年から臨床応用が始まった母体血清マーカー検査は、妊婦血中の胎児特異的なタンパクやホルモンの測定値と、妊婦の年齢、妊娠週数、妊婦の体重、家族歴などを加味して、胎児が二一トリソミー（第二一番染色体が通常よりも一本多く、三本あることを指し、一般にはダウン症（候群）と呼ばれる。個人差があるが、知的発達の障碍が生じる）、一八トリソミー（第一八番染色体が生まれつき一本多いことを指す。先天性の心臓疾患、肺や腎臓の疾患などの障碍を伴う）、神経管閉鎖障碍（先天性の脳や脊髄の癒合不全をいう。具体的には二分脊椎、無脳症などがある）である確率を予測する検査である。遺伝カウンセリングの体制が確立しない状況で、確率が高いと知らされた後は、その結果に対する不安から確定診断の検査を受けないままに中絶を選択する可能性もある。加えて検査の対象となったダウン症の当事者団体をはじめとした障碍者団体からの反対運動などもあり、一九九九年に厚生省から「母体血清マーカー検査に関する見解」（以降「見解」と記す）が出された。

この中で、「医師が妊婦に対して、本検査の情報を積極的に知らせる必要はない。また、医師は本検査を勧めるべきではなく、企業等が本検査を勧める文書などを作成・配布することは望ましくない」と、妊婦への情報提供には消極的ともとれる内容が書かれた。

その後一〇年の間に遺伝カウンセラー養成のための教育課程ができ、遺伝カウンセラーが育っていく中で、二〇〇七年に「出生前に行われる検査および診断に関する見解」が出され、二〇一三年に「出生前に行われる検査および遺伝学的検査および診断に関する見解」として改訂が加えられた［日本産科婦人科学会　二〇一三］。そこでは、アメリカのＡＣＯＧ（American Congress of Obstetricians and Gynecologists）のガイドラインやイギリスＮＨＳ（National Health Service）での全妊婦への提供体制などの積極的な取り組みを紹介した上で、「我が国においては、これらの状況も踏まえ、産婦人科医が妊婦に対して母体血清マーカー検査を行う場合には、適切かつ十分な遺伝カウンセリングを提供できる体制を整え、適切に情報を提供することが求められている」とされ、一九九九年の「見解」よりも積極的な内容となった。

母体血清マーカー検査の「見解」によって医療者からの説明は抑制され、受検の件数も漸減したが、医療に関わる情報がインターネットなどで配信され、医師の説明責任が求められる趨勢の中で、二〇〇三年から微増していき、二〇〇七年には一万七三三三件、二〇〇八年には一万八二〇九件へと上昇している［Sasaki, Sawai and Masuzaki et al. 2011］。

〈7〉　羊水検査は妊婦の羊水を培養することによって、染色体異常をはじめとする障碍を診断する検査として、日本には一九六八年に導入された。出産の年齢が上昇し、高齢妊娠が染色体異常と関連があるとされることから検査件数が増加し、佐々木らの調査では二〇〇八年には一万三二〇九件（母体血清マーカー検査は一万八二〇九件）に上っている［Sasaki, Sawai and Masuzaki et al. 2011］。推計ではあるが二〇一一年においては約一万六〇〇〇件行われていると見られる［佐々木・左合　二〇一二］。しかし、二〇〇八年の羊水検査と母体血清マーカー検査を合わせた実施率は約三％であり、オーストラリア（九八％）、イギリス（八八％）、デンマーク（八四・四％）よりもかなり低い［Sasaki, Sawai and Masuzaki et al. 2011］。

副作用は、破水、出血、子宮内感染、流産や胎児死亡などとされるが、近年の報告では流産や胎児死亡は〇・三％程度と言われている［佐々木・和田・左合　二〇一三］。

こうした侵襲性から、日本産科婦人科学会では一九八八年に「先天異常の胎児診断、特に妊娠初期絨毛検査に関する見解」（会告）によって、羊水検査を含めた胎児診断の適応の条件を定め、これを踏襲した「出生前に行われる遺伝学的検査および診断に関する見解」においては、夫婦の染色体に何らかの異常がある場合、妊婦が染色体異常症の子どもを妊娠・分娩した経験のある場合、高齢妊娠の場合、母体血清マーカー検査やＮＴなどのいわゆるソフトマーカーで胎児の疾患の可能性が示唆された場合、の四条件が示された。

〈8〉　筆者が一九九九年に遺伝カウンセリング専門クリニックにて調査した際、電話相談の受付ノートに関して、個人名は写さない、手書きで写すなどの条件で院長より分析を許可された。一九九七年一月六日から一九九九年六月末日まで（二年六ヵ月間）、Ａ４ノート約三冊分、計八〇〇件の相談のうち、母体血清マーカー検査に関する妊婦からの相談計三〇六件を対象とした。母体血清マーカー検査を受けた人からの相談一三八件中三〇件は結果が「陰性」の人からであり、「カットオフ値ぎりぎり」「説明が欲しい」など不安な様子がうかがえた［菅野 二〇〇九、一三一―一三二］。

〈9〉筆者は妊婦向けの雑誌である『たまごクラブ』創刊（一九九三年一一月号）から二〇〇五年一二月号まで（全一四六冊）を超音波写真の使われ方を焦点に分析した。まだNTの計測はごく少数の限られた施設でしかなされていない時期だったせいか、胎児の浮腫など障碍を心配する質問は少なかった。また、雑誌の編集サイドの意向により、出産報告をする連載欄には障碍を持った子どもの出産は一度も掲載されていなかった［菅野 二〇〇七］。

〈10〉アンケート調査の調査期間は二〇〇三年一月中旬から三月末までであり、調査票は、調査の了承を得た東京都内の保育所二一ヵ所にて七八〇件および医療機関四ヵ所にて一二〇件、計九〇〇件を保育所の園長もしくは病院の院長に委託して配布した。回収は、プライバシーに配慮してアンケート用紙とともに配布した封筒で各人が投函する方法をとった。その結果、三月末までに三八二件の回答が得られ、回収率は四二・四％であった。無効票七件を除いた三七五件を分析対象とした。質問項目は、「妊娠の経験」「出生前検査（超音波検査、母体血清マーカー検査、羊水検査）」「病院や医療システムに対する意見」「妊娠・出産および出生前検査についての意識調査（二五項目）」「回答者の属性」の大きく五部の構成になっている。さらに、アンケート用紙の配布とともにインタビュー調査の協力者を募った。インタビュー調査の実施時期は、アンケート調査を行った半年後の二〇〇三年の七月から九月に計画した。その結果、約五〇名からインタビューの「調査協力承諾書」を受け取り、インタビューの日時などを調整した結果、実施できたのは二六名だった。

インタビューは直接面接で、質問票（インタビュー・ガイド）を準備して行ったが、できるだけ調査協力者の話の流れを遮らないように配慮しながら、質問項目の順番や確認の質問を臨機応変に加える半構造化聞き取り調査の手法を用いた。質問の内容は、妊娠の経験、医療機関を選んだ経緯、超音波検査の経験、母体血清マーカー検査の経験、羊水検査の経験などについてである。

〈11〉トキソプラズマは妊娠中に感染する病気のひとつとされているものの、妊婦の抗体検査は任意である。生まれてすぐに発症する子どもばかりではないため、感染者数がどれくらいかは不明である。近年、先天性トキソプラズマ症の子どもを出産した母親が取材に応じるなどしてメディアをとおして周知されるようになった。詳しくは、NHK生活情報ブログ http://www.nhk.or.jp/seikatsu-blog/400/119912.html など。

〈12〉ヒトの血漿中には破砕した細胞から遊離したDNAが存在しており、妊婦の場合にはその一部は胎児由来のDNAである。このDNAは細胞の核内の染色体の一部としてではなく、細胞に収まっていない〝むき出し〟のDNAとして存在し、これは細胞フリー胎児DNA（cell free fetal DNA: cff DNA）と総称されている。母体からの採血によって得られるcffDNAを用いて遺伝学的検査を行うのが、無侵襲性出生前遺伝学的検査（non-invasive prenatal testing: NIPT）である。胎児の染色体異数性（トリソミーやモノソミーなどの数的異常）のリスクの高い妊婦に臨床応用されている。ただ、ｃｆｆＤＮＡを用いたＮＩＰＴは流産リスクがないという利点がある一方で、確定診断には侵襲的な検査を必要とするという限界がある［澤井　二〇一三、一五四］。精度の高いスクリーニング検査として注目されているが、陽性的中率（検査で陽性と診断された場合に実際に罹患児である確率）は年齢が低いほど低下する。二一トリソミーの場合、四〇歳の妊婦の場合は約九五％だが、三〇歳では六八％となる［澤井　二〇一三、一五六］。

引用・参照文献

石戸教嗣　二〇〇七『リスクとしての教育――システム論的接近』世界思想社。
石原孝二　二〇〇四「リスク分析と社会――リスク評価・マネジメント・コミュニケーションの倫理学」『思想』九六三号、八二―一〇一頁、岩波書店。
一ノ瀬正樹　二〇〇六『原因と理由の迷宮』勁草書房。
――――　二〇一一『確率と曖昧性の哲学』岩波書店。
井上芳保　二〇一二「医療の過剰に巻き込まれないために――生き延びる知恵としての医療社会学の視点」井上芳保編著『健康不安と過剰医療の時代――医療化社会の正体を問う』三〇二―三三一頁、長崎出版。
川目裕　二〇一三「染色体異常、先天異常症候群とは」『周産期医学』四三巻三号、二六九―二七二頁、東京医学社。
阪口祐介　二〇一一「リスクの社会的形成要因にかんする考察――リスクの普遍化論の検討と分析枠組みの提示」『大阪大学大学院人間科学研究科紀要』三七号、一―一八頁。
佐々木愛子・左合治彦　二〇一二「日本における出生前診断の現状――追加調査による詳細検討」『日本遺伝カウンセリング学会誌』三三巻二号、七八頁。
佐々木愛子・和田誠司・左合治彦　二〇一三「確定診断法と結果の解釈――羊水検査、絨毛検査」（染色体異常と先天異常症候群の診療ガイド）『周産期医学』四三巻三号、二八九―二九三頁、東京医学社。
澤井英明　二〇一三「出生前診断のいま――妊婦初期スクリーニングと母体血を用いた新しい出生前遺伝学的検査を中心に」（最近の出生前診断をめぐって）『医学のあゆみ』二四六巻二号、一五〇―一五七頁、医歯薬出版。
菅野摂子　二〇〇七「知らないことは可能か」根村直美編著『健康とジェンダーⅣ　揺らぐ性・変わる医療――ケアとセクシュアリテ

ィを読み直す』九一－一二二頁、明石書店。

――――　二〇〇九『妊娠する身体と医療情報をめぐる政治――出生前検査における女性の意思決定プロセスを通して』（博士論文）立教大学大学院社会学研究科。

柘植あづみ・菅野摂子・石黒眞里　二〇〇九『妊娠――あなたの妊娠と出生前検査の経験をおしえてください』洛北出版。

ナショナル・リサーチ・カウンシル　一九九七『リスクコミュニケーション――前進への提言』林裕造・関沢純監訳、化学工業日報社。

日本産科婦人科学会　二〇一三「出生前に行われる遺伝学的検査および診断に関する見解」http://www.jsog.or.jp/ethic/H25_6_shusseimae-idengakutekikensa.html（二〇一四年五月二九日取得）

日本産科婦人科学会・日本産婦人科医会　二〇一一「NT肥厚が認められた時の対応は?」『産婦人科診療ガイドライン――産科編　二〇一一』五四－五八頁。http://www.jsog.or.jp/activity/pdf/gl_sanka_2011.pdf（二〇一四年五月二九日取得）

美馬達哉　二〇〇七「「リスクの医学」の誕生――変容を強いられる身体」今田高俊責任編集『リスク学入門4　社会生活からみたリスク』五五－八〇頁、岩波書店。

メイナード、D・W　二〇〇三　*Bad News, Good News*, University of Chicago Press.（＝二〇〇四『医療現場の会話分析――悪いニュースをどう伝えるか』樫田美雄・岡田光弘訳、勁草書房）。

NIPTコンソーシアム　二〇一三「母体血胎児染色体検査について」http://www.nipt.jp/botai_06.html（二〇一四年五月二九日取得）

Armstrong, David 1995 'The rise of surveillance medicine', *Sociology of Health & Illness* 17(3): 393-404.

Locock, Louise and Jo Alexander 2006 '"Just a bystander?" Men's place in the process of fetal screening and diagnosis', *Social Science & Medicine* 62(6): 1349-1359.

Lupton, Deborah 1999 'Risk and the ontology of pregnant embodiment', in Deborah Lupton (ed.) *Risk and sociocultural theory: new directions and perspectives*, pp. 59-85, Cambridge University Press.

Pilnic, Alison and Olga Zayts 2012 '"Let's have it tested first": choice and circumstances in decision-making following positive antenatal screening in Hong Kong', in Natalie Armstrong and Helen Eborall (eds) *The Sociology of Medical Screening: critical perspectives, new directions*, pp. 105-120, Wiley-Blackwell.

Sasaki, Aiko, Hideaki Sawai, Hideaki Masuzaki, et al. 2011 'Low prevalence of genetic prenatal diagnosis in Japan', *Prenatal Diagnosis* 31 (10): 1007-1009.

第2章　慢性の病いと〈揺れ〉
ある成人先天性心疾患者の生活史経験から

鷹田佳典

はじめに

医療人類学者で精神科医でもあるA・クラインマンが、サファリングは「病いの経験の中心に位置し続ける」と述べているように［クラインマン　一九九六、三七］、病いはわれわれに苦境や苦難、苦悩をもたらす。それはなにも疾患に起因する身体的な苦痛ばかりではない［Charmaz 1983］。とりわけ長期的な経過を辿る慢性疾患の場合、患者の苦しみは心理面や社会面、あるいは実存面など、「多次元（multidimensional）」に及ぶことになる［Rodgers and Cowles 1997］。そうした意味で、病いをめぐるサファリングは「ひとつの全体としての人間存在（the human existence as a whole）」［Rehnsfeldt and Eriksson 2004］に関わるものであると言うことができよう。

慢性の病いがもたらす「苦しみの源泉（source of suffering）」［Charmaz 1983］は様々に考えられるが、ここで注目してみたいのは慢性の病いをめぐる〈揺れ〉の問題である。慢性の病いの特徴のひとつは、そこに様々な〈揺れ〉が生じるということである。例えば、症状の〈揺れ〉がある。慢性の病いの多くは疾患コースが不確かで、症状がどのように変化するのか予測が困難である［ストラウス他　一九九九］。また、このことに関連して、自己アイデンティティや将来のあり方も不安定なものになりやすい。さらに、慢性の病いを生きる者は「健康」と「病気」の間を絶えず揺れ動いているということも特徴として挙げられる。そのことを端的に示すのが、「病気だけど病気でない」という表現である［浮ヶ谷 二〇〇四］。糖尿病者への丹念な民族誌調査を行った浮ヶ谷は、彼／彼女たちが自身のことを「病気」と認識することもあれば、血糖コントロールがうまくいっているときなどは「健常者と同じ」という感覚を有していることを明らかにしているが、このように慢性疾患患者は、病気とも病気でないともどちらとも言えない両義的リアリティを生きている。

こうした慢性の病いをめぐる〈揺れ〉がもたらす苦しみについては、既に多くの報告がある。例えば今尾は、慢性腎疾患患者の病いの経験について検討した論考の中で、慢性疾患は健康と病気の「境界」に位置する「マージナルな領域」であり、患者は「病気やその影響が不確実な状況の下で、絶えず揺れながら葛藤」していることを明らかにしている［今尾 二〇〇九、三三］。また、軽度障害者に固有の苦しみに着目した田垣は、「健常者とも言いにくいし、障害者というのもはばかられる」という「どっちつかずのつらさ」について検討している［田垣編 二〇〇六、一四］。

これらの苦しみが生じるのは、浮ヶ谷が指摘するように、〈揺れ〉のような「両義的でどっちつかずの境界領域」が、「健康／病い」という二分法的思考が支配的な現代社会において、常に「排除されるべき領域として位置づけられてきた」［浮ヶ谷 二〇〇四、一八七］ことと深く関係している。「近代的な考え方の中では、人々は健康であるか、さもなければ病気である」［フランク 二〇〇二、二七］ため、上述した「病気だけど病気でない」という曖昧さは認められないからである。本章の目的は、慢性の病いを生きる現実を、こうした〈揺れ〉[1]という点に着目して記述・分析することにある。

以下で具体的な事例として取り上げるのは、成人先天性心疾患者として生きるQさんという女性の生活史経験である。「先天性心疾患（congenital heart disease）」とは、「心臓の壁の穴、狭窄（狭い部分）、血管の異常など、生まれつき肉眼的に形態異常を認める心臓病を指」す［丹羽 二〇〇六、八〇］。近年の診断および治療技術の発展は目覚ましく、かつては予後不良だったこの病気も、現在では九割ほどが成人期を迎えられるようになっている。先天性心疾患の発生頻度は出生新生児の約一%と決して珍しい病気ではなく、日本では毎年一万人前後の先天性心疾患者が誕生している。

Qさんもその一人であり、乳幼児期に先天性心疾患のひとつである「三尖弁閉鎖症」と診断されている。筆者は二〇〇五年の八月と一二月の二度にわたってQさんの生活史経験を伺う機会を得た[2]。後に明らかになるように、そこでは〈揺れ〉の問題が重要な位置を占めている。以下ではまず、Qさんのこれまでの歩みを、インタビューで得られた語りに即して記述する（第一節）。そのうえで、Qさんがその生活史においてどのような苦境に直面し（第二節）、またそれに対してどのように向き合ってきたのかについて検討を行う（第三節[3]）。

一　Qさんの生活史

成人先天性心疾患者であるQさんは一九六九年生まれの三六歳で、週二〇時間、一般企業の事務職として働いている（いずれも二〇〇五年調査時点）。本節では、生まれてから現在（以下、「現在」という場合は、特に断りがない限り、Qさんに一回目と二回目のインタビューを行った二〇〇五年を指す）に至るまでの生活史を辿り直していきたい。

「渦の中にいるような感じ」

Qさんは乳児期に三尖弁閉鎖症と診断され、六歳のときに手術（ブレロック手術）を受けている。それまでは常に「酸欠」の状態で、長く歩いたり、人と同じスピードで歩いたりすることができなかった。肺への血流をよくする手術をしたことで状態は「いくらか」改善したものの、劇的によくなったわけではなかった。当時はまだ手術前の検査にも「危険がかなり伴う時代で」、「そういった方法しかできない」状況だった。

小学校へは毎日親に自転車で送迎してもらった。学校に「丸一日いる」のが体力的に難しく、「二時限目三時限目辺りから行く」という感じだった。遠足などの学校行事も、低学年の頃は親が付き添って参加していたが、学年が上がるにつれて欠席するようになった。周囲の子どもたちはQさんに対し、「無関心ではない」ものの、「どうしていいか分からない」ようで、「子ども同士で付き合うっていう付き合いにはなっていなかった」。どうしても教師の目がQさんに向いてしまうため、「特別」というか、「ちょっと壁があるかなみたいな感じ」だった。それでも小学校時代は、「先生も友人たちも大らか」だったこともあって、「そんなに辛いとか気にするとかいうことはなかった」。

だが、校則の厳しい中学校になると、周囲との違いが一層目立ってしまい、「自分が特別」であるということが「ちょっと辛かった」とQさんは振り返っている。その中学校も、後半はほとんど休むことになってしまう。高校は「普通に本当は行きたかった」が、「ちょっと無理かなって状況になって」しまい、全日制は諦め、通信制の高校に進学する。当時は将来をどのようにイメージしていたのか、という調査者からの問いかけに対し、Qさんは次のように語っている。

Q　その頃はほとんど見えてないっていうか、なんか渦の中にいるような感じでした。…あの、いずれ自分の力で生きていかなきゃ、独立したいっていう思いは強くあったんですけれども、じゃあ具体的にどうしたらいいのかっていう部分が全く見えてなかったかな、っていう感じで。

先天性の疾患を抱える子どもは、どうしても他者（特に親）に依存しなければならない場面が多いが、反面、自立することへの関心も高い［高橋　二〇〇二］。Qさんは早い時期から「親はいつまでもいないんだよ」と言われていたこともあり、「いずれ自分の力で生きていかなきゃ、独立したい」という思いを抱いていた。しかし、では「具体的にどうしたらいいのか」ということについては「全く見えてなかった」し、この先どう「道を作っていいのかも分からない」状況だった。「渦の中にいるような感じ」という表現からは、当時のQさんが将来に向けての具体的な方向性を見出すことができず、濁流の中でもがいていた様子が伝わってくる。

中学校卒業後は通信制の高校に入学したものの、そこで学び続けるのが「体力的に難しく」、途中でリタイアしてしまう。その後はしばらく自宅で過ごしていたが、この頃、Qさんの生活において「ひとつの転機」になるようなことがあった。先天性心疾患者の全国的な組織である「心友会」の集まりに誘われたことがきっかけで、会の人たちと「本格的に」関わるようになったことである。

Q　うーん、そうですね、ひとつの転機、大きくはないんですけど転機になりましたね。いろいろな用事を頼まれてそれをやったりとか、そういったことがありましたので…まぁ、付き合いってのも今までになかったことですから、年齢、年齢年代が違う人たちと関わることも少なかったですから、そういう意味では。

自宅で過ごす時間が増えれば、必然的に（家族以外の）他者と関わる機会も少なくなっていく。そうしたことの積み重ねが「社会的孤立（social isolation）」［Charmaz 1983］を招く要因のひとつになるわけだが、Qさんは心友会の支部活動に参加するようになったことで、少しずつ社会との接点を持つようになっていく。異なる年代の人との関わりも、一〇代のQさんにとっては新鮮だったと思われる。だが、心友会での活動は、Qさんの人生＝生活に小さくはない変化をもたらしたものの、将来に向けて進むべき明確な方向性を指し示し、Qさんを「渦の中」から引き上げるほどの決定的な契機にはなりえなかったようだ。次は、二回目のインタビューで、改めて心友会での活動について伺った際のQさんの語りである。

Q　っていうかうーん、そうですね、ただ、うん、やっぱり何かしていかなきゃっていうのは自分の中にはあったんですけど、うん、ただ、そうですね、やっぱり自分も、こうまだ、どうしていいか分からないし、あの、人付き合いのあれも未熟ですから、それをうん、なんか、なんか思ってたんですけど、どうしていいか分からないっていう感じ。

ここでも繰り返される「どうしていいか分からない」という言葉からは、当時のQさんが置かれていた混沌とした状況が伝わってくる。結局Qさんは、生活状況にも身体状態にも心境にも大きな変化がないまま二〇代を迎えることになる。しかし、二〇代の後半に「頻脈」（脈が異常に速くなる「不整脈」の一種）で三ヵ月ほど入院したことが、Qさんにとって決定的とも言うべき転機となる。

基準としての「底」を見出す

それまでにも「重病だとか悪いと言われ」てきたＱさんだったが、それでも無理をしなければ日常生活を送ることはできていた。しかし、このときは「起き上がるのもできなくなっ」てしまうほど体調が悪化してしまう。「昨日まで普通に」「立って家事とかして」いたのに、翌朝にはもうそれができなくなってしまったことは大きな「ショック」だった。普通に考えれば、こうした深刻な病状は患者の気分を落ち込ませ、将来に向けての不安をより一層強めるように思われる。だが、Ｑさんがこのとき感じたのは別のことだった。

Ｑ　いや、うん、いやなんか、うん、あの普通そうやって動けないって状態になったら周りの人はどうなのか知らないんですけど、私自身がそれで死ぬとは思わなかったんですよ、そういう状態になっても。そのときに。っていうのがあって、うん、いやだとしたらこれが底なんじゃないかって、いうふうになって。

急に体が動かなくなるというのは、普通に考えれば危機的状況である。人によっては死の恐怖に怯えることもあるだろう。しかし、それほどの状態になってもＱさんは、自分が「それで死ぬとは思わなかった」。それどころか、Ｑさんがこのとき考えていたのは、たまたまその日会う約束をしていた友人に対し、「待ち合わせに来なかったら絶対あの人心配するから手紙書かなきゃ」ということだった。それまで経験も想像もしていなかったような深刻な体調の悪化を経験しながらも（というよりは、むしろそういった状況に置かれたからこそ、と言うべきかもしれないが）、Ｑさんは生きて自分が何をすべきなのかが見えたのかもしれない。[4]また、このことに関連して、そうした起き上がれないほどの深刻な危機に直面したことで、Ｑさんが自らの身体状態の「底」を感じ取っている。

Ｑ　今まですごく迷ってたし、どうしていいか分からないっていう状況があって、うん、そこにひとつこうなんていうのかな、もやもやしてる部分がある程度固まったっていうか、底もどこか分からなかったのが、ここまでっていうのが、あるっていうのが分かったことで、まぁそこを基点にして何か動けばいい、みたいな、なんかそういうのがあったんですよね。なんか本当にそれまですごい手探りという気がしてたので、何らかの形でそれが、そこが基準になったのかなぁと、うん。

ここまでみてきたように、Qさんが一〇代から二〇代にかけて感じてきた病いの経験をめぐる苦悩のひとつは、「何かやらなければならない」けれども具体的に「どうしていいか分からない」という感覚だった。(5) それは「渦」のようにQさんを飲み込み、つかんで離さなかった。そのためQさんは、何をするにも「手探り」の状態で「すごく迷って」いた。しかし、このとき起き上がれなくなるほどの病状の悪化を経験したことで、Qさんはこれ以上悪くなることはないという身体状態の「底」を感じ取る。それは、「渦」の中で暗中模索の日々を過ごしてきたQさんに、「そこを基点にして動けばいい」と思える確かな「基準」を与えてくれるものであった。

実際、この三ヵ月の入院の後、Qさんの人生はある方向感覚を持って動き出していく。それまで長年暮らしていた実家を離れ、仕事を始めるのである。このときのことをQさんは、「何かに押されているような形でした」と語っているが、こうした言葉からも、ある場所に押し留められていたQさんの人生＝生活が力強く動き出していく様子が伝わってくる。だが、こうしたQさんの自立に向けた歩みについてみていく前に、この転機にはもうひとつの位相があったことにふれておかなければならない。

壊れてしまいそうなぐらいの恐怖と自分の中の「強さ」

Qさんへの一回目のインタビューを終え、二〇代後半に起きた身体状態の悪化がQさんの経験において大きな転機になっていることは理解できたものの、その意味するところが十分に把握しきれなかったという思いがわれわれ調査者の側にあった。そこで、二度目のインタビューの機会を得た際に改めてこのときの状況や思いについてQさんに尋ねたところ、そこには頻脈という病状の悪化とは別にもうひとつの「層」があったことが語られた。

Q　ああー、ちょっといろいろあるんですけど、あのへんのときにもうひとつ別の層があって（笑）あのー、なんて言うかあのー、うんなんか、うーんと、どう言ったらいいんだろうな（笑）、うん、もともと私、多分あの、以前の入院経験とか手術の経験とかそういったものからじゃないかと思うんですけど、なんかあの、トラウマじゃないんですけど、あるようで、あの、で、あのほんとに非常に自分が壊れてしまいそうなぐらいの、あの、恐怖感を抱いていた時点がそのときにあったんですね。二回あるんですけど、そういった体験が、その二回目がそれで、そのときに、あのー、何に対して、恐怖があるのかっていうのが、見えてきたんですね。で、そういうことがあって、うん、まあそれは全部、他の人にあの、他人に対する恐怖感全部、うん、まあ根っこにあるんですけどそれが。うん、その体験があるから、あの、逆に、うん、これで大丈夫だっていう部分を、うんちょっとあったので。

Qさんにはかつて、「自分が壊れてしまいそうなぐらいの恐怖感」を抱いたことがあった。それは入院や手術の経験とおそらくは関係があり、しかもその「根っこ」には「他人に対する恐怖感」があるのだが、しかしこのときは、自分がなぜこれほどまでの恐怖を感じているのか、その理由も分からなければ、どう対処していいのかも分からない状態だった。そして、頻脈で三ヵ月間入院することになったこのときも同じような恐怖に直面するのだが、ただ、一回目と違ったのは、自分が何に対して恐怖を抱いているのかを認識し、「これで大丈夫だ」という感覚を持てたことである。

Qさんはその恐怖の対象について明確に語っているわけではないが（それは「語れない」という側面もあるだろう）、他者との関わりのなかで「幾つかの条件」（例えば相手の性格）が重なったときに強い恐怖を感じるのだという。それまでは一体自分が何に対して恐怖を抱いているのかがよく分からなかったため、「いろんなものに対して」「シールド」を張らなければならなかった。しかし、このときの入院で、どのような状況で恐怖が引き起こされるかが「はっきり分かった」ため、「とりあえずそれを避ければなんとかなる」と思えるようになったのである。

さらに、これに関連する重要な変化としてふれておかなければならないのが、圧倒的な恐怖に晒されるなかで、Qさんが「自分の中にある強さ」を発見したことである。

Q　そうですね、うん。あともうひとつはその恐怖のときに、その自分の中にある強さっていうか、光というか、うーん、自分ってすごく分かりづらいものじゃないですか、こう、こうもやもやっとして（笑）。それの形がなんかはっきり、こう、核としてあるっていうのが、うん、感じられたので、それで自分の強さっていうのを信じられる、っていう感じになって。

このときQさんが感じていたのは、「トラウマ」とも呼べそうなほど強い負の感情を呼び起こす体験であった。それは先に述べられていたように、「自分が壊れてしまいそうなぐらいの恐怖」であったわけだが、そのような圧倒的な恐怖を経験しながらも、Qさんはなんとか自分を保つことができた。この体験を通してQさんは、どんな恐怖を前にしても「ちょっとやそっとのことでは」「壊れることはない」と思えるような「強さ」が自分の中にあることに気づく。それまでにも「怖い」と思うことはあって、「それでも耐えて今までいた自分」というものがいたが、その「自分」という存在は、Qさんにとって「すごく分かりづらいもので」あり、「もやもや」としてどこかつかみどころのない不安定なものだった。それが今回、自己を破壊するほどの恐怖に再び直面し、それでもなんとか踏み止まれたことによって、Qさんは自分の中に絶対に壊れることのない「核」を発見するのである。

ここには、前項でみたのと類似の機制を見てとることできる。すなわち、深刻な危機的状況に遭遇することをひとつの契機として、その後の展開の基盤となるような〈何か〉（ここでは自己の中の「強さ」「核」「光」と呼ばれているもの）が見出されるというプロセスである。では、このような変化はどのようにして生まれたのか。そのことを考えるひとつの手がかりは、Qさんの次の言葉にあるように思われる。

Q　まあ治療のほうはそんな、あの、最初の期間だけだったんですけど、うん、あとのほうはちょっと、自分の気持ちのどちらかというと気持ちのほうの問題で、うん、いさせてもらったようなところがあったので。

Qさんはこのとき三ヵ月間入院しているのだが、治療上必要だったのは「最初の期間だけ」で、あとは「どちらかというと気持ちのほうの問題で」病院にいさせてもらったのだという。また、別の箇所では、入院したことで「親と離れて、違う場所でじっくり、自分を考える機会を」初めて持てたことも「大きかった」とも述べている。こうした語りからは、深刻な病状を経験し、また、圧倒的な恐怖に直面するなかで、これまでの生活を振り返り、自分自身のあり方を見つめ直す内省的作業を重ねることで、「これで大丈夫だ」と自分に自信を与えてくれる「強さ」や「光」を見出すことが可能になったことが推察される。

家を出て仕事を始める

この二〇代後半に直面した頻脈による病状の悪化と、圧倒的な恐怖への対峙を経て、Qさんの人生は「自立」という方向に向けて大きく動き出していく。先に述べたように、長年暮らした実家を出て、仕事を始めるのである。こうした大きな決断をするうえでひとつのきっかけとなったのが、父親の病気である。Qさんの父親は、Qさんが頻脈で入院する前頃から病気で体調を崩していた。退院したQさんには、そんな父親を傍で看ていたいという思いもあったが、他方では、家を出て仕事を始め、そこで立ち行かなくなったとしても、両親が揃っているうちならまた実家に戻ることもできるという「打算的な」思いもあった。実際、父親がいなくなり、母親とQさんの二人だけになってしまえば（このときQさんの兄は既に家を出ていた）、おそらく「自立するのはすごく難しいだろう」と思われた。そこでQさんは、「だったら今しかない」と、思いきって一人暮らしを始める決意をした。ちょうどその頃、面接してくれる会社が見つかったことも大きかった。その会社は、Qさんが心疾患を抱えていること、これから実家を出て一人暮らしすることを分かったうえで採用してくれた。

就職のことを母親に話すと（父親の病気のこともあり、会社の面接を受けたことはしばらく内緒にしていた）、不安からか強く反対されたが、結局母親の反対を「押しきって」家を出る。二〇代の終わりに一人暮らしを始めるまで「生活の場が全部家にあって、で、その中で過ごしてきた」Qさんにとっては大きな決断だったと思われるが、「チャンスが巡ってきた」と感じていたQさんは、「覚悟を決め」て一人暮らしを始める。

就職した会社での配属先は「技術系の職場」で、そこでQさんは事務の仕事を担当することになった。会社には障害者枠で入社したが、病気のことは上司である課長から社員に伝えられた。周知のように、疾患や障害を抱えながら仕事をすることは決して容易ではない。だが、Qさんによれば、配属先はとても「恵まれた」職場環境であったようだ。

Ｑ　あの、うちの職場の場合は、えっと、なんて言ったらいいかな、まぁ技術系の職場なんですけども、まぁその正社員の男性方はあの、一度みんな全員と言っていいほど、中国のほうで研修受けるんですよ。で、そうやって異文化の中にいるわけですよね。だからあの、まぁ私みたいにちょっとぐらい変わった人間がいても、それなりに対応できるんですよ、周りの人が。っていう面があって、うん、それにすごく助けられてるなぁって思います。

ここで語られているように、Ｑさんが配属された職場のスタッフは、そのほとんどが中国で研修を受け、「異文化」の中に身を置くという経験をしているため、職場に「ちょっとぐらい変わった人間がいても、それなりに対応できる」人たちだった。例えば職場の全員が参加する飲み会などでも、Ｑさんはとりあえず一次会だけ参加することにしているが、「特にそれで何かを言われたことはない」。「そういう意味ではすごく恵まれている」とＱさんは語っている。

こうして働き始めたＱさんは、仕事に慣れてくるにつれ、次第に「自分はこれでいいんだ」と思えるようになっていった。

Ｑ　うーん、あのやっぱり健康な人の中にいると何をしてもやっぱり自分のままでいいとは思えないんですよ。うーんなんて言うかな、何かが自分には不足してるんじゃないか、みたいなところがあって。例えば人付き合いにしてもやっぱり経験がないので、ちょっとあの、なんか人と違う、テンポがずれるみたいなところがあって。いや不安なんですけど、今ここにいても不安なんですけど、それは、それはそれでいいんじゃないかって思えるようになったんですよね。

Ｑさんにとって、「健康な人の中にいる」のは「不安」なことである。人付き合いの経験が少ないため、常に周囲と「テンポがずれ」ているように感じてしまい、その度に「何かが自分には不足しているんじゃないか」と不安を抱いてきた。それは基本的に今も変わっていないのだが（Ｑさんにとってはインタビューという場にいることも不安なことである）、それでも「それはそれでいいんじゃないか」というふうに考えられるようになったのはＱさんにとって大きな変化であった。そして、そうしたある種の自己肯定感とでも言うべきものを与えてくれたもののひとつが職場だった。先に述べたように、Ｑさんが働く職場では、自分たちとは違う存在も受け入れるような「大らかな」雰囲気がある。その中でＱさんは、「不安があっても、まぁそれなりに周りも認めてくれるんだし、いいかなぁ」と思えるようになっていったのである。

同じ先天性心疾患者とつながる

実家を出て仕事を始めたQさんであったが、同じ頃、病気のことや日々の出来事を綴ったホームページも開設している。ある程度時間があったことや、もともと文章を書くのが好きだったということもあるが、「一番最初のきっかけ」になったのは、やはり二〇代後半で入院したときに病院でいろいろ考えたことだった。

Q　最初は、一番最初のきっかけっていうのがその、あの二〇代後半で入院したそのときに病院で考えてたことなんですよ。とにかくそのことを、うん、まぁそのときのあの親御さんとかそういったことに対してでしたけど、まぁ本人はこう思ってるんだよ、多分親と本人ともすごく違うと思いますし、接してても多分分からない部分ってあると思うので、まぁこちらの感覚はこうなんだよってのを、は、残して、残してっていうか伝えておいたほうがいいのかなっていう思いがあって、まぁそっからどんどん広がっていったんですけれど。

先天性の疾患の場合、親（特に母親）が患児の入院生活や療養生活に深く関与することが多く、必然的に母子の密着度が高まる傾向にあるが、それでも考えていることや感じていることは「親と本人ともすごく違う」し、日常的に接していても「多分分からない部分」がある。また、こうした感覚の違いは、親との間でだけでなく、他の障害を持つ人やその支援者たちと話していても感じるものであった。そこで、「こういう考え方があるとか」、「こちらの感覚はこうなんだよ」、あるいは、生き方について「こういうのもありなんだな」ということを知ってもらいたいというのがホームページを作ったきっかけだった。また、インタビューの前年には、このホームページの掲示板でのやり取りがきっかけで、別の先天性心疾患者の女性二人と自助グループも立ち上げている。

現在、そして今後に向けて

こうした経緯を経て、インタビューを行った二〇〇五年当時は、実家を出て仕事をしながら、個人でホームページを運営したり、放送大学に通ったりするなど、活動的に日々の生活を送っている時期だった。不整脈があるため、それを予防する薬と、「全体の調子を整える」薬を毎日三食後に服用していたが、体調は比較的安定していた。ただ、夏場や真冬など調子が落ちる時期は仕事が「ちょっときつい」と感じるときもある。一人暮らしのほうも、当然苦労はあるが、実家にいれば「家族に合わせなきゃいけない部分」もあり、週に一度の家事援助を利用しながら自分のペースで生活している。

このように疾患を抱えながらも「自立した」生活を送っていたQさんであるが、将来については「漠然とした」不安を抱いていた。次は「老い」の問題について尋ねた際のQさんの語りである。

Q　あの、相当先ではないっていうより、やっぱり健康な人よりレベル下ですから、例えば、健康な人がやっぱ三〇過ぎて体力が落ちたとか言うわけじゃないですか。自分がそっから今の状態から落ちたらどうなるか、っていうのはすごい気がかりですから、老いっていう名前じゃないんですけど、うん、先はちょっと考えますよね（笑）。

インタビュー時のQさんの年齢は三〇代半ばであり、健康な人であれば「老い」を意識する年齢ではない。確かに三〇代になれば一〇代や二〇代の頃に比べて体力の低下や運動機能の衰えを感じることも多くなる（筆者もそうである）。しかし、もともとの体力レベルが健康な人よりも低い先天性心疾患者のQさんにとって、その低下の意味するところはより深刻である。ゆえに、自分が「今の状態から落ちたらどうなるか」は「すごい気がかり」であるという。Qさんが福祉制度に強い関心を寄せるのも、そうした事態が「相当先ではない」という感覚があるからである。

そして、Qさんにとっては、「死」もまた（健康な同年代の人たちにとってそうであるような）「遠い未来」の問題ではない。最近、何人かの「病気の友達の訃報」にふれたというQさんは、「何年かいって衰えるんじゃなくて、うん、ほんとに突然ふっと、うん、亡くなることもあるんだな」という実感が出てきたという。「そういうのとも折り合いをつけながら」やっていくことも「ここのところの課題」になっているとQさんが語るように、（突然の）死に対する不安と向き合うこともまた、先天性心疾患と共に生きるうえで避けては通れない課題なのである。

二　先天性心疾患とサファリングの諸相

前節では、Qさんの生活史を詳細に記述してきた。先天性心疾患者であるQさんにとって、その人生の軌跡はまさに病いと共にあったと言うこともできよう。では、その道程において、Qさんはどのような困難や苦境に直面してきたのであろうか。クラインマンが述べるように、慢性の病いの中心にサファリングが位置するのだとしても、その具体的な現われ方は疾患の種類や症状の程度、あるいは病む者の置かれた状況などに応じて個別的かつ多様である。本節では先天性心疾患という病いをめぐってQさんがどのようなサファリングを抱えてきた（抱えている）のかについて考えてみたい。

身体をめぐる周囲との感覚の〈ずれ〉

慢性の病いがもたらすサファリングは身体的なものに限定されるものでないとはいえ、それでも疾患に起因する痛みや運動機能の低下などは、病む者にとって「苦しみの源泉」のひとつになると考えられる。先天性心疾患者であるQさんも体調面で問題を抱えているが、しかし、Qさんにとってそのことは特段苦しいことではないという。というのも、生まれながらに心臓に疾患のあったQさんにとっては、むしろそれが「普通」で「当たり前」のことだからである。例えば、「はぁはぁ」と息を切らしているQさんの姿を見て、周囲の人は「苦しそう」と思うのだが、Qさん自身は「いつもそういう状況」に「慣れているから、これが当たり前」と感じていて、周りが思うほど苦しくなかったりする。Qさんが言うように、「大変とか楽っていうポイントが多分人と違う」のである。むしろQさんを悩ませたのは、身体をめぐるそうした自分と周囲の健康な人たちとの感覚の〈ずれ〉であった。

Qさんにとっては疾患を抱えるこの体が「普通」であるのだが、周囲の健康な人たちはなかなかそのQさんの「普通」を理解することができない。Qさんは特段辛いわけではないのに勝手に苦しんでいると判断したり、逆にQさんが疲れていても平気そうだと誤って解釈したりする。こうした身体感覚をめぐる周囲との感覚や認識の〈ずれ〉は、Qさん自身の「身体-自己」(body-self)」を不安定なものにしている。J・コービンとA・ストラウスが述べるように、われわれが身体との間に安定的な関係を取り結ぶためには、自身の身体感覚が他者との間で一定程度共有されていることが不可欠だからである［Corbin and Strauss 1987］。Qさんにおいても、日常生活において他者がQさんの身体に向ける眼差しや期待、評価とQさん自身のそれとがしばしば食い違う場面に遭遇する度に、それまでは「当たり前」で「普通」に感じられていた身体が、どこか「不安定（precarious）」で「馴染みのない（unfamiliar）」もののように立ち現われてしまうことになる（とりわけ、身体との折り合いが悪かったという一〇代の頃はそうした感覚が強かったと考えられる）。

もちろんこうした不安定で揺れ動く身体感覚は、Qさんの体調そのものの変わりやすさとも深く関係している。「やっぱり波がありますね」と語るように、それは「季節によっても違い」があるし、毎日の「気候」によっても変わってくる。「だるいとか動きたくないみたいなとき」もあれば、「割とからだ軽くひょいっと動くなぁみたいなとき」もある。最近は慣れてきたせいか、「ある程度方向は見え」るようになってきたが、だからといって体調そのものをコントロールできるわけではない。それは依然として「自分じゃどうしようもない」もの、制御不能なものであり続けている。身体をめぐる周囲との感覚の〈ずれ〉に加え、こうした体調の「波」も、Qさんの身体を不安定なものにしている大きな要因であると言えよう。

疾患の不可視性

これに関連して述べておかなければならないのは、先天性心疾患が多くの場合、外部からはその存在が分かりづらいという疾患（障害）の「不可視性（invisibility）」の問題である。先天性心疾患者の中には、携帯用の酸素や車椅子を使用しているために、何らかの障害を抱えていることが一見して分かる人たちもいるが[6]、多くはQさんのように、外見上は

「普通の健康な人」に見えるため、なかなか疾患の存在やそれがもたらす影響を理解することが難しいという側面がある。そのことがもたらす問題の一端は、次のようなエピソードにみることができる。

一人暮らしをするQさんは現在、週一回一時間、ヘルパーに来てもらって掃除などの家事援助を受けている。今は自分でできることは自分でしているので、最低限のことしか頼んでいないが、それでも「何かあったときに」助けてもらえるということで、「気持ち的にすごく助か」っている。だが、その一方でQさんは、こうしたサービスを利用するうえでの難しさについても語っている。

Q　うん、だから向こうの方にやっぱり理解していただけないっていうか、ただ座ってればやっぱりうん、元気そうねって思われてしまうので、本当に体調が悪いとき実はあるんですけれど、それでもまぁお変わりなく過ごされてますって形で、ノートに毎週書くんですけど、お変わりなく過ごされてますとか書かれると、うん、ちょっと違うんだけどなぁって（笑）思いながら…。

Qさんは一見すると疾患や障害を抱えているようには見えないため、実は「本当に体調が悪いとき」でも、ヘルパーからは「元気そう」と思われ、ノートに「お変わりなく過ごされてます」と書かれてしまうことがある。しかも、「ほんとに具合が悪いとき」は「何かを頼むパワー」すらなくなってしまうため、言葉で状況を逐一説明し、必要なことを事細かに指示することも思うほど簡単ではない。そのため、そういった状況をヘルパーに理解してもらえるようにならないと「ちょっと困るなぁ」と思ってはいるが、「なかなかそこまで行き着かない」のが現状であるとQさんは述べている。

これまで医療社会学の領域では、病いの存在を示す「外見（appearance）」を病者がどのように管理し、自己イメージを維持しているのかに大きな関心が寄せられてきた。というのも、それはしばしば周囲から「スティグマ（stigma）」の付与を招き、「自己定義の信用低下（discrediting definition of self）」［Charmaz 1983］を引き起こすからである。だが、ここでみたように、心疾患のような「見えない病い（invisible illness）」や「見えない障害（invisible disability）」[7]もまた、「見える病い（visible illness）」とは別種の困難をもたらす。例えばここでのQさんがそうであるように、疾患や障害の存在が外部からは容易に識別できないため、体調についての正しい理解が得られず、必要な配慮やサポートが受けられないということがしばしば起きてしまう。あるいは、過度の負担を課されたり、（本当は体調が悪くて動けないだけなのに）「怠けている」とか「甘えている」と非難されたりすることもある。そのため、見えない病いや障害を抱えたQさんのような人たちは、人知れず無理を重ねたり、周囲からの誤解や無理解に傷ついたり、それらを回避・解決するための不断の努力を強いられたりしている。しかも、後述するように、これらの問題は、病者が病いや障害の存在を自ら明らかにすれば一挙に解決するものではないし、そうすることが別の問題を招くことにもなる。田垣が指摘するように、そこには常に「カミングアウトのジレンマ」が付きまとうからだ(8)［田垣編　二〇〇六］。このように、見えない病いや障害は、ときに可視的な病い以上に「問題性を帯びたもの（problematic）」になることさえあるのである［Stone 2005: 294］。

「できる」と「できない」の間で

以上みてきたように、先天性心疾患者であるQさんは、一見健康そうに見えるが疾患を抱えていたり、周囲の健康な人たちと同じように動けたかと思えば別のときにはそれができなかったりといったように、「健康／病気」あるいは「できる（able）／できない（disable）」の境界を揺れ動いている。だが、「健康（できる）」か「病気（できない）」のどちらか一方しか認めない「二元論的思考法（dualistic thinking）」がヘゲモニーを有する現代社会において［Stone 2005］、そうした「「病気だけれど健康である」という二面性」や、「「病気でもなければ健康でもない」というどっちつかずのあいまいさ」［今尾　二〇〇六、二二六］はなかなか理解されない。そのことをQさんは、視覚障害を例に説明している。

例えば、全盲の人を前にしたとき、われわれは彼／彼女が文字を読むことができないことは容易に想像がつく。しかし、視覚障害者の中には、そのように全く目が見えない人もいれば、「見えにくくて困る」という人もいる。そういう人は全盲の人と違い、文字に顔を近づけたり、度の強い眼鏡をかけたりすればなんとか文字を読むことができる。しかし、周囲の人たちは、その「文字が読める」という一点だけを捉えて、「なんだ、読めるじゃないか」となり、彼らの抱える「見えにくさ」という困難を看過してしまうことが多い。二元論的思考を深く内面化したわれわれは、「見える」と「見えない」の間にある「見えにくい」という「段階」を無視し、どうしても「見える」か「見えない」かの二者択一で判断しがちなのである。

ここまでみてきたように、先天性心疾患者であるQさんも、「できる」と「できない」の境界に立ち、その時々の体調や周囲との関わりによってそれぞれを両極とする線分の上を揺れ動いているわけであるが、「見えにくさ」を抱える視覚障害者がそうであったように、Qさんもまた、「できる／できない」のどちらか一方に無理やり「枠づけ」ようとする力によって苦しめられてきた。例えばそれは、中学校時代の次のようなエピソードに典型的に示されている。

小学校を卒業し、中学校に進んだQさんであったが、体調の問題もあり、欠席することが多くなった。最初は「母親の自転車に乗せてもらってロータリー一周でも出席扱いにする」と言われたが、「ばからしくて」行かないでいたら、養護学校への転校を勧められた。しかしそこは、肢体不自由の子どもたちが通う養護学校で、しかも隣の市にあったため、通学するためにはスクールバスを利用しなければならなかった。体力面で問題を抱えるQさんには、「実質的には行かれない」場所だった。

こうした学校側の一連の対応は、まさに「できる／できない」という二元論に基づくものであると言えよう。すなわち、普通学級に通うのであれば健常児と同じように学校生活を送ることを求め、それが無理と判断すれば、形だけの参加を認めるか、もしくは「障害児」とひと括りにして、実質的に通級することが困難な養護学校への転校を勧めるといったやり方である。それは、「できる」と「できない」の間で行ったり来たりするQさんの揺れ動きを無視したものであり、結果、Qさんは「どちらからも排除されてしまう」ことになっている。

以上本節でみてきたように、Qさんが直面してきた困難は、単に先天性心疾患という疾患がもたらす身体的な苦しみ（既に述べたように、それはQさんにとって「当たり前」や「普通」なものとして感得されている）そのものに起因するというより、身体や体調をめぐる感覚が周囲とずれてしまうことや、疾患が外見上分かりづらいために体調について十分な理解が得にくいこと、さらには「できるときもあればできないときもある」といった曖昧さや両義性がなかなか認められないことによるものであった。

さて、これらは相互に折り重なってQさんにとっての苦境を形成しているわけであるが、第一節で描いた生活史からは、こうした困難な状況に直面しながらも、なんとかそれと折り合いをつけようとするQさんの姿を読み取ることができる。そこで次節では、Qさんにとっての「転機」とも呼ぶべき出来事に焦点をあてつつ、先天性心疾患者であるQさんがどのようにサファリングと対峙してきたのかについて検討することにしたい。

三　折り合いをつける

第一節で明らかにしたように、Qさんの生活史には転機となる大きな出来事があった。確認しておくと、一〇代から二〇代にかけてのQさんは、いずれ親から自立して生活していかなければならないという思いを強く抱きつつも、そのために何をすればいいのかが全く見えておらず、「渦の中にいるような」状態だった。しかし、二〇代の後半に頻脈で体調を崩して三ヵ月間の入院を余儀なくされたことが契機となり、Qさんは実家を出て、仕事も始めるなど、自立への道を歩んでいくことになる。まずは、この転機となった出来事について、改めてそれが有する含意について考えてみたい。そのうえで、先に挙げた困難な状況にQさんがどう対峙し、折り合いをつけようとしているのかについて検討する。(9)

足場を得る

繰り返し述べているように、二〇代後半に経験した深刻な病状の悪化は、その後の自立に向けた歩みをもたらす契機となったわけであるが、このときの出来事はなぜそのような変化をQさんにもたらしたのであろうか。そのひとつの理由は、第二節でも述べたように、起き上がれなくなるほどの危機的状況に直面するなかで、Qさんが体調の「底」を発見したからである。それまでのQさんは、周囲との感覚のずれや体調の変化から、自分の身体の可能性と限界を把握できないでいた。コービンとストラウスが言うように、身体と自己概念、生活史的時間は緊密に結びついており[10]、したがって、こうした身体感覚の揺らぎは、自分が何者であるのかというアイデンティティのあり方や、これからどのように生きていくのかという将来の計画といった側面にも影響を及ぼさずにはおかない［Corbin and Strauss 1987］。実際、第一節でもみたように、特に一〇代の頃のQさんは自分自身についても未来についても混沌とした状況にあった。しかし、ここで体調の「底」を見出したことによって、Qさんは曖昧で不確かであった自らの身体に対し、ひとつの「基準」を手にすることになる。それによってQさんは、それまで「もやもやしてる部分がある程度固ま」り、「そこを基点にして何か動けばいい」と思えるようになったのである。

さらに、この転機にはもうひとつ別の「層」があった。それは入院生活の中で、「自分が壊れてしまいそうなぐらいの恐怖感」に直面したことである。Qさんがその恐怖に直面するのは人生で二度目のことだったが、最初に経験したときは恐怖の原因も、したがって対処方法も何も分からない状態だった。だが、このときは自分が何に対して恐怖を抱いているのかその正体が分かり、それを回避すれば大丈夫と思うことができた。さらに、恐怖に対する具体的な回避手段を見出しただけではなく、Qさんはこの圧倒的な恐怖に対峙することで、自分の中にそのような危機的状況にあっても壊れることのない「強さ」「核」を発見する。それは体調の「底」と同じように、揺らいでいた自己概念に輪郭を与えるような基準になるものであった。

このように、Qさんは二〇代の後半に迎えた苦境をある意味では「十分に苦しむ（suffered enough）[11]」［Morse 2000］ことによって、進むべき方向性を見出しえない「渦の中」からなんとか抜け出し、自立に向けた道を進み始めるわけであるが、このことに関連して、ここでは二つの点を指摘しておきたい。ひとつは、こうした変化が転機と呼べるようなドラスティックな性格のものであったがために、それが二〇代後半のこの時期に突如として生起したかのような印象を抱きがちであるが、実際はそうではないということである。

Q　うん、えーとですね、段階としてこうなんか、なっているわけじゃなくて、うーんなんかこう芽があって（笑）それが、こう育ったみたいなところがあるので。

確かに二〇代の後半に直面した危機的状況は、Qさんの人生＝生活に大きな変化をもたらす契機となった。だが、ここで語られているように、それは何もないところに突然生じたわけではなく、Qさん自身の中に、あるいはQさんの日々の生活の中に潜在していた変化の「芽」が時間をかけて育っていった結果なのである。確かに、一〇代から二〇代にかけてのQさんは、「いつかは自立を」という漠然とした思いは抱いていたものの、具体的に何をすればよいかは分からずにいた。ただ、Qさんは「渦」の力に翻弄されながらも、先天性心疾患者の集まりに参加して会報の作成を手伝ったり、好きだったシンガーソングライターのファンクラブで活動したりしながら、（たとえ当時はそのように自覚していなかったとしても）後の自立につながるような変化の「芽」をじっくりと育んでいた。二〇代後半に訪れた転機は、まさにそうした長年の「準備」作業が結実したものに他ならない。

もうひとつ注意すべき点は、ここでの転機を経て、Qさんは「基準」や「核」を見出したわけであるが、だからといって〈揺れ〉が全面的に解消されたわけではないということである。そもそもここで言う〈揺れ〉は、病いの経験の基層をなすものとして恒常的に存在するものである。しかし、一〇代から二〇代にかけてのQさんが、それを前にしてどう対処していいか分からず、半ば途方に暮れるような状態であったのに対し、二〇代後半に直面した深刻な苦境を潜り抜ける過程で、拠り所となるような足場を獲得し、それによって折々に〈揺れ〉に対峙しながらもなんとかやっていこう（あるいはやっていける）という気持ちになったというのがここでの変化の内実ではないだろうか。

もちろん、このように述べたからといって、この転機の持つ重要性が減じられるわけではない。それはやはり、Qさんにとって個人史の転換点をなし、振り返って繰り返し参照されるような、いわゆる「エピファニー（epiphany）」[12]［デンジン　一九九二］的経験だったと言える。しかし、繰り返すように、そこに至るまでの長い過程や、その後も続く苦境を見ないまま、変化の能動的側面だけを強調し過ぎることには慎重でなければならない[13]。

身近な人に働きかける

さて、二〇代後半に直面した苦境を潜り抜けたＱさんには、もうひとつ変化があった。それは自分の状況を他者に伝えることの大切さを認識するようになったことである。このことは、身体感覚の揺らぎや障害の不可視性といった問題にどう向き合うかということと密接に関わっている。

Ｑさんは小さい頃から母親に、自分の体調や気持ちは「言葉にしないと分からない」と言われてきた。だが、それは決して簡単なことではない。健康な人とは異なる身体感覚を「いちいち表現するのは非常に大変だし、エネルギー」を要する作業であるからだ。実際、それで周りの人が自分の状況を的確に理解し、必要な配慮や支援をしてくれればよい。だが、うまく伝わらないばかりか、話したことで場が気まずい雰囲気になったり、その意図を誤解されて非難されたりすることもある。[14] もちろん言わなければ言わないで、理解されないまま、気持ちの中に「もやもやが溜まっ」ていく。それでもやはり周囲に言葉で状況を伝えることは難しく、黙ってやり過ごすことが少なくなかった。

だが、最近になってＱさんは、かねてより母親が言ってきたことについて、「実際それはそうなんだと思うように」なってきたという。そのひとつのきっかけは、同じ先天性心疾患者の人たちと話をするなかで、障害者である自分たちのことを「健康な人は理解してくれない」という言葉を耳にし、「それは違うんじゃないか」ということを「強く感じ」たからだ。それはＱさんが三ヵ月間入院している間に考えたことでもあった。

Ｑ　ただ分かってもらえないって言ってただけじゃ、そこに壁ができて、それを超えられなくなるし。うん、分かってくれないって言う人に周りから働きかける人も（笑）そうはいないと思いますし。そういうことがあって、あのなんとかそれを、超えるにはどうしたらいいのかなっていう、ちょっと考えてると。

Ｑさんは、たとえ困難であったとしても、やはり自分（たち）の思いや置かれた状況をこちら側から説明する努力をしていかなければならないと考えるようになる。「何かの形で伝えていかないと、何も始まらない」からだ。

そうした思いからＱさんは、自身が運営するホームページなどで先天性心疾患のことや日々の思いを積極的に発信しているが、なかでもQさんが重要だと考えているのは、「一人ひとり自分が関わってる人たちに対して働きかける」ことで、病気のことも含めて自分のことを理解してくれる人を「一人でも二人でも増やしてい」くことである。Qさんがそうであったように、そうした身近な存在（家族や友人、職場の同僚など）の理解こそが、疾患を抱えながらもどうにかそのことと折り合いをつけて生きていくためには不可欠だからである。

〈揺れ〉を受け止める

このように、二〇代後半に経験した深刻な体調の悪化という苦境を潜り抜ける過程で、自立への歩みを後押ししてくれる足場を獲得したQさんであったが、既に述べたように、そのことで病いをめぐる困難な状況が解消されたわけではない。

Q　うん、だから自分の中でこう揺れてる状況を、うまくこう、生活とか他の状況と折り合わせることっていうのが、うん、大変。それが自分にいつもいつもついてくる。うん、多分これが健康な人であればそういうところはあまり感じないでとか、考えないで済むところも、うん、感じ、感じてこう自分でどうにかしなきゃ、っていうことを、多分、日常的にやってるんじゃないかなと。

先天性心疾患をめぐる〈揺れ〉を「他の状況と折り合わせること」は「いつもいつも」自分についてまわる課題である。それを日々行うことは、ここでQさんが語るように、とても「大変」な作業である。うまくいかずに失敗することもあるだろう。しかし、その責任を当事者だけに帰することはできない。というのも、冒頭で指摘し、また、第二節でも確認したように、こうした〈揺れ〉がことさらに対処すべき課題として浮上するのは、われわれの社会がそれを許容しない仕組みになっているからだ。したがって、〈揺れ〉にどう向き合うかということは、慢性の病いを生きる人にとってのみならず、社会全体に問われている課題であると言える。Qさんはインタビューの中で、自分たちは先天性心疾患者のことをどのように理解すればいいのか、という調査者の問いかけに対し次のように答えている。

Q　そうですね、うーん、うん、あのー、まあ人との関係とか感じ方ってそれぞれですから、うん、あの、これっていうのは言えないんですけど、ただもしひとつ言えるとすれば、あの、うん、その人の揺れっていうのを、ちゃんと、うんあの、見て受け止めていただけると一番いいのかなと。

一口に先天性心疾患者といっても病状は多様であるし、一人の患者の状態も日々変化している。関係のあり方や感じ方も人「それぞれ」である。したがって、先天性心疾患者に対する望ましい接し方を「これ」というふうに定式化することはできない。唯一言えることがあるとすれば、それは、「その人の揺れ」を受け止めることである。「健康／病気」「できる／できない」という「近代的な二元論的思考を捉え直す視点」〔浮ヶ谷　二〇〇四、一八六〕を持ちながら、その「狭間（in between）」〔Moss and Dyck 2002〕で揺れ動く人たちを、その都度「それもあるよね」と受け止められるかどうかがわれわれに問われていると言えよう。

おわりに

ここまで本章では、先天性心疾患者であるQさんの事例を取り上げ、Qさんがその生活史においてどのような苦難に直面し、それにどう向き合ってきたのかについて、特に慢性の病いをめぐる様々な〈揺れ〉に着目しつつ、検討を重ねてきた。それによって、身体感覚の揺らぎや波のように変化する体調、曖昧な自己感覚、見通しの定まらない将来、「できる」と「できない」の間を揺れ動く両義性など、様々な〈揺れ〉の存在[15]がQさんの経験において重要な位置を占めていることが明らかになった。

また、こうした〈揺れ〉が、疾患そのものに内在するものであると同時に、社会や他者との関係において現出したり、苦難を深めたりするものであることも確認した。このことが重要であるのは、病いをめぐる〈揺れ〉に向き合うという実践が、患者だけに求められるものではなく、社会全体において、慢性の病いを生きる人の〈揺れ〉を受け止めるという形で取り組まなければならない課題であることを示しているからである。

最後に、本書の主題であるサファリングに関して明らかになったことを改めて確認し、本章を終えることにしたい。既にみたように、先の見えない「渦の中」にいたQさんは、二〇代後半で深刻な体調の悪化と、自己を解体しかねないほどの圧倒的な恐怖に直面し、この苦境を潜り抜けることで自立への道を踏み出していた。ここで経験した体調の悪化や恐怖は、一見すると、Qさんの苦しみを一層深めるものであるように見える。しかし、Qさんはそれに向き合う過程で体調の「底」を見出し、自分の中にある「核」を発見するのである。このことは、サファリングが一義的に「排除されるべきもの（suffering should be eliminated）」［Carnevale 2009］ではなく、能動的変化をもたらす契機となりうることを示唆するものであろう。

だが、ここで注意しなければならないのは、既述のように、深刻な苦境に立たされれば半ば自動的にこうした変化が生じるというものではないということである。Qさんの場合も、進むべき方向性が見えない「渦の中」にありながらも、少しずつではあれ変化の「芽」を育んできたことが、あのような転換を可能にしたという側面があることを忘れてはならないし、苦境と向き合い、その意味するところを内省的に捉え返すという作業も重要であったと考えられる。

このことに関連して、サファリングの常態性とでも言うべき点についてもふれておく必要があるだろう。サファリングを排除しようとする振る舞いの前提には、それが否定的なものであるという認識に加え、サファリングは克服したり統制したりすることができるという発想（希望？）がある。しかし、繰り返すように、サファリングは「現実の本質的な一部（inherent part of reality）」［Mishel 1990: 261］であり、後景に退くことはあっても、常に経験の基層に存在し続ける（サファリングの根源性）。したがって、われわれが考えるべきことは、いかにサファリングを排除・克服・統制するかということではなく、どのように「人間の条件の手なづけがたい一部分として受け入れる」［フランク　二〇〇二、二〇二］ことができるかということである。本章で論じてきたことは、そのための手がかりを与えてくれるように思われる。

注

〈1〉本章ではこの概念を、両義性や曖昧さ、将来の見通しがたさなどを緩やかに包摂するものとして用いる。

〈2〉本調査は、法政大学の鈴木智之ゼミナールで二〇〇五年から継続して行われている「病いの経験とその語りに関する研究」の一環としてなされたものである。Qさんへのインタビューは二〇一三年にも行われているが、本章では筆者が参加した一、二回目のインタビューで得られたデータを分析の対象とする。聞き取り調査にご協力いただき、貴重なお話を聞かせてくださったQさんに心より感謝を申し上げます。

〈3〉Qさんのケースについては、既に石井［二〇〇六］や鈴木［二〇一二］によって主題的に論じられている。本章はそれらの論考を参照しつつ、特に〈揺れ〉とサファリングという観点からQさんの病いの経験を改めて読み解こうとするものである。

〈4〉Qさんはここで、「あーこの人たちとやっていかなきゃっていう思いがあって。うん、それを続けていくにはどうしたらいいのかなっていうことを、どっかで考えていたんじゃないかなぁと、思いますね」と語っている。

〈5〉鈴木［二〇一〇］は、このときのQさんのように、「将来に向けたベクトルをもちえずに、人生の物語の進行が滞っていると感じられるような状況」を「生活史の滞留」と呼んでいる。

〈6〉M・ボイルズらによれば、周囲の者が障害の存在を認知できるかどうかは、これらの「可視的な印（visible marker）」に大きく左右されるという［Boyles et al. 2011］。

〈7〉見えない障害とは、周囲からは隠れた障害を指し、それは非日常的な状況下を除いて、あるいは障害者本人や他の外部の情報源から開示されない限り、外部からは直接気づかれることはない［Matthews and Harrington 2000: 405］。日本では「内部障害」という言い方もなされる。

〈8〉青木も、学童期の先天性心疾患者が経験する「病気の開示のジレンマ」について、詳細な検討作業を行っている［青木　二〇一二］。

〈9〉Qさんはインタビューの中で、先天性心疾患との関わり方について語る際、「折り合いをつける」という表現を用いている。浮ヶ谷は糖尿病者の生きる生活世界を描くにあたって、「受容」や「適応」ではなく、「向き合う」という用語を採用しているが［浮ヶ谷　二〇〇四］、その理由を浮ヶ谷は、「最終的に病気を受け入れることを前提に」せず、「人間の生の根源的なありようとして捉える姿を描き出すため」だと説明している［浮ヶ谷　二〇〇四、五二］。Qさんにとっても、先天性心疾患は立ち向かい、克服しなければならない「課題」ではなく、なんとか付き合い続けていかなければならない人生＝生活の一部として捉えられていると考える。「折り合いをつける」という表現は、Qさんのそうした病いとの向き合い方を示しているのではないだろうか。

〈10〉コービンとストラウスは、この結びつきを「身体（body）」「生活史的時間（biographical time）」「自己概念（conception of self）」の三つの頭文字をとって「BBC連鎖（BBC Chain）」と呼んでいる［Corbin and Strauss 1987］。

〈11〉サファリングについての著作も多いM・モースは、苦悩が能動的な変容をもたらすためには、人は「十分に苦しむ（suffered enough）」必要があると述べている［Morse 2000］。このことが示唆するように、サファリングは自動的にそうした変容をもたらすわけではなく、そこには苦悩と対峙し、それを潜り抜ける（working through）というプロセスが必要となる。それは「骨の折れる仕事（hard work）」であり、「辛い仕事（unpleasant work）」であるため［Morse 2000: 6］、なかにはそれを完遂できず、苦しみの「回避」や「否認」に向かう人もいるだろう（苦しむ過程でそうした対処戦略が必要かつ有効な局面もある）。実際、クラインマンが指摘するように、人がサファリングに直面したときの帰結としては、「喪失感や絶望、挫折が転じて、恨みや孤立、引きこもりなどに陥る方が、はるかに一般的」であると考えられる［クラインマン　二〇一一、一七九］。

〈12〉サファリングは一旦経験されれば終わることはない（ただしそれは、実存的なケアリングとの出会いを通じて「耐えられないもの（unbearable suffering）」から「耐えられるもの（bearable suffering）」へと変化する）と主張するK・エリクソンのような研究者もいるが［Eriksson 1992; Rehnsfeldt and Eriksson 2004］、いずれにせよ、長期（ときには生涯）にわたって継続する慢性疾患において、サファリングと向き合う作業は一度きりではなく、体調の変化やライフイベント（就学、就職、結婚、出産など）ごとに繰り返し行われると考えるべきであろう。

〈13〉この問題を考えるうえで、「探究の語り（quest narrative）」に関するフランクの議論は非常に示唆的である［フランク　二〇〇二］。「探究の語り」とは、フランクが提唱した「病いの語り（illness narrative）」の三類型のうちのひとつであり（残りの二つは「回復の語り（restitution narrative）」と「混沌の語り（chaos narrative）」）、「病いを受け入れ、病いを利用しようとする」［フランク　二〇〇二、一六三］ところにその特徴がある。すなわち、「回復の語り」が病いを「一過性のもの」として位置づけ、（近代医療の力を借りて）病気になる前の状態を取り戻していく（＝原状回復）プロセスを描くのに対し、「探究の語り」においては、病いがもたらす中断を恒常的なものとして定位し、それらを切り抜けることで「新しい自分」になる変容の過程が描写される。フランクは、「寛解者の社会（remission society）」において、「探究の語り」に大きな可能性を見出す一方で、この物語形式に付随する「危険性」についても注意を払っている。そのひとつが「不死鳥のメタファーに伴う危険性」である［フランク　二〇〇二、一八九］。既述のように、「探究の語り」においては、病いを通じて自己が能動的に変容していく過程が描かれる。その典型とも言うべきものが、

「探究の語り」のバリエーションのひとつである「自己神話」である。自己神話は、「自らの身体の燃え残った灰の中から再生する不死鳥」のメタファーを用いて、「重いトラウマと辛苦の病いを経て、自己がまったく新しい姿に再生する過程」［フランク　二〇〇二、一七三］を描くストーリーである。この不死鳥のメタファーには、ともすると病いやそれがもたらす中断から「完全な変貌が可能となるかのごとく語ってしまう」傾向があり、そのため「自らの灰の中から立ち上がることができなかった者を暗黙の内に蔑視してしまう」危険性を有しているとフランクは指摘する［フランク　二〇〇二、一八九］。サファリングを通じた能動的変容についても、同種の危険性が孕まれていることに留意しなければならない。

〈14〉ストーンは内部障害のことを他者に語ることのリスクとして、信じてもらえない、同情を買おうとしているというふうに誤って判断される、ただの「注意を引きたい人（attention seeker）」と見なされてしまうなどを挙げている［Stone 2005: 295］。

〈15〉これらは相互に密接に絡まり合いながらも、それぞれに固有の特徴（位相）を有している。

引用・参照文献

青木雅子　二〇一二「先天性心疾患患者が学童期に経験した病気の開示を巡るジレンマ」『小児保健研究』七一巻五号、七一五―七二二頁。

石井由香理　二〇〇六「「普通であること」と「私」との距離――小児慢性疾患を抱える人たちの身体像とアイデンティティ管理についての考察」『Ｔｒａｃｅ　二〇〇五（法政大学社会学部鈴木智之ゼミ・研究報告書）』一―二六頁。

今尾真弓　二〇〇六「慢性の病気にかかるということ――慢性腎臓病者の「病いの経験」の一考察」田垣正晋編著『障害・病いと「ふつう」のはざまで――軽度障害者どっちつかずのジレンマを語る』二〇三―二三八頁、明石書店。

――　二〇〇九「慢性疾患という「境界」を生きること――ある当事者の語りを通して」荒川歩他編『〈境界〉の今を生きる――身体から世界へ・若手一五人の視点』二〇―三四頁、東信堂。

浮ヶ谷幸代　二〇〇四『病気だけど病気ではない――糖尿病とともに生きる生活世界』誠信書房。

クラインマン、Ａ　一九九六『病いの語り――慢性の病いをめぐる臨床人類学』江口重幸・五木田紳・上野豪志訳、誠信書房。

――　二〇一一『八つの人生の物語――不確かで危険に満ちた時代を道徳的に生きるということ』皆藤章監訳、高橋洋訳、誠信書房。

鈴木智之　二〇一〇「先天性心疾患とともに生きる人々の生活史と社会生活――成人への移行過程において直面する諸問題を中心とし

て」『社会志林』五七巻一・二号、六三―八七頁。

――――　二〇一一「滞る時間／動きだす時間――先天性心疾患とともに生きる人々の〝転機〟の語りを聞くということ」『質的心理学研究』一一号、四五―六二頁。

ストラウス、A他　一九九九『質的研究の基礎――グラウンデッド・セオリーの技法と手順』南裕子監訳、医学書院。

田垣正晋編著　二〇〇六『障害・病いと「ふつう」のはざまで――軽度障害者どっちつかずのジレンマを語る』明石書店。

高橋清子　二〇〇二「先天性心疾患をもつ思春期の子どもの〝病気である自分〟に対する思い」『大阪大学看護学雑誌』八巻一号、一二―一九頁。

デンジン、N・K　一九九二『エピファニーの社会学――解釈的相互作用論の核心』片桐雅隆他訳、マグロウヒル出版。

丹羽公一郎編著　二〇〇六『先天性心疾患の方のための妊娠・出産ガイドブック』中央法規出版。

フランク、A・W　二〇〇二『傷ついた物語の語り手――身体・病い・倫理』鈴木智之訳、ゆみる出版。

Boyles, C. M., P. H. Bailey, and S. Mossey, 2011 'Chronic obstructive pulmonary disease as disability: dilemma stories', *Qualitative Health Research* 21(2): 187–198.

Carnevale, F. A. 2009 'A conceptual and moral analysis of suffering', *Nursing Ethics* 16(2): 173–183.

Charmaz, K. 1983 'Loss of self: a fundamental form of suffering in the chronically ill', *Sociology of Health & Illness* 5(2): 168–195.

Corbin, J. and A. L. Strauss 1987 'Accompaniments of chronic illness changes in body, self, biography and biographical time', *Research in the Sociology of Health Care* 6: 249–281.

Eriksson, K. 1992 'The alleviation of suffering: the idea of caring', *Scandinabian Journal of Caring Science* 6(2): 119–123.

Matthews, C. K. and N. G. Harrington 2000 'Invisible disability', in D. O. Braithwaite and T. L. Thomspon (eds) *Handbook of Communication and People with Disabilities: research and application*, pp. 405–421, Mahwah, NJ: Lawrence Erlbaum Associates, Inc.

Mishel, M. H. 1990 'Reconceptualization of the uncertainty in illness theory', *Image: Journal of Nursing Scholarship* 22(4): 256–262.

Moss, P. and I. Dyck 2002 *Women, Body, Illness: Space and Identity in the Everyday Lives of Women with Chronic Illness*, Lanham, MD: Rowman & Littlefield.

Morse, J. M. 2000 'Responding to the cues of suffering', *Health Care for Women International* 21(1): 1–9.

Rehnsfeldt, A. and K. Eriksson 2004 'The progression of suffering implies alleviated suffering', *Scandinavian Journal of Caring Sciences* 18

(3): 264-272.
Rodgers, B. L and K. V. Cowles 1997 'A conceptual foundation for human suffering in nursing care and research', *Journal of Advanced Nursing* 25(5): 1048-1053.
Stone, S. D. 2005 'Reactions to invisible disability: the experiences of young women survivors of hemorrhagic stroke', *Disability and Rehabilitation* 27(6): 293-304.

第3章　偶然と必然のあいだを生きる
苦境に関する一考察

近藤英俊

はじめに

病気、事故や死別など、苦痛を伴う困難な状況に際し、人はその降って湧いた事態を容易には理解できない。つい今しがたまで続いていた当たり前の日々はもう存在しない。それは残酷な現実であるが、何か夢のなかにいるような非現実性を帯びている。「なぜこのような目に遭わねばならないのか」と繰り返し自問しても、持ち合わせの知識・経験では答えが見つからない。あるいはそこに何か神秘的な力や原理を感じることもあるだろう。この突然投げ込まれた不可解で理不尽な現況において、未来もまた不確実なものになる。この先いったいどうすればいいのか、近い将来すら見通せない。そして当たり前だった人間関係が失われ、最も親しい人々でさえその人の苦しみを共有できるわけではない。つまり人は孤独になる。

それでも人は大方前へ向かって生きようとするだろう。そのときそれまで知らなかった手段、情報、専門家や支援者と出合い、確たる根拠もないままそれらを利用することもあろう。同様に不幸の原因や今後の見通しも、新たな情報、行為の結果、状況の変化などに応じ転々と変わっていくかもしれない。この賭博的かつ流動的な実践によって不確実性はいっそう高まるが、同時に希望はつながっていく。そして問題が長期化し不安が常態となっても、その時々に希望と幸福を感じ、人は生きていくのかもしれない。筆者はこうした状況を苦境と呼び、それを偶然化する現実を再必然化しようとする過程、偶然と必然のあいだの境界域として捉えたいと思う。

筆者はあらゆるサファリングの経験が苦境経験だと主張するつもりはない。圧倒的な痛みや、朦朧とした意識は、人を苦境に立たせることも許さないだろう。また偶然性は、苦境でなくとも、日常生活のふとした瞬間に現れることもある。さらに右に述べた状況が、人間の普遍的経験と断定しうる証拠があるわけではない。しかしながら近年、欧米の文化人類学研究が、ますますこの領域に関心を寄せつつあるのも事実である。

この章ではそうした近年の主要な研究とその他若干の研究を吟味し、偶然と必然の境界域としての苦境における、生の営みについて分け入ってみたい。この考察は九鬼周造の偶然性の哲学に多くを負っている。筆者の知るかぎりこれまで九鬼哲学が文化人類学に応用されたことはないが、それは文化人類学の可能性を広げるインスピレーションの宝庫であるように思われる。本章の主眼は、九鬼の偶然性の哲学に依拠して、これまでの苦境研究に統一的な視点を提供することにある。まずは近年の研究からグッド、ホワイト、クラインマン、そしてジャクソンの研究を取り上げそれぞれの論点を素描したい。

一　仮定法的様相、不確実性、半影

苦境的様相の研究に先鞭をつけたのはグッド〔Good 1994〕だろう。グッドはトルコのてんかん患者の経験にこうした様相を見出し、文学研究者イザールの読書応答論と、心理学者ブルーナーの仮定法的様相の概念によって分析している。読書においてテキストは、解釈の仕方に一定の制限を加える。しかしイザールはテキストには不確定性があるという。解釈は、読者が、読書の過程で遭遇する様々な出来事や登場人物、予想外の展開などに応じて行うものであり、読了するまで暫定的なものに留まる。いいかえれば読むという作業は、状況とともに移り変わる「浮動する視点」と、その時々の「美的合成」によって進められる。この点が病人の語りと共通するという。

トルコのてんかん病者の語りには、内容の順番やプロットに共通性が見られる。しかし病者は病気経験のただなかから、時々の状況や立場に応じて語る。語りのプロット、例えば病に対する見解や今後の見通しは、治療結果、家族や知人らの対応、新たな情報との出合い等々に応じて変化する。あるプロットがやがて別のものに取って代わられるなら、一つ一つのプロットはそうである必然性を有さない、他でもありえるものとなる。グッドによれば病者は積極的に複数のプロットを維持しているという。そうすることで治癒への可能性は開かれたままになるからだ。こうした病気経験を、グッドはブルーナーに倣い仮定法的様相（subjunctive mood）と呼ぶ。

ホワイト［Whyte 1997］の貢献は、不確実性の問題を再び人類学的議論の俎上に載せた点にある。ホワイトはデューイの哲学に依拠し、東ウガンダ・ニョレ人の病気経験の不確実性について吟味している。デューイによれば、知識に対する傍観者的な見解のように、人は普遍的な真理や絶対的確実性を求めて生きているわけではない。それぞれの物理的社会的環境のなかで、偶然的で移ろいやすい事象と折り合いをつけて生きている。そうした人の関心は行為の結果に向かいがちであり、行為の結果に伴うのが知識である。不確実性は災いによってもたらされるだけでなく、災いへの対応の結果生じる。

ホワイトが不確実性として注目するのは、事実上「失敗」と「複数性」といっていい。失敗とはまずは健康の失敗、つまり病気になることであり、それに対する対応の失敗、つまり占いと治療の失敗である。ニョレ人は病が悪化の一途をたどるか、または家族まで罹患するに及んで、初めて原因について取り沙汰し占いを行う。ところが病因と治療方法を判定するはずの占いは明瞭さに欠けるという。占いは占い師とクライアントとのやりとりのなかで進められるが、この過程で浮き彫りになるのは、原因の特定をいっそう困難にする病人の複雑な人間関係である。治療が失敗することも珍しくない。失敗は複数の治療間の梯子を導くことになるが、この流動性によって不確実性はいっそう増すことになる。しかしデューイの「行為の様々な結果を経験することで、失敗はもはや運命づけられたものではなくなる」という言葉を引用し、ホワイトは不確実性が希望にも連なっていると主張する。

クラインマン［Kleinman 2006］の研究は、不確実で危険な状況に陥った人々が懸命に生きる姿をたどった民族誌である。クラインマンが叙述する人々の生きざまは、ホワイトのものと一線を画す。それは一つの生き方を貫く人々の姿勢である。彼らは社会情勢がもたらす不確実で危険な状況のなかで、本当に大切なこと（What really matters）に執着する。クラインマンが強調するのは、この一貫した生き方に道徳性があるという点である。

この道徳性とは誰もが正しいと認める規範や振る舞いではない。むしろ矛盾を孕んだ社会的通念への批判となるような生き方である。それは必ずしも称賛されるような生き方ではない。またそれによって社会がすぐ変わるわけでもない。しかしそれを貫くことで、少なくとも何をしたら社会の不正や絶望を減らすことができるか示すことができるという。こうした社会批判を体現する人々をクラインマンはアンチヒーローと呼ぶ。

ジャクソン［Jackson 2009］の研究は、人生の重大な局面に現出しがちな半影（penumbral）と、半影における宗教経験に関する現象学的民族誌である。半影とは太陽の黒点の周りにある灰色の部分を指す。このことからジャクソンはそれを白黒はっきりしない曖昧な領域の意で使う。一般に文化人類学では境界域（liminality）という言葉が当てはまる領域だが、半影は儀礼の場だけでなく、日常のふとした瞬間に現出することもある。しかし半影が顕著に現れるのは危機的状況であるという。

半影において人は既知の世界から切断され、言葉、力、知識の限界に直面する。しかし同時に個人と個人の関係を超えた関係、自然、神秘的存在、想像の共同体などとの新たな関係が結ばれることがある。これがジャクソンの考える宗教経験の本質である。したがってこの研究が取り上げるエピソードには、神や儀礼といった制度化された宗教はほとんど登場しない。その代わり苦しみの最中に訪れる啓示とも呼びうる瞬間、しばしば言葉に表すことのできない美的感動や幸福感が民族誌的に捉えられている。

これらの研究に登場する人々の経験は、冒頭で触れた苦境経験の特徴を大筋において示している。その本質に迫る鍵概念である仮定法的様相、不確実性、半影も互いに近似している。しかしそこには取り組むべき課題もある。

第一にこれらの研究は、仮定法的様相、不確実性、半影は困難な状況において顕著に現れるが、日常生活にも存在すると指摘している。つまり日常生活は、その大半を占めると思しきこれらと異なる様相と、これらの様相によって構成される。ところがこの仮定法的でも不確実でもなく半影的でもない様相が何かについては、不問にふされている。このことがこれらの鍵概念の曖昧さに連なっていると筆者は考える。グッドは病気経験が読書経験と似ていると主張するが、読書経験は他の日常的な経験と明らかに相似している。ホワイトのいう不確実性は日常生活全般に存在するとみることもできる。つまりこれらの研究は病気経験の解明を企てながらも、あらゆる人間経験を一つの様相によって一元的に分析する方向性を孕んでいる。しかし問題は、われわれにとって現実は常に仮定法的様相や不確実性を帯びているわけではない点にある。それはこうした様相には状況に応じた程度差があるといえば済む問題ではない。むしろわれわれの生は根本的に二つの様相において理解すべきではないか。この点、半影を境界域と定義するジャクソンの研究では、境界的ではない様相からの移行が示唆されている。が、そのジャクソンの研究も、言語・知識・力が通用する既知の領域と、それらの限界を超えた領域（半影）というだけで、それ以上の厳密な定義は避けられている。

　第二にこれらの研究は、特定の苦境経験、苦境時の特定の生のあり方を強調する傾向がある。グッドやホワイトの研究では、複数の治療方法や見解のあいだを渡り歩く流動的な人々の生が描かれている。対極的にクラインマンの研究は一つの生き方にこだわる人々に焦点をおいている。ジャクソンの研究テーマは半影における宗教的経験にある。苦境経験が個人に応じて千差万別であるのは自明のことである。しかしこれらの研究は、流動性、一貫性、宗教性を苦境経験の顕著な特性として明らかに提示している。このように苦境時に典型的な経験や生き方が複数ありえることを、統一的に理解することは可能だろうか。

　こうした課題に取り組むために、試論の域を出ないが、九鬼周造の哲学にもとづいた一つの視座を提示したい。この作業は上記の研究のなかのいくつかの事例と、他の若干の事例を引き合いに出し、それらを流動的生き方、一貫した生き方、そして宗教的生き方の三つに分け吟味するというかたちで進められる。以下ではまず流動的生き方と一貫した生き方の事例を紹介する。

二　流動的生き方

流動的生き方はグッドとホワイトの事例研究に顕著に見られる生き方である。ここではグッドの研究からケリム・ベイのエピソード［Good 1994: 151-158］を、ホワイトの研究からはナムグウェレ一家のエピソード［Whyte 1997: 1-3］を取り上げ、これに筆者自身の苦境経験のエピソードを加えたい。グッドの研究はケリムの経験する現実が仮定法的様相を帯びていること、ホワイトの研究はナムグウェレ一家の経験が不確実性に満ちていることを明らかにすることに主眼がある。

ケリム・ベイの例

二六歳男性のケリム・ベイは、工場の警備員として働いていた。彼には妻子がおり、両親や兄家族と暮らしていた。てんかん発作が始まったのは、一六〜一八歳の頃からである。インタビューの前半、ケリムはてんかんが始まった経緯について以下のように語っている。「深夜二、三時頃、私の兄の妻が産気づいた。そこで（このことを両親に伝えるようにいわれ）私は外へ出た。（中略）角を曲がって歩いていくと、三匹の大きな黒い犬がいた。犬が吠え始めると私はびっくりしてしまい、向きを変えて家に戻り、そのまま気絶し倒れ込んでしまった。（中略）それから一年後のある晩、トラックの荷台に乗って仕事をしていたところ、七、八メートル下に転落してしまった。（中略）すぐさま病院に運ばれ、医師の診察を受けた。医師は、私はてんかんの初期段階にあり、ものごとにくよくよせず、毎日八時間以上睡眠をとるべきだといった」。ケリムはてんかんの辛さについて単に症状だけの問題ではなく、気絶への不安、恥ずかしさ、意気消沈、腹立たしさなどを訴えた。なぜ発作が起こるのか繰り返し自問したという。治療については通常の治療を続けてきたこと、医師にドイツかアメリカへ行って手術をすれば治るといわれたことなどを語った。

ところがインタビューが進むにつれ、ケリムが複数の矛盾しかねないプロットをもっていることが明らかになる。ケリムによれば、てんかんの原因について医師は頭の血管が腫れているといったが、イスラム教治療師は精霊のせいにしたという。治療師の占いによれば黒い犬は精霊であり、ケリムが過って精霊の子を踏み殺したせいで報復したのだという。またケリムがトラックから落ちる前、実は隣人と喧嘩になり、頭を石で殴られたことも明かした。治療についても医師が処方した薬を服用しながら治療師を訪れているように、複数の方法を試している。ケリムはこれら複数の見解や治療の相互関係に頓着しない。それらをオールタナティブとして維持している。「（これらの治療によって）九月までに良くならなければ、医者のところに戻り、処方してくれた薬は効かないので手術して欲しいというつもりだ」。このように仮定法化した現実は不確実であるが、希望へとつながっている。

ケリムのエピソードに関しもう一つ注目すべきは、神秘的存在への言及である。その一つに「金色の娘」の話がある。冬の夜、倉庫の警備にあたっていたときのことである。友人が茶を沸かそうというのでケリムは給湯場へ行った。そこは暗く人気がなかった。「突然猫が鳴いた。あれを猫というのだろうか。その声は赤ん坊が泣いているようでもあり、葬式の歌のようでもあった。とっさに何かいると思い銃を構えた。奴らの一人が来ると思って他の場所へ移った」。実はそこに「金色の娘」という精霊のようなものがいる噂を聞いていた。翌朝ケリムが帰途に就こうと守衛室を出たところ発作に見舞われたという。

ナムグウェレ一家の例

東ウガンダのニョレ人の村でのことである。マリコという名の若い男が、怯えたような顔をしてホワイトのところにやってきた。母親のナムグウェレの具合が悪く、車でブグウェレのヘルスセンターまで運んで欲しいという。しかしマリコの両親の家に行ってわかったのは、それがヘルスセンターで治療できるようなケースではないことだった。ナムグウェレは床のマットレスの上で叫び声を上げ震えていた。夫が彼女を背後から支え、子供たちは母親のことを心配そうに見守っていた。病は突然やってきたという。朝、彼女は夫とともに畑に除草に行き、不調を感じた。心臓が苦しく吐き気もあった。夕食後、身体の節々に強い痛みを感じるようになった。やがてナムグウェレはニョレ人がオフサミラ

（*ohusamira*）と呼ぶ、奇妙なしゃべり方をするようになった。夫は「おまえは何者だ」と尋ねた。これに彼女は「わしはヒティティラだ。山羊が欲しい」と答えた。さらに「わしはワルンボだ。鶏が欲しい」「わしはルブヤだ。鶏が欲しい」といった。彼女は身体を揺すり手足をばたつかせた。水が飲みたいというので、薬草を混ぜた水が渡された。そして我に返ると泣き始めた。「子供たちよ、私は死ぬだろう」。

また痙攣が起こり、ナムグウェレは自分が三つの精霊であると表明した。しかしこのとき夫はそれを否定した。夫によるとこれらはクランの霊であり、煩わされるような筋はないという。「ルブヤにはブグウェレで買ってきた山羊三頭をすでに捧げている。ワルンボには毎年鶏を捧げている。ヒティティラは今鶏を供してくれる霊媒がいない」。彼はいう。「この病気が何かはわかっている。これは熱なんだ。腸に始まり心臓まで来たんだ。そのせいで気違いのように振る舞っているんだ」。しかしナムグウェレは身体を揺らし呻き続けた。「どうだ、わしはヒティティラ、ルブヤ、ワルンボだ。山羊と鶏が欲しい」。結局、夫は要求を受け入れ中庭の社に鶏を持って行った。「もし食べようとしているのがあなたがたなら、このとおり大きな鶏を二羽持ってきました。これを差し上げましょう。これでどうか妻のもとを立ち去ってください。元気にして欲しいのです」。この供犠に対し妻は繰り返し感謝した。

それからマリコは薬局で買った解熱剤を母に与えた。他の人々は彼女の顔や胸を洗った。すると一人の男が静かに部屋に入ってきた。夫の従兄だった。ナムグウェレはいう。「ハマラ、あんたも来てくれたんだね。もし私が死んだら、死に際に誰かを呪うかもしれない。でもあんたには何の恨みもないからね」。それから彼女はホワイトたちに向き直って、「白人さんたちも来てくれたんだね。ありがとう。もうヘルスセンターに連れて行ってもいいよ」。ここで夫は数珠を取り出し、全員で妻のために祈るよう促した。祈りは聖書を読むのと同じガンダ語で行われた。翌日、相変わらず痛みがひどいので、ブグウェレに連れて行かれた。担当した医師の助手は彼女の病を発熱と診断、一晩入院するよう勧めた。しかしその後も体調はすぐれなかった。

一〇日ほど過ぎたある日、夫は有名なイスラム教の治療師に会いに行った。治療師の占いによるとナムグウェレの病気は、ハマラの呪術のせいだという。ハマラは父方の別の親戚の妻と結託して彼女の命を奪おうとしているというのである。治療師は、従兄の足跡の砂を入手し、それを使って対抗措置をとるよう夫に助言した。夫はそれを実践する代わりに邪術対策の専門家を訪れた。専門家は呪薬の束を発見すると、仕掛けた者に邪悪な力が戻るよう、それを燃やした。しかしその後数ヵ月経っても彼女は繰り返し病に見舞われたのだった。

筆者の例

ここでは筆者自身の苦境経験について述べたい。といってもこの苦境の真の当事者は私の父である。父はガンを患い、発見後四ヵ月ほどで亡くなった。しかし詳細にたどることができるのは、この間の筆者の看病と死別の経験である。この「看病」という言葉は必ずしも適切ではない。それは筆者が「看病」らしいことを十分にしなかったというだけでなく、「看病者」を超えた役割を担ったことによる。

ある年の八月の末、当時留学していた筆者は一時日本に帰国していた。かつて我が家では、夏休みに伊豆の海へ行くのが恒例だった。長崎の島育ちの父は海好きだった。このとき本当に久しぶりにこの家族旅行が実現した。ところが父の様子がおかしい。元気がなく、あれだけ好きな刺身を食べたくないという。東京に戻ってから父は筆者を伴い公立病院に行った。一通り検査を終え診察室の前で待っていると、なぜか筆者だけが呼ばれた。動揺する父を後に診察室に入った。医師はレントゲン写真を見せながら、肝臓に腫瘍があるという。そこには筆者でもわかるほどの黒い影があった。検査入院する必要があるが、ここでは手術はできないといわれた。筆者は父のところに戻ると、肝臓に影が見つかったがまだ悪性と決まったわけではなく、さらに検査する必要があるらしいといった。父は取り乱すことはなかった。ただ組んだ両手の親指をくるくる回していた。

父は以前入院していたことのある大学病院に入院した。検査の結果、肝臓の腫瘍は悪性であり、すでに有効な治療方法がないほど進行しているのがわかった。そのことを父に伝えるべきかどうかで、母と議論になった。母は父の性格からいって告知には反対であった。筆者は病と主体的に向き合うには告知が必要ではないかと主張した。とはいえ自分の意見に自信があったわけではなかった。結局、母の意見に従いガンの告知はしなかった。父には腫瘍には様々なタイプがあって、これは純粋の悪性とはいえないものらしいなどといい加減なことをいった。父は治療について「ヒデ（筆者）にすべて任せる」といった。

以降、筆者は治療方針の決定や情報収集などで主導的な役割を担うようになった。事実上病院から見放されたが、治療を諦めるわけにはいかなかった。筆者は肝ガンと代替医療に関する本を読み漁り、治療してくれそうな医療機関を探した。まずは有名な公立医療機関での父の診療を考えた。そこには肝ガンの外科的治療の「権威」とみられる医師がいる。有力な紹介状を手に入れると筆者は医療機関に向かった。紹介状が功を奏したのか、筆者はその医師とすぐ会えることになった。明るい待合室から診察室側に通されると、奥に白衣をまとった若い女性が座っていた。一目で看護師ではないとわかるその女性は、白衣の下に鮮やかな色の服を着ていた。何もすることがないのか爪を研いでいた。医師は筆者が大学病院から借りた検査結果を見ながら丁寧に対応してくれた。医師によれば、父にとって手術の負担は大きく、仮に手術が成功しても予後は捗々《はかばか》しくないかもしれないという。入院については長く待つことがないよう手配してくれるといってくれた。しかしこの間電話がひっきりなしにかかってきた。うち一つは政治家の治療について話題にしているようだった。母と相談した結果この病院に父は託さないことに決めた。

大学病院に入院している二ヵ月余りのあいだ、父の容体は表面的には悪くなっているように見えなかった。ときに屋上でランニングをしてみせるなど、われわれをびっくりさせることもあった。しかしCTスキャナーなどその後の検査は、ガンの進行を示していた。患部に直接抗ガン剤を注入したが効果はなかった。一二月初旬、父は大学病院を退院し自宅に戻ってきた。これで自宅療養になったわけだが、ここから多種多様な代替医療を試してもらうことになる。

まず食事療法として、有機野菜を使った野菜ジュースを一日に数回飲んでもらった。三度の食事には有機野菜のスープをつけた。いわゆる栄養補助食品としては、父が以前から使っているキチンキトサンと、愛知県から取り寄せたシジミエキスを飲んでもらった。さらに民間療法に詳しい薬局で、「今最も手ごたえを感じているもの」はプロポリスだと聞き、それを買いに行った。当時プロポリスはあまり出回っておらず、唯一の取り扱い業者から相当量購入した。高価な上に毎回濾過しなければ使用できない厄介なものだった。よく知られる丸山ワクチンも使用してもらった。長崎の親戚が薬草を送ってくれればそれを煎じ、ヨード療法のことを知ると話をクリニックまで聞きに行った。これらに加えて、父は電磁波の出る健康機器を一日に数回利用していた。この機械は電流の流れるベルトとベッドからなっており、使用者は横になってベルトを身体に巻く。この機械は叔母のもので、以前から父は叔母の家まで行っては利用させてもらっていた。それを借り受け自宅で使っていたのである。

これらの療法に関する情報は主に本や雑誌から入手した。療法にはそれぞれ独自の理論がある。しかし筆者は採用にあたり、そうした理屈よりも具体的な効果の話、つまり「体験談」を重視した。野菜ジュースやプロポリスのように飲みづらいものもあり、父はかなり我慢してこのメニューをこなしていたに違いない。また代替医療は高くつく。父の預金をかなり突き崩して費用に充てた。

その一方で筆者は生物医療的な治療を諦めたわけではなかった。レントゲンやＣＴスキャナーの写真を持って、親戚や友人に紹介された医師たちを回った。ある大学病院の医師は、写真を興味深そうに吟味しながら腫瘍学的所見を語ってくれた。別の病院の医師は、丸山ワクチンの使用のことをいうと、この薬の効果が臨床的に証明されているかのように伝えられていること、そして多くの患者がそれを信じて使用していることに憤慨した。また入院していた大学病院の副院長に肝ガン手術の実績があることを知ると、会って話を聞かせてもらった。その医師は手術ができるといったが、母は手術には否定的であり、筆者も医師の言葉を信じることができなかった。

このとき筆者は焦っていた。何か良い波に乗れていないといった感覚があった。そんなとき、ナイジェリアで知り合った日本人僧侶のことを思い出した。修行のためナイジェリア各地を太鼓を叩いて歩きまわっていた人で、マラリアに侵されながらも初心を貫徹したつわものだった。この僧侶なら何かしてもらえるという漠たる思いに駆られた。連絡を試みるとたまたま日本に戻ってきているという。早速、都内にある居候先、錦鯉問屋の社長宅に会いに行った。僧侶には祈禱か何かしてもらえないか尋ねるつもりだった。ところが成り行き上、社長が話の輪に加わり、筆者は父が試した様々な代替医療のことを話した。そしてもう一つ試したいものにゲルマニウムを含んだ鉱石の粉を使う療法があるが、長野県まで行かないと入手できないというと、江戸っ子気質の社長が、初対面の筆者のために一肌脱ぐという。今からそれを購入しに長野まで行ってくれるというのだ。筆者を残し、彼らは車で長野へ向かった。彼らが緑の粉を持ち帰ったのは深夜だった。

このありがたい粉を湿布にして、父は肝臓の辺りにしばらく付けていた。残念ながら即座の効果があったわけではない。その後僧侶は、父のためにわざわざ我が家まで数回足を運んでくれた。してくれたのは祈禱ではなく、父の足揉みだった。

父のことをよく知っている筆者の友人は、いっそ父を長崎に連れて行ってはどうかと提案した。父は退職後海辺に居を構え、そこにボートを係留して余生を過ごすつもりだった。実際、長崎県に理想的な土地を見つけ購入していた。友人がいったのはこの移住の実行である。これには筆者も心を動かされた。病床の父は移住の夢を捨ててはおらず、ボートのカタログを見ているときだけ、以前のあの少年のような無邪気さがかえっていた。父に一番やりたかったことをやらせてあげたい。いやそうすれば案外治ってしまうかもしれない。しかしその実現に向けて動き出す時間は残されていなかった。

正月は父と自宅で迎えることができた。近くにドライブに行くこともできた。しかしその後腹水がたまり始め、父は急速に衰弱していった。父の希望で以前父の脊椎腫瘍を執刀した医師の病院まで搬送した。入院して数日後危篤状態に陥った。それでも母も筆者も「死なせるわけにいかない」という思いだけで、持参した電磁療法のベルトを父の身体に当てた。それもむなしく父は他界した。二人の看護師が驚くほど泣いてくれた。駆けつけた友人は、「きっと今頃、親父さんは船に乗っている」と、ドラマのような、しかし心のこもった言葉をかけてくれた。ガンが見つかってから約四ヵ月後、成人の日のことだった。享年六六歳だった。

筆者には何か悪い風が吹き抜けていったような感覚が残った。抗することのできない力が父の命を取っていったイメージがあった。実際、奇妙なことも起こった。ガンが見つかる少し前、叔母一家の飼犬——父もかわいがっていた——が急死した。大学病院に入院する日には、家の中で飼っていた猫が行方不明になった。そして郵便受けに人型をした紙が入っていた。

最終的に父の病は胆管ガンということになったが、母も筆者も死因には釈然としないものを感じた。ガン発見後、父はあまりにも早く死んでしまった。それは凄まじい勢いで進行した。長崎の原爆投下からまだ間もない頃、父は行方不明になった父の叔父を長崎に探しに行っていることを思い出した。もしかしたらそのとき被曝したのかもしれない。折しも父と同じようなガンになるケースが、被曝した可能性のある人々のあいだに多く見つかっているという新聞記事を目にした。あるいはまた職場で事実上左遷されたことが遠因になっているのかもしれない。父が脊椎腫瘍をはじめ様々な病気に苦しむようになったのもそれ以来である。父は早めに退職して移住したかったらしい。それができなかったのは筆者がまだ大学院生だったからではないか。海で暮らしていれば長生きできたかもしれない。つまり父の死について筆者にも責任があるのではないか。だいたい何も知らないくせに、筆者は治療者のように振る舞ってしまったのではないか。代替医療、とくに食事療法が死期を早めたのではないか。治癒の幻想にとり憑かれる代わりに、もっと父の話し相手になる、身体をさする、あるいは単に傍にいるといったケアをすべきだったのではないか。

様々な治療を試させられる父が、それをどのように思っていたのか知る由もない。筆者は当時、父がガンという事実に向き合い、積極的に治療に取り組んで欲しいと願った。つまり父のあり方が受動的なものに思われた。しかしその後振り返ってみて、父の生き方が違って見えるようになった。父は筆者が次々に紹介する治療方法を拒否することも、意見をいうこともなかった。人生の最後となりかねない局面で、よくも筆者のような者を信任し続けたと思う。そこには明らかに父親の強くて温かい一貫性があった。苦境のなかで驚くほど一貫した生き方をする人々がいる。この、流動的生き方とは一見対極的な生き方の事例を次に見てみたい。

三　一貫した生き方

苦境における一貫した生は、クラインマンの研究のテーマである。ここではそのなかからウィンスロップ［Kleinman 2006: 27–45］とアイディ［Kleinman 2006: 46–79］の二つのケースを取り上げたい。次いでジャクソンの研究から、ホロコーストという極限状況を生き抜き、そしてその経験を書き綴った人々のエピソード［Jackson 2009: 94-98, 119-120］について触れる。

ウィンスロップの例

ユダヤ系白人のウィンスロップは法律事務所を営んでいた。彼にはプロテスタント系の妻と子供がおり、家庭生活も円満であった。第二次世界大戦の従軍経験があり、二度受勲している。一見不幸とは無縁のウィンスロップが、六〇歳の誕生日を境に意気消沈し、食欲不振と不眠に見舞われた。ところが彼は家族に何も語ろうとしない。心配する家族に説得され、ようやくクラインマンの診療室を訪れた。クラインマンは症状から彼の問題をうつ病と診断し薬を処方した。しかしその後二五年を経て、あらためて当時のノートを読み返し、ウィンスロップの問題は単なる病気ではなく、過去のある事件と関連した道徳上の問題であることに気づく。

太平洋戦争中、ウィンスロップは海兵隊員として沖縄に上陸した。戦場で彼はいくつか残虐な殺人をした。なかでも日本軍の軍医を撃ったことが、生涯彼を苦しめることになる。その軍医は負傷した兵士を介抱しているところだった。「彼（軍医）は両手を上げると、私を見つめた。命乞いはしなかった。とても人間的で同情心に溢れて見えた。ああ、その彼を私は撃ったのだ」。ウィンスロップはこの記憶を抱えて何とか生きてきた。しかし六〇歳の誕生日にそれが重くのしかかってきた。「彼のことを考えれば考えるほど彼がキリストのように見えてくる。悲しみをたたえた目といい、血で染まった傷口といい。私は治療者（healer）を、深い人間性をもった人を殺してしまったのだ。いったいどうして？　どうしてそんなことができたのだろう？」。

八週間の治療によって症状は改善するが、ウィンスロップはクラインマンに感謝しない。彼にとって殺人の記憶は抹消すべきものではなく、苦しまねばならないものだった。つまり彼は自分を罰する生き方を貫こうとしていたのだ。クラインマンはこの生き方に道徳性をみる。日常的には悪である殺人が、戦時にはいともたやすく善とみなされる。そうしたローカルな道徳に対する批判がそこにあるという。「私は周りにいた連中同様、人間性を失くしたのだ。あなたに答えなんかない。むろん私にもない。私はただそれを生きるだけだ。私が最悪をやってしまったと認めるのは、いかにしてごく普通の人間が悪事を働いてしまうかを理解することに等しい」。こうしたウィンスロップの苦しみには希望があるという。クラインマンによれば、彼の生は、残虐性がいつでも繰り返されることへの警告であり、その変革を志向している。

アイディの例

フランス系アメリカ人のアイディは、国際的な援助機関の現地代表として主にアフリカで活動していた。活動の重点は、難民や住む場所を失った女性や子供の人道的支援にあった。現地の人々のあいだで暮らし、現地の複雑な政治的・社会的状況を考慮しつつ、弱者を優先的に支援するというのが彼女のやり方である。そこにはこれらの点を軽視する、国際機関やNGO上部に対する批判も込められていた。そうした彼女の立ち上げたプロジェクトは、現地の人々に高く評価されていた。ただ彼女には罪の意識のようなものがあった。それは第二次世界大戦で、祖父がナチスドイツの傀儡であるペタン政権の協力者だったことである。

アイディは在学中クラインマンのもとで勉強していた。その後も連絡を取り合い、クラインマンは東アフリカで活動中のアイディを訪問したこともある。そんなアイディが久々にクラインマンに連絡してきた。彼女はクラインマンに友人としてではなく、医師として会って欲しいという。やってきたアイディはまるで別人のようになっていた。顔はこわばり、瞬き一つしなかった。彼女はそれまでの二二ヵ月間、西部および中部アフリカの戦争地帯で援助活動を行っていた。「今やっと、なぜ私の同僚や前任者が何も感じなくなったか、いかに多くの人々が無気力になっていったかわかったわ。銃を突き付けられたことが一度どころか三度もあった。（中略）そこにいた誰もが、政治家も、軍人も、警察も、そして難民までもがグルだった。かわいい子供が次の瞬間私の頭に自動小銃を突き付けた。しかもこちらが生きようが死のうが、その子にどうでもいいことは明らかだった。（中略）殺人、切断、仕返しの応酬、停戦に次ぐ停戦、数々の破棄された約束、浪費されたカネ、失敗したプログラム。すべてが腐って無くなっていく。あまりにも危険で、あまりにも腐敗していて、あまりにも恐ろしい」。

彼女の語りは絶望と希望のあいだを揺れ動く。「これが絶望ってやつかもしれない。何年もかけて困窮した人々を助けるには何が必要なのか、どうすれば助けられるのか学んできたのに。ここは状況がひどすぎる。絶望を感じるわ。皆そう感じているわ。何もかもうまくいきそうもない。でも、それではあまりにも白黒はっきりしすぎている！　そんなのどこか間違っている！　期待できそうなことだってあるわ！　でもそれだって状況が変わったら望めなくなる。今のところ何も期待できない。それでも変わるような気がする」。

こうしたアイディにクラインマンは真摯に対応するが、その助言はお世辞にも褒められたものではない。「正直、僕は君に戻って欲しくない。そんなに（精神科医としての）助言を聞きたいならいうよ。君は士気を失ったのだ。この道徳そのものが危機に瀕した状況のなかで君はプログラムに重責を感じているが、それをどう果たしていいのかわからない。だが仕事は君にとって何よりも大事だ。でももう期待される以上のことはやったじゃないか。それでもまだ十分じゃないっていうのかい？　いったい何をやっているんだ？　おじいさんの道徳的負債の帳消しかい？」。アイディは答える。「アーサー、あなた私と同じくらい何もわかってないわね。でもあなたの眼差しには愛が見える。あなたの声からはとても心配してくれていることがわかるわ。そのために来たの」。「たぶん私は家族の罪に決着をつけ、魂を解放しようとしているのかもしれない。でもそれが何なの。あなたのいうとおり、確かにこれは道徳的危機の問題、いかにしたら道徳的生活が送れるかということだわ。（どうすればいいのか）わかっていると思っていたのに、今はもうわからない。自分の歩むべき道をまた探さないと。心配ご無用よ」。しばらくしてアイディは現地に戻り活動を再開、またプログラムを立ち上げていった。

アイディは人道支援に対する批判、例えば人道支援は構造的問題を個人の災難にすり替えるといった批判を知っているし、それが部分的に正しいことも認める。しかし彼女にとって最も大切なことは困難に直面している人々へのコミットメントであった。そして彼女はそれを最後まで貫いたのである。その後クラインマンのもとに一通の手紙が届いた。それはアイディの訃報だった。フランスの山岳地帯をドライブしている最中、彼女は交通事故で他界したのだった。

ウィンスロップやアイディの生き方が、矛盾を孕んだローカルな道徳的現実に対する批判となっていること、彼らの生き方にそうした道徳性が一貫してあることこそ、クラインマンの論点である。確かにそこには最も大切なことに執着し、それ以外の生き方を拒絶する人々の姿がある。しかし彼らが自らの生き方を正しいと確信しているのかどうかは、必ずしも明確ではない。彼らの語りから伝わってくるのは、むしろ自己への懐疑や生きる意味のわからなさである。この「わからなさ」は、ジャクソンが注目する、ホロコースト生存者の経験にさらに明瞭に現れている。

ホロコースト生存者の例

ホロコースト生存者の手記を振り返ることで、ジャクソンが問いかけるのは、(1)何かすれば死に直結しかねない状況において、人にできることとは何か、(2)生存者は何を語り、何をすることができたのか、何のためにそうしたのか、である。彼らのおかれていた状況とは、「トイレの場所を聞いただけで、守衛に殴り倒される」、「何千という子供たちが荼毘にふされ、集合墓地に埋められたことに、神を呪うようになる」、「(強制労働を終え収容所に戻ると)犬が喜んで吠え尻尾を振ってくれた。犬だけがわれわれを人間扱いしてくれた」といった極限状況である。ここでジャクソンはヴィーゼルの手記に注目する。

ソヴィエト軍の侵攻に伴い、ヴィーゼルら囚人は、別の収容所に移されることになった。彼らの行く手には数十キロの雪原が続いていた。歩けなくなった者は撃ち殺され、休憩地点には死体が丸太のように重なっていた。それでも彼らは歩き続けた。「われわれの足は機械的に動いた。われわれにもかかわらず、われわれ抜きで」。体力はすでに限界を超えている。おそらく家族や友人は死んでおり、生き残ることに何の意味もない。それにもかかわらず足だけは勝手に動き続け、彼らは生きていった。

生存者が経験を書くということに関しても、ジャクソンはヴィーゼルの言葉を重視する。「自分は気が狂いたくなくて書くのか。それとも気が狂いたくて書くのか。発狂するとはどんなことか知りたくて書くのか。二度とこういうことが起こらないように憶えておいて欲しいから書くのか。それとも死と悪について文学作品でしか知らない年頃に、ある若者が経験した苦難を、記録として残しておきたくて書くのか」。ヴィーゼルは書くことの意味がわからない。それでも彼は書き続けた。

ヴィーゼルの場合、何かに衝き動かされるように生き、そして書いたともいえるかもしれない。しかし彼は、意味をめぐる答えのない問いから解放されたわけではなかった。この問いかけはプリモレヴィにとってはいっそう深刻なものとなった。プリモレヴィはアウシュビッツを生き残ったというだけでなく、それについて書いた本で名声と収入を得たこと、しかし本当に知って欲しいことには耳を傾けてもらえなかったことに、罪の意識を覚えた。しだいに自分が生き残る価値がないもの、それどころか密告者の一人のように思え、生きていくことに疑いを感じるようになっていった。「他人の代わりに、他人を犠牲にして、私は生きているのかもしれない」。

ホロコースト生存者は、生きることの意味がわからぬまま生き、書くことの理由がわからぬまま書いた。結論としてジャクソンは、意味があるから生きそして書くのではなく、生きること書くこと、それが人間のやることであると主張する。すなわち生存者の記録から学ぶべきこととは、「人間の存在は大方、偶然的なもの（a matter of contingency）である」こと、ある目的のためにつくられデザインされたものではないということである。

この偶然性に筆者はこだわってみたいと思う。ジャクソンも示唆するように、偶然性は苦境経験を理解する鍵概念であると考える。以下、偶然性について最も深く洞察した哲学者の一人、九鬼周造［二〇〇〇］の偶然性概念を素描したい。そして九鬼の偶然性概念に依拠して、これまで述べてきた民族誌的研究を振り返る。

四　偶然性の哲学

九鬼周造は主に戦間期に活躍した哲学者である。ドイツ、フランスに八年間留学、ハイデッガーやベルクソンらに学んでいる。偶然性は九鬼のライフワークの一つである。九鬼にとって偶然性と必然性はコインの両面のように互いを必要とする関係にある。まず九鬼は必然性の本質を自己同一性にみる。必然とは「〜は―である」ことに疑いの余地がないものである。九鬼は「～は－になる」も必然であるという。必ずそう「なる」のであれば、それはそう「である」ことと等しい。偶然性とは必然性の否定であり、必ずしも「～は－である（になる）」とはいえないこと、つまり「～は－である（になる）かもしれない」こととなる。存在が自己のうちに十分な根拠をもっていないものが偶然である。注目すべきは、九鬼が実存するあらゆる事象に偶然性が存するとみている点である。この偶然性には三つの側面がある。

一つ目は九鬼が定言的偶然と呼ぶものである。四つ葉のクローバーは偶然的なものとみなされるが、それは、クローバーの本質は三つ葉であることにあり、四つ葉は例外的なものだからである。定言的偶然とはこの例外的特徴のことである。しかし個々のクローバーの葉は、穴がある、黒い斑点があるなどの例外的特徴を有する。それらすべてに定言的偶然性があるとみるべきである。つまり定言的偶然性とは実存するすべてのものが個物であることに由来する。ここで必然性とは捨象によって得られる同一性であり、概念、類、法則などを指す。

二つ目は仮説的偶然である。九鬼はこれをさらに三つに分けて論じている。⑴理由的偶然は、言説や表現に関するものであり、理由がないもの、論理的必然性が見られないもののことを指す。⑵目的的偶然は、手段と目的のあいだに必然性がないことをいう。⑶因果的偶然は、原因と結果のあいだに必然性がないことであり、瓦が落ちて下に転がっていた風船を割るのは因果的偶然である。目的的偶然と因果的偶然は、独立なる二元の邂逅、すなわち二つまたはそれ以上の互いに関わりのない事象が関わった結果生じたとみることができる。九鬼は二元の邂逅を偶然の本質と考え、定言的偶然も離接的偶然も、究極的には邂逅の結果生じたものとみる。

三つ目の離接的偶然を、九鬼は全体（必然）に対する部分であると定義する。ここでいう部分とはそうである根拠がないもの、他の部分でもいいものである。存在しなくてもいいのに存在している、無いことの可能なもの、これが離接的偶然である。例えばサイコロを振って出た目がこれにあたる。実存するものの歴史を過去に遡っていくなら、どこかで二元の邂逅をみることになる。その邂逅は起こらなくてもよかったはずである。すなわち実存するすべてのものには離接的偶然性がある。

偶然的な状況に遭遇した際、われわれはそれを「偶然」と認識するとはかぎらない。九鬼は偶然性と運命や神の関わりについては論じているが、普通の人々がそれをどのように認識するかについて、多くを語っているわけではない。その一方で九鬼は、偶然に対する情緒的反応が驚きであることを強調している。

さて筆者は九鬼の哲学に、苦境研究を基礎づけるような理論が胚胎していると考えている。それはこれまでの研究が掲げる鍵概念を統一的に理解する視座を提供するとともに、苦境時にありがちな生の傾向の理解を深めると考える。九鬼とともに、われわれの生きるこの世界に偶然性という領域があること、それは単独では存在しえず、必然性の反面としてのみ存在することを認めることが、出発点となる。これによって人間経験の研究もどちらか一つの次元に偏るのではなく、二つの次元において行うべきものとなる。こうした観点はとりわけ苦境経験の研究には重要である。しかしこうした哲学を文化人類学に応用するにあたっては考慮すべき点がある。

いうまでもなく九鬼は自らの哲学を普遍的定理として提示している。しかしわれわれにとって関心事は、普通の人々が必然性や偶然性をどう経験するかにある。ここで重要なのは、この経験が身体と文化を通してなされることである。九鬼は必然性の本質を「～は－である（になる）」という同一性に求めるが、実際のところこの同一性は、生体のホメオスタシスや習慣化された所作、言語や知識を通して達成される。こうした身体と文化を通して同一性を達成する過程を必然化と呼びたい。重要な点は、必然性と偶然性は表裏一体の関係にある以上、この必然化が同時に「～は－である（になる）」とはかぎらないという偶然性を発生させている点である。しかし実際のところわれわれが日常生活において偶然性を感じることはそう多くない。つまり必然化は偶然性を発生させると同時に、それを意識の圏外においてしまう。したがってわれわれが偶然性を意識しがちになるのは、必然化がうまくいかないときが多いと考えられる。この必然化が達成しえなくなり偶然性の表出する過程を偶然化と呼ぶことにする。それは身体や文化によって把握しきれない現実に遭遇した際に起こりやすいといえる。その一つが病やその他の災いとの遭遇、苦境に陥ることではなかろうか。

苦境はしばしばわれわれに身体、生活、そして人間関係の大幅な変更を余儀なくさせる。それは日常行っている必然化が大規模に困難となり、偶然性が噴出する状況である。しかしそれでも前へ向かって生きようというとき、そこには何らかの必然性を再び達成する再必然化の過程があるのではないか。ここで本章が注目したいのは、この再必然化は偶然性を払拭するものではなく、部分的には偶然化を帰結する可能性があることである。つまり必然化と偶然化を同時に生きることが再必然化であり、これがジャクソンのいう半影の核心的意味ではないか。以下、これまでの事例研究と鍵概念を再必然化という視点から振り返りたい。

五　再必然化

まず流動的な生き方の三つのケースすべてにおいて苦境は唐突に始まっている。つまりある時を境に、生活、人間関係、身体感覚が突然変化してしまう。ケリムの場合、夜中に三匹の黒い犬と遭遇したことをきっかけにてんかんが始まっている。ナムグウェレも畑仕事をしている最中に突然体調を壊している。筆者にしても伊豆旅行をしている最中、父の具合が悪くなったのは予想外のことだった。この思いがけなさは、それまでの日常と起こったこととのあいだに因果関係が見えないこと、仮説的偶然性に由来する驚きの情緒とみることができよう。ホワイトは「健康の失敗」を不確実性の主要な例として捉えているが、不確実性は失敗そのものにあるというより、それが思いがけず起こったという仮説的偶然性に関連しているといえよう。

三つのいずれのケースでも、病の原因は当事者にとって無視できぬものだった。そして彼らの病因観を顕著に特徴づけるのが複数性と移行、つまり流動性である。ケリムはてんかんの原因としてトラックから落ちたこと、頭の血管が腫れたこと、精霊である黒い犬の復讐、隣人に殴られたことなどをあげている。ナムグウェレのケースでは、クランの霊に憑かれたこと、発熱、夫の従兄の呪術などが原因として疑われた。筆者の場合、父の肝臓にガンが存在した「事実」は認めるものの、なぜ胆管ガン-肝ガンになったのかについて、不可抗力な神秘力、長崎での被曝、職場の問題など、複数の可能性を行来した。こうした病因観の流動性はグッドのいう仮定法的様相を示唆するものだが、どの因果関係一つとっても確たる根拠がない、したがって他でも十分ありえるという意味で、仮説的偶然性とも離接的偶然性ともみることができる。

複数性と移行は彼らの解決の方途にも顕著に現れている。ケリムは病院で処方された薬を継続する一方で、イスラム教治療師のところに通い、さらに脳の手術の可能性も視野に入れている。ナムグウェレはクランの霊への供犠、祈禱、診療所での診察、二人の呪医の占いや施術を受けている。筆者の場合も、複数の病院と多種多様な代替医療を父に試してもらうことになった。この流動的な治療実践において、治療は確かな根拠をもとに選択されたというよりも、わからないなりに試されていたとみるべきである。すなわち手段（治療方法）と目的（病の治癒）の関係性は薄弱であり、それ以外の治療でも十分ありうるという仮説的偶然性と離接的偶然性を帯びている。いいかえれば治療の採用には、その成否を偶然性に依存する賭けの要素がある。

筆者のケースでいうならば、治療方法の採用は五里霧中の状態で行われた。父には実に様々な治療を試してもらったが、その大半を筆者は事前に知らなかった。したがって治療の選択は合理的に比較した結果というよりも、わからないなりの決定、つまり賭けの要素が強かった。しかし賭けは不確実性を前に仕方なくやるものではない。不確実だからこそやり甲斐があるものである。母も筆者も、父がまもなく死ぬという医師の見通しの確実性を否定したかった。「いろいろとやってみなければわからない」と、現況を不確実なものとして捉えたかった。すなわち賭博的実践は、「万が一にも成功するかもしれない」、「奇跡が起こるかもしれない」という心情から行われるものである。海外で手術を受ければ治るかもしれないというケリムの思いや、ナムグウェレの病因がクランの霊であることを疑問視しながら供犠を行った夫の思いは、母や筆者のものに近いだろう。

こうした賭博的実践において、失敗は反省し次に活かすべきものではない。新しい治療への移行はそれまでの治療の「失敗」に依拠するものだが、それが失敗したことに確証があるわけではない。失敗の判断はしばしば新たな治療の魅力に促されるものである。つまり一つの治療の放棄と別の治療の採用は、同時に確たる根拠なく行われる。そして新たに採用した治療が成功する保証もない。したがって賭博的実践とは、反省しうる過去とも、予測しうる未来とも切断された現在を生きることである。それはその都度やり直されるもの、始まっては終わる出来事の様相を帯びている。出来事は、その内にあっては実践者が一つの方法や解釈の仕方に専念し、それを身につけようとする過程である。それは必然化に他ならない。しかしその外との関わり、つまりそれ以前の出来事との関係性は薄弱である。そこには偶然性がある。したがって流動的生き方における再必然化とは、賭博性の強い実践を通し、内に必然化を志向し、外との関わりは偶然化する出来事を、その都度やり直しながら生きることである。

流動的生き方同様、一貫した生き方においても、現実の偶然化は、まずは、不可解さ、理不尽さといった当事者の驚きの情緒に反映している。ウィンスロップの「私は治療者を、深い人間性をもった人を殺してしまったのだ。いったいどうして？　どうしてそんなことができたのだろう？」や、「私が最悪をやってしまったと認めるのは、いかにしてごく普通の人間が悪事を働いてしまうかを理解することに等しい」といった語りには、自分のやったことの理不尽さや例外性への思いが滲み出ている。アイディを混乱させたのは、「そこにいた誰もが、政治家も、軍人も、警察も、そして難民までもがグルだった。かわいい子供が次の瞬間私の頭に自動小銃を突き付けた」といった理不尽さや異常さである。そしてヴィーゼルにとって不可解なのは、なぜ意志に反し、体力の限界を超えて歩き続けたのかであり、なぜその経験を書き残したのかである。これらの理不尽さや異常さは、原因-結果、手段-目的が整合しない仮説的偶然性に由来するといってよかろう。

一方、一貫した生き方に顕著なのは、当事者の自己そのものへの懐疑である。このことは離接的偶然性に関連づけることができる。流動的生き方における離接的偶然性は、治療方法や病因解釈の複数性、潜在的オールタナティブの存在によって生じている。このとき当事者は治癒という目的、行為の意義については疑念を感じていない。これに対し一貫した生き方では、離接的偶然性を帯びているのは自分という存在そのもの、自分の生きる意味である。彼らの自己はそうでなければならない根拠を失い、オールタナティブに開かれてしまっている。ところがこのもはや意義の見出せぬ自己のあり方に彼らは執着する。そこに彼らの生の壮絶さがある。偶然化した自己への同一化、それが彼らの再必然化である。

ウィンスロップの場合は、自分を罰する生き方に執着した。クラインマンはそこに社会的批判性をみるのだが、「あなたに答えなんかない。むろん私にもない。私はただそれを生きるだけだ」と語るウィンスロップ自身は「～のために」生きているようには見えない。つまり彼は、たとえ意義がわからずとも、苦しむ自分であり続けようとしている。アイディの語りには、プロジェクトの続行を希望する自己と、それに悲観的な自己とが、交互に現れている。自己の離接的偶然性は、プリモレヴィにおいては、「他人の代わりに、他人を犠牲にして、私は生きているのかもしれない」という悲劇を暗示させる語りに現れている。

右の事例では必ずしも明確ではないが、苦境時にありがちな現実の偶然化の態様についてもう一つ触れたい。それは孤独である。自分の身に降りかかった不幸や苦しみは、紛れもなく自分だけのものである。それは他人と共有することができない。このとき自分は代替不可能な唯一無二の存在であることを思い知る。それは自己が定言的偶然性を帯びたことを意味する。彼らの苦痛の一端はこの孤独の偶然性に由来するのではないか。アイディがクラインマンに「あなたの眼差しには愛が見える。あなたの声からはとても心配してくれていることがわかるわ。そのために来たの」といったとき、彼女が癒そうとしたのは孤独感だったのかもしれない。

筆者はいくつかの事例研究から、苦境における生き方を、流動的生き方と一貫した生き方に分け、前者には賭けによる出来事化、後者には偶然化した自己への同一化を、それぞれに顕著な再必然化のあり方として論じた。しかしこのことは一人の人間の苦境時の生き方が、どれか一つにすべて当てはまるという意味ではない。一つの生き方がより顕著であっても、それは別の生き方の欠如を必ずしも意味しない。流動的生き方でいえば、治癒という目的の達成についてはいずれの事例も一貫していた。そして苦境時の生き方は、この二つに限定されるわけでもない。[1] これらの事例では、神秘的な存在への言及、神秘的な経験が顕著に現れていた。苦境経験はしばしば宗教性を伴う可能性がある。最後にこの宗教性について検討してみてみたい。

六　宗教的生き方

東日本大震災からまだ間もない頃、被災地の瓦礫の傍らで、六〇代ほどの女性がテレビの取材に答えていた。彼女は津波で姉を亡くしたという。震災の少し前、数十年ぶりに家族が再会し温泉旅行へ行った。そこに姉の姿もあった。そのとき「私、嬉しくてはしゃぎすぎちゃったんです。バチがあたったのかもしれません」。彼女のいうバチとは因果応報的な何かで、自分のしたことに対する神秘的な報いのことだろう。はしゃぎすぎたことで報いを受けねばならないとは考えづらいが、言外に計り知れない思いがあるのだろう。彼女がバチをどれだけリアルに感じていたのかはわからない。しかし少なくとも地震学者による津波の説明よりも、姉の死の説明として実感のあるものだろう。

苦境において人はしばしば宗教的な経験をする。それは苦境時の現実の再必然化の一つの態様であると考えられる。ここではアフリカの古典的な宗教研究であるエヴァンズ=プリチャード［二〇〇一］と、リーンハート［Lienhardt 1961］の研究、そしてジャクソンの研究を手掛かりに検討してみたい。南スーダンのアザンデ人とディンカ人の場合、降って湧いた不幸に神秘的な他者性を感じ、儀礼を通し、神秘的他者性を帯びた現況をひとまず出来事として終結させる。これに対しジャクソンが語る宗教経験には、制度化された儀礼は登場しない。偶然化された現実がメシアとなって直接感覚に働きかけている。いずれにしても、それを契機に人々は新たな出発点に立つ。

アザンデ人とディンカ人

アザンデ人は不幸の原因を妖術であるマング（*mung*）に求めることが多い。一見、彼らは実証可能な因果律によって不幸を説明できないかのようである。しかしエヴァンズ=プリチャードの論点は、彼らはそうできるにもかかわらず、実際に不幸に直面するとマングを持ち出すという点にある。有名な倉の倒壊による事故の事例において、誰かが倉の下敷きになって大怪我をすると、彼らはそれをマングのせいにする。しかし彼らは、倉が倒壊したのは白蟻が支柱を侵食したせいであり、その下に人がいたのは日陰で休んでいたためといった説明ができないわけではない。にもかかわらずマングを問題にするのは、こうした因果律では彼らの主たる関心事が説明できないからである。それはなぜ特定の個人が怪我をしたのか、なぜその人が倉の下にいるときにかぎって倉が崩れたのか、事故発生の個別性と瞬間的なタイミングである。つまり九鬼哲学の離接的偶然性と仮説的偶然性（二元の邂逅）に他ならない。アザンデ人は不幸の偶然性をマングに置き換えていることになる。しかしこれによって不幸は起こるべくして起きたという必然性を帯び始める。

この再必然化は、託宣、マング除去の儀礼という順に進んでいく。託宣は不幸の原因が本当にマングなのか、誰がマングをかけたのかを判定するために行われる。託宣には様々なやり方があるが、アザンデ人が最も信頼を寄せ、最終段階で行われる占いをベンゲ（*benge*）という。ベンゲではヒヨコにベンゲという液状の物質を飲ませ、質問を投げかける。「ベンゲよ、もしもマングが事故を引き起こしたのなら、ヒヨコを殺せ」。この質問に対して、ベンゲはヒヨコを殺すか生かすかによって答える。それは神秘的力の応答であって毒素の結果ではない。

筆者が注目したいのはベンゲという占いのあり方が、偶然性をあからさまに帯びている点にある。エヴァンズ＝プリチャードによれば、この占いは意図的に操作することが不可能であり、だからこそ信憑性があるのだという。つまりベンゲの託宣には、倉の倒壊の事故と同じように仮説的・離接的な偶然性がある。あるヒヨコの死（生）は、ある人物の怪我同様、それが起こる根拠はなく、起こらなくてもよかったとみることもできる。それどころか、アザンデ人にとって、すでに事故そのものが、読み解くべき占いの様相を呈しているとみることができる。彼らにとって事故は啓示的であり、それを再演するのがベンゲなどの占いであるともいえるのではなかろうか。

アザンデ人や多くのアフリカの人々にとって、不幸は啓示的である。この啓示は彼らが偶然性に関心を集中させることで感知されるものである。偶然性は不可解な謎であり、神秘的力によって解き明かされるべきものである。そしてこの点は、他の地域にもある程度当てはまると考えられる。筆者の事例でいえば、父のガンが見つかる直前に犬が死に、病院に入院したその日に猫が行方不明になり、さらに郵便受けに人型の紙が入っているなど、不可解なことが連続して起こったことは十分神秘的であった。

こうした神秘的な偶然性の意味づけは必然性を志向している。それは単に不可解なものに名称を与えたというだけでなく、それをコントロールする道を開く。人は偶然を前に受け身にならざるをえない。宗教的な再必然化は、この偶然的な受動性を能動性に変える過程とみることができる。この点に関して先見的で洞察力ある研究をしたのはリーンハートである。

ディンカ人は病気やその他災いに遭遇した際、神秘的力ジョク（*jok*）を懸念する。彼らがジョクを感じるのは、病気がやはり異常な痛みや通常と違う経緯をたどったときである。こうした異常な病気はなす術がない受動的状況に人を陥れるものである。こうした人の受動性をリーンハートは passiones と呼ぶ。この語は action の反対の意味を表すリーンハートの造語である。passiones は人の理解を超えた異常な状況である。しかしまさに理解不能であるがゆえに、ディンカ人はジョクを思わずにはいられない。リーンハートの論点が面白いのは、このような受動的状況をジョクと結びつけることで、今度はその状況を能動的にコントロールする、すなわち action に訴える道筋が開かれると考察することにある。

ジョクとは様々な神々やウィッチの力のことであるが、ディンカ人はジョクを疑うようになると、これらのうちどのジョクなのか、神託によって特定しようとする。この神託は占い師の憑依という形態をとる。占い師は病人のジョクをいったん自らに憑依させ、その正体をあからさまにしようとするのである。リーンハートによれば、苦しみの土台である病人の身体は、苦しみを与える者と苦しみを感じる者とが渾然一体となっているという。占い師の役目はジョクを特定することによって、苦しみを与える主体としてのジョクと、苦しみを受ける客体としての病体を、病人が区別できるようにすることである。その上で主体-客体の分化が、今度は自己とジョクとのあいだに形成されていく。つまり自己は主体となってジョクという客体に働きかけ、望ましいかたちに経験を作り変える可能性が生まれる。

具体的にこの過程は、治療儀礼とともに進行していく。儀礼の核となるのは、「漁撈槍の長」と呼ばれるクランの長老たちによる祈禱と供犠だが、一般参加者（病人の縁者や仲間）による歌と踊り、饗宴、憑依、牛の扱いにも重要な意義があるという。当初、参加者たちの雰囲気は弛緩しているが、しだいに祈禱と歌のテンポが速まり、それとともに人々は熱狂していく。供される牛は杭に繋がれるものの、飾り付けられるなど丁重に扱われる。ところがやがて剝き出しの敵意が牛に向けられる。リーンハートは、牛が苦しみを与えるジョクの主体性と、犠牲者としての人間の受動性をともに象徴しているとみる。最後に長老たちは、ジョクがもはや所有者を失ったと宣言し、ジョクに向かって牛の背に乗ってよそ者の土地へ去るよう命じる。そして、それとともに牛が殺される。リーンハートによれば、こうして人の苦しみ・罪の意識といった内的な受動性が、動物の死というかたちで外部化され、運び去られるのだという。

儀礼の終了とともに病人は回復期に入ったとみなされ、治癒への希望を抱くことができるようになる。ここで仮に物理的な治癒がすぐに起こらなくとも、儀礼はすでにその目的を達成したとみなされ、失敗したことにはならないという。したがって物理的治癒については、診療所での治療が並行して試みられる。

牛に人の受動性を仮託し葬り去ることで、人の主体性を再構築するというリーンハートの見解は洗練されたものである。しかし当のディンカ人からすれば、神秘的力に牛を差し出す代わりに手を引いてもらうというのが、供犠の直接的な動機となっているのではないか。彼らを受動化する不可解な偶然性を神秘的他者に見立て、その他者に牛を贈与することで一つの交換を終結させるとみる方が、彼ら自身の見方により近いのではなかろうか。交換のパートナーは必ずしも客体ではない。治療儀礼は、人（客体）‐神秘的力（主体）を、人（主体）‐神秘的（客体）に変えるのではない。人にできることは、せいぜい貸し借りなしのバランスをその場かぎり樹立することに過ぎない。交換の終結は一つの出来事の終わりとみることができる。したがって治療儀礼はすでに触れた出来事の時間性を、制度的に構築する方法とみることができる。

病や災いの発生に始まる一連の現象を、儀礼は出来事として終わらせる。それまでに起きたことは過去のなかに葬られ、過去から切断された現在が再出発点となる。こうした出来事終結のドラマ化には、死と再生のモチーフが不可欠であるように思われる。供犠による動物の死は、発病に始まる出来事としての生の終結の象徴とみることもできるのではないか。儀礼後、人は新たな人生を始めることになる。たとえその先行きは不明だとしても。

ジャクソンとエミリーの例

ジャクソンの研究テーマは、半影における宗教経験を民族誌的に明らかにすることである。この研究は数多くの個人的エピソードやライフヒストリーによって構成されているが、彼らの半影的経験のなかに神や宗教的実践はほとんど登場しない。そこに綴られているのは、悲しみや痛みのなかで、突然訪れる言葉にしようもない感覚、束の間の幸福感、美意識、何かとつながっているという直観である。ここではジャクソン自身［Jackson 2009: 184-185］と母親のエミリー［Jackson 2009: 62-79］のエピソードについて触れたい。

ジャクソンは最愛の妻ポーリンを亡くし、一時期生きる気力を失いかけていた。そのポーリンの遺灰を、娘とともに彼女の両親の住むニュージーランド・ニューカンタベリーの川に撒いたときのことである。ジャクソンはこれでもう自分の人生が無に帰したと感じた。

「一陣の風や雨が私を流し去っても、世界は続いていく。何一つ変わるものはない。相変わらず遠くの農園では犬が鳴き、空を雲が流れ、道端にはルリチサの花々が咲き、柳の揺れる梢のなかで小鳥たちがさえずっているだろう。少なくとも、自分が無でどこにも行き場がないと思っているかぎり、私は自由でいられると思った。するとこの絶望の淵で、不思議な解放感を経験したのである。ポーリンへの愛が、周囲の景色への熱い思いに、友人への強い感受性に、苦しみが免疫となってもうこれ以上苦しむことはないという感覚に変化したのだ」。ここからジャクソンは生きる力を取り戻す。

ジャクソンの亡き母エミリーは七三歳から日記をつけ始めた。ジャクソンは母親の書き残した日記を通し、彼女の苦難の人生について初めて知る。エミリーは幼少の頃より慢性関節リウマチを患っていた。初めは腿の付け根のみだったが、年齢とともに痛みは身体の各所に広がり、ときに耐えがたいものになった。彼女は多種多様な治療や治療者を試した。エミリーにとって辛いのは痛みだけでなく、医者も隣人も彼女の苦しみに理解を示し真に同情してくれなかったこと、つまり孤独だったことである。

いつしかエミリーは痛みのことは他人にいわなくなった。相変わらず様々な治療は試したが、それは今より少しはマシになると思ってやったのであって、完治を望んだからではなかった。その都度希望をもちダメでも後悔せず先へ進む、これが彼女のライフスタイルとなった。彼女は人生に何か意義があるとは思わない。彼女は子供のために生きるつもりも、神に仕えるつもりもなかった。しかし日々を坦々と生きる彼女が、ふとした瞬間に幸福感に包まれることがあった。

エミリーは歳をとってから絵を描き始めた。ある日庭に出て絵を描いていたときのことである。ラジオからはオリンピック中継がやかましく聞こえていた。選手たちの艱難辛苦といい、あまりの国民意識といい、彼女を当惑させるだけだった。ところが突然中継が消えると、モーツァルトが流れ始めた。それは痛みを和らげ、彼女を別世界に移した。絵筆が止まらなくなり、そのままずっと聞いていたかった。ついに曲が終わったときには、喜びの涙が溢れていたという。また彼女が代替医療の一つオステオパシーの治療を終え、診療所の出口の階段を降りようとしたときのことである。そこには段差を埋めるために電話帳が置かれていた。診療所が不承不承提供したものである。足の不自由な彼女には段差がありすぎたのだ。彼女が息子の助けを借りながら、ふらつく足で電話帳を踏もうとすると、そこに「災害が迫っている」と書かれていた。それを踏んでやっとの思いで降りきりほっとした。すると何とも愉快な気持ちになり、まだ自分も捨てたものではない、運命の主人たりえていると思ったという。

ジャクソンはこうした経験に宗教性をみる。それは自分の力ではどうにもならない、理解すらできない危機的状況に放り込まれた人間が、その状況を越えようとするときに、忽然と結ばれる普遍的な何ものかとの関係だという。それは「神」とはかぎらない。「美」であるかもしれない。ここでジャクソンはマルティン・ブーバー［一九七九］の哲学を支持する。ブーバーによれば、現実は言葉や概念によって抽象化・対象化し尽くせない。かつて人間はそうした現実への感受性をもっていた。それは言葉になりえない、直接知覚を揺り動かすもの、ブーバーが「汝」と呼ぶ他者である。筆者の観点では、この汝こそ偶然性である。苦境において日常的必然性、言葉や概念の自己同一性は、部分的に消失する。それは汝が現れやすい環境といえるのではないか。

おわりに——今を生きる

苦境における生は、偶然と必然のあいだの曖昧な領域における生である。ここで生きるとは偶然化と必然化を同時に経験することである。病、死別、災害などの不幸の突然の来訪は、当たり前の日々を消失させる。すなわち普段の生活の仕方・ルーティン、常識、価値観、道徳、目標、人間関係が大きく動揺する。それは現実に存する同一性、すなわち必然性が失われること、現実が同一化しえぬ偶然性を帯びることを意味する。この偶然化に直面しつつ、なお前へ向かって生きるというときに、その生はある傾向をもつようになる。それは偶然性を排除することなく必然性を志向する生き方、再必然化である。これまでの研究から、これには少なくとも三つの特徴がみてとれる。

一つは流動的生き方である。それは時間的観点からは、遭遇する不確かな手段、知識や見解に賭けること、その成否を仮説的偶然に依存する生き方である。それは、反省しえない過去と予測しえない未来から切断された、現在的な出来事を生きることである。出来事の生は、内においては必然化を志向し、外との関わりは偶然化する。そして空間的観点からすると、流動的生き方は、そうでなくてもいい現実、離接的偶然性を帯びた現実を生きることとなる。それは、今ある手段や知識によって目的を達成しようとし、現象を説明しようとする意味で必然性を志向する。しかしその際、それらの手段や知識に潜在的なオールタナティブがあることが自覚されている。この生き方によって現実は仮定法化するが、次の機会や別のやり方に希望をつないでいくことができる。

二つ目は一貫した生き方である。それは偶然化したものに自己を同一化していくことである。それは時間的観点からは、それまでの生き方から意義や目的が消失し、生き方が仮説的偶然性を帯びるなかで、それにもかかわらずその生き方を続けていくことである。空間的観点では、それは、自分のあり方そのものを疑問視し、そうでなくてもいい離接的偶然性を自覚しながら、なおそのあり方にこだわることである。

そして三つ目は宗教的生き方である。その本質は現実の偶然性に、啓示や凶としての神秘的必然性を感じとり、それを契機に生き直すことである。一方において、この過程は、不幸の偶然性に神秘的力の発露を看取し、儀礼を通して神秘的他者との関わりを、ひとまず交換的に終結させることである。他方、偶然化した現実が、一挙にメシアとなって感覚に訴えかけ、生きる意欲をもたらすこともある。いずれにしても、それまでの偶然性を帯びた人生はいったん出来事として終結し、人は新たな出発点に立つことができる。

したがって再必然化は偶然性の払拭を目的とするのではなく、むしろ偶然性とともに生きていく過程である。この点が合理的な生き方、合理化とは異なる。合理化は偶然性を排除し、不確実性を減らそうとする。それは時間を原因‐結果、手段-目的の枠にはめ込む。それは未来志向の生き方であり、未来を起点に、過去、現在、未来に論理的一貫性を与える。すなわち合理的な人間とは、未来の目的達成のために、過去のデータを分析し、そこから導き出される最善の方法を現在実践する者である。合理的人間はまた、個々の事象を普遍的かつ抽象的な知識によって理解する。すなわち事象に存する、還元しようもない個別性、因果律では捉えがたい邂逅、他でもありうるという恣意性は無視される。

こうした合理化と再必然化は必ずしも二者択一の関係にあるわけではない。再必然化はしばしば合理化の限界点から作動し、合理化を補完する。明らかに合理的なアザンデ人がマングを持ち出すのは、合理的因果律の限界、災いの偶然性を説明しようとするときである。その一方で、純粋に合理主義的な観点からすると、再必然化は無益であるばかりか、有害でもあるだろう。苦境のなかで賭けを繰り返すことも、一つの生き方に執着することも、神秘的な力を感じ儀礼を行うことも、すべて時間の浪費とみなされよう。しかし合理主義の問題は、生きる意味を未来に求めすぎている点にある。

合理的生き方によってわれわれが生きる意欲をもてるのは、成功の確率が高いと予測されるときのみである。逆にそれが低ければ絶望を感じることになりかねない。そしてこの確率論的な成功の見込みが立たないのが、苦境である。苦境においては未来も過去も不確実である。しかしいずれにせよ人間が生きるのは今この瞬間である。再必然化は今を生きる力を与えるものである。確かに再必然化においても、未来への希望はしばしば人を生かす力となっている。しかし賭けをする者が抱く希望は、未来の成功の見込み、確実性に由来するものではない。むしろ反対に、やってみなければわからないという心情であり、不確実性のなかに見出されるものである。

注

〈1〉 本章ではこれまで研究が注目してきた苦境時の生き方として、流動的生き方、一貫した生き方、宗教的生き方を取り上げたが、そのどれともいえないような生き方もあるだろう。例えば苦境に際し、ジタバタせずに現状を受け入れ坦々と日々を送る、「諦観」とでも呼ぶべき生き方もあるかもしれない。このおそらく日本人にはなじみある生き方は、一貫した生き方の範疇に入れることもできよう。しかしそこにはウィンスロップやアイディの事例にあるような、自己への執着や懐疑が見られない。偶然化した状況に抗するのではなく、むしろその成り行きに身を委ねている。こうした傾向は本章でいえばエミリーの生き方（一〇四ページ）に現れているように思われる。

引用・参照文献

エヴァンズ=プリチャード、E・E　二〇〇一『アザンデ人の世界――妖術、託宣、呪術』向井元子訳、みすず書房。
九鬼周造　二〇〇〇『偶然性の問題・文芸論』燈影舍。
ブーバー、マルティン　一九七九『我と汝・対話』植田重雄訳、岩波文庫。
Good, B. J. 1994 *Medicine, Rationality and Experience: an anthropological perspective*, Cambridge: Cambridge University Press.（グッド、バイロン・J　二〇〇一『医療・合理性・経験――バイロン・グッドの医療人類学講義』江口重幸・五木田紳・下地明友・大月康義・三脇康生訳、誠信書房）
Jackson, M. 2009 *The Palm at the End of the Mind: relatedness, religiosity, and the real*, Durham: Duke University Press.
Kleinman, A. 2006 *What Really Matters: living a moral life amidst uncertainty and danger*, Oxford: Oxford University Press.（クラインマン、アーサー　二〇一一『八つの人生の物語――不確かで危険に満ちた時代を道徳的に生きるということ』皆藤章監訳、高橋洋訳、誠信書房）
Lienhardt, G. 1961 *Divinity and Experience: the religion of the Dinka*, Oxford: Oxford University Press.
Whyte, S. R. 1997 *Questioning Misfortune: the pragmatics of uncertainty in eastern Uganda*, Cambridge: Cambridge University Press.

第二部　社会的苦悩とケア

第4章　遠い場所

カナダ先住民サーニッチにとってのアルコールと
そのサファリングとケアとしての居留地

渥美一弥

はじめに

もう一五年以上前になると思う。カナダ西岸先住民サーニッチの調査を始めて五、六年たっていたころであった。筆者の下宿先だったユーロカナディアン（ヨーロッパ系カナダ人）[1]たちは頻繁に引越しを繰り返すため、その前年までのような長期滞在可能な下宿を見つけることができなかった。そこで、筆者は、サーニッチの四ヵ所の居留地のうちのツァイカム（Tseycum）[2]居留地の近くの安ホテルに滞在していた。

幹線道路から見ると、居留地はそのホテルの裏側に広がっていて周囲は高さ三メートルほどの金網のフェンスで仕切られている。そのフェンスの地面に近い部分に一ヵ所、ちょうど小学校低学年ぐらいまでの子供が出入りできる大きさの穴が開いていた。居留地に住む子供たちがその穴を出入りしているのである。朝になると、その穴から出てきた子供たちはホテルの隣にあるマクドナルドに朝食を買いに来るのだ。サーニッチの小学校で調査を始めていた筆者はすでに子供たちに顔を知られていたので、子供たちは筆者を見ると人懐こい笑顔を見せて、店内に入って行った。母親たちの中には大量のアルコール摂取が原因で朝起きることができない者がいる。そのような場合、子供たちはマクドナルドで朝食を買ってきて家で食べているのである。子供たちが出入りするその穴は、自動車を運転することができない子供たちが考えたショートカットなのであった。

ユーロカナディアン側からは、この光景が、時間が止まったエキゾチックな「別世界」から子供たちが出てきて「現実の世界」を歩き回り、また「不思議な世界」へ帰っていくように見えるようだ。ユーロカナディアンたちは、子供たちが朝食を買いに来る理由も子供たちが置かれている状況もほとんど知らない。ホテルの従業員たちに話を聞いても、多くの非先住民のカナダ人にとって、フェンスの向こう側は、冬になると不気味な太鼓の音が一日中鳴り響く、「過去の生活様式」がそのまま残っている場所というイメージがあるようだ。先住民居留地は、ユーロカナディアンの生活空間の後方、金網の向こうの「遠い場所」にある。

カナダは、世界で最も先住民政策の進んだ国の一つとして世界的に認識されている。サーニッチの住むブリティッシュ・コロンビア州（以降ＢＣ州）においてもユーロカナディアンの有識層の多くは、先住民の伝統的文化を同国のアイデンティティに不可欠なものとして認識し、政府は先住民の伝統文化の復興に対し積極的な援助を行っている。そのため、「伝統文化」の復興に専心している先住民の数は年々増加している。したがって、そこに生きる先住民が「植民地」に生きていると単純に言うことはできないであろう。しかし、こうした政治的社会的動きの中にも、先住民が一方的に受動的立場に立たされる状況が厳然として存在しているのも事実である。

もちろん、現在では、直接的な「暴力」が行使されることはめったにない。また、先住民が常に苦悩しているというわけではなく、自らの日常生活の中にささやかな喜びを感じ、そこに幸せを見出しているという側面がないわけではない。しかし、植民地的状況は存続し、先住民に対する不可視的「暴力」は継続的に行使されているという見方は依然として可能なのである。ここでいう「暴力」性というものは、暗黙の裡に先住民を社会的に位置づける力を持つ、ミシェル・フーコーのいう「従順な身体」［フーコー　一九七七］を基盤としており、カナダ先住民がユーロカナディアンのイメージする集団として表象され、その状況を生きることを強いられているという構造を意味する。それはカナダの社会構造の中に仕掛けられており、無意識のうちに先住民自らも自分たちを社会的に位置づけてしまう。さらに、それは「植民地」を否定し、克服する運動にも潜在するが故に、一層根深い問題として先住民を苦しめる。サーニッチはこのような状況の中、七〇歳代以上の九割近くの男性がアルコールを大量に摂取する時期を人生のうちに経験している。部外者から見れば過酷と見える「現実」に対応するサーニッチの姿から学ぶことはあるのだろうか。

本章の目的は、北西海岸先住民サーニッチのアルコールの問題と居留地の生活を概観し、外側からユーロカナディアンが見れば不思議な場所であり、現在も植民地的ニュアンスのある Reserve「居留地」というものがサーニッチの人々にとってどのような意味を持つ場所なのか明らかにすることである。そのために、本章の構成として最初に第一節でサーニッチの人々と居留地について大まかなスケッチをし、次に第二節で先住民のアルコール問題をテーマにした研究について若干触れる。第三節ではサーニッチの人々とアルコールの関係の事例を挙げる。アルコールの問題と「居留地」との関係を具体的に述べ、アルコールの問題に関して「居留地」という存在がどのような意味を持つのか検討する。

一　サーニッチの人々とサファリングとしての「植民地的状況」

ＢＣ州では、先住民（First Nations）とは一八世紀末にヨーロッパ人やアメリカ人が同州に到達するよりも以前に同州に居住していた人々［Muckle 1998: 2］と一般的に認識されている。サーニッチの居住地域は、ＢＣ州西端、州都ヴィクトリアから北に約四〇キロのサーニッチ半島にある。

サーニッチの言語名はセンチョッセン（Senchothen）である。「センチョッセン」は、コースト・セイリッシュ系ノーザン・ストレイツと分類されている言語の一つである。そのノーザン・ストレイツの言語を話す「集団」の中で、最も西に居住しているのがサーニッチである。近郊にヴィクトリアという比較的大きな都市があるために、他の北西沿岸諸集団と比較すると、サーニッチは、ユーロカナディアンとの通婚が多く見られた。そこで、現在では「伝統的」出自を正確に知るサーニッチはまれである。接触以前の出自は双系であり、父系の親族と母系の親族双方に対し同じ親族呼称を使用していた［Suttles 1991］。実際にサーニッチ居留地はユーロカナディアンの居住区域と隣接している。ツァートリップ（Tsartlip）居留地の南側とユーロカナディアンの居住区域は、舗装された幅七メートルほどの道路一本を境にして分かれているだけである。

筆者はツァートリップ居留地の中にあるサーニッチ・トライバル・スクールという学校を中心に一九九一年から言語・文化復興が行われる様子を見てきた。この学校は居留地の西側にあり、校舎はこの地域の伝統に基づく家屋を意識してデザインされており、トーテム・ポールが学校の正面玄関の前に立てられている。サーニッチの人々は、一九八九年に、先住民による学校区（第六三番学校区／サーニッチ）を設立し、自らの手でこの校舎を建設した。それは十数年に及ぶ教育自治権獲得の戦いの結果生まれたものである。生徒数は二〇一四年二月の時点で二七九名である。

居留地に住む人々はほとんどなんらかの血縁関係で結ばれていて、一日に何度も顔を合わせることもあるのだが、会うたびに嬉しそうに互いに手を振りあう。車を運転してもクラクションを派手に鳴らし、大きく手を振って挨拶を交わす。調査を始めた翌年のある日、居留地付近の道路を歩いていると、筆者に向かってクラクションを鳴らし、運転手が手を振ってやってくる車と出会って驚いたことがある。運転手が誰だかわからなかったが、筆者がサーニッチ的挨拶を受けた最初の経験だった。

多くの北米先住民の住居に見られるように、ツァートリップの居住区域でも家屋の周りに使われなくなった古い自動車や冷蔵庫、洗濯機などが乱雑に放置されている。動かなくなった自動車は子供たちの「秘密基地」であり、夜叱られて家から追い出された時に逃げ込むための場所でもある。家と家の間は境目がない場合が多く、隣家との交流は頻繁に行われる。各家屋の脇には、スモーク・サーモンを作るための小屋が建てられている。このサーモンを燻す匂いと水たまりに溜まった雨水の匂いが居留地にいることを実感させる。居留地の中の道路は二〇〇〇年代初めまで舗装されておらず、秋から冬の雨期に入ると泥濘になり、車が通るたびに泥が跳ねて、歩いていると全身泥だらけになってしまうことがよくあった。

学校から北東へ行くと、より小さな家が目立つようになり、庭にはより多くの使われなくなった生活物資が乱雑に捨てられている。その住宅群の後方にサーニッチにとっての「聖なる山」ラフウェルネフがある。住宅の間を縫って細い道がありラフウェルネフの山頂まで登ることができる。山頂はレッドシダー（ヒノキ科の高木）の大木に覆われている。

一九九一年にはじめてサーニッチの学校を訪れた時は、サーニッチの言語と文化を復興させるのだという雰囲気が学校全体に漲《みなぎ》っていた。当時の校長はサスカチュワン州出身の先住民で教育学修士のロレッタ・ホールという女性だった。彼女は一九九一年から一九九七年まで校長の任についていた。当時からサーニッチの母親たちの中には子供に朝食を食べさせずに学校へ行かせる者がかなりの数いた。そこでホール校長は、毎朝、希望する子供たちにオレンジジュースとベーコンとトーストの朝食を提供していた。当時、筆者もフィールドワーク中は毎朝二ドル支払って子供たちと歓談しながら食事をしたものである。しかし、明るい学校の雰囲気の背景に心を沈ませるアルコールの問題が、フィールドワークを始めたばかりの筆者の前にも見え隠れし始めていた。その現実を突きつけるかのような文に接したことがある。子供たちに「将来の夢」を書いてもらった時のことだ。ほとんどの生徒が弁護士や医者、美容師になりたいなどと書いてきたのだが、Sという生徒が次のような文を書いたのである。

私の夢は、退学せずに学校に留まって、麻薬やアルコールをやらないこと。（S　一二歳）

Sがこの文を書いた背景に、麻薬やアルコールによって学校へ行かなくなり、健康を害した者、あるいは自殺行為に及んだ少なからずの数の生徒の存在があったことを、筆者は後に知ることになった。この問題は近年の現象ではなく、先住民が自治を奪われた時から始まっているのである。現在のサーニッチの文化復興運動に多大な影響を与えた長老、故デイブ・エリオット（Dave Elliott／インディアン名「ペナーチ」）が残した言葉にも以下のような内容のものがある。

我々（サーニッチ）は、他の人々（他のカナダ先住民）と同じようにアルコールの問題も経験してきた。何もすることがなく、何も望みがなく、何も確かなものがない時、多くの人は、アルコールに逃げた。アルコールが我々の多くの人々を殺した。自動車事故、水死、それから他の病気もアルコールによって引き起こされた。これが、我々に起こったことだ。［Elliott 1990: 68］

この「何もすることがなく、何も望みがなく、何も確かなものがない時」という表現における政治的社会的状況こそ、本章で「植民地的状況」と呼ぶ事態なのである。

さらに、この状況が存在するカナダ先住民の居留地の現状もまさに「植民地的状況」である。本章で「植民地」という語を使う場合、他集団による暴力的侵略の後、元来住んでいた土地に住みながら侵略以前の生活様式を為政者から合法的に奪われていると先住民側が感じている状態を示す。それは、例えば、母語の使用禁止、伝統的漁法の禁止、伝統的狩猟の禁止、祖先から受け継いだ土地への侵入禁止など様々な規範が、法律という名の下に彼らを縛り付けていると彼らが感じている状況である。

さらに、その結果として先住民を一つのカテゴリーで括り、その「状況」を憐れむ為政者側の感情――ロサルドが「自分が破壊したものを悼む」［ロサルド　一九九八、一〇五］と記述している侵略者側に共通した感情――が共有されている点も指摘しておきたい（それ故、破壊される前にあったとされる様相を理想的先住民像として称揚し、経済的な成功もそのイメージを生きる者に与えられると捉えうる状況がある）。現在のカナダ政府の先住民政策や先住民に好意的なユーロカナディアンの意識の根底には、先住民から土地や生活様式を奪ったという自覚がある。この自覚を根拠として、先住民の居留地から見たカナダは依然として「植民地」である［渥美　二〇一二］という視点をここで提示し、次節では北米先住民と飲酒の問題に関する先行研究について触れていくことにする。

二　北米先住民とその飲酒に関する先行研究

二〇世紀以降の北米先住民における飲酒問題の研究は、生物学的なものと社会文化的背景を基盤とするものとに分類することができる。生物学的研究では北米先住民をモンゴロイド（黄色人種）という形質人類学的カテゴリーに分類しているものがほとんどである。この種の研究で一般的な基準となっている考え方にはモンゴロイドはコーカソイド（白色人種）よりもアルコールに弱いという定説である。ウォルフ［Wolff 1973］は、三〇人のクリー族と中国人、日本人で調査を行った結果、アルコール代謝においてクリー族（カナダ南部一帯に居住）は中国人や日本人とほぼ同じ数値であると発表している。つまり、北米先住民はモンゴロイドであるためにコーカソイドよりもアルコールの代謝が遅い（アルコールに弱い）と報告しているのである。

ところが、同時代に、北米先住民とコーカソイドのアルコールの代謝の速度の比較という観点から見れば興味深い二つの研究報告がある。一つは、イヌーヴィックとエドモントンで調査したフェナ、ミックス、シェイファーとギルバートによる研究であり、「北米先住民は白人よりもアルコールの代謝が遅い」[Fenna, Mix, Schaefer and Gilbert 1971]、という結果が出ている。他方、リーバー［Lieber 1972］は、アルコールの代謝に関して、北米先住民が白人よりも速いという研究結果を報告しているのである。この異なる結果については、フィッシャー［Fisher 1987］なども述べているように、これらの研究における「人種」としての北米先住民は「モンゴロイド」という一つの枠組みに入れられ、遺伝学的に均一であるとする暗黙の前提がある。

しかし、二〇世紀以降の北米先住民をモンゴロイドという単純な形質人類学上の分類に当てはめていくには無理があるようだ。特に都市部やその近郊においてはコーカソイドとの通婚が散見されてきた。前述のように、サーニッチにおいてもユーロカナディアンとの通婚が多く行われたので、外見上明らかにコーカソイドであるという印象を受ける人も少なからず存在する。当然、このような通婚で誕生した「先住民」は両親の生物学的特質を父母双方から受け継いでいる。このように「人種」という生物学的基盤を持つ固定的概念を現在の先住民に当てはめるには無理がある。ファーマーが指摘しているように、「「人種」という概念は、人類学者や人口統計学者の多くが生物学的には意味がないと考えているが、社会的には広く使われている。人種による分類は、多くの集団から基本的権利を奪うために利用されており、それゆえに人の不平等や苦しみを考察する上で大きな意味を持つ」［ファーマー　二〇一二、九〇］のである。北米社会でも「人種」という言葉が使われる時、それは生物学的意味よりはむしろ、ある一定の「人種」として範疇化された人々に一定のスティグマを与える結果となってしまう傾向にあるのだ。

一方、社会文化的背景の研究に目を向けると、アルコールが抑圧から解放させる機能を持っている［Hallowell 1955］、アルコールの主たる機能は不安を軽減させることである［Horton 1943］などと古くから指摘されていた。これは本章が指摘する「植民地的状況」と重ねあわせることが可能である。特に北西海岸先住民の研究では、人々が意味のある社会文化的、経済的状況に身を置く機会を奪われたことによって、退屈で変化がなく報われることのない日常生活を打破するために大量の飲酒をするようになったという見方や、ユーロカナディアンの権力に対して、攻撃や抵抗や抗議する目的で飲酒を行っているという主張がレマート［Lemert 1954］などからなされてきた。

また、「アレウト族」［Berreman 1956］、「ポタウォタミ族」［Hamer 1965］、クラウスとバフラー［Kraus and Buffler 1979］の「アラスカ先住民」、比較的近年ではメイル［Mail 1989］の「全地域一般の理論」などの研究は総じて、飲酒は文化変容によって生じた不安が原因であるという主張と、アルコールはそれがなければ空虚な存在である先住民にとって重要な社会的機能を持っているという認識に基づいている。

レイトン［Leighton 1959ab］は、先住民が飲酒をするのは植民地化の結果として社会的な混沌と社会文化的な崩壊を経験したからであると指摘した。その経験には文化変容によるストレスが含まれている。地球的規模で行動し、その影響を世界中に与えている西洋諸国の進出により、先住民の社会に急激な社会文化的変化が起きた。その結果、その文化変容が原因の精神的疾患が増加したのだと結論づけた。このレイトンの主張を支持したホニグマン［Honigmann 1965］は、カナダ北部の先住民のアルコールに関する研究を行った。そして、カナダ北部の地域の社会システムの機能不全が先住民に精神的苦悩を与え、その結果として継続的飲酒が慣習化されていると主張した。

ドージア［Dozier 1966］は、アメリカ先住民が白人との接触以前の誇り高い存在から、数々の侮蔑的な経験を通じて、自らを無価値であるとする痛ましい状況になってしまったと指摘している。その「侮蔑的経験」には居留地に追いやられ、農民となることに失敗し、アルコールを禁じられたことが含まれている。経済的貧しさ、粗末な家屋、教育の欠如、そして差別を受けることによって、先住民たちは自らを劣等だとする考え方を持つに至ったという指摘である。

また、それよりも少し以前の研究ではあるが、フィールド［Field 1962］は、先住民の飲酒は不安が理由ではないと主張し、アルコールの問題はその先住民社会における安定的で恒常的な協力的親族関係の有無によると指摘している。つまり、より安定した親族関係が構築されていればアルコール問題はより少ないという主張である。仕事を求め居留地を離れて都市に住む先住民の多くの死亡原因にアルコールが挙げられる傾向にある。それに対し、後述するように、居留地に住む先住民は同じアルコールの問題を抱えながらも親族・友人が対応し、問題の深刻化を回避している状況があることを筆者も見てきた。

これらの研究が共有するのは、本章が指摘する「植民地的状況」をカナダ先住民が生きなければならず、その植民地的状況における日常生活とアルコールが密接な関係にあるという認識である。この植民地的状況の現在は、ノフツ［Nofz 1968］の指摘にも表れている。それは、先住民は、文化的周縁に存在していて、しかも「白人社会」と「先住民社会」の二つのまったく異なる文化的環境のどちらも享受できず、さらには、内的葛藤を抱え、アルコールの問題の最有力候補者であるという認識があるというものである。さらに、アルコール乱用の危険性の最も高い人々はインディアンの文化からも近代の文化からも周縁にいるというメイ［May 1986］の指摘は、本章の「植民地的状況」を具体的に表象していると同時にアルコールの問題から立ち直るヒントも内包している。その点を以降の節で述べていくことにする。

三　サーニッチにおける飲酒――「サファリング」とアルコール

「飲酒の原風景」

私の父親はサーニッチのみんなから尊敬されていた漁師だった。サケを誰よりもうまく多く獲った。リーフネット〈3〉の名人だった。子供のころ父親と夏の漁場へ出かけて漁の仕方を教えてもらったものだ。父親は常に夏のキャンプの周りをきれいにしていた。道具もきちんと片づけていた。今のインディアンのように庭にモノをほったらかしにするようなことはなかった。元来サーニッチはきれい好きな人々だったのだ。だから私は夏のキャンプの周りをいつも掃除させられた。父親からリーフネットを習い私もよい漁師になりたいと思っていた。

でも私は居住学校（Residential School）〈4〉に行かなければならなくなった。法律ができたのだ。思い出すのもいやな年月だった。ところが、家を離れて四年、小学校四年生になった時、白人の教師から「お前は明日から学校に来なくていい」と言われた。私は成績もよかったのだが、インディアンにこれ以上覚えさせる必要がないと白人の教師たちは考えたのだと思う。そこで、私は家に戻された。

家に帰ると、父親の変貌ぶりに驚いた。昼から酒を飲んでいるのだ。リーフネット漁が禁じられ、もう以前のように自由にサケが獲れなくなったというのだ。あんなに立派な漁師だった父親が漁を禁じられ、生きていけるぎりぎりの金を最も自尊心を失わせる方法で政府から与えられて生活していかなければならなくなった。（E　二〇一二年没　当時八五歳）

これは、今は亡き長老Eが筆者に語った内容である。彼も居住学校の犠牲者の一人であった。彼の例のように、居住学校に送られたという経験そのものが、その後のサーニッチの居留地におけるアルコール問題の原因となる。本章はこの状況をサファリングとして捉える。サーニッチにおける植民地的状況とは、居住学校での生活を強要された先住民が、子孫たちにその経験を語り継いでいくことにあり、年長者たちの経験とイメージを、その子孫たちが世代を超えて共有していることと言える。サーニッチの居留地におけるその共有を本章ではソーシャル・サファリングと呼ぶことにする。

カナダ政府は先住民の子供たちを強制的に親元から引き離し「白人化」教育を施した。Eが幼少の一九三〇年代には、先住民の子供たちが居住学校に送られ、先住民の伝統文化を破壊する法律が次々につくられていった。アメリカにならったこの制度が肯定的にカナダ社会に受け入れられていた時代であった。この幼年期に見た風景が先住民の子供たちの多くにそれからの人生における苦難への対応策として記憶されていく。これは、言うなれば「飲酒の原風景」と呼ぶこともできるかもしれない。例えば、四〇歳のKはその父親が居住学校のつらい経験を逃れるためにアルコールを摂取し続けた時期があった。Kは以下のような発言をしている。

私の父親はサーニッチの政治的リーダーで皆に尊敬されていた。私も父を尊敬している。でも私が幼いころ、飲み始めると止まらない父親の姿をよく見た。（K　四〇歳）

この幼いころに見た「飲酒の原風景」が引き継がれ、現在中学生のS、現在二五歳のLは以下のような発言をしている。

夜中に父さんと母さんが町で飲んでいるので迎えに来いという。明日学校があるからいやだと言っているのに。私は中学生だし免許も持っていないのに運転させられる。二人は酒を飲むと人が変わる。（S　一三歳）

私の母は若いころは酒を飲まなかった。ところが、おばあちゃんの葬式の後のスィョクェアム[5]の後、大酒飲みのオジたちや、オバたちと一緒に楽しそうに飲んでいるのを見た。それが始まりだった。母はそれから毎日のように飲み始めた。料理をしながら飲み始めるから途中で酔ってしまい、台所の床で寝ていることがよくあった。トイレで寝ている時もあった。私たちキョウダイはいつもお腹を空かしていた。程なく私は自分で料理を作るようになった。私が高校生の時、家に戻ってくると母だけでなく、まだ中学生だった妹や小学生の弟も酒を飲んでいることがあった。（L　二五歳）

この子供の時に見た「飲酒の原風景」がサーニッチにおける人々と飲酒の関係の原点となる可能性がある。それらは子供たちが成長し、ユーロカナディアンが支配的な経済世界へ足を踏み入れた後に経験する、先住民であるが故の言われなき中傷や差別的態度への対応となる場合がある。さらに継続的な飲酒は悲しみや孤独への対応策となっていく可能性もある。前述の長老Eはアルコールを始めた時のことを以下のように語っている。

二〇代初めの若いころ、BCフェリー[6]に就職した。初めからそこの白人たちは意地悪な奴らだった。朝会社に行くとそいつらは決まって私に向かって云った。「やあ、調子はどうだい酋長?」。夜、白人たちは酒に酔うと私に向かって「俺たちの税金でお前たちを養っているんだ。お前は税金払っているのか?」などとしつこく言ってきた。私はいつもからかわれる対象だった。そんな時に幼い時に見た父親が酒を飲んでいた場面が頭に浮かんだ。知らず知らずにアルコールを始めた。その量が増え、回数が増え、気が付くと毎日飲むようになっていた。一度飲みだすと途中でやめることができなくなった。飲んで仕事に行くと、上司に叱られた。でも、酒はやめられなかった。（E　二〇一二年没　当時八五歳）

「飲酒の原風景」と飲酒の習慣に関する類似した話を筆者の友人Jから聞いたことがある。これも個人の力ではどうすることもできない悲しみへの対応として飲酒を習慣化させてしまった例である。

私は、インディアン学校を出た後、アーティストになることを夢見て都会に出た。そこで美術学校に通った。ところがアーティストとして認められるのは大変だった。そのころ都会で知り合った美しい女と暮らし始めていた。貧しかったが私たちは幸せだった。ところが、ある日突然、彼女はくも膜下出血で亡くなってしまった。私は悲しくて仕方がなかった。この悲しみからなんとか逃れたいと思っていた。そのころ、立派な男だった義理の兄がよく酒を飲んでいたことを思い出していた。やがて私は悲しみから逃れたくて、毎日大量の飲酒を始めた。（J　六五歳）

これらの事例は幼い時に目にした尊敬すべき人物の飲酒する姿が後年にも記憶の中に留まり、それぞれに降りかかる人生の不幸への対応として顕在化するものである。それは家庭内暴力が再生産されるメカニズムに酷似している。例えば、前述の、成人して先住民の心を洗練された表現で主張する詩人となったKは、幼いころから父のアルコール依存症に苦しむ姿を目の当たりにしてきた。彼の父親は文化復興運動のリーダーであり、人々からの尊敬を集めていたが学校建設が完了した二年後に白血病で亡くなってしまった。その後を追うように母親がそのまた二年後に亡くなった。きわめて知的で感性豊かであり、末っ子で母親の愛情を一身に受けて育ったKはその悲しみから逃れる手段として大量の飲酒を始めてしまった。その状況は二〇一四年現在も続いている。そこにも繊細な彼が幼いころ見た父親の「飲酒の原風景」があったことを、Kをよく知るサーニッチの人々から筆者は聞いた。

以上述べてきた状況に対し、先住民の生活態度に批判的な非先住民の意見がある。なぜ先住民はそんなに簡単にアルコール依存に陥ってしまうのか。貧しい移民でさえ経済的に自立し、二世、三世で立派にカナダ社会に貢献している人も珍しくない。ゆえに、先住民のアルコール依存の問題は過保護政策の産物ではないかという見方もできる。それに加え、教育問題についても、先住民はカナダのどこの大学へも進学できるのになぜ大学進学率が低いのか。居留地に住み続ける理由は何か。飲酒を始める理由として「白人」によるいじめを理由にする先住民は多いが、いじめの問題はどこの学校にも会社にもあり、先住民に特別の問題ではない。万が一先住民が経済的に成功したとしても、その成功を支えるのは「白人の経済力」ではないか。これらの批判が先住民の実情を深く知らない人々から浴びせられる。

それに対し、「飲酒の原風景」の問題は、何世代にもわたって暗黙の裡に受け継がれてきた「植民地的状況」への対応だという事実を確認しておかなければならない。しかしながら、後述するように、この状況においても自立しカナダ社会に貢献している先住民の存在も少なからずある。また、移民家庭の平均月収が五〇〇〇ドル（カナダ人家庭の平均月収が六〇〇〇ドル（二〇〇六年））であるのと比較し、アイデンティティのよりどころとしての生業形態を奪われた先住民に対し生活保護として月額たった六〇〇ドルにも満たない金額しか支給されていない状況のどこが「過保護」だと言うのであろうか。前述のように、きちんとした初等教育の機会を奪われ続けてきた先住民に対し、大学の門は広く誰に対しても開かれているのに先住民の入学者がなぜ少数なのかという疑問は正当であろうか。土地の個人所有が認められず、土地を資産として個人的に売買することができない先住民が居留地に住み続けることのどこが非難されなければならないのだろうか。いわゆるアメリカにおける「貧しい白人（poor white）」に相当する人々が自分たちよりも下の階層として先住民を位置づけ、社会への不満の発散の場として構造的にいじめの対象としていることは、他のいじめとまったく同様に扱えるものなのであろうか。サーニッチは外部の者から「カナダ人」と呼ばれることを断固拒否するのである。

ただ一点だけ指摘しておきたい重要な点がある。それは、主にアーティストとしてトーテム・ポールやシルクスクリーンといった絵画等の美術作品を販売して豊かになるという場合、先住民の経済的成功が、ユーロカナディアンをマジョリティとするカナダ経済の状況とその時代のイデオロギーにより大きく左右されるという事実である。すなわち、現時点では、カナダ社会が先住民に与えた好意的イメージに呼応することによってのみ安定した経済的な自立の道が開かれているという事実がある。この状況こそ「植民地的状況」そのものであり、サファリングの根深さを象徴している。Kのような感性の鋭敏な先住民が感じ取るこの状況が「飲酒の原風景」の背景に居座り続けているのである。

ユーロカナディアンが目にする飲酒と先住民の負のイメージの一例

ここで前述の批判を増幅する、先住民の飲酒と暴力というユーロカナディアンが持つ典型的なイメージを与える具体的な一例を挙げておくことにする。これは筆者の友人の息子Pに起こった事件である。Pは、筆者がサーニッチの調査を始めたころは未だ小学生だったが、事件当時、一九歳になっていた。彼は中学生の時に飲酒を始めて父親を悩ませていた。Pは当時それまで付き合っていた「不良仲間」から一定の距離を置き、生活を立て直そうと努力していた。Pが高校を卒業して、大工の見習いとして真面目に働き始めた時期に以下の事件は起きたのである。

Pは、酒場で、彼のイトコで一八歳になる少女が以前の友人たちにからかわれているのを目にした。彼女は同棲相手の子供を妊娠してしまい、中絶したのだが、それがもとで体の調子を悪くしていた。そのことで、人前でからかわれていたのである。そこでPは、「彼女は僕のファミリーだ。からかうのはやめろ」と言った[7]。友人たちは一九歳から二四歳くらいまでの七人である。彼らは、先住民のカヌー競技大会のサーニッチ代表チームのメンバーで、優勝経験もあり、人々から「ヒーロー」ともてはやされていた。人々は、彼らを「トライブ（部族）」の誇りとまで言った。そのような彼らが、最近真面目に働くようになってセンチョッセンも学習するようになった以前のメンバーの一人の最年少のPから「生意気」なことを言われたのである。その次に彼らが起こす行動は目に見えていた。七人の内の一人がPに飛び掛ったのだ。ところが、Pはその男を倒してしまった。そして今度は二人がかかってきた。するとPはその二人も倒してしまった。それに対し、残りの四人が野球のバットを振り上げてPを殴り始めた。Pは床に倒れた。その後、七人全員でPをひどくなぐったということだ。Pのイトコと同棲中の男が天井に向かって発砲し、「Pを離さないとお前たちを撃つぞ」と言ったことで、騒ぎが納まった。

それは一九九八年の八月四日のことであった。父親は、夜中（一時三〇分だということである）に物音で目が覚めた。起きて居間に行くと、血だらけになって倒れている息子Pがいたという。頭は血だらけで、顎の骨は折れて、目もようやく開いている状態であった。すぐに病院に運んだが、全治二か月以上の重傷であったそうである。（P　一九九八年当時一九歳）［渥美　二〇一二、一九〇－一九一］

この事件への対応として父親は、市警察に電話をして事件の様子を述べた。しかし、先住民の事件はバンドカウンセルで行うことになっているので、「白人」の警察はこのような場合、「君たち（先住民）の問題はバンドカウンセルでまとめてくれ」と言ったという。Pという血だらけの少年を抱えた家族に対してもいつもと同様な応対である。そこで、後日BCクラウンカウンセル（州警察）に連絡した。ところが、そこのアドバイザーをしている先住民の女性が前述の七名の知り合いだった。結果として七名の起訴が却下されてしまったのである。[8]

しかしながら、それ以降しばらく事件のあった酒場は先住民出入り禁止となった。ユーロカナディアンが酒場で暴れたり、暴力を振るったりするという事件の数は先住民の数よりずっと多いのだが、先住民が一度事件を起こすとそのイメージは強化されていく仕組みになっている。このイメージの循環が先住民とユーロカナディアンとの緊張関係を強化し、また先住民への批判的な言説となって戻ってくることがある。

経済的自立と民族の誇りと個人の尊厳の自覚

アルコールを大量に摂取する期間を終わらせるのは、経済的自立と個人としての尊厳の自覚である。それを裏付ける一例として、サーニッチで現在活躍中の彫刻家の一人にCがいる。一九四三年にツァートリップ居留地に生まれた彼は、六歳からガラスの破片を見つけてはそれを使って木を削っていたという。九歳から本格的に彫刻を始めた。そのころ同時に絵も描き始めた。当時、先住民の間に結核がはやっており、学校で結核予防のポスターのコンテストがあった。彼はそれに入賞した。それ以来様々なコンテストに応募して毎年入賞した。一四歳の時にカヌーの櫂を彫り始めた。一九歳で学校を卒業すると、海に浮かんだ材木を陸まで運ぶ労働者となった。この時代にユーロカナディアンの労働者との軋轢があった。そして、この時期にアルコールを覚えた。何もすることがない日には朝から飲酒を始めたという。しかし、彼の場合、大量の常習的飲酒を行った期間は短くて済んだ。それは、二一歳の時に彫ったマスク（スピリット・ダンスと呼ばれる踊り用の仮面）ではじめて現金を得たからである。それがきっかけで、アルコールから徐々に遠ざかっていく。昼は肉体労働、夜は、注文を受けての彫刻作業を二九歳まで続けた。

彼は三〇歳代で彫刻家として自立する。当時、北部に住むハイダやクワクワカワクゥという先住民集団のアーティストはすでに知名度が高く収入も安定していた。その背景として「深い精神的世界を持った先住民像」がカナダ社会に広まり、先住民アートを所有することがユーロカナディアンの知識階層の間で流行したことが挙げられる。しかし、ヴィクトリア周辺で売られている土産物用のトーテム・ポールは、たいていクワクワカワクゥのデザインをミニチュアにしたものだった。そこで、当時のサーニッチもクワクワカワクゥのデザインを「伝統的美術」として学んでいたのだ。

しかし、Cは、サーニッチが属するコースト・セイリッシュの美術にこだわり、博物館に残されている古いコースト・セイリッシュの彫刻をすべて模写した。毎日彫刻刀と木片を持って博物館に通ったそうだ。当時の博物館は、今よりもずっと自由なことができたと彼は言う。このようにして、彼は、博物館に情報として保存されていた作品から、独学でその技術と表現方法を学びとり、コースト・セイリッシュの彫刻を復活させようと努力を重ねてきたのである。ここで先住民のアーティストにとって新たな情報発信の仲介役であると同時に新たな市場として、大学と博物館が登場することになる。博物館は、それ以前は漠然と先住民文化を一まとめにしていたが、「コースト・セイリッシュの」という表示のついた「博物館資料」を新たな分類概念として展示した。やがて、地元の大学のキャンパスにサーニッチの神話をモチーフにしたCのトーテム・ポールが建てられた。その後、彼は、地元だけでなく、外国からの注文に応えた様々な作品を生みだしている。

Cは早くからアーティストとしての経済的自立という幸運な状況を生きることができている。また、それはサーニッチとして、自らのアート（「伝統文化」）を非先住民社会に訴えていく重要な地位を与えられたことになる。経済的自立と自らの尊厳の自覚、民族としての誇りを訴える経路の開発。この環境が大量のアルコール摂取の日々から彼をいち早く脱出させる手助けとなった。

この脱出のきっかけをさらに広めるのが一九八六年のサーニッチの学校区創設、および学校建設である。前述の長老Eの話が続く。

そのころ、今の家内と出会った。真面目なインディアンだった。私は必死になって酒をやめて仕事をしようと努力した。

でもいつもいやなことがあるとまた次の日に仕事ができなくなるほど飲んだ。その期間が結婚し中年になるまで続いた。そんな時、民族運動のリーダーHから電話がかかってきた。居留地に戻ってこいと言うのだ。学校ができる。インディアンのためのインディアンの手によるインディアンのための学校だという。センチョッセンの授業がある。お前はセンチョッセンが母語だからそこでセンチョッセンの教師をしないかと言う。夢のような話だった。一九八六年のサーニッチの学校設立とともに、センチョッセンを母語とする長老の中で最も若いということで、センチョッセンの教師となった。そして、センチョッセン教材作成の中心者として就職した。私は居留地に戻って子供たちにセンチョッセンを教える仕事について以来一滴も酒を飲んでいない。（E　二〇一二年没　当時八五歳）

文化復興運動の指導者Hは前述のJにも学校建設への協力を依頼する。Jに対し、お前の偉大な父親のようにお前もセンチョッセンを学んでセンチョッセン教師となり子供たちに教えろと諭した。Jは居留地に戻り長老たちからセンチョッセンを学ぶが、初めはアルコールからなかなか遠ざかることができなかった。しかし、近所に住む長老たちが入れ替わり立ち代わりJの家にやってきた。やがて、サーニッチの学校設立とともにセンチョッセンの教師として就職し、断酒する。

街に住んでいたころ、Hがやってきて、学校を作るからお前もセンチョッセン教師になれと言う。私の父親は白人の学校の用務員だった。そこに通っているサーニッチの子供たちに放課後センチョッセンを教えていた。ペーパータオルに書いた教科書を自分で作っていた。Hは親父の作ったその教材をもとに教科書を作りたいと言う。そこで、私は居留地に戻った。でも初めは亡くなった妻のことを考えるとまた酒を飲んでいた。そうするとGおじさんがやってきて、「俺も昔はよく飲んだ。でも酒は救ってくれるわけではないぞ。むしろ体をどんどんおかしくしていくだけだ」と言って、私を見ていた。Gおじさんは毎日のようにやってきた。Eも来た。「お前のことが心配だ。お前の気持ちはよくわかる」。そう言って黙って私を見つめていつまでも座っていた。しばらくして今度は私が毎日長老たちのところへ行くようになった。そしてセンチョッセンを教えてもらった。初めは外国語のようだった。でも長老たちは一生懸命教えてくれた。私はこれまでの生き方ではだめだと思った。センチョッセンを真剣に勉強していくうちに私は酒をやめた。（J　六五歳）

しかしながら、もちろん、このような成功例だけではない。経済的自立と民族の誇りと個人の尊厳の自覚の機会に出会えず、アルコール依存の生活を続けている例もある。現在七五歳のＢである。彼も同化政策の居住学校出身である。彼は若いころ仕事を求めて東部の都市に行き、成功を夢見たが「白人社会の厳しい現実」に直面する。そして、ゲットーと呼ばれる先住民居住区に住みアルコールから離れられない生活を送る。四〇歳代でサーニッチに戻ってきたのだが、すでに長老と呼ばれるような年齢になっているにもかかわらず、本来の母語であるはずのセンチョッセンを話すことができない。居住学校の教育も小学校低学年までであったので、就職もきわめて困難であった。そこで、アルコールから離れられない状態が現在も続いている。以下が筆者の友人Ｊから聞いたＢの具体的な事例である。

ある真夜中、Ｊに警察から電話が入った。公園にいるＢを引き取りに来てくれということだ。Ｊが公園に着くとベンチに座っているＢが見えた。両脇に白人の警官が立っていた。Ｊだと確認されるとＢが引き渡された。警官が去った後、失禁し脱糞しているＢを公園のトイレに連れて行き持参したポットのお湯を水道の水と混ぜながら体を洗い、毛布を与えた。その後、ＪがＢを家まで送った。

筆者はＪになぜＢの世話を続けているのか聞いたことがある。Ｊは、それはＢが「いい奴」だからだと言う。人々は居住学校で自らの「文化」と切り離されてしまったサーニッチの典型をＢに見ると言う。Ｊが努力してセンチョッセンを身につけているのもＢの存在があるからだと言う。そして、現在、サーニッチにはＢのような状況にある者が少なからずいる。

本当に心の優しい男なのだ。だから居住学校で身も心も、立ち直れないほど傷ついたのだ。酒、暴力、差別、英語。居住学校でインディアンが覚えたのはそれだけだ。我々は一人で幸せになることはできない。皆が幸せでなければならないのだ。それがサーニッチにとっての「生き残るための知恵」（wisdom for survival）だ。私がＢの世話をするのは、「白人」がインディアンにしたことを決して忘れないためかもしれない。（Ｊ　六五歳）

この「生き残るための知恵」こそ、かつてこの地域でも熱狂的に行われたポトラッチ〈9〉の精神でもあったはずである。当時の首長たちは自らのところに集まった財を人々に分配するためにポトラッチを開いたとされている。もちろん、首長たちの財の誇示、気前のよさの誇示としてのポトラッチも存在したであろう。いずれにせよ、自分だけが豊かであってはならない、皆が幸せでなければならないという精神に、筆者の会ったサーニッチの人々は最大の敬意を表する。居留地で共有されるこの精神の存在が、飲酒に悩み続ける年長者Bにも「白人から受けた迫害の証人」——換言すれば彼らの受けたソーシャル・サファリングの象徴的存在——としての居場所を与えているのである。

「ケア」の場としての居留地

居留地の様子に対する筆者の初期の印象は、一九九七年三月二五日の筆者の日記に記されている。当時はまだ居留地というものが、カナダ政府から強制的に先住民に押し付けられた植民地的状況の象徴的な場所という捉え方しかできていなかった。しかし、居留地内における経済的相互扶助の関係の一端は目撃していた。

一九九七年三月二五日

授業から戻り、Eを誘って昼食に行こうとした。Eは用事があるので家に帰らなければならないという。予定していた録音も明日にしてほしいということである。昼食に行く車中でJからアメリカに住んでいたEの甥が昨日自殺したことを聞いた。そこで、親戚中が集まって、Eの甥の葬儀をするためにアメリカへ行きたいのだが、経済的理由でアメリカに行けない者が何人か出てきたと言う。そこでEの家に親戚が集まり、アメリカ行きの資金を出せるものが何人いてどの程度出せるのか話し合うのだそうである。昼食後、ツァートリップから一五分ほど東に行ったツァワウト居留地にあるEの家の前を通った。二〇台近くの車が道路に止めてあった。話し合いの最中の様子であった。

Jは、私がカナダに着いた日にもツァートリップ居留地で若者が自殺したと言うのである。あの日Jが、用事があると言っていたのは、そのことで出かけたらしい。若者の間にドラッグとアルコールが広がってきたと同時に自殺が増えたと言う。インディアンの平均寿命は毎年確実に低年齢化しているという。これから先インディアンの平均寿命は、六〇歳以下になるだろうと皆は言っている。

Jはドラッグとアルコールのせいだと言っていた。しかし、私は、ドラッグとアルコールに走る原因がきっとあるはずだと思った。確かにリザーブ内に生活のすべてがあるうちはいいのだが、生活費を稼ぐために労働者として白人社会と接触を持つと、ほとんどの若者の間に苛立ちのようなものが育ってくる。インディアンの若者が抱いていた将来に対する夢は、ユーロカナディアンが作った経済社会に入って行く時にほとんど消えていってしまうのが現実であるようだ。ところがテレビなどで欲望をかきたてるような「情報」が氾濫している。その欲望と現実の間でインディアンの若者たちは窒息しかかっているのだ。

当時の筆者は、一日の調査を終え、宿舎に帰って、たいてい夜中に日記を書いていた。それで、今読み返すと多少感情的な文章になっていると感じられるが、当時筆者が持っていた「居留地」という状況に対するイメージが甦る。しかしながら、後に、それは一側面でしかないことに気づかされることになる。

サーニッチの人々にインタビューをしていると、相手が腕時計をちらちら見始めることがよくあるのである。何か約束があるのか聞くと「お婆さんに食事させなければならない」等々と言う。例えば、筆者のある友人の九〇歳になる母親は一〇年前に脳梗塞で倒れた。それ以来、トイレには一人で行けるようになったものの、外出は介助がなければできなくなっていた。彼女には同じ居留地に住む息子が四人いて孫は（筆者が面識のある人に限定して）一六人いる。そのうちほぼ全員がローテーションを組み、朝食、昼食、夕食すべて誰かが彼女に食事を与えているのだ。筆者の知る限り、居留地に住む老人たちは身内が全員で面倒を見るというのが一般的なのである。

人間関係を点と面で表現すると、ユーロカナディアン社会の人間関係は点である。個人はコミュニティを越えて結びつけられている。親族友人関係も点の関係である。人々は経済力の上昇とともに移動を繰り返し、コミュニティというのは利害関係、経済関係で結ばれているが、冒頭で筆者の宿舎の持ち主の例で述べたように、そのコミュニティの構成員は短期間に入れ替わっていく。ところが、「サファリング」は「点」であっても、それを「ケア」するのは「面」である必要がある。ユーロカナディアン社会でアルコール依存症に冒された者がＡＡ[10]などの組織によって回復していくのは、点で結ばれている人間関係を、ＡＡが開かれる時間だけでも面で人々が結ばれていく感覚を演出している側面を指摘できるかもしれない。

しかし、ユーロカナディアンと「文化」を共有できない先住民はＡＡに違和感を覚え、宗教臭さを感じ、離れていく者が多い。都市に住む先住民がアルコール依存症から立ち直るきっかけを失っているのはこの理由によると考えられる。

筆者が調査を始めた一九九一年から二〇一四年まで、ユーロカナディアンのコミュニティで同じ家（場所）に暮らしている者はほとんどいない。筆者が頻繁に下宿を変える必要があったのも、コミュニティ構成員の入れ替わりがきわめて頻繁に行われているからである。人々は少しでも収入が増加すると隣近所との有機的人間関係を構築する以前に居住地を（いわゆる better neighborhood を求めて）変えていくのである。ユーロカナディアンは郊外や田園地帯に暮らしていても、都市型の人間関係を形成していくと言うことができる。

それに対し、先住民は居留地を媒介にして面で人間関係を結んでいる。居留地自体が人々を面で密接に結ぶ有機的なコミュニティを形成している。なによりも「文化」を共有するという強い信念が存在する。筆者が一九九一年からずっと見てきたサーニッチには幼少時から筆者を知っている者がいて、成人し、現在ではそれぞれが家庭を持っている。二〇一四年二月から三月にかけての滞在中、久しぶりにサーニッチの子供たちに日本語で1から10までの数え方を教える機会があった。その時その授業を担当するセンチョッセン教師の若い女性が「なつかしい。私も子供のころあなたにそうやって日本語で1から10までの数え方を教えてもらったわ。今でも覚えている」と言った。子供が生まれ成長し、大人になって仕事をするようになっても同じ場所に住み続けるということが、人々を感情的にも強固に結びつけていることの一端を再認識した。そこには有機的に結ばれた強固な人間関係があり、いつ訪れてもそこに知り合いの誰かがいて、訪問を重ねるごとに歴史が新たに積み上げられ、共通の話題は深度を増していくのである。

居留地にはアルコール依存症を経験した長老たちがいる。アルコールを大量に摂取する時期を迎えている者たちにアルコール依存症を乗り越えた長老たちは訪問を繰り返す。長老たち自身も通って来た道なのである。時代の違いはあるにせよ、社会的に置かれた状況には共通点が多数存在する。そこでアルコールを大量に摂取する時期にある若者たちは、経済的自立と民族としての誇りと自身の尊厳に対する自覚を確認できた時、再出発しようとするのである。もちろん、再出発できない者もいる。しかし、居留地にはたとえ再出発ができない者に対しても厳然と「居場所」が存在するのである。

さらに、付け加えれば、前述のPの事例には後日談がある。二〇一四年二月から三月の筆者の滞在で明らかになったことがあった。それは事件当時のことである。Pの父親JはPに暴力を加えた若者たちを法的に訴える準備をしていた。しかし、妻のMがやめるように説得していたのだ。同じ居留地に住む先住民同士の問題を公の裁判に持っていくことにより、新たな偏見をユーロカナディアンの間に生みかねないというのが、Mが筆者に語った第一の理由であった。しかし、それ以上に、近所づきあいを継続していかなければならない立場にいる主婦としての事件への賢明な対処法であった。妻の粘り強い説得の結果、Jは提訴を断念した。

Jの怒りの強さを知り、訴訟のうわさを聞いて案じていた長老Iはこの決定に大変感謝した。彼はPに危害を加えた若者たちの祖父だったのである。彼は孫たちには反省を促し、Pをしばらく預からせてほしいとJに頼んだ。以来数年間、長老IはPと寝食を共にし、使用する言語をセンチョッセンに限定した。あらゆる行動、あらゆる事柄をすべてセンチョッセンで話し、Pに対し徹底的にセンチョッセンを教え込んだのである。そのおかげで長老の家から生家へ戻ってきた時、Pは立派なセンチョッセンの話者となっていた。

長老Iはセンチョッセンの話者（先住民の母語の話者）となることが、今のカナダに生きるサーニッチの人生を経済的に有利な方向へ導くと直感していたのである。この長老Iの行為はPに対する、サーニッチらしい謝罪（言葉だけではなく実行を伴うべきであるという信念に基づくもの）であり、Pの両親への感謝の印であった。長老Iの思惑通り、その後、優秀な大工だったPは人生の進路を変えることとなった。センチョッセン教師になる道を選んだのである。Pは大学に進学し、二〇一四年六月に教員資格を取得して学士の学位を取得する予定である。また、母語の教員の資格を取得する過程で知り合った若く優秀なセンチョッセン教師の先住民女性と結婚することになった。

これらすべての出来事が居留地という「面」で人々を結びつける場所で行われている。この先住民居留地という「面」が大きな「点」となって他の地域に住む先住民や先住民に共感する非先住民の人々と結びつくことがあれば、世界的な広がりを見せる可能性も秘めている。近年、その長男（Eの孫）はサーニッチの血縁者として初の弁護士となった。またアーティストCの三女は医学部に進みサーニッチとして初の医師になる予定である。筆者は、さらなる可能性をサーニッチの若者の未来に見出している。

前述の長老Eの利発な娘はユーロカナディアンと結婚して居留地の外に住んでいる。

おわりに

以上、カナダ先住民サーニッチにおけるアルコールの問題と居留地との関係を、「植民地的状況」というキーワードのもとに見てきた。この問題にはいくつものパラドックスが存在している。確かに本章で述べてきた「植民地的状況」がサーニッチの飲酒の問題の背景にあると言うことはできるだろう。しかし、それと同時に、同じ「植民地的状況」の産物である居留地が飲酒の問題に対応する「ケア」の場となっているというパラドックスが存在する。さらに、その「サファリング」としてのアルコール問題から「経済的自立と民族の誇りと個人の尊厳の自覚」を持って立ち直った先住民を受け入れる経済システム自体は、相変わらず「植民地的状況」である。その社会ではユーロカナディアンが圧倒的な力を持ち、その経済システムはマジョリティであるユーロカナディアンの意向に左右されている。これがさらなるパラドックスなのである。やはりここでも先住民は経済的に安定した生活を送るためには他者から与えられた好意的表象としての先住民を生きなければならない。

しかしながら、この多くのパラドックスを抱えながらも存続する居留地からは、底知れぬ粘り強さとエネルギーが感じられる。その源泉は、そこに住む人々が協力して生き残ることを前提としていると考えることができるだろう。その前提をサーニッチは「生き残るための知恵」（wisdom for survival）と呼んでいる。いうまでもなく、カナダは産業化された社会である。多くの「カナダ人」は、個人と個人が一定の場所を介在させず、点で結ばれている。コミュニティの連帯というものが機能不全を起こしている地域は多い。しかし、先住民サーニッチの居留地では、同じ場所に住み続けなければならない人々が面として密接に結びついている。なによりも人と人との強い有機的なつながりがあり、部外者から見れば、集団に利益をもたらす人も不利益な人も、住む人すべてに居場所が与えられている。

居留地に二〇年以上の時間をかけて関わってみれば、部外者もそこに「なつかしさ」を感じるようになる。それは多くの部外者に共通する「故郷」のイメージと重なるのだ。居留地に行けばいつも知り合いがいてくれる。歳を重ねながら人生の変化を確認させてくれる人がいる。いつしか筆者も毎年春と夏にやってきていろんな質問をする妙な部外者として定着した。筆者にもサーニッチへ行けば二四年前の話ができる少なからぬ友人たちが同じ場所に住み続けている。さらにその友人たちの子供たちや孫たちが切り開いていくはずの未来もそこにある。居留地には、本章で述べてきた「サファリング」と「ケア」が同時に存在しているのである。

サーニッチの居留地での出来事は、部外者にとっては、理解したと思われた後に、新たな現象と理解との間に齟齬が生まれることがよくある。その齟齬の克服の後に、より確かだと思われる新たな理解が生まれる。しかし、その理解もまた新たな現象との齟齬に打ち消されていく。理解とはあくまでプロセスであることを居留地は教えてくれる。居留地には知りたいこと、学ぶべきものが訪れるたびに現れ、尽きることがない。それ故、部外者にとって、カナダ先住民サーニッチの居留地は、いつまでも「遠い場所」なのである。

注

〈1〉筆者はフィールドワークを始めた最初の数年間サーニッチの友人宅に世話になっていたが、夜遅くまで仕事をすることで友人家族に迷惑をかける心配から、またユーロカナディアンの先住民に対する意識を知りたいと思い、ユーロカナディアンの家に下宿するようになった。

〈2〉サーニッチ半島には四つの居留地があり、各居留地の人口（二〇一四年現在）は、およそ、(1) Tsartlip（ツァートリップ）に七〇〇人、(2) Tsawout（ツァワウト）に六〇〇人、(3) Pauguachin（パウグヮチン）に三〇〇人、(4) Tseycum（ツァイカム）に一七〇人である。

〈3〉reef-net「岩礁網」。サーニッチの伝統的漁法。一九三四年にこの漁法が禁止された。

〈4〉寄宿学校と訳す場合もあるが、ここでは強制的に連れ去られ入居させられた意味を強調するために、あえて「居住学校」と訳しておく。一般に「インディアン学校」とも呼ばれる。一八七六年に施行されたインディアン法（Indian Act）によって同化教育（白人化教育―先住民の子供たちを親元から引き離し徹底的に「白人化」する目的で行われた教育）を目的としてBC州のみならずカナダ全土に設立された。最後の居住学校が閉じられたのは一九九六年である。

〈5〉葬儀の後に行われる、死者のために料理を作りそれを燃やす儀式。

〈6〉ブリティッシュ・コロンビア・フェリー。BC州内の島々に貨物と観光客を運ぶ大型フェリーを運営する会社。

〈7〉現在、サーニッチの人々がファミリー family という語を使う場合、日本語の「家族」というよりは人類学でいう「リネージ」に近い意味を持っている。

〈8〉選挙によって選ばれた首長と評議員からなるカナダ先住民の政治組織。

〈9〉北米大陸太平洋沿岸の北部に居住する先住民社会に広く見られた、威信と名誉をかけた贈答慣行。主催者は盛大な宴会を開き、客に蓄積してきた財物を惜しみなくふるまって自らの地位と財力を誇示した。招かれた客は自らの名誉にかけて他の機会にそれ以上のもてなしをすることが期待されていた。また、この地域の裕福な家族や部族の指導者は家に客を迎え、舞踊や歌唱が付随した祝宴でもてなし、富を再分配したとされている。ポトラッチは子供の誕生や命名儀礼、成人の儀礼、結婚式、葬式、死者の追悼などの儀礼の機会に催された。

〈10〉アルコホーリクス・アノニマス（Alcoholics Anonymous）の略。一九三五年にアメリカ合衆国で始まり世界に広がった飲酒問題を解決したいと願う相互援助の集まり。

引用・参照文献

渥美一弥　二〇一二「「植民地」という状況――カナダ先住民サーニッチが「インディアン」として現代を生き抜くということ」風間計博他編著『共在の論理と倫理――家族・民・まなざしの人類学』一七三―一九八頁、はる書房。

ファーマー、ポール　二〇一二『権力の病理　誰が行使し誰が苦しむのか——医療・人権・貧困』豊田英子訳、みすず書房。

フーコー、ミシェル　一九七七『監獄の誕生——監視と処罰』田村俶訳、新潮社。

ロサルド、レナート　一九九八『文化と真実——社会分析の再構築』椎名美智訳、日本エディタースクール出版部。

Berreman, G. D. 1956 'Drinking patterns of the Aleut', *Quarterly Journal of Studies on Alcohol* 17: 502–514.

Dozier, E. P. 1966 'Problem drinking among American Indians: the role of sociocultural deprivation', *Quarterly Journal of Studies on Alcohol* 27: 72–87.

Elliott, Dave 1990 [1983] *Saltwater People: a resource book for the Saanich Native Studies Program*, as told by Dave Elliott Sr., School District 63 (Saanich).

Fenna, D., L. Mix, O. Schaefer, and J. A. L. Gilbert 1971 'Ethanol metabolism in various racial groups', *Canadian Medical Association Journal* 105: 472–475.

Field, P. B. 1962 'A new cross-cultural study of drunkenness' in D. Pittman and C. Snyder (eds) *Society, Culture and Drinking Patterns*, pp. 48–74, New York: John Wiley and Sons.

Fisher, A. D. 1987 'Alcoholism and race: the misapplication of both concepts to North American Indians', *Canadian Review of Sociology* 24 (1): 81–98.

Hallowell, A. I. 1955 *Culture and Experience*, New York: Schocken Books.

Hamer, J. H. 1965 'Acculturation stress and the functions of alcohol among the Forest Potawatomi', *Quarterly Journal of Studies on Alcohol* 26: 285–302.

Honigmann, J. J. 1965 'Social disintegration in five northern Canadian communities', *Canadian Review of Sociology and Anthropology* 2: 199–214.

Horton, D. 1943 'The functions of alcohol in primitive societies: a cross-cultural study', *Quarterly Journal of Studies on Alcohol* 4: 199–320.

Kraus, R. F and P. A. Buffler 1979 'Sociocultural stress and the American Native in Alaska: an analysis of changing patterns of psychiatric illness and alcohol abuse among Alaska Natives', *Culture, Medicine and Psychiatry* 3(2): 111–151.

Leighton, A. H. 1959a 'Mental illness and acculturation', in I. Galdston (ed.) *Medicine and Anthropology*, pp. 108–128, New York: International Universities Press.

——— 1959b *My Name is Legion*, The Stirling County Study of psychiatric disorder & sociocultural environment Vol. 1, New York: Basic Books.

Lemert, E. M. 1954 *Alcohol and the Northwest Coast Indians*, Berkeley: University of California Press.

Lieber, Charles S. 1972 'Metabolism of ethanol and alcoholism: racial and acquired factors', *Annals of Internal Medicine* 76(2): 326-327.

Mail, P. D. 1989 'American Indians, stress, and alcohol', *American Indian and Alaska Native Mental Health Research* 3(2): 7-26.

May, P. A. 1986 'Alcohol and drug misuse prevention programs for American Indians: needs and opportunities', *Journal of Studies on Alcohol* 47(3): 187-195.

Muckle, Robert James 1998 *The First Nations of British Columbia: an anthropological survey*, Vancouver: UBC Press.

Nofz, M. P. 1968 'Alcohol abuse and culturally marginal American Indians', *Social Casework* 69(1): 67-73.

Suttles, Wayne 1991 *Coast Salish Essays*, Vancouver: Talonbooks.

Wolff, P. H. 1973 'Vasomotor sensitivity to alcohol in diverse Mongoloid populations', *American Journal of Human Genetics* 25: 193-199.

第5章　「耕されている場」でピアであり続けること
〈浦河べてるの家〉のピアサポートの活動から

浮ヶ谷幸代

はじめに

日本の精神医療の実態は、二一世紀に入っても欧米諸国に比べると、病院数と病床数の多さ、そして在院期間の長さにおいて群を抜いた特徴を示している。厚生労働省は、国内外からの批判を受けて二〇〇四年に約七万二〇〇〇人の早期退院を後押しする「新障害者プラン」を発表した。政府は、入院経験者ですでに退院している仲間の力が有効であるという考えから、この施策にピアサポート事業を取り入れた。この動きに合わせて、社会福祉法人〈浦河べてるの家〉（以下、〈浦河べてるの家〉または〈べてるの家〉、後述する）では、精神の病いをもちながら地域で暮らすピアサポーターたち（後述する）が、浦河赤十字病院（以下、浦河日赤）の入院患者の退院を促す活動に取り組んでいる。

精神の病いをもつ当事者はさまざまな「苦悩」を抱えている。ここでいう苦悩とは医療人類学の主要なテーマであり、本章では病いを抱えながら生きる人の経験を形作る生の根源的な営みとしてのサファリング（感情や情動）として位置づけている［Kleinman and Kleinman 1995］。なかでも日本の場合、精神の病いをめぐる苦悩は、人間の根源的な営みである以上に、国家の隔離収容政策がもたらした「社会的苦悩 social suffering」［Kleinman, Das and Lock eds 1997］の現れであり、病いの政治的、社会的構築の結果という側面をもつ[1]。では、人は社会的苦悩を抱えながら、どのように回復していくのだろうか。社会的苦悩の一連の研究は、コミュニティや社会、国家が生み出すスティグマや政治的暴力をめぐる社会的苦悩から回復への契機がそれを生み出したコミュニティのなかに見いだされると指摘した［Das and Kleinman 2001］。

コミュニティを基盤として精神の病いに対処するという視点は、早くから地域精神医療に取り組んだイギリスのコミュニティケア政策に見いだせる。この政策は一九五〇年代に精神保健サービス政策のなかに位置付けられた。専門家のみならず家族やボランティアなどコミュニティ全体を視野に入れて、多面的、学際的側面から取り組むべき課題であるとされた［Bulmer 1987］。なかでも、フォーマルケアとインフォーマルケアとの連続性とそれを妨げるものについての指摘は重要である。しかし、一九七〇年代まで当事者同士のケアという視点は見いだされてはいなかった。

一九九〇年代に入ると、ＡＣＴ（Assertive Community Treatment 包括型地域生活支援プログラム）という多職種チームにおける訪問型のプログラムが欧米諸国を中心に普及してきた。これは精神医療の取り組みを病院中心から地域中心に変換するプログラムであり、医師、看護師、ソーシャルワーカー、心理士、作業療法士など、さまざまな職種から構成される多職種チームを中心にした集中的ケアのモデルである。二四時間体制で当事者を支援するサービスの充実を目指し、当事者同士の助け合いよりも、専門家と利用者との関係を軸としたケアマネジメントの技法を基本としている［西尾二〇〇四］。日本では二〇〇三年に導入され、千葉県市川市でＡＣＴ-Ｊが設立された。その後、日本全国に広がり、二〇一二年現在一九ヵ所に設立されている［伊藤　二〇一二］。

それに対して、設立当初から当事者活動や当事者主体のケアを独自に構築していったのが〈浦河べてるの家〉である。一九八〇年代以降、地域社会からはじき出された精神の病いの当事者を再び地域社会に配置する活動を展開している。また、浦河日赤精神科は〈べてるの家〉と両輪となって、浦河町行政や地域住民を巻き込み、当事者が地域で暮らすために数多くのミーティングを開催してきた。〈べてるの家〉ではピアサポート事業を導入する前から共同住居やグループホームでも当事者の助け合いが生まれていた。したがって、ピアサポート活動もその一つとして位置づけられる。〈浦河べてるの家〉では二〇〇三年九月時点で六人のピアサポーターを置いていた。本章ではそのうちの四人のメンバーのピアサポート活動とピアサポート・ミーティングを取り上げる。彼らが経験した「苦労」の経験と「助けられた」経験は、仲間を「助ける」経験にどのようにいかされているのだろうか。また、彼らがピアサポート活動を担うにあたって〈べてるの家〉はどのような存在なのだろうか。近年、欧米の精神保健福祉サービスの領域ではピアサポーターの資格化が進んでいる。[2]〈浦河べてるの家〉のピアサポーターたちは資格化に対してどのような態度を示すのだろうか。

筆者はこれまで、ピアサポート活動をめぐって、ケアするものとケアされるものとの互酬的な関係、そしてケアという行為が二者関係に収まらず、ケアする主体とケアされる主体とのあいだで主体の座を変換しながら、ケアのバトンが渡されていくという開かれたケアの連環関係を見てきた［浮ヶ谷　二〇〇九、二六七―二八三］。また、浦河日赤デイケアでのミーティングの場を例に「場所がケアを生み出し、ケアが場所化される」という「ケアの場所性」について論じてきた［浮ヶ谷　二〇一〇］。そこで本章では、当事者が抱える苦悩の経験を描き出した上で、ケアの多面的な様相に接近し、苦悩の創造性、ケアの継承性と場所性、ケアの専門性について考察していくつもりである。

一　精神の病いをめぐる苦悩

日本の精神医療の特殊性

ピアサポート活動を見る前に、精神の病いを抱える人たちの苦悩の実態を概観しておきたい。今日の日本社会で精神の病いを抱える当事者はどのような経験をし、それがどのような苦悩をもたらしているのだろうか。欧米諸国の精神医療のあり方との比較から、日本の精神医療の特殊な状況と当事者の苦悩の実態が浮かび上がってくる。

当事者の苦悩を増幅する背景には、日本の精神医療の特殊性がある。一つは、精神科病院数の多さとそれに比例した病床数の多さである。図１によると、病院数は一九六〇年代から一九八〇年代まで急増し、一九九〇年代以後今日に至るまでほぼフラットとなっている。急増の背景として、医事評論家の川上武によれば、戦後の疾病構造の変化による結

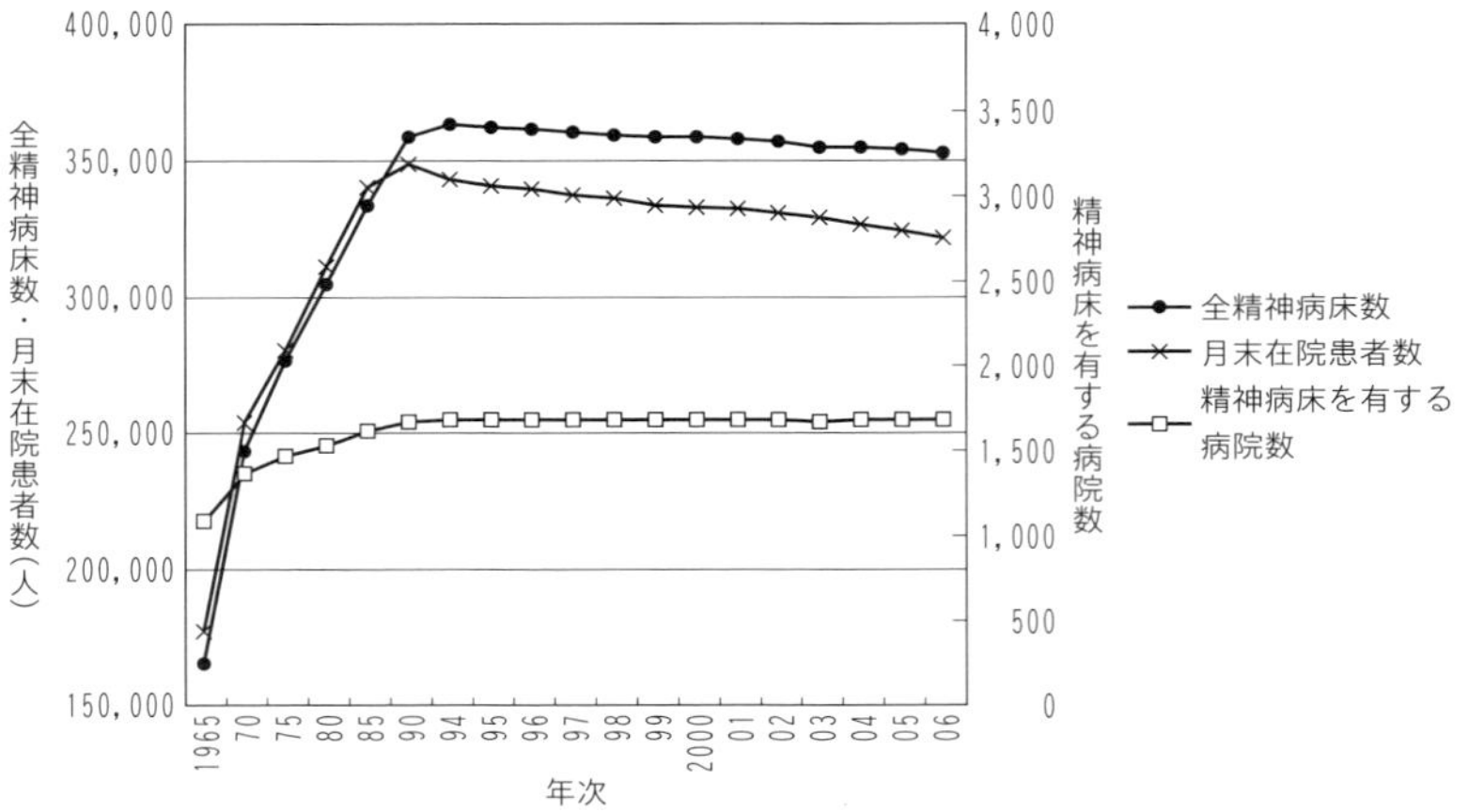

図１　日本の精神科病床を有する病院数と全精神科病床数・月末在院患者数
（各年６月末）（「平成20年版厚生労働省白書資料編」厚生労働省 HP の資料をもとに作成）

核病床の減少（穴埋めとして精神科病床の増加）、精神科病院設置に関する優遇措置と精神科病院経営に有利な精神科特例、向精神薬の導入による入院患者の管理のしやすさ、精神病者によるライシャワー駐日大使傷害事件という四点が指摘されている［川上編著　二〇〇二、四一〇－四一四］。同時代の欧米諸国は、減床の時期と比率に違いはあるものの、一九八〇年代に至って減少し、日本のおおよそ三分の一以下となっている（図２）。

一九五〇年代に精神医療の地域移行に踏み切ったイギリスや一九七〇年代に精神科病院を廃止したイタリアに比べて、日本ではなぜ病院数（病床数）が減少しなかったのだろうか。その理由としてあげられるのは、日本の私立（民間）精神科病院の多さである。ほとんどが国公立の精神科病院であるイギリスやイタリアに比べて、日本の場合、民間精神科病院が約九〇％を占めている。そのために、国家政策で早期退院や減床を掲げても、経営上の問題で減床に向かうことは困難だといわれている［大熊　二〇〇九］。

二つ目は、日本の在院日数の長さである。平均日数として約三三〇日となっており、欧米諸国と比較して六倍から一〇倍の高さを示している（図３）。これが、日本の精神病者の施設化が推し進められた実態であり、長きにわたり治療と称して社会秩序の防衛策として機能してきた結果である。施設化を続ける日本の精神医療は、国際社会から批判の的となり、厚生労働省は二〇〇四年に入院患者の地

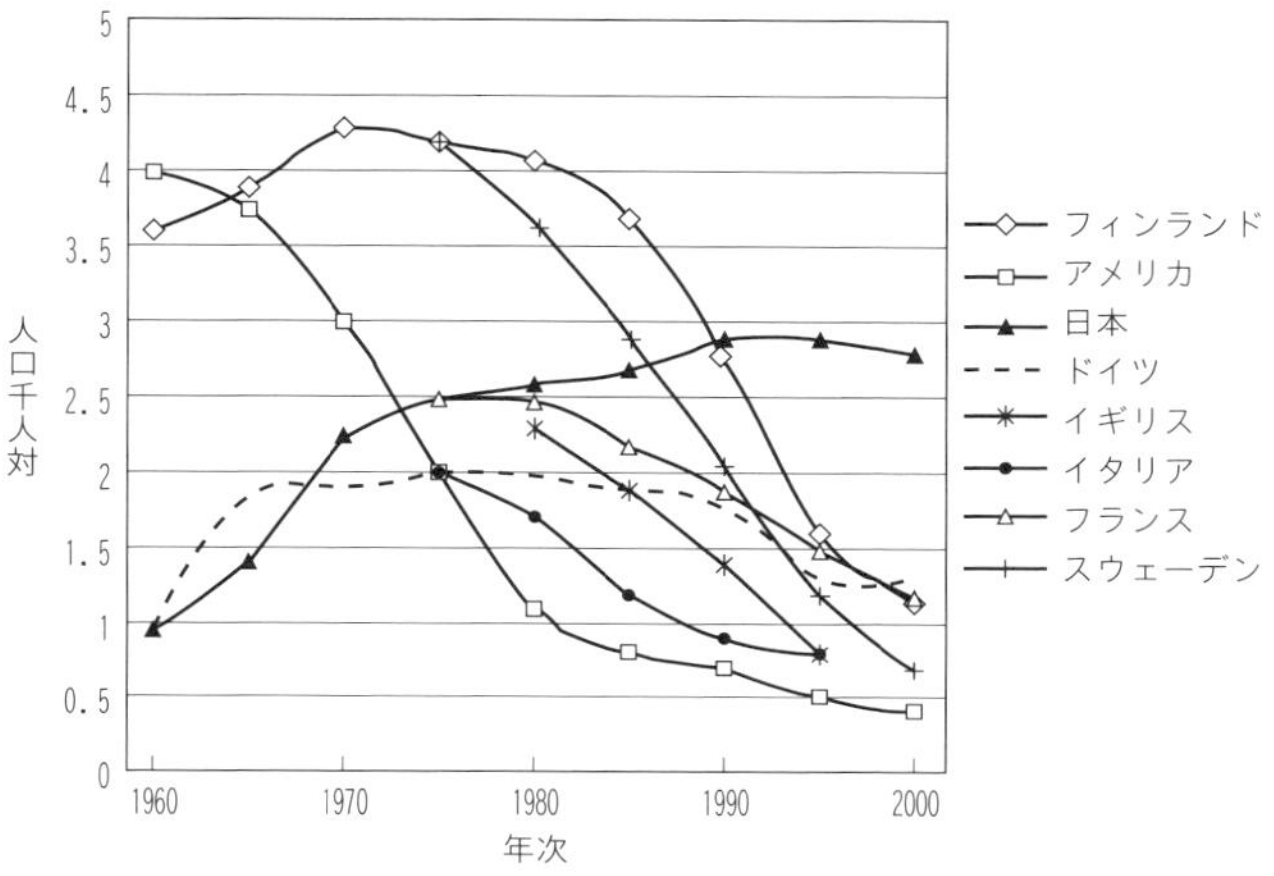

図２　精神科病床数推移の国際比較
（厚生労働省社会・援護局 HP の資料をもとに作成）

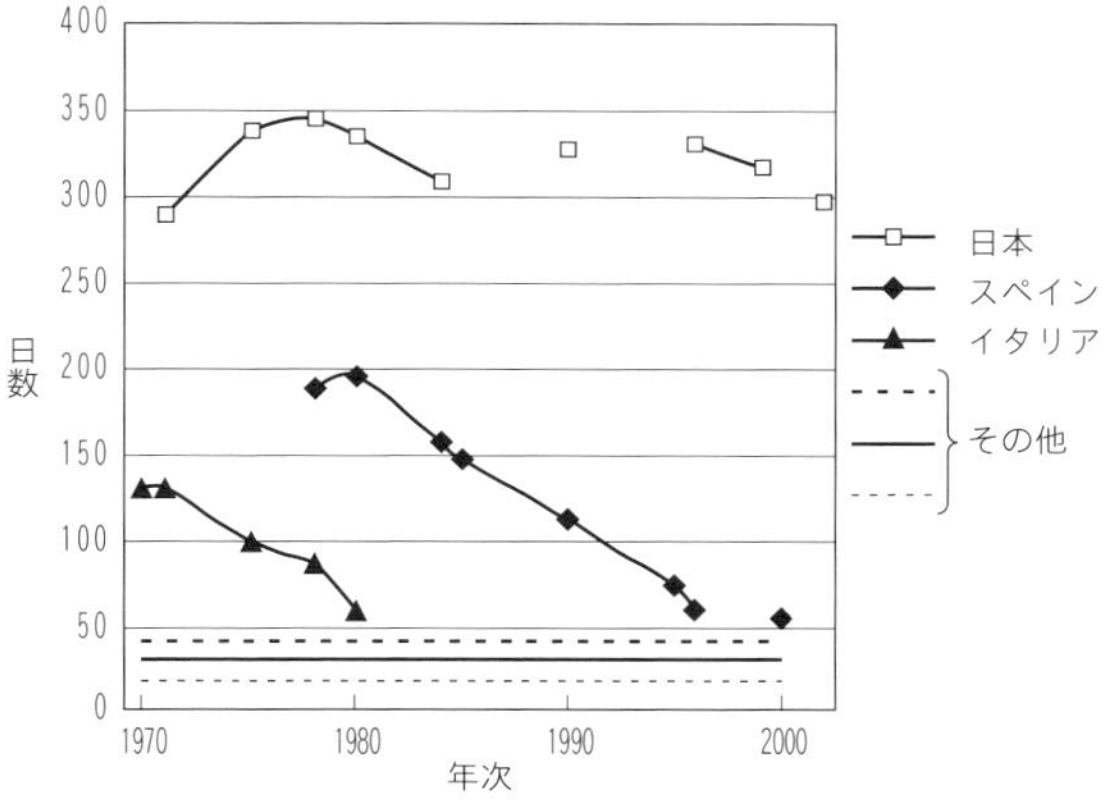

図３　精神科平均在院日数推移の国際比較
（厚生労働省社会・援護局 HP の資料をもとに作成）

域移行に取り組み始めた。先に述べたように入院の必要のない入院患者、約七万二〇〇〇人の退院促進に動いたのである。その際に、施策のなかに取り入れられたのがピアサポート事業であった。しかし、その実効性は不確実であり、上述したように、今でもなお病床数が減少していく傾向はない。

こうした施策は、当事者から見れば、治療の道は入院以外の選択肢はなく、家族もまた入院を選択した結果、精神病者の存在は一般の人びとの目から隠されることになった〔3〕。精神病者を病院に囲い込み、当事者が社会生活を営むことを困難な状況にしてきたのである。囲い込まれた当事者はその実態が隠されてしまい、社会にとって不安や恐怖の対象になる。それは症状への対処の道を閉ざし、当事者が自らの心身症状を他者に語ることを阻み、当事者はますます苦悩を増幅させることになるのである。

苦悩の抱え込みから苦悩の公開へ

精神の病いがもたらす苦悩の特徴は、慢性病や死をめぐる苦悩との共通点はあるものの、相違点として描き出すべきことがある。それは、精神の病いが、がんや心疾患、脳血管系の病気と異なり、スティグマ化されやすく、社会的にオープンにされにくい病いであることに起因している。スティグマ化されることにより、精神病と診断されることである種の「人間失格」のニュアンスを帯びやすい。また、病いの症状がもたらす人間関係のコミュニケーション不全によって、周囲からの信頼をなくすだけでなく、本人も人間不信を募らせることになる。他方で、自信を喪失し、自己否定という状況を生み出していく。次第に、病いを抱える当事者は病気やその苦悩を一人で抱え込むことになる。

家族に見捨てられ、精神科病院には経営の対象物としてしか扱われてこなかった時東一郎（仮名）は、四四年間という人生のすべての時間を精神科病院で過ごしてきた入院生活の実態について赤裸々に描いている［時東 二〇一二］。時東は一六歳で統合失調症を発症し、精神科病院に入院する。何度か社会復帰を試みるが、症状の悪化、世間的偏見、家族の受け入れ拒否、社会的支援の不備により、入退院を繰り返しながら、現在入院中である。症状は早い時期から寛解していたにもかかわらず、である。時東の病いの軌跡とそれに伴う社会的苦悩の様相は決して例外ではない。日本の場合、四〇年や五〇年の入院生活も決して珍しくなく、なかには六〇年にわたる長期入院患者もいる。長期入院患者の多くは病いとそれがもたらす苦悩の存在を自ら抱え込み、「自ら望んで」病院を終の棲家としているのである〈4〉。

ここで取り上げるピアサポーターたちもまた、病いの経験や抱える苦悩の細部は異なるものの、過剰な服薬や、精神科病棟で入院生活を送った経験をもっている。彼らは、社会からの疎外感、家族や周囲の者への不信感、自信喪失など、社会生活を送る上での精神的な拠り所と事実上の拠り所（居場所）を失ったまま、一縷の望みをもって浦河町にやってきた人たちである。浦河町には精神障がいをもつ当事者が一九八〇年代に活動を始め、二〇〇二年に社会福祉法人化された当事者コミュニティ〈浦河べてるの家〉〈5〉がある。本章では、ピアサポーターの「苦悩」の経験を描き出す際に、〈べてるの家〉で使用されている「苦労」という民俗用語に着目する。

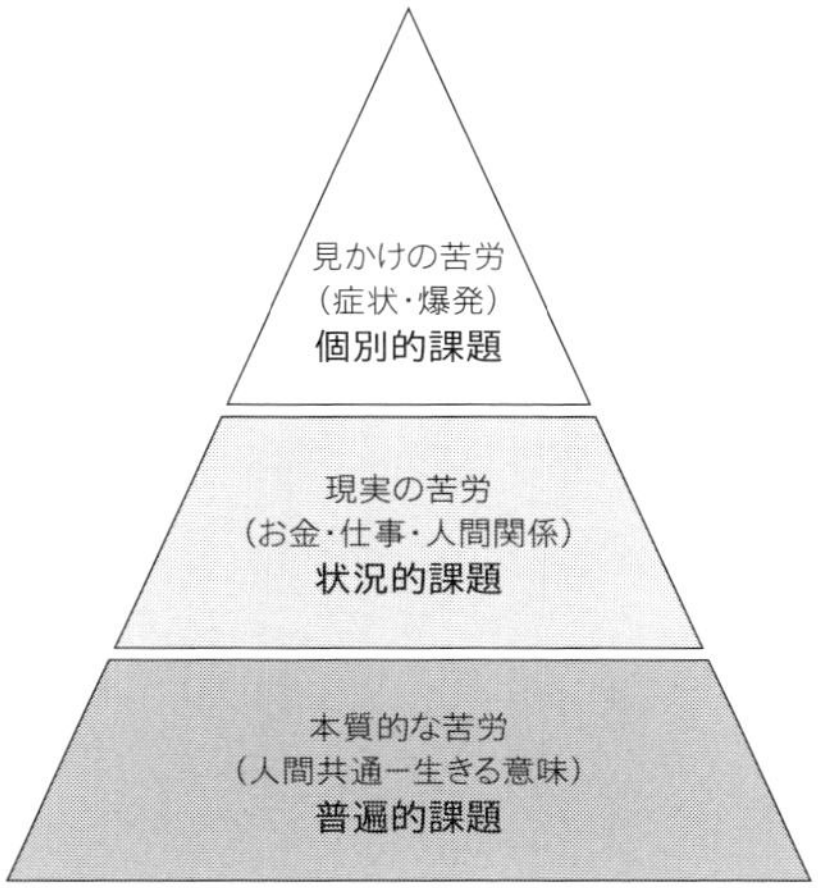

図4　苦労のピラミッド

〈べてるの家〉では、精神障がいをもつ人の苦労を「苦労のピラミッド」（図4）［浦河べてるの家　二〇〇五、九八］と名付けて構造化している。上層にある苦労とは、自分を責めたり攻撃したりする幻覚症状などに苦しめられることによって生じる心身の不調のことである。中層の苦労とは、家庭や学校、職場でのいじめ、心身の不調がもたらす他者への信頼感の喪失と自己不信感のなかで生き続ける経験である。また、専門家による診断や治療への不満、長期入院に対する理不尽さや精神障がいに対する社会的スティグマによる挫折を指している。そして、下層にある苦労が人間の存在理由と深く結びついた孤立感、孤独感、自己否定感、生きる意味の喪失を抱えながら生きる経験のことである。〈べてるの家〉に来る前、当事者の多くは上層と中層の苦労に翻弄されて二進も三進もいかない状況にあった。浦河町に来て初めて下層にある人間の根源的な苦労に気づくようになる人もいる。そのとき、仲間や専門家から「病気よりも大事なこと」を教えられ、下層の苦労と向き合い始めるのである。

こうした苦労に対する意味づけが、〈べてるの家〉では一般常識とは異なっている。例えば、「苦労を取り戻す」という理念がある。人が一人の人間として社会で生きていくことは、自分で起こした問題は自分で責任をとることを意味している。ところが、これまで当事者は社会で失敗したり他人に迷惑をかけたとき、その責任のすべてを親や専門家に丸投げしてきた。人としての責任をとることさえ奪われてきたと意味づけている。そこで、社会で生きていくためには「苦労を取り戻す」ことが大事なのだ、というわけだ。したがって、苦労の経験は排除されたり否定されたりするものではなく、生きていく上で糧となるという発想である［浦河べてるの家　二〇〇二］。とはいえ、下層の苦労に向き合うことは、それに気が付かないときよりも重い課題を背負うことになる。[6]〈べてるの家〉に来ても、決して楽な生き方ができるわけではなく、むしろその苦労に耐えられないで浦河を出ていく人もいる。

さらに、「弱さの情報公開」という理念がある。この言葉は、それまで秘匿してきた病気の経験や自らが抱えている苦労をメンバーの前で公開し、人としての弱さを共有しようとするものである。隔離収容政策のもとでは、これまで本人や家族は精神病であることを秘匿しなければならなかった。また、社会も当事者の存在を不可視化してきた。しかし、〈べてるの家〉では、回復への第一歩は自分の弱さを他のメンバーの前で話すこと、そうすることで弱い自分をメンバーに受け入れてもらうことから始まると考えるのである。

二　浦河町精神保健福祉におけるピアサポート活動への取り組み

「応援する、応援される」という取り組み

浦河日赤は、第二次世界大戦前から地域に根差した浦河で唯一の総合病院である。なかでも、一九八八年に精神神経科部長に着任した川村敏明医師は、これまで独自の精神医療を展開してきた。浦河日赤を中心とした精神保健福祉の取り組みは、「当事者性を尊重し、それを応援する」という〈浦河べてるの家〉の活動と両輪となり、当事者が地域で暮

らすことができるようにサポートすることであった。なかでも、他の医療機関や行政の関係部署、学校関係の専門家や地域住民を巻き込み、数多くのミーティングを開催している。また、当事者の悩みと専門家の悩みを公開し、地域全体で共有していくという体制を整えている［向谷地・小林編著 二〇一三］。

そこで本章では、浦河町の精神保健福祉の専門家のあいだで使用されている「応援する、応援される」という言葉に注目する。ここでは、福祉の専門用語である「支援」や「援助」という言葉はめったに使われない。「応援する、応援される」という言葉は、一部の浦河住民のあいだでも使われている。さらに当事者は、世話や気遣いを表す言葉として「仲間を助ける、仲間から助けられる」という言葉を使用している。

本章では、日常の暮らしのなかで人の全体的生を支える世話や気遣い、それに伴う感情や態度、行為を「ケア」として位置づけている。「応援する、応援される」と「助ける、助けられる」という言葉は、ケアを表す浦河町の民俗用語として位置づけることができる［浮ヶ谷 二〇一〇］。事例分析では「応援する、応援される」と「助ける、助けられる」という民俗用語をケアの現れとして使用し、「苦労」の経験とケアの経験との関係を描き出すつもりである。

浦河町のピアサポート事業の経緯

〈浦河べてるの家〉のピアサポート活動は、北海道の精神保健福祉行政の一端に位置づけられている。ここでは浦河町の精神保健福祉行政がピアサポート事業に取り組んだ経緯について簡単に触れておこう。精神障がい者のピアサポート事業とは、先に述べたように、二〇〇四年厚生労働省の長期入院患者の早期退院プロジェクトに関連した事業である。北海道では二〇〇六年から道の事業として、「精神障害者地域生活支援センター」（一五ヵ所）においてピアサポートを活用した退院促進に取り組んできた。浦河では二〇〇七年一月以降、ピアサポート事業を浦河保健所が直轄で行ってきた。北海道精神障害者地域生活支援事業実施要項によれば、「ピアサポーターは、精神疾患を患った自らの経験を活かし、精神保健福祉の向上につながる意欲をもち、この事業に賛同し業務として自ら行う意志のある者で道が適当と認めた者」とされている（資料）。

しかし、行政主導のピアサポート事業は当事者にとって負担が大きいことやサポート対象者にとって不都合が多いため、浦河町では中心的な役割を果たしていない。その不都合とは、外泊支援のために借り上げられた部屋は固定される、ピアサポーターの報償費は一時間あたり六六〇円（実施当時）だが、その代償としてピアサポーターには煩雑な業務（「出勤簿」「支援記録」などの書類提出）が課せられる、任期は最大で一年が原則である、などである。その後、浦河保健所から富良野センターへと管轄が移行し、ピアサポート活動はその管轄下に置かれたが、二〇一一年に富良野市が撤退したため、その後行政主導の事業は中止した。代わりに、ピアサポート活動は、NPO法人セルフサポートセンター浦河（以下、セルポ浦河、二〇〇七年九月認証）に拠点を置き、二〇一四年現在、セルポ浦河との協働を継続しつつ、〈浦河べてるの家〉がピアサポート事業のセンターとなり、四人がピアサポーターとして委嘱を受けている(7)。

ところで、〈べてるの家〉ではピアサポート事業に行政が取り組む前から、当事者のあいだで「ピアサポート」と呼べるようなケアが行われてきた。仲間同士の「助ける、助けられる」という関係は、病棟内、共同住居、〈べてるの家〉の作業所やミーティングなど、日常生活の至る所で機能してきた。しかも、助け合う関係の内容は、意図的、非意図的を問わず、目に見えるもの、目に見えないものを問わず、きめの細かい気遣いや配慮という形でなされてきた。メンバー間の助け合いは、自然発生的、偶発的な関係であり、その行為は施策の有無とは関係なく自律的になされてきた。しかも、無報酬によってである。これらのことは、ことあるごとにピアサポーターたちが口にし、彼らが浦河町で暮らす拠り所となっている。

三　苦労の経験と仲間の助け方

では、ピアサポーターたちはどのように仲間をサポートしているのであろうか。ここではピアサポーターの苦労の経験と助けられた体験が、ピアサポート対象者の苦労の経験を想像することを容易にし、サポートする知恵や技法にいかされていることを示したい。本節では、二〇一二年九月と二〇一三年三月でのインタビューを中心に、六人のピアサポーターのうち三人（本人の許可を得て実名で記載）のエピソードを中心に取り上げる。

「浦河という場が大丈夫と思える」——本田幹夫さんの場合

⑴悪魔退治の経験と回復への道

本田さんは四〇代の男性であり、セルポ浦河を設立した当初からの知り合いである。セルポ浦河の事務所は、ニューべてるの一階、東側のスペースの一角にある。ここは、起業した若い世代のメンバーの仕事場となっていて、時折、飛び入りで他のメンバーがインタビューに参加することもある。現在、本田さんはセルポ浦河の事務局長である。本田さんの苦労の経験とはいったいどのようなものだったのだろうか。

本田さんは幻覚症状が幼少期からあり、幻覚に泣かされ、トイレにも行けなくなった。小学生のときにもときどき情緒不安定になるときがあった。中学生の頃は、一年生のときに担任の先生から体罰を受けたことをきっかけに、寡黙な性格になってしまった。高校になると友だちもできない、学校の授業についていけないことから、寂しい気持ちに襲われていた。また、アゴや頭が大きいという醜形恐怖症を抱えていた。その頃、「何のために勉強するの？」「何のために学校に行くの？」という疑問がわき起こり、勉強に集中できなくなった。そのうち学校生活がつらくなり、中退する。そこで、バイクの免許をとり、バイトを始めるが、人間関係がうまくいかなくなり、長続きしない。バイトを始める、嫌になる、やめる、バイトを探す、やめる、の繰り返しだった。

これではだめだと思い、高三のとき大検を目指し、何年かして大検に受かる。その後、予備校に行くが続かない。予備校にほとんど通わなくなったので、どうせ受験しても受からないと思って受験しなかった。そして大学進学を諦めた。それがきっかけでひきこもるようになる。二〇歳すぎて病院でうつの診断をもらい、薬を処方されたが、飲まなかった。自分でも変だと思っていて、精神病ではないかと思っていた。親から働かなければだめだといわれるが、どこに働きに行っても人間関係で失敗し、長続きしなかった。

二八歳で家庭内暴力を振るうようになる。あるとき、一人で車で東京に出かけ、そこで妄想状態になる。東京から日光まで行き、また東京に戻る。その間ほとんど不眠状態だった。東京から出ようとしたが、出られない。うろうろしているうちに周りの車が自分を見ているような感覚に陥った。あるところにたどり着いたが、そこが自分をねらっている組織の根拠地だという妄想があり、車を捨てて逃げた。その後一晩中歩き続けた。次の朝、線路の上を歩いているところを駅員に見つけられ、東京で二ヵ月入院し、実家に戻ることになった。テレビで〈べてるの家〉のことを知ったのはこの頃だった［本田　二〇一三（DVD）］。

父親の車で浦河日赤に向かう途中、次から次へと悪魔が襲ってきた。本田さんが「助けて！」と叫んだら、父親が「タアーッ」と叫んで、悪魔をみごとに追い払うことができた。それ以来、本田さんは浦河では悪魔と闘うヒーローとなり、このエピソードがきっかけで「二〇〇一年度幻覚&妄想グランプリ」(8)を受賞した［浦河べてるの家　二〇〇二、七八―八二］。

〈べてるの家〉との出会いは、「ここは世の中とは別の価値観がある」「ここは大事なものがある」というように、本田さんにとってこれまで生きてきた世界とは異なる価値観をもつ場所との出会いでもあった。それから〈べてるの家〉に通うにつれ仲間もできて馴染んでいった。しかし、かつての「何のために生きているのか？」という問いが浮上してきて、自分の役割がわからなくなっていた。そんなとき仲間に誘われ、〈べてるの家〉のごみ収集部門である「新鮮組」に通うようになる。そして、役割をもつこと、自分が少しでも社会に貢献できることに気が付いていく。「カフェぶら」（〈べてるの家〉所有のカフェ）にも通うようになり、SA（統合失調症アノニマス）や教会の礼拝に通うなど、徐々に行動範囲を広げていく。足を運んだ場では自分のことを語り、それを仲間に聞いてもらえるようになり、背負い込んでいた荷物を少しずつおろしていけるような感じがした。仲間に語ることでつながりもできた。これからは「特別なことを望んでいるわけではなく、今していることを続けていけたらいい」と思っている。

(2) 本田さんの仲間の助け方

では、悪魔退治の経験をもつ本田さんは、どのような仲間の助け方をするのだろうか。

ピアサポート対象者のAさん（四〇代男性）は、三ヵ月前から周りの人が「お化け」に見えてしまい、自宅にひきこもりがちである。本田さんはAさんの自宅に訪問するたびに、本田さんが「お化け」に見えてしまうAさんに玄関先で追い返されていた。そのとき、本田さんは自分が「悪魔」と闘っていたときのことを思い出し、Aさんの妄想世界に思いを馳せる。そのことを次のように語っている。

自分も他人が悪魔に見えたから、向谷地さん（二〇一二年現在、浦河日赤非常勤ソーシャルワーカー、北海道医療大学教授）もこうだったのかなと思うと、勇気が出る。大丈夫だ、自分一人じゃないと思える。かつて、飛行機と車の中で「向谷地さんが悪魔に見える」という妄想状態となったけれど、向谷地さんがずうっとそばに付き添ってくれた。浦河という場が大丈夫だと思える。それはメンバーの力を信じることでもあり、浦河にはメンバーがたくさんいるからだと思う。（セルポ浦河事務所にてインタビュー　二〇一二年九月五日）

僕がAさんの自宅を訪問すると、Aさんは僕がお化けに見えるから僕をにらんでくる。でも、僕もそういうときがあった。向谷地さんが悪魔に見えて（中略）向谷地さんもそうだったのかなあ。相手が自分に不信感をもっているとき、どのような態度をとればいいのかが今の自分の課題になっている。Aさんは、あとになって、僕のことが「お化けに見えて申し訳ない」といってくれる。ピアサポーターは集まって分かち合うことが必要だと思う。ピアサポーター同士、話し合ったり、分かち合ったりしないと、ほころびが出てきてしまう。前は毎週ミーティングをやっていたから、これからもやっていきたい。

（浦河日赤病棟カンファレンスルームでのピアサポート・ミーティング　二〇一二年九月五日）

本田さんは早くから苦労のピラミッドの下層部分「生きる意味」を考えていた。そのために人間関係がうまくいかず、病気を発症する。周りの人が悪魔に見えて、自分が悪魔に襲われるという妄想に苦しんでいた。その経験が、ピアサポート対象者のAさんの経験と重なっている。Aさんもまた、周りの人がお化けに見えるため、周りの人やピアサポーターをにらみ、拒絶してしまう。その結果、お化けに会いたくないから、ひきこもりがちになる。そんなAさんのお化けに見える世界を想像し、本田さんはAさんの助け方を考える。そのとき、参照するのは自分がかつて助けられた経験である。

向谷地氏は悪魔に間違えられても、ずっと本田さんのそばにいた。そこで、本田さんは、Aさんに拒絶されたとき、かつての向谷地氏の気持ちを想像し、そのときの向谷地氏の態度を疑似的に体験する。相手が自分に不信感をもっているとき、自分はどういう態度をとればいいのか、というのが今の課題である。一つには向谷地氏が本田さんを信じていたように、Aさんを信じてみる。本田さんが助けられた経験は、今度は本田さんがAさんを助ける方法に引き継がれている。仲間のいる〈べてるの家〉の存在を思い出すことで、Aさんから拒絶されても「大丈夫と思える」という。

「相手を信じること、自分を信じること」――〈浦河べてるの家〉のスタッフである秋山さんの場合

⑴ 失った言葉を取り戻すまで

秋山里子さんは三〇代の女性である。秋山さんは筆者が〈べてるの家〉を訪問すると必ず話しかけてくれる。秋山さんはいつも穏やかでごく普通の女性であり、後述するような波乱万丈な人生を経験している人には見えない。秋山さんは、当事者であり〈べてるの家〉のスタッフとして登録しているベテランメンバーでもある。長期入院者で同世代の女性Bさんのピアサポーターを担当している。「人間アレルギー症候群」(自分を含めた人間に対して起きるアレルギー反応のこと)という自己病名[9]をもつ秋山さんは、〈べてるの家〉にたどり着くまで、どのような苦労をしてきたのだろうか。そして、どのような回復の道を歩むようになったのだろうか。

秋山さんは、これまでの八年間で転職一二回、転居を一四回した経験があり、常に自分の居場所を探してきた。人を「異物」のように感じ、それを拒絶しようとする自分を意識するようになったのは、一九歳のときだったが、高校一年生ですでにその兆候があった。その頃、長年親しんできた友人とのつながりが切れ、まったく新しい人間関係のなかに放り込まれた瞬間、頭のなかに霧がかかったようなモヤモヤした不快感が始まった。周りの人が楽しいと思うことを楽しめず、「死」という言葉に取りつかれるようになり、周りの人に合わせることに必死になっていた。「どうして、自分は周りの楽しい気分についていけないのか」という気持ちに襲われ、しまいには自分の存在自体が疎ましく、自己否定感が強まっていった。短大に進学しても半年で辞めて、バイトに挑戦しても同僚と馴染めず、ニュージーランドに出かけても住む場所を転々として同じことを繰り返していた。

そのとき、過食を繰り返し、一人の時間を紛らすために食べ続け、一五キロも太ってしまった。それ以降、ますます

人間アレルギーが進行し、他人の目を気にしながら、自分の気持ちを表現することができず、仮面をつけて生活をしなくてはならないような苦しさを抱えていた。それが日増しに強くなっていった。自己虐待にとらわれ、電動ノコギリで腕を切り、体に火をつけ、水銀体温計の水銀を飲み「死ぬ」ことばかりを考えていた。精神科病院に強制入院させられ、全身を拘束され、多量の薬を服用し、話すことも考えることも奪われていった。当時、呂律が回らなくなるほど行動の自由を失い、目は虚ろでまるで腐った魚のようだった。歩行中に何かを口にしようとすると大量のよだれが流れ、ハンカチで必死に押さえた。ある日突然、両手の指先に力が入らなくなり、髪を洗うことも歯を磨くこともできなくなり、そのことを主治医に訴えた。主治医は「注射すれば治る」といったが、注射は嫌だというと、薬を調整しながら少しずつ治していこうといわれた。一八錠の服薬の効果はなく、死への願望が常に自分を襲い、病院の屋上から何回も飛び降りようとした。現実の世界と自分の体が分離しているようで、宙に浮いている感じだった。

そんなとき、新聞に連載された〈浦河べてるの家〉の記事を知り、二〇〇五年に母親と一緒に浦河にやってきた。浦河でも相変わらずひきこもっていた。母親は秋山さんの自殺行為を恐れ、外出するときには包丁をもって出かけ、家には置かないようにしていた［向谷地・浦河べてるの家　二〇〇六、一三四―一三九、一四九―一五〇］。

そのうち、浦河日赤のデイケアに通うようになり、失った自分の言葉を取り戻す作業が始まった。人前で話すことの練習を積み、さらには自分の内面と向き合うチャンスをもらった。そして、気持ちを言葉にするという行為が、自分を支える（助ける）ことになるということに気づいた。自分の気持ちを仲間の前で話し、それを共有することで、相手を「異物」として捉えている感じから少しずつ解放されていった。そうすることで自分自身が安心できて、相手に対しても安心感が芽生える感じだった。こうした経験を繰り返すことによって、自分のことを知るようになり、相手のことも見えてくるようになった［向谷地・浦河べてるの家　二〇〇六、一五〇―一五六］。

(2)秋山さんの仲間の助け方

長期入院者であるBさん（三〇代女性）は激しい幻聴に悩まされている。Bさんと現実の世界で対話するのは容易ではない。けれども、秋山さん自身もまた現実の人間関係をうまく築けず転職を繰り返し、海外へ自分の居場所を求めていた経験があった。今でも、現実の場面や人と自分のあいだに厚い壁が立ちはだかっているような感覚で遮断されてしまいそうになる。それは幻聴の世界に生きざるをえないBさんの経験と重なっている。

（Bさんが）調子がいいとき、信頼関係ができたときなどは、そのことを丸ごと信じたい気持ちになるが、幻聴さんが来てひどいことといわれたりしたら、無理をせずに自分の気持ちを言葉にして出すことが大事。するとBさんから逆に心配してもらったりする。相手が幻聴さんに襲われているとき、そして自分に自信がなくなるとき、よかったことを思い出し、自分自身を信じる、相手のことも信じる、丸ごと信じようと思う。自分自身も相手も信じて励ましている。自分が嫌になったり、やめたいと思ったりするけど、それが自分の苦労だが、今まで自分はそれで失敗しているので、仲間に相談したりしている。必要としてくれたりしていることが一番嬉しい。（ニューべてる事務所にてインタビュー　二〇一二年九月三日）

気分のムラがあって、マイナスの「お客さん」[10]が入ってしまうと、そこからなかなか出てこられないという苦労を抱えている。相手とのキャッチボールが大事だと思うけど、こっちの余裕がないとなかなかうまくいかない。私はBさんから見れば「敵」に見えている、そのときのBさんは私に不信感をもっている。でも、Bさんはあとから幻聴のスイッチが入っていたことがわかって「ごめんね」と謝ってくる。それは大事なこと。Bさんが自分に不信感を抱いていると思うとき、よかった場面を記憶しておき、それを思い出してBさんを信じるようにしている。（浦河日赤病棟カンファレンスルームでのピアサポート・ミーティング　二〇一二年九月五日）

自分一人だと投げやりになったりしてしまうけど、自分を大事にしないと相手を大事にできない。自分が不調のこともBさんに伝えて、それを話していくうちにそれで距離感が縮まってきて分かち合える。外出したとき、喜んでくれると自分も嬉しい。一緒に喜べることがいい。相手との関係作りが大事。関係作りは、自分も病気していたから、自分の課題だったと気づいた。自分を受け入れていくことで、相手と少しずつ関係ができてくる。（ニューべてる事務所でのピアサポート・ミーティング　二〇一二年九月六日）

秋山さんは、かつて自分を信じることができずに何もかも投げ出していた。自分を信じられず、周りの人も信じられなかった。人間不信がもたらしたコミュニケーション不全という苦労を抱えていた。〈べてるの家〉に来て、苦労のピラミッドの下層に向き合い、言葉を取り戻すことにより、徐々に自分を信じられるようになっていく。しかし、今でも現実との乖離があり、現実から逃避しがちである。「お客さん」が入るとそこから出にくくなる。他方、Ｂさんは、激しい幻聴の世界に生きていて、コミュニケーションをとるのが非常に難しい状況にある。Ｂさんが幻聴に支配されているとき、Ｂさんから激しい言葉で罵声を浴びせられると、Ｂさんとの会話は成り立たない。そうした状態に陥ったとき、秋山さんは仲間と相談し、自分を信じられるようになったことを思い出す。

また、Ｂさんの幻聴がひどいため対応に困ったとき、本人がそれを幻聴であると気づいて、あとで「ごめんね」と謝ってくる場面、相手のよかった場面を記憶しておき、相手を丸ごと信じるようにしている。かつて自分も他人を信じられないときの経験と、浦河に来て自分を信じられるようになったことを思い出し、幻聴が激しいＢさんの世界を想像しようとしている。秋山さん自身の苦労からの回復の経験が、Ｂさんをサポートする際の参照枠となりえている。

「自分で自分にゆっくりゆっくり」——坂井晃さんの場合

坂井さんは五〇代の男性、ピアサポーターのなかでいちばんの年長者である。坂井さんは筆者と年齢が近いせいか、〈べてるの家〉や浦河日赤デイケアで会うと不調でない限り、笑顔で必ず話をしてくれる。坂井さんは牧場で働いていたことがあり、そのときいじめにあっている。多くは語らないが、そのときの経験が「カクセイ」という幻覚の発症のきっかけとなったようだ。「カクセイ」という状態は、目の前に突然光が広がり、頭のなかでティッシュペーパーの紙が一枚一枚はがれるような感覚に陥ることである。長時間の外出や夜更かしなど、疲れがたまると「カクセイ」状態になる。だから、服薬の管理や休息の取り方など、体調管理には人一倍気を使っている。

坂井さんは一九七七年に統合失調症を発症してから、いくつかの病院で入退院を繰り返し、最後に退院したのは二〇〇五年である。共同住居への入居は、二〇〇二年の浦河日赤精神科の開放病棟（七〇床）が閉鎖されたときである。[11]そのときのことを、坂井さんは「自分が退院できるなんて思ってもいなかった」といい、「今は退院し、共同住居で仲間と暮らしながら、〈べてるの家〉の活動に参加し、地域で生活している。当時、絶対無理と思っていた退院ができたのは、仲間や浦河日赤のスタッフのおかげ。だから、これからは自分のできることで恩返しをしていきたい」と述べている〔浮ヶ谷　二〇〇九、六二―六四〕。こうした経験が買われて、ピアサポートの一役を担うことになった。今でも自分自身が「カクセイ」という幻覚体験に見舞われる坂井さんは、思慮深い考えをもちながらピアサポートに取り組んでいる。

現在、坂井さんは自殺願望のあるCさん（三〇代男性）のピアサポートをしている。Cさんの姿をかつての自分の姿に重ねながら、自分と同じように社会生活を送らせてあげたい、自分が退院できたのは医療スタッフや仲間の力を借りて救ってもらったからだと思っている。だから、今度はお返しする番だとしてCさんをサポートしている。

C君を自分の実家に連れて行ったら、C君に笑顔がこぼれた。スキンシップも兼ねて、足のマッサージをすると「よかった」といってくれる。C君はわがままなところもあって自分もつらいけど、相手がよくなってくれたらという期待をもっている。でも、期待が強くなって無理したら、相手もパニック状態になる。だから、自分で自分に「ゆっくりゆっくり」と言い聞かせている。九月一日に自分の部屋に泊まったとき、夕方六時頃C君にパニックが起きた。「どうしたらいい？」と聞いたら、足をマッサージしてほしいというのでしてあげた。「（病棟に）帰るか？」と聞いたら、「いや、がんばる」というので早めに薬を飲んで寝かした。夜中二時頃寝息をたてていた。朝八時半頃、コンビニで朝ごはんを食べ、昼頃病棟に戻った。

病棟と共同住居とではC君のまなざしが違う。共同住居ではC君が〝素〟に戻ったような顔になり、本音が出やすくなる。違ってきたなあと思う。自分の若い頃のことを思い出させてくれる。自分が経験してきたことだから、真摯になって話を聴いてあげられる。自然と気持ちが入ってくるし、自分が助けられることもある。

パニックが治まったとき、C君が「生きていてよかった」といっていた。でも、「パニックがないと生きていけない」ともいっていた。やれることはそれくらいが限界かな。大事なのは、自分の面倒をちゃんと見ること。疲れないように食事もとって、肩こりは「カクセイ」と関係があるといわれたので、サロンパスを張っている。張ると「カクセイ」が楽になった。

（浦河日赤相談室にてインタビュー　二〇一二年九月四日）

今日もC君のところに行ったら、「九年も入院してもちっとも治らない。看護師が話を聴いてくれない」と文句をいっていた。それで、「それは違うよ。心を癒してもらったり、安心させてもらったりしているはずだよ」といい、「自分だって、C君の年の頃は陰で泣いていたよ。C君の方がまだいい。看護師にはC君の変化がわかっているよ」といった。自分をサポートすることをもっと勉強していきたい。（浦河日赤病棟カンファレンスルームでのピアサポート・ミーティング　二〇一二年九月五日）

坂井さんは職場でのいじめを経験している。それがきっかけで発症した「カクセイ」という幻覚が今でも起きる。それでも、スタッフや仲間から励まされたり、助けられたりしたことで、今の生活があると信じている。病気の発症、入院生活、退院、地域で暮らす、という一連の経験から、現在の生活を支えてくれている人たちへ恩返しをするために、ピアサポーターを自分にとって大事な役割として位置づけている。ピアサポートへの情熱は人一倍強い。けれども、その思いが強いゆえに、ときどき仲間を助けようと張り切りすぎて、自身の体調を管理することを怠り「カクセイ」が現れてしまう。そのことが苦労となっている。

サポート対象者であるCさんはパニック状態になると、自殺願望が出てくる。Cさんは父親と兄が自殺していることから、他の人よりも死が身近にある。病院の窓から飛び降りたこともある。病棟には話をする仲間がいない。そんなCさんに持て余し気味と感じている病棟スタッフに対して、Cさんは不満をもっている。

Cさんに普通の人の生活をさせてあげたいと思っている坂井さんは、自分がかつて助けられた経験を思い出し、話し相手のいないCさんを見捨てることなく、頻繁に病棟に通っている。そして、Cさんが自分から退院したいと思えるように手助けしていきたいと思っている。それは、坂井さんが一番苦しいとき、病棟スタッフやデイケアスタッフに助けてもらったからだ。なかでも、坂井さんは「人生は自分で開拓するものだよ」という看護師からの励ましの言葉が印象に残っているという。

坂井さんのCさんに対する具体的なサポートは、仮外泊に付き添ったり、話を聞いたり、マッサージをしてあげることである、一方、自分の面倒を見ることはときどき忘れるが、仲間の力を借りて食事をちゃんと取ったり、疲れたらサロンパスを張ったりして対処している。

本田さん、秋山さん、坂井さんの例によると、精神の病いを抱える人の暮らしのなかでは、自らの苦労の経験が他者の苦労の経験を想像するための参照枠となっている。また、自分の助けられた経験が他者を助けるための対処法を見いだす資源となっている。同じ病いを抱える仲間の苦労を想像することや仲間をサポートする対処法は、自らの苦労の経験と助けられた経験を引き継いでいるといえそうだ。

ピアサポーターたちは日常生活の場で、仲間や職員に自分たちの苦労や悩みを相談したり、気分転換におしゃべりをしたり、食事をしたり、肩や足をもんでもらったりというように、何気ない気遣いや配慮のやりとりをしている。また〈べてるの家〉の活動以外の場で、礼拝に参加する、ＳＡ（統合失調症アノニマス）に通う、子どもと遊ぶボランティア活動に参加する、などピアサポート以外の生活の場をもっている。ピアサポート活動は、ピアサポーターたちの全体的生を支える複数のケアが交叉する場で行われているのである。

四　「苦労」から生まれる対処の術

三人が口をそろえて語るのは、ピアサポート活動を支えているのは〈浦河べてるの家〉の存在であり、困ったとき相談できる仲間がいることである。二〇一二年現在、浦河日赤精神科病棟のカンファレンスルームでは、看護師やソーシャルワーカーも参加する隔週のピアサポート・ミーティングが開催されている。そこは、ピアサポート対象者の情報を交換したり、ピアサポーターが自分の気持ちや感情を吐露したりする場となっている。

二〇一二年九月五日、一一時二〇分から一二時までカンファレンスルームでピアサポート・ミーティングが開催された。この日、ピアサポーターの資格化をめぐる発言が出たが、このことは次節で取り上げる。そして、翌日の九月六日一七時から一八時一〇分までニューべてるの事務所でピアサポート・ミーティングが開催された。このミーティングは、一〇月に福島県福島市で開催される研修会でピアサポート活動について発表する準備のためのものだった。出席者は、本田さん、秋山さん、坂井さんを含めた六人のピアサポーターと〈べてる〉のソーシャルワーカー、そして筆者の八人である。この日の参加者の発言をもとに、ピアサポート活動における苦労と四つの対策（作戦）について、以下にまとめた。

ピアサポーターたちによれば、最大の苦労は「（ピアサポートの）相手から「もう来なくていいよ」といわれたとき（拒絶された）、へこむ」ことである。相手が怒っているとき、どうしてよいかわからず、対処できないことが多々あるというのだ。

この苦労のなかから生まれた作戦として、まず相手の怒りは状況によって変化することを「知っている」ことである。「知る」というのは、自分が相手を「知る」とともに、相手に自分を「知ってもらう」ことでもある。相手のいいところを知っていれば、状態が悪いときでも相手を信じることができる。これは苦労のなかから生まれたアイデア（作戦）である。

二つ目として、一人ではなく二人以上で相手のところに行くことである。相手と向き合っているとき、とっさの判断が求められる。一対一の関係だと行き詰まるが、他のメンバーと行くと話題がポッと出てくることがある。これは、二人以上で行くことの効果である。それから、断られても何回も行くことである。そのとき、相手は拒絶していても、心の底では外に出たい、〈べてる〉とつながりたいと思っているから、（対象者とのあいだの）壁をたたき続けることである。

三つ目として、「助けられるピアサポーター」になることである。一緒に同行することで、サポートする側がほっとできることがある。一人でいるとムラがあるが、ピアサポートするとかえって自分が元気になる。ピアサポートをすることが自分のなかで支えになっている。その際に、サポートしながら無理しないことが大事である。手を揉んであげると自分も気持ちがいい。自分が安心すると相手も安心するし、自分自身が救われている。相手をケアすることで自分をケアすることができることである。

四つ目は、病棟との連携を図ることである。病棟に訪問したとき、「お客さん」が来て（何人かが頷く）、壁を感じた。

だから、病棟でピアサポート・ミーティングを続けて、自分たちと病棟スタッフとのあいだで情報交換していくことである。

以上のように、「仲間をどのようにサポートするか」についてのアイデアは苦労のなかから生まれている。(1)互いを知ることで「相手を信じる、自分を信じる」という生の構え、(2)一対一関係ではなく、複数で対処することの効果と「壁をたたき続ける」という知恵、(3)「助けることで助けられる」というケアの互酬性と「自分が安心すると相手も安心する」という自己への配慮、(4)「病棟スタッフとの連携」という具体的な方法を提示している。苦労に向き合うことでピアサポーター自身の生き方の術が編み出されている。ここに苦悩の創造性という側面が見いだせる（序章を参照）。

また、ピアサポート活動を支えているのは、困ったときに相談できる場があることである。〈べてるの家〉を軸にサポートの網の目がフォーマルとインフォーマルを問わず、広がっていることで「落ちそうな人」も拾われている。困難な事態に直面しても「拾われている」と信じることで、サポートする相手への信頼感や困難に向き合う勇気と安心感が生まれている。ミーティングの場は仲間同士で語り合う場となり、サポートし合う場となっている。こうした場を用意する〈べてるの家〉の存在が、サポート相手を信頼することや困難に立ち向かえる安心感を生み出す社会資源となりえているのである。

五　「同じ立場にいること」——資格化に抗して

先の二〇一二年九月五日のピアサポート・ミーティングで、ピアサポーターの資格化と有償化の問題が話題となった。保健所の職員が、行政主導のピアサポート事業が今後なくなるかもしれないという情報を提供したとき、ソーシャルワーカーから「法律がなくなったとき、自分たちで活動を展開していく可能性がある。例えば、ヘルパーステーションを立ち上げるとか、ピアサポーター養成講座とか、今後考えてみたらどうか」という提案がなされた。それに対して、本田さんから「仕事としてかかわるのと仲間としてかかわるのは違う。同じ目線でなくなる可能性がある」という意見が出された。この考え方は、資格化を目指すアメリカやイギリスとは異なっている。

インタビューの際に「ピアサポーターの資格化についてどう思いますか?」という私の質問に対して、本田さん、秋山さん、吉田さんは次のように答えている。[12]

本田さん ピアサポートはボランティア、無償でやればいい。資格化したら、かかわり方が違ってくる。ヘルパーの資格をとって給料をもらったとしたら、上から目線でかかわるようになるし、受ける側も変わる。対等の立場を大事にしたい。逆にいえば、資格化すると、同じ目線でサポートするのではなく、相手がピアサポーターを見上げる関係になってしまう。〈べてるの家〉のメンバーはふだんから、助け合うことを何気なくやっている。ピアサポートはそれとは少し違いを意識している。ピアサポーターは「つなぎ役」でふだんから積極的にサポートしていく。そこが、意識的で違うところ。自分はピアサポートという役割にあまり責任を感じない。仲間同士助け合うのは、お互い様で当たり前の関係だから。(セルポ浦河事務所でのインタビュー 二〇一一年九月五日)

秋山さん 自分が当事者であり、スタッフであることを考えてみると、「私って何だろう?」と思うときもある。ピアサポーターという専門家を意識しすぎて、具合が悪くなったことがある。そしたら、仲間から「秋山里子は秋山里子でしょ」といわれた。同じ立場であり、変わりはない。自分はただ状態がちょっとよくなっただけ。「応援する」というよりは、一緒に「ともにいる」ということかな。病気の方が大きくなって自分が大変になったとき、ありのままにいうようにしている(弱さの情報公開といいかえた)。それは自分にとっても、仲間にとっても大事でお互い様かなと思う。ピアサポーターの資格化については、必要論と不要論とがあるけれど、資格がなくても、基本的な支援のあり方について講座があれば学びたい。自分のベース作りとして勉強したい。ピアサポートの研修会にはいろいろな地域から来るので、他の活動についての情報を交換したい。それぞれの特性があるからおもしろい。(ニューべてる事務所でのインタビュー 二〇一一年九月三日)

吉田さん ピアサポーターという名前がプレッシャーになって、こんなダメ人間がピアサポーターだなんてばかなんじゃないの、というマイナスの「お客さん」が来ていたけど、今はピアサポーターをしていて自分が助けられている。調子が悪くなると、マイナスに捉えたり、ダメな自分にとらわれたりすることはある。

〈べてるの家〉ではいろんな人がいる。自分にはピアサポートの直接の対象者はいないけど、いろんなメンバーとかかわっている。だれかがサポートに行くとき、自分はヘルプとしてついていく。担当者としてかかわるわけではないけど、「病棟に行って声をかけて」と急にいわれるので声をかける人は増えた。お祭りのときや住居にいるとき、またピアサポーターであることを忘れた方がいいときは、病院やスタッフの情報はふらないようにして住居の仲間としてかかわっている。今、それが住居での自分の課題となっている。今年はボランティアとしてやっているけど、お金をもらってやることになると難しいかもしれない。ない方が楽にできるし、みんながやっていることが広がるなら、それはそれでいいと思う。（セルポ浦河事務所でのインタビュー　二〇一二年九月六日）

ピアサポート・ミーティングでは、ソーシャルワーカーから資格化（有償化）の話がときどき提案されている。そのたびに、ピアサポーターたちは資格化によるデメリットを指摘し、資格化には向かわない気持ちを声にしている。個別のインタビューでは、ピアサポーターについての考え方はさまざまだが、「資格化に向かわない」という点でほぼ一致している。「ピアであるとは対等な立場にいること」であり、「ボランティアでいい」という立場をとると語っている。資格をもつことによって、サポート相手との関係に上下関係が入り込み、「同じ立場にいる」という前提が崩れかねないからだ。

本田さんは「同じ立場にいる」ことにこだわり、資格化によってサポートのあり方に上下関係が持ち込まれることを危惧している。また、ピアサポーターは、日常的に行われている仲間のピアサポートとは少し異なり、意図的な「橋渡し役」であると述べている。他の二人に比べて、助け合うのはお互い様だからピアサポートとしての責任はあまり感じないという。

それに対して秋山さんは、当初、当事者でもあり専門家でもあるピアサポーターの「立場のあいまいさ」に不安を抱き体調が悪くなった。ピアサポートの役割と責任を過剰に意識していたが、「秋山里子は秋山里子でしょ」の言葉で我に返る。今は「同じ立場にいる」ことに納得している。それに、資格化の有無にかかわらず、多くの人との出会いの場として研修会に参加したい気持ちを述べている。

二人に比べてピアサポートのキャリアが少ない吉田さんは、自分がピアサポーターとして適格かどうか、疑問を抱くが、ピアサポートすることで自分が助けられていることで納得している。今の課題は日常生活のなかでピアサポーターの立場を使い分けることである。有償化になると責任が伴うので、無償の方が気が楽だとも思っている。

浦河では、ピアサポートの一環で退院予定者の外出や買い物、宿泊などに付き添う活動を行っているが、車を提供した際のガソリン代はピアサポーター持ちである。諸費用を立て替えるためにも「有償化は必要なのではないか」と筆者が質問すると、本田さんは、自分の暮らしは今のままでも成り立つので、金銭が今以上必要であるわけではないと答えている[(13)]。有償と無償のメリットを比べつつ、ピアサポートの当初の意味からすれば、浦河では有償化という方向は馴染まないというのである。

ピアサポーターたちは、制度に頼ることなく、海外の動きに流されることなく、日々の暮らしのなかで自分の苦労に立ち返ったり、自分の立場を弁《わきま》えることにこだわっている。制度や外部の動きよりも、相手にとって、自分にとって、仲間にとって何が大事なのかを考えながら、ピアサポーターのあるべき姿について模索している。

資格化に向かう欧米のピアサポート・システムのなかで指摘されている問題は、秋山さんが悩んでいたように、サービスの受け手と与え手という二重役割の狭間にある「立場のあいまいさ」である〔相川　二〇一三、平　二〇一三〕。しかし、その「立場のあいまいさ」によって、むしろ異なる領域をまたぐことによる新たな地平も見えてくる〔浮ヶ谷　二〇一四a〕。三人は、専門家であるよりは仲間であることにこだわり、ピアサポーターを専門家の信念や役割に社会化（専門職化）せずに独自の視点にこだわっている〔大島　二〇一三〕。独自の視点とは、「丸ごとの苦悩」を抱えた仲間と自分の全体的生を支える視点のことである〔浮ヶ谷　二〇一四b、二七四〕。したがって、立場のあいまいさの表明は専門家と非専門家、フォーマルとインフォーマルの領域を越えて、ケアをめぐるゆるやかなネットワークを形成する土壌になるといえるだろう。

六　「耕されている場」で

では、その土壌とは何か。二〇一二年九月のインタビューの際に「浦河は全体が耕されているような感じ」という本田さんの言葉が気になっていた。そこで、半年後にこの言葉の意味について再びインタビューを試みた。また、秋山さんと吉田さんにも同じ質問をし、話を聞くことにした。次に紹介する。

本田さん　ピアサポーターが動くことによって「耕されている」感じがした。ニューべてるにつながれない人や、病院にいても病院だけで地域で活動している仲間につながっていけない人は、病院に固定されている感じがしている。ピアサポーターが動いたりすることで、全体が活気づくという意味、活性化につながっているのではないかと思っている。ニューべてるにいる人は〈べてる〉につながっていて、入院している人は病院にいる当事者同士でつながっている。でも、つながり方が固定してきたので、ピアサポーターの活動はもう一度新しいつながりを作っていくのに役立っていると思う。住居のつながりを含めて〈べてる〉と病院以外の支え合いを作っていきたい。

自分が退院した頃、（中略）共同住居ではミーティングに全員参加し、毎週金曜日はカレーの日で一緒に食べたりしていた。M君は行動はハチャメチャだったけど、みんなでなんとかしようとワイワイ、ガヤガヤやっていた。問題が起きる人がいて活気づいていた。こうした経験があるので、「もう一回耕したい」という思いがある。問題を起こしてしまうような人でも、一緒に生活できるような環境にしたいと思っている。ハチャメチャな人が掻き混ぜてくれていたような気がする。ほかほかの土にしてくれたような……。鋤や鍬で耕すのがピアサポーターだとしたら、M君は〝みみず〟の役割だった。かつて自分たちもそうだったかもしれない。単に対象者をサポートするだけでなく、全体がほかほかした土になるように活動したい。（セルポ浦河事務所でのインタビュー　二〇一三年三月二九日）

秋山さん　（耕されている、というのは）ピアサポーターとしての個人がいて、フォーマルとインフォーマルがあって、同じ目的の仲間がいて、できごとの分かち合いができているということかな。同じ場面を共有しているということだと思う。

「同じ畑で同じ野菜を育てている」という例えがいいかな。苦労していたら、肥料や水をあげたりすること。入院中の仲間がいて、ピアサポーターも病棟のプログラムに参加すること、場面を共有するということ。病院の外に出ると違う面が見られる。違う部分が引き出されてそれが共有できる。これまで、ピアサポーターと専門家だけでミーティングをやっていたけれど、今は病棟で茶話会をしたり、月三回のミーティングをやっている。そうすると、流れができてつながる。（ニューべてる一階でのインタビュー　二〇一三年三月二七日）

吉田さん　自分たちは〈べてる〉のメンバーの第二世代といわれているけれど、佐々木社長や早坂潔さんたちによって三五年の歴史が作られてきた。退院促進の法律ができたりしてきたけど、三五年の積み重ねがある。このあいだ、病棟の人たちの企画で、セミナーハウスですきやきパーティをやった。長期入院の患者さんたちが自分たちで考えて材料を用意し、私も誘ってもらった。佐々木さんは「こういうことを何十回も繰り返していくことが大事。こういう会を続けることが大事」といっていた。潔さん、坂井さん、本田さんが病棟へ行き続けてくれた。みんなの活動の積み重ねがある。「耕す」というのは、町の人、教育委員、図書館の人との小さなつながりをコツコツと続けてきたことかな。（セルポ浦河事務所でのインタビュー　二〇一三年三月二六日）

「耕されている」という言葉に関して、その解釈は三者三様である。本田さんは、〈べてる〉と病院と住居という場所がつながり、人と情報の動きやかかわり方が固定されず常に変動し活気づいている状態のことだという。ピアサポーターはそこに働きかける役割をもつと考えている。秋山さんは、同じ畑で同じ野菜を育てるときに肥料や水やりが必要なように、ピアサポーターは苦労している仲間に肥料や水を提供することだと思っている。それには、同じ目的をもった仲間がいて、同じ場面を共有していることが大事だという。また。吉田さんは〈べてるの家〉には三五年の歴史があり、その上に小さな活動を日々積み重ね、地域住民との小さなつながりをもち続けてきたことだと語っている。

三人によれば、「耕されている」という状態は、〈べてるの家〉が単に社会資源として存在するのではなく、ピアサポーターたちが〈べてるの家〉やメンバーに常に働きかけることによって社会資源となりえているということを意味している。また、「働きかける」という動態的な関係は、個人と個人との直接的な関係にとどまらず、共同住居の仲間と地域住民や専門家との関係を時間をかけて活発化していくことだといえそうだ。

おわりにかえて——苦悩の創造性、ケアの継承性と場所性、ケアの専門性

以上のことを踏まえると、本書の主題である苦悩とケアについて何が見えてくるだろうか。まず苦悩とケアとの関係について、少なくとも精神の病いを抱える人にとって苦悩なくしてケアは発現しないといえるだろう。それだけ当事者が地域で暮らしていくために、体調への気配り、配慮、気遣い、日常生活での基本的な世話といったケアは必要不可欠なのである。しかも、とりわけピアサポーターにとって、自らの苦悩の経験が資源となり、サポートの際に経験する苦労に向き合うことでケア（戦略、技法）が生まれている。そこに苦悩がケアを生み出すという苦悩の創造性を見ることができる。また、ピアサポーターは自らの苦悩の経験とケアされた経験を参照枠として、ピアサポート対象者をサポートする知恵と技法を見いだしていた。ここにケアの継承性という側面を見ることができる。

「耕されている場」という捉え方は「場所がケアを生み出し、ケアが場所化される」［浮ヶ谷　二〇一〇］という議論と重なっている。〈べてるの家〉を基盤として、「応援する、応援される」「助ける、助けられる」というケアを言い表す言葉と使用する文脈が生まれ、同時にこれらの言葉と使用法が病棟や生活の場に定着している。また、ミーティングの場はピアサポーター自身をケアする場となりえている。場所からケアが生まれると同時に、サポートの知恵や技法を仲間と繰り返し語り合うことでケアが定着していくのである。これらの活動が「ケアする、ケアされる」という関係のなかで継承され、〈べてるの家〉という場所に根付いていくプロセスは、「耕されている場」が常に構築され続ける営みとして捉えることができる。それはまた、〈べてるの家〉が所与の社会資源ではなく、メンバーが〈べてるの家〉や病棟、住居、地域で仲間や住民に働きかけることによって、つまり土壌を耕し続けることによって社会資源となりえているのである。いずれにしても、時間軸で捉えるケアの継承性と空間軸で捉えるケアの場所性という視点は、日常の暮らしの場で人の全体的生を支えるケアのあり方を示している。

ローカルな場所から生まれ、その場所で継承されていくケアにおいて、マーチン・バルマー［Bulmer 1987］が指摘した通り、フォーマルなケアとインフォーマルなケアとが連続し、この二つは分かちがたく結びついている。フォーマルなケアとインフォーマルなケアには、どちらも意図的なケア（するべきケア、してあげたいケア）と非意図的なケア（ルーティン化されたケア、何気ない気遣い）がある。そして、そこには専門的ケアもかかわっている。専門的ケアだけを対象とすれば、仲間やボランティア、地域住民によるケアは見落とされてしまう。「日常生活の何気ないサポートとは少し違う」というピアサポーターの言葉は、意図的な側面が強く現れていて、それをピアサポートの専門性として捉えることも可能であるが、他方で、無償であり続けることにこだわっている。ケアを専門的ケアと非専門的ケアとに単純には分けられないことから、ケアの専門性については、今後多面的なアプローチが必要である。

ケアの専門性の議論において、筆者はケア提供者のケアには苦悩を伴わないケアとしての「定型的ケア」と、苦悩と向き合うケアとしての「根源的ケア」を便宜的に分けて議論している［浮ヶ谷　二〇一四a、一二一一二三］。ケアの政策研究やケアの専門性研究では、専門家のケアの底上げを目指し、ケア配分の平等性という観点から、「点数化できるケア」や「だれでもどこでもできるケア」を前提に「定型的ケア」のあり方を探究している。このケアは普遍的で客観的であるがゆえに、ケア提供者自身の苦悩は捨象されている［浮ヶ谷　二〇一四a］。また、ケア実践がそれを生み出す文脈を超え、時間や場所を選ばずに適用されるという意味では、「場所化されないケア」ともいえる。

それに対して、本章で取り上げたピアサポーターのように、自らの苦悩の経験をベースにサポートするあり方は「根源的ケア」として捉えることができる。ピアサポート事業の一環で買い物に付き添ったり、外泊を一緒に試みたりという行為だけに着目すれば、「浦河でなくてもできる」定型的ケアといえるかもしれない。場合によっては定型的ケアをあえて実践することもあるだろう。しかし、先に述べたように〈べてるの家〉を社会資源として耕し続けることや、ケア実践が当事者間で継承されているという観点からすれば、そこで提供されるケアは「場所化されたケア」であるといえよう。「場所化されたケア」は、自らが抱える苦悩に向き合いながら仲間をサポートするという独自の術を生み出すことから、より根源的なケアという側面が強く現れている。苦悩を内包する根源的ケアには、個人にとってもコミュニティにとってもより創造的な面が表出するといえるだろう。

本章では、ケアの特徴をより多面的に探究するために、精神の病いの当事者によるピアサポート活動を通して、苦悩とケアとの関係、苦悩の創造性、ケアの場所性と継承性、ケアの専門性について検討してきた。ここで得られた知見は、今後、病いを抱えながら地域で暮らす人の全体的生を支えるケアがどのように展開されるべきかという課題を抱えるケアの専門家、そして地域で暮らす私たちが「ケアすること、ケアされること」という関係を今後どのように形づくっていくのかという課題に取り組むために多くの示唆を与えてくれているのではないだろうか。

付記　本章は、二〇一三年六月八日、日本文化人類学会第四七回研究大会（慶應義塾大学三田キャンパス）において、「サファリングとケア、その創造性」と題した分科会（代表―浮ヶ谷幸代）での個別報告「サファリングとケアの継承性――「耕されている場」でピアであり続けること」をもとに加筆修正したものである。また、インタビューに答えてくれたピアサポーターの方たちに感謝の意を表します。特に、本田さんには原稿を何度も読んでもらい、メールでやりとりをしながら原稿を完成することができたことに謝意を表します。

注

〈1〉「社会的苦悩」が政治的、経済的、社会的に構築されるという考え方は、文化的差異を超えて世界各地における貧困や難民問題、移民問題、政治的暴力、スティグマを伴う病気などを例に見いだせる［Kleinman, Das and Lock eds 1997］。病気の社会構築性というテーマは、批判的医療人類学が一貫して取り組んできたテーマである。一九七〇年代のイタリアの精神医療改革における「自由こそ治療だ」というスローガンや、「精神病は社会によってつくられる」という反精神医学運動もまた、精神病の社会構築性という論理を前提にしている［シュミット　二〇〇五］。他方でこの論理は、身体的症状に苦しむ当事者の「いまここ」の苦悩を置き去りにしているという批判も受けている。

〈2〉アメリカでは、ピアサポーターは「自らの人生経験を活かし、リカバリーの途上にある人びとに対してフォーマルなピアサポートを提供するための新たな資格」として「認定ピアスペシャリスト」と呼ばれている。その特徴は「専門職者を教育し育成する」ことにある。課題は、サービスの受け手でもあり送り手でもあるという立場の曖昧さであるという［相川　二〇一三］。イギリスでは、「サポートワーカー」と呼ばれ、サービスの改善とリカバリー支援を目的としている。その役割は、ユーザーの立場から意見や助言を与え、専門家の考えや言葉遣いにある問題を指摘することである。課題は、役割葛藤や混乱、秘密保持に関する課題、健康管理の難しさなどが指摘されている［平　二〇一三］。

〈3〉近年、うつなどの病気がだれでも罹患する可能性をもつことから、働きながら精神科へ通院する人の数も多くなった。それだけ精神科の敷居が低くなったともいえるが、学校や職場に病名を隠したり、周囲から理解を得られにくいという困難さは依然残っている。

〈4〉「自ら望んで」という言葉を文字通り受け取ってはならない。現在、治療の必要のない人が家族の拒否や地域の受け入れ態勢の不備などの理由により、長期入院を続けている状態を「社会的入院」と呼んでいる。その結果、長期入院患者にとって病院が自分の居場所となり、地域で暮らすことが困難になっている。社会的入院は減床が進まない要因の一つである。

〈5〉〈浦河べてるの家〉は、ニューべてると浦河べてるという二つの小規模授産施設事業と地域生活援助事業を展開している。そこでは、二〇代から七〇代まで約一四〇人が登録し、メンバーは一四ヵ所の共同住居とグループホームで暮らしている。「三度の飯よりミーティング」「幻聴から幻聴さんへ」「偏見差別大歓迎」など一般社会の常識を覆すような〈べてるの理念〉を掲げている［浦河べてるの家　二〇〇二］。また近年、全国的な広まりから国内外でも評判となっている「当事者研究」という取り組みがある。これは、精神の病いの当事者が仲間と一緒に苦労の発症メカニズムとその対処の方法を研究するものである［浦河べてるの家　二〇〇五］。これまで専門家の研究対象でしかなかった当事者が、自分自身で自分の問題に取り組むという意味で精神医療では画期的だとされている。

〈6〉浦河日赤の高田大志ソーシャルワーカーは、専門家支援における当事者性をめぐる議論のなかで、「こっち（浦河）に来てから、本当に「苦労」が増えた。今までは親や周りがもっていたものを、今は自分で大切にしようとしている」（括弧は筆者）［高田　二〇一三、二〇〇九］という当事者の声を紹介している。

〈7〉委嘱を受けているピアサポーターは報酬をもらうことになるが、委嘱を受ける人は固定されているわけではない。また、報酬の有無によってピアサポート活動に変化があるわけではないという。

〈8〉幻覚&妄想グランプリとは、〈浦河べてるの家〉が年一回開催するべてる祭りのプログラムの一つであり、その年、話題性をもった当事者に与えられる賞である。一般的な精神医療では、幻覚や妄想というのは治療の対象であり、当事者と家族にとってできれば秘匿したい症状である。〈べてるの家〉では、それを公開し、賞を与えることで羨望の的となるように、精神の病いの意味の逆転を図っている。

〈9〉 自己病名とは、精神の病いの当事者が「自分でつける病気の名前」という意味である。一般的に、病名というのは精神科医が診断基準に依拠して患者に付与する。それに対して、自己病名というのは病いの当事者が自分でつける病名のことであり、病気を自分に取り戻すという意味が込められている。〈べてるの家〉のメンバーのほとんどが自己病名をもっている。

〈10〉 「お客さん」とは、マイナス思考のことである。自分の言動や他人の言動に振り回されて落ち込んでしまうような状況を客観視するための民俗用語である。この言葉は〈べてるの家〉や精神保健福祉の専門家、一部の浦河住民のあいだで通用している。

〈11〉 浦河日赤精神科はこれまで病棟の縮小化に取り組んできた。第一次減床は、二〇〇二年の一三〇床から六〇床へという、開放病棟（七〇床）の閉鎖だった。坂井さんと本田さんは第一次減床時の退院患者である。なかでも、本田さんは最後まで退院を拒絶していた患者である。日本の場合、減床する際に入院患者は地域に移行するのではなく、民間の精神科病院への転院となることが多い。浦河日赤では「受け皿のない状況では転院させない」ことを条件に、〈べてるの家〉の全面的な協力のもと共同住居やグループホームに退院させた。二〇一三年から取り組まれた病床をゼロにする第二次減床は、紆余曲折して二〇一四年四月からは一〇床で維持することが発表された（北海道新聞、二〇一四年三月二一日）。その後、二〇一五年三月には、入院患者数はゼロとなり、実質的に精神科病棟の幕は閉じられた。浦河日赤精神科における脱施設化の詳細な動きについては別稿にて論じる予定である。

〈12〉 吉田めぐみさんは二〇一二年現在二六歳である。家族関係に問題を抱えていたため、親元を離れ一五歳で浦河にやってきた。〈べてるの家〉とのかかわりのなかで、店員をしたり昆布作業をしたり、今では〈べてるの家〉の活動のチラシ作製や編集作業に取り組んでいる。また、若者の起業メンバーの一人として活躍している。ピアサポートの特定の対象者はいないが、他のピアサポーターのヘルプとして活動している。インタビューでは「ピアサポートをやってきた人たちは、自分の経験をベースにしている。これから当事者スタッフは増えてくると思うから、同じ問題を抱えるようになるかもしれない。自分が苦しかったときみんなが待っていてくれたり、自分がちぐはぐに感じていても安心を与えてくれたから、みんなが信じてくれたように、自分もみんなを信じることができたらいいな」と語っている。（セルポ浦河事務所でのインタビュー　二〇一二年九月六日）

〈13〉 二〇一四年六月現在、本田さんは交通費程度は何らかのかたちで支払われるべきだと思っている。

引用・参照文献

相川章子 二〇一三「アメリカの実践例」『精神科臨床サービス』一三巻一号、一二三―一二九頁。
伊藤順一郎 二〇一二『精神科病院を出て、町へ――ＡＣＴがつくる地域精神医療』岩波書店。
浮ヶ谷幸代 二〇〇九『ケアと共同性の人類学――北海道浦河赤十字病院精神科から地域へ』生活書院。
―――― 二〇一〇「ケアの場所性――北海道浦河町精神保健福祉の取り組みから」『相模女子大学紀要』七四巻Ａ、七―一九頁。
―――― 二〇一四ａ「医療専門家の苦悩をいかに解き明かすか？」浮ヶ谷幸代編著『苦悩することの希望』一―二四頁、協同医書出版社。
―――― 二〇一四ｂ「「適度な距離」の模索――医療専門家のサファリングの創造性」浮ヶ谷幸代編著『苦悩することの希望』二五五―二八一頁、協同医書出版社。
浦河べてるの家 二〇〇二『べてるの家の「非」援助論――そのままでいいと思えるための二五章』医学書院。
―――― 二〇〇五『べてるの家の「当事者研究」』医学書院。
大熊一夫 二〇〇九『精神病院を捨てたイタリア捨てない日本』岩波書店。
大島巌 二〇一三「「ピアサポート」というチャレンジ――その有効性と課題」『精神科臨床サービス』一三巻一号、六―一〇頁。
川上武編著 二〇〇二『戦後日本病人史』農山漁村文化協会。
ゴッフマン、Ｅ 一九九七『スティグマの社会学――烙印を押されたアイデンティティ』石黒毅訳、せりか書房。
シュミット、Ｓ 二〇〇五『自由こそ治療だ――イタリア精神病院解体のレポート』半田文穂訳、社会評論社。
精神保健福祉白書編集委員会編 二〇〇九「精神科医療施設数の推移」『精神保健福祉白書 二〇一〇年版 流動化する障害福祉政策』中央法規。
平直子 二〇一三「イギリスの精神保健福祉サービスにおけるピアサポート――リーズ市・ブラッドフォード市での実践」『精神科臨床サービス』一三巻一号、一三〇―一三五頁。
高田大志 二〇一三「浦河赤十字病院医療相談室での実践を通して」向谷地生良・小林茂編著『コミュニティ支援、べてる式。』一九二―二一一頁、金剛出版。
時東一郎著、織田淳太郎解説・構成 二〇一二『精神病棟40年』宝島社。
西尾雅明 二〇〇四『ＡＣＴ入門――精神障害者のための包括型地域生活支援プログラム』金剛出版。

向谷地生良・浦河べてるの家　二〇〇六『安心して絶望できる人生』生活人新書。

向谷地生良・小林茂編著　二〇一三『コミュニティ支援、べてる式。』金剛出版。

Bulmer, M. 1987 *The Social Basis of Community Care*, Unwin Hyman Ltd (UK).

Das, V. and A. Kleinman 2001 'Introduction', in V. Das, A. Kleinman, M. Lock, M. Ramphele and P. Reynolds (eds) *Remaking a World: violence, social suffering and recovery*, pp. 1-30, University of California Press.

Kleinman, A., V. Das, and M. Lock (eds) 1997 *Social Suffering*, University of California Press.

Kleinman, A and J. Kleinman 1995 'Suffering and its professional transformation: toward an ethnography of interpersonal experience', in A. Kleinman *Writing at the Margin: discourse between anthropology and medicine*, pp. 95-119, University of California Press.

資料

浦河赤十字看護専門学校　精神看護実習（退院支援ミーティング）オリエンテーション資料（二〇一〇年二月入手）

ＤＶＤ

本田幹夫　二〇一三「ＤＩＳＣ１　本田幹夫」斎藤利和総合監修『私の統合失調症を語ろう　インタビュー集』第八回日本統合失調症学会記念、中島映像教材出版。

第6章　人生を物語るということ

老いとともにあるハンセン病療養所入所者の生活史から

坂田勝彦

はじめに

病いを巡る苦しみや困難は、医学的・身体的な症状だけでなく、それに随伴して生起する差別や偏見、喪失体験など、その人が生きる社会の政策や制度、価値意識に強く規定されるものである。そうした苦しみや困難の只中で、それでもなお人が生きていこうとすることとは、一体いかなる経験であるのだろうか。

ハンセン病という病いがある。人類の歴史上古くから知られ、かつて世界各地で流行した病気の一つであるこの病いは、主に皮膚や神経を侵す慢性の感染症であり、症状が顔や手足の損傷・変形といった形で現れるため、病者には様々なスティグマが付与されてきた〔1〕。

日本においてかつて「らい（癩）」と呼ばれたこの病いは、特に二〇世紀初頭以降、急速な近代化の中で特殊な位置づけを与えられていく。具体的には、「国辱病」といった形で制圧・撲滅の対象と理解されるとともに、戦前・戦後を通じて、病者を療養所へ収容する隔離政策が形成された。その結果、この病いを患う者やその家族への差別は過酷なものとなった。そして、有効な治療薬が登場（一九四〇年代後半）したのちも、隔離政策は一九九六年の「らい予防法」の廃止まで継続された。

近年、二〇〇一年の「ハンセン病違憲国家賠償請求訴訟」熊本地裁判決などを契機に、こうした隔離政策の存在や、療養所入所者・退所者への人権侵害の問題が広く知られるようになった。そして、国家権力の暴力性が告発されるとともに、差別や偏見の克服が重要な社会的課題となっている。

ハンセン病を患った人々は、このように、その時代の政策や制度、社会状況に翻弄されてきた。だが、人が生きることとは、政策や制度といったものに還元されるわけではない。ハンセン病を巡る苦しみや困難と向き合う中で、彼らはいかに生き、実存を模索してきたか。本章はある入所者の生活史から、この問題について検討する。

一　ハンセン病療養所の現在——ある入所者の言葉から

過去への郷愁と現在への寂寥感

現在、日本全国には国立と私立あわせて一四ヵ所のハンセン病療養所が存在している。その一つである国立療養所「多磨全生園」（東京都東村山市）では毎年夏、「納涼祭」と呼ばれる夏祭りが一般に公開で催される。「納涼祭」はもともと、隔離政策の下で療養所へ収容された入所者たちが、その場所での生活に潤いを求めて戦前から行ってきたものだった。[2] 当日、会場である園中央部の広場には、職員や関係者、ボランティアによる出店が立ち並ぶ。近隣地域からも多くの人々が来場し、大変な賑わいを見せる。

だが、そうした盛況の一方で、会場にいる人のほとんどが園外からの来場者であり、入所者の姿を見ることは年々難しくなっている。入所者の平均年齢が八〇歳を超えた療養所では、年一回の祭事にも彼らが参加することは難しくなっているからである。園外からの来場者で賑わうのとは対照的に、入所者の姿が年々まばらになっている「納涼祭」の光景は、月日の経過とともにハンセン病を巡る様々な出来事や場所から当事者が不在となりつつあるという、現在の療養所の状況を示唆している。

そんな「納涼祭」の会場で、例年、広場中央の櫓《やぐら》を囲む踊り手の輪に必ず参加していたのが、Iさん（男性、一九一七年生まれ、一九四一年入所）である。近畿地方の山村で育った彼は、二二歳のとき、出征先の「満州」でハンセン病を発病し、約半年の帰路を経て多磨全生園に入所した。またIさんは、園内の傷痍軍人会の代表や、キリスト教会系の団体の世話役などを長年に渡って務めた人物であり、園内で広く頼りにされた存在であった。

「納涼祭」当日、Iさんの一日はあわただしく始まった。まず、体調を崩している園内の友人たちを訪ねて回る。昼食をとり終わると、園内外の来客の対応に追われる。日も暮れる頃になり、ようやく一息つくと、Iさんは手ぬぐいを持って広場へ足を運んだ。そして、櫓のまわりにできた輪の中に入り、見知らぬ若者や職員とともに踊り始めた。

一時間ほどがたつと、踊りの輪から少し離れたところで、Iさんは一息ついていた。高齢化の著しい療養所において、もはや会場で踊る入所者は彼を含めてわずかである。Iさんにとっても、盆踊りは年々体力的にも厳しいものになっていたはずだ。だが、彼は手ぬぐいで汗を拭いながら、こう語った。

わしはね、ああいう「気ちがい踊り」が大好きで。「ご苦労さんでした」っていうまで（一晩中）やってたよ。（納涼祭の最後に納骨堂の上まで登ってね。若い頃は。今みたいに九時まで（で終わり）というのはなかったから。

盆踊りの囃子が明るく響き渡り、会場は大勢の人やその歓声で盛り上がっていた。だが、Iさんがかつて一緒に踊った仲間の多くはすでにこの世におらず、残っている人も高齢で様々な身体上の不具合を抱え、会場に足を運ぶことが難しくなった。自らがまだ若かった数十年以上前の「納涼祭」について振り返った彼の言葉には、踊り終えたことへの充実感とともに、以前とは大きく様変わりした風景への寂寥感がにじんでいた。

老いの深まりの中で人生を物語ることの意味

近代以降の日本においては国民国家の形成過程を通して、ハンセン病に罹患した者を他の健康者と弁別し、療養所へ隔離するハンセン病政策が形成された。具体的には、浮浪患者の療養所への隔離収容を目的に制定された一九〇七年の法律第一一号「癩予防ニ関スル件」に始まり、病者に対する社会からの排除と療養所への隔離が進められた。そして、戦後に新薬プロミンの開発など有効な治療法(3)が登場した後も、隔離政策は近年まで続けられた。

こうしたハンセン病政策の過ちを認定した二〇〇一年の「ハンセン病違憲国家賠償請求訴訟」熊本地裁判決を契機に、ハンセン病を巡る過去や人権侵害の問題が広く知られるようになった。また、隔離政策の形成過程を批判的に検証する歴史研究が蓄積されるとともに、国民国家の暴力機制を告発する言説や運動が展開されてきた［藤野　一九九三、二〇〇一、宮坂　二〇〇六］。

その一方で、人権侵害の「被害者」という側面に収斂しない、この病いを生きてきた当事者の多様な経験や営みに注目する研究が着手されてきた。その先駆者である蘭由岐子は、当事者一人ひとりが固有の人生を生きてきた経験を語り出していく力を「異口《いく》」という言葉で捉え、そのリアリティを描き出している［蘭　二〇〇四］。そして、政策や制度の位相だけでなく、多様な入所者・退所者の営みの意味について丹念に読み解く試みがなされつつある［青山　二〇一四、有薗　二〇〇八、桑畑　二〇一三、坂田　二〇一二］。

以上の研究動向を踏まえた上で、本章が検討したいのは、入所者の多くにとって、いま自らの人生を物語ることとはいかなる営みであるのかという問題である。以下ではIさんの生活史を取り上げるが、そこからはまず、生まれや出征、発病や入所の経緯、その後の生活など、彼のこれまでの人生の様々な出来事や経験が明らかになる。そして、先の「納涼祭」にまつわる言葉が示唆するように、周囲の人々の高齢化や逝去、自身の老いなど、Iさんの言葉の通奏低音には、ハンセン病療養所で不可逆的に進む入所者の高齢化という現実がある。近年、ハンセン病問題については、その病いを生きる当事者の言葉を手がかりに考察する試みがなされるようになった。だが、語り手の多くがまさに老いと向き合う中で私たちに自らの体験や記憶を物語っていることについては、まだ十分に議論されてはいないところがある。つまり、高齢化が著しく進む状況の下、ハンセン病という病いを生きてきた人々が人生を物語ることの意味について、本章は考えていきたいのである。

こうした問題を考えるにあたっては、高齢期の人々の葛藤や懊悩、それらを巡る営為について内在的に探究した質的研究の知見が示唆に富む。例えばS・カウフマンは、老いを巡るネガティブなイメージとは対照的に、高齢期の人々が、自らの人生を振りかえることで過去の出来事や経験に新たな意味を与え、「自分自身の姿や社会生活との関わりに対する統一的な認識」を生成・変容させていく主体であることを明らかにした〔カウフマン　一九八八、三〇、二三四―二三六〕。またエリクソンらは、高齢期の人々が自らの体験や記憶を「生涯の時間よりも広がりのある永続的な世界」と接続することを通して様々な衰えや迫りくる死への「絶望」を受け止めていることに、老いとともにある人々の「英知」を指摘している〔エリクソン他　一九九〇、三六―三七〕。

そこで本章はIさんの生活史をもとに、ハンセン病という病いを生きてきたある人物が、これまでに遭遇した様々な出来事や経験をいかに振り返り、人生の物語をあみ上げてきたかを検討する。(4) そこからは、ハンセン病療養所という場所で生きる中で彼がいかなる苦悩や困難に直面し、実存を模索してきたか、そして長い時間をかけてそれらの出来事を自らの糧として意味づけてきた「英知」の有様が浮き彫りになる。それはまた、当事者の高齢化や逝去が進む現在、療養所という場所で生きてきた人々の物語から、私たちが何を受けとらなければならないかを考えることにもつながる作業である。

二　ある「名台詞」について語ることの意味――物語に仮託された人生観

生い立ち、出征、発病を巡って

今じゃあ名台詞になっちゃったんだけど、ここ（多磨全生園）に入ったとき、はじめに収容病室入ったとき、患者収容の風呂入ったそのとき、看護婦さんに「ご苦労様でした。さあ風呂に入ってください」っていわれて、湯がざあーって湯船から溢れていて、どばって首までつかって。（風呂からあがった後）ベッドに大の字になって。（思わず）「ここはいいところだ」って（大きな声で叫んだことがあるんだ）(5)。

Iさんはインタビューではじめに、自身が多磨全生園に入所した際のあるエピソードを語った。ハンセン病療養所ではかつて、患者が入所した際、まず「収容病室」と呼ばれる場所で消毒や所持品の検査が行われた。彼も療養所の入所初日にその手続きを経験した。そのとき思わず口にしたのが「ここはよいところだ」という言葉だった。

消毒や持ち物の切り替え、入浴といった入所の際の手続きは多くの場合、その個人がハンセン病者として社会化される過程であり、屈辱の体験としてこれまで多くの記録で証言されてきた。だが、Iさんはその際によって、「ここはいいところだ」と大きな声で口にしたという。では、なぜ彼はそのときそんな言葉を口にし、またこのエピソードから自らの療養所での半生について話を始めたのだろうか。本節ではまず、彼の生い立ちや入所の経緯から、それらについて検討する。

Iさんは、山間部の小さな集落に八人兄妹の長男として生まれた。生家が貧しかったため、尋常小学校を卒業後、家業の山仕事を手伝いながら、彼は国鉄の線路工手になることを目指した。「昔の国鉄は非常に便利で（待遇に恵まれていて）」。Iさんをかわいがってくれていた叔父は、貧しい中であっても一生懸命努力して国鉄の鉄道員になることをすすめてくれたという。そして彼は努力の末、国鉄の線路工手として採用された。

そんなIさんが徴兵検査に合格したのは、二一歳のときであり、彼は陸軍に入隊した。「親父や弟たちをおいて」いくことに未練や不安は抱きつつも、その後、まず朝鮮半島で三ヵ月訓練を受け、部隊に配属、青島をまわり、中国北東部へと渡った。

Iさんの身体が変調をきたしたのは、中国大陸にわたって半年余りがたち、「満州」に駐屯していたときだった。足が変な具合にむくみ、「おかしいな」と思って軍医を訪ねると、はじめは「脚気じゃないか」と診断された。だが、症状は治まらなかった。しばらくして床屋に行った際のことだった。現地の人に「帰日（ルーベン＝「日本に帰りなさい」の意味）」、「大尽（ダイジン＝「お兄さん」の意味）、帰日」と連呼された。Iさんの頭が不自然にはげていたことを現地の床屋は気付き、ただならない病気だと思って、そう言ったのだという。その後、彼はハンセン病の罹患が確認され、帰国することになった。それは壮絶な体験だった。

（日本に）帰っていくと（帰国船には）いろいろいるわいるわ、ハンセンもいるわ、二人いて。わしのほかに。結核、戦傷病者もいて、気がちがっちゃったやつ、頭のわるい病気（の患者もいて）。戦傷病者は大事に扱われるのにね、病人はみんなごっちゃごっちゃにさせて、船の船尾の後ろの方、道具いっぱいのところ（に詰め込まれて）。ガロガロガロってスクリューなって、下がガタガタゆれて気持ち悪くて。（中略）戦傷病者は着いたら港なんかでわーって（歓迎で）むかえいれられるけど、病人は最後に降りて、しかも両手に手袋してマスクして（降りなければならなかった）。特にわしのような患者は（そうだった）(6)。

日中戦争の開始以降、総力戦体制の下での「国家的・国民的支援」により、戦傷病者に対しては「名誉ある存在」という位置づけが社会的になされていった［吉田　二〇一一、三三］。戦傷病者に対して、こうした評価が少なくとも表面上は向けられていた一方で、Iさんが受けた扱いは全く異なるものだった。中国の東北部から汽車と船で約半年の帰路の末、Iさんは広島県呉市の陸軍病院へ入院し、その後、宇都宮の陸軍病院へ収容された。それは、「自分ひとり、独房みたいなとこ」に閉じ込められ、「尿も尿瓶で」しか許されない毎日だった。せめて用便をと夜に部屋を抜け出そうとしたが、そんなことさえ見咎められた。「これが同じ釜の飯を食べ、生き死にを共にした仲間への仕打ちか」。Iさんは当時の思いをそう口にする(7)。

帰国の過程でIさんが直面した一連の事態は、戦地から強制的に帰国させられるという不本意な出来事であるだけでなく、兵士としての自意識を否定される体験でもあった。彼にとって、ハンセン病を患うこととは、生理的・身体的な苦しみをもたらすものであるとともに、それまで築いてきた自己を深く傷つけられる体験だったのである。

吐露される人生の不可思議さ

本節冒頭のセリフは、こうした行程を経て療養所にたどり着いた際、Iさんが口にしたものだった。彼は先の話に続けて、「野戦でいためられて、何ヵ所の病院でせめられて」、その末に全生園にたどり着いたとき、ようやく壮絶な行程が終わったと実感したという。以上の経緯からは、先のセリフがまず、彼が入所までに経験した一連の出来事がいかに過酷なものだったかを吐露する言葉であったことがわかる。

ここで注目したいのが、このセリフが「今じゃあ名台詞になっちゃったんだけど」とあるように、現在、園内の入所者の間で広く知られるものとなったと、Iさんが強調して語っていることである。

Iさんをはじめ、療養所に入所した人々の境遇は多種多様であり、それぞれ入所後はもちろんのこと、入所以前にもこの病気への根強い偏見のために多大な苦難を経験した。しかし、「ここはよいところだ」と人目もはばからず大声で口にするような人間は、当時何百名といたこの園の入所者でも、おそらく、Iさんをのぞいていなかったのだろう。たとえば、Iさんによると、このセリフを当時傍らで聞いた看護婦は彼に、「そんなことを言ったのは、あんただけよ」と、後に笑って教えてくれたという。

社会学者の井上俊によると、私たちの人生を巡る物語は、決して「語り手の単なる妄想」からだけで生まれるものではないという。なぜなら、物語は語り手の周囲の他者に受け入れられてはじめて成立する「相互交渉の産物」だからである［井上　一九九六］。この井上の指摘を踏まえると、先のIさんのセリフが園内で共有されたのは、周りの目を気にしない一風変わった彼の人柄を物語るものであったからだと考えることができる。またIさんにとっても、このエピソードは自らの豪胆な性格や人柄をうまく示すものと理解されていたからこそ、インタビューのはじめで口にされたのではないだろうか。

このように、人によってはとてつもない不幸として受け止められるだろう出来事を、時に笑いや自嘲、諦念とともに振り返るIさんは、続けて「わしはね、ついていると思う」と語った。それは、自分が「ハンセン病になって命拾いした」からだという。Iさんが戦時中に所属していた部隊は、彼の離脱後、南方へ移動し、全滅した。つまり発病により隊を離れざるをえなかったことで、Iさんはその部隊の生き残りとなったのである。文字通り「ハンセン病になった」ことで生きのびたIさんは、その後、傷痍軍人の会合に全生園の代表／部隊の生存者として長く参加することになった。

ハンセン病に罹ったことは、決して「ついている」話ではない。だが、もしこの病気になっていなかったら、自分も戦地で亡くなっていたかもしれない。望んでいなかった出来事が、当初は思いもしなかった結果を生み、その後の自らがあること。八〇歳をとうに超え、人生の最終盤に差しかかろうとしているなか、Iさんはそれまでの人生を振り返り、「まさか（自分が）こんな長生きするとは思わなかった」と語った。彼にとって、ハンセン病に罹ったことをはじめとして、人生とはそんな思いもよらない出来事に満ちたものだった。先の「名台詞」も、「なっちゃった」という言い回しが示唆するように、Iさんは後々まで語り継がれることになるなど想像していなかった。しかし、発病により、兵士であることを一度は否定されたIさんは、部隊を生き残り、代表者となってしまった。先のセリフもまたいつの間にか園内で有名なものになってしまった。この名台詞を巡るIさんの語りからは、これまでに直面した自らの意に反するいくつもの出来事や、予想だにしなかった人生の展開について、長年の月日を経た現在、彼が超然とした姿勢で受け止めていることを示しているのではないだろうか。

三　生き様を表現する――病いの苦しみとともに物語られるもの

「傷跡」について語ることで示される自負

以来、Iさんは六〇年余りの月日を全生園で過ごしている。入所してからのことを振り返る中で、彼がよく言及したのが園内での生活と密着した「作業」についてである。

全生園に入所後、身体が頑強で健康状態もよかった彼は、はじめに「付き添い」と呼ばれる看護業務に携わった。ハンセン病療養所では戦前・戦後を通じて長年に渡り、衣食住全般が入所者の「作業」で賄われた。施設の予算が乏しく、「療養所」とは名ばかりで、治療はもちろんのこと、食べる物も住む場所もかつては入所者へ満足に用意されていなかったため、それらの多くを入所者は自らの手で確保しなければならなかった。

なかでも、当直、助番、第一非番、第二非番からなる二四時間体制での看護業務である「付き添い」は、非常に過酷だった。そのつらさに、Iさんでさえ思わず心の中で「おれは付き添いにきたんじゃない。病気を治しにきたんだ」と叫んだこともあったという。だが、根性をふりしぼって、彼は半年に渡り「付き添い」を勤め上げた。

その後、Iさんは入所者の互助組織「全生互恵会」[8]の事業である「牛舎」や「鶏舎」、「豚舎」で働くことになった。持ち前の体力や根性が当時の園内のリーダー格の入所者に認められ、リクルートされたからだ。幼い頃から山で育ち自然に親しんできた彼にとって、それらの「作業」はとてもなじみのあるものだった。

その後、Iさんはいくつかの経緯から「豚舎」に長く勤めることになった。彼はその仕事について、「なんといっても力仕事だった」と語る。[9] それはエサ作り一つとっても、園内の残飯をかき集めて大釜で何時間もかけて茹でるなど、「ほんと重労働だった」。そのため、園内では「なかなかなり手がいなかった」が、「とても働き甲斐のある作業だった」と、Iさんは振り返る。作業はきつい「力仕事」であり、その最中は他のことなど考える余裕などなかった。そうであるがゆえに大きな達成感もあったという。「歩合制」のため賃金に「割増をもらえた」ことなど、他の作業よりも収入が多かった点も、彼はその魅力に挙げた。[10]

さらにIさんによると、彼が勤め始めた一九五〇年代半ば、「豚舎」の作業員には入所前に養豚業経験のある人がおり、種付けから養育、屠殺まで広く行われていたという。豚舎では、豚が九〇キロ以上になると成長の速度が落ちるため、そこまで育てたら、さばいて枝肉にした。「しっぽをおさえて、ぐるぐるって巻いて、みけんに（ピストルを）一撃」。身振り手振りを交え、彼は当時そこで行われていたという作業を説明した。

こうして、Iさんは「豚舎」での「作業」について様々なことを語ったが、彼は太ももに手をあてながら、その中で経験したある出来事について話を続けた。

「角（発言ママ）にさされた」ていうの（事故）があって。（豚の牙は）きっとけばよかったんだけど、ほっといたらこんなに伸びて曲がって、（そしてある日、豚の群れの中で仕事をしていた際）発情期のオスに並んで歩いていたら（その豚の頭が彼の右足の太ももにガンとぶつかり、牙で刺されたという）。またこれがこの病気の特徴でもあって、（刺されたことに）気が付かないで作業してて、何か足の方ぬれてるなあって（気にはなったが忙しかったため）ずっとおいといたんだけど、同僚が気付い

て。水と思ってたのが自分の血で。〈11〉

結局、Iさんは治療のために二ヵ月あまりを費やすことになった。彼はその出来事を、太ももに残るその「傷跡」とともに振り返る。

このエピソードにおいてIさんは、その際に負った大けがについて、知覚神経の麻痺というハンセン病の後遺症のために、そのとき気付いていなかったと語っている。〈12〉こうした問題は、「痛みを感じないこと」の恐怖として、今も療養所入所者が語るものでもある。彼の「傷跡」は、その出来事がいかに大変なものであったかとともに、この病気にまつわる身体的・医学的な苦しみを示唆している。

だが、Iさんはその出来事についてあえて「傷跡」とともに語ることで、もう一つ別のことも表現しようとしているのではないだろうか。それは、「豚舎」の仕事がいかに厳しいものであったかということであり、そんな仕事に自らが携わっていたことへの自負である。

大けがだったにもかかわらず、Iさんは傷が治癒した後、この作業へ復帰し、その後も「豚舎」で働いた。大変な事故ではあったが、彼は「豚舎」をやめることは考えなかったという。Iさんが「豚舎」で経験したその出来事は、知覚神経の麻痺という、ハンセン病を患ったがゆえに経験した後遺症の問題や、この病気を巡って入所者間で抱かれてきた恐れを物語るものでもある。その一方で、当時から半世紀余りが経過してもなお、その出来事について太ももに残る「傷跡」とともに振り返るとき、彼はかつて自らが大きな困難を乗り越えてきたことを他者と自分自身に向けて語りかけていたのかもしれない。

「苦しみを楽しみに変える」という構え

「豚舎」での経験に関するIさんの話はさらに続く。勤め始めてからしばらくすると、「豚舎」の目的が大きく変わったと、彼は語る。「豚舎」の作業は当初、園内の給食のために行われていたが、外の業者に転売し収益をあげるものへとその目的が変わっていったのだという。それは、「外から買いにくるからね。全生のものだって言わなければ、安く仕入れて、普通の値段で売れるわけ」だったからである。[13]

背景には、療養所と入所者を取り巻く「戦後の変化」があった。まず、新薬プロミンの登場によって、以前は「不治」と信じられていたこの病気が「可治」であることがはっきりした。また、新たに公布された日本国憲法の下、療養所入所者にも選挙権が認められた。様々な制約は存在したものの、療養所からの退所者が増加し、施設の待遇改善も進むなか、施設外部と園・入所者の関わりも広がった。そうした状況の下、外部の業者との間で、「豚舎」の生産物に関する取引がなされるようになったという。そして、「作業」の多くが一九六〇年代半ばまでに廃止されていくなか、「豚舎」は全生園で一九七五年まで運営された。[14]

Iさんによると、当時、この取引は入所者にとって意味のあるものだったという。先にみたように、戦後、彼らを取り巻く状況は大きく変化したが、隔離政策が継続され、十分な退所支援などが整備されなかったため、多くの入所者は療養所にとどまることを余儀なくされた。そして、一九五〇年代半ば以降、日本社会が高度経済成長へと進む一方で、ハンセン病療養所と入所者は経済的な困窮や社会からの疎外感に苛まれていた。そうした状況下、「豚舎」は園内の重要な収入源と位置づけられ、入所者互助組織の事業として継続されたのである。「豚舎」は一九七〇年代半ばまで運営され、その収益は様々な形で他の入所者にも還元された。

だが、Iさんはこのように「豚舎」の歩みを振り返る中で、「豚舎」を巡っては「隠れてぼろもうけしているんじゃないか」と噂が立つこともあったと口にした。Iさんは「どこの世界も同じだよ。やっかむ人っているのさ」と語ったが、それは園内で「豚舎」の評判が決してよくなかったことの吐露でもあった。「豚舎」以外にも、ハンセン病療養所では戦後、入所者によって、園の外部への出稼ぎ労働や、園内に工場を誘致する厚生事業など、様々な試みがなされてきた。それらは、病気が「可治」のものになる一方で、隔離政策が維持されてしまったがゆえに療養所にとどまらざるをえなかった人々にとって、いかにその場所で生きていくことができるかを模索した実践だった。[15] しかし、それらに従事できた者は一部の入所者に限られた。多くの入所者はそうした機会を手に入れるのが困難であり、不満や怒りの矛先は施設や行政だけでなく、「入所者間格差」や「利害対立」といった言葉とともに、当時、同じ場所で生きざるをえない者にもぶつけられた[16]。

そして、Iさんは「地域から差別されて、ひどい目にあった。人権なんて（言葉が）ない時代だったから」という言葉とともに、当時経験したある出来事を振り返った[17]。

園からそれほど離れていないところに、「豚舎」と取引のあったお店があり、業者は定期的に園を訪れ、豚を買いにきた。業者の中には、「昔から出入りしている人」もおり、「お金とか、食べ物とか」「そういう人は差し入れを持ってきてくれる」こともあった。だが、それらは時に、「コウリャン袋の中」に入った形でだった。「その、豚のエサに与えるのと同じ袋の中に」入れて差し入れや取引の金銭などが渡された瞬間、Iさんは自らが「動物並み」の存在として扱われたと感じたという。

このIさんの話からだけでは、その業者が本当のところ、どんな思いでそのようなことをしたかはわからない。安く買いたたくことのできる商売相手だから見下してしまったのか、商売上付き合いがありつつも、ハンセン病者に対して拭い去ることのできない差別意識が露になった行為であったのか。そんなことなど一切考えもせずに行ったものだったのか。だが確かなのは、Iさんにとって、その出来事は彼がその場所で働くことで培ってきた自負を深く傷つけるものだったことである。

ハンセン病問題を巡っては、隔離政策下での人権侵害の問題が今日、「差別」という言葉で告発されるようになった。だが、入所に至る過程での経験や、「不治の病」とこの病気が恐れられていた時代を知るIさんは、そうであるがゆえに、インタビューにおいて、この問題を理解するには「本当の昔」を知らなければ難しいといった表現で、自分たちの経験が「差別」という言葉で安易に語られることへ違和感を口にした。彼のそうした語りは、この病いに伴う社会的な苦悩をはたして他者がいまどれだけ理解できるのかと、言外に疑問を投げかける。しかし、そのように語るIさんにとっても、この出来事は「差別」という言葉を思わず用いてしまうほど、他者から受けた理不尽な扱いとして記憶されているのである。

だが、Iさんはこの出来事を巡って次のように言葉を続けた。

でもね、そんな中でも苦しみを楽しみに変える力っていうか、そういうのがあったって思うの。（「豚舎」での作業で何か嫌なことがあったとき）、でも何か（食べたりつまんだりできるものが）あれば、一緒に酒をあおって。何でも酒にあうものがあったら、（夜の番のときなど）網の上にのっけて、（たとえば豚の）キンタマを四つにきったのを塩ぶっかけて（食べてみたりね）。（そんなのには）焼酎がすごくあってね。[18]

陰口を叩かれようが、理不尽な扱いを受けようが、Iさんは決して「豚舎」で働くことをやめなかった。やっていられないようなこともあったが、そんなとき、彼は同僚と酒でもあおったりして、なんとかそうした気持ちをやり過ごしたという。「苦しみ」がなくなるわけではないし、「楽しみ」が「苦しみ」を埋め合わせるわけでもない。だが、それでも「楽しみ」を見つけ出し、なんとか日常をやりくりしてきた。Iさんは先の言葉を通して、当時の想いを振り返る。

Iさんはさらに、「さっき話した豚のキンタマの話もそう。動物並みの扱いをされて、差別されて、でもそういった中で落ち込むんじゃなくてね」と、言葉を続けた。「苦しみを楽しみに変える」という、「豚舎」での経験を振り返る中でIさんが口にした言葉は、これまでに直面してきた様々な差別と彼がいかに向き合い、生きてきたかを、他者に、そして自分自身にむけて語りかけているものだったと考えることができる。

以上、本節ではIさんがこれまでに園内で携わってきた「豚舎」などの「作業」にまつわる経験について検討した。そこからは、ハンセン病という病いを抱えながら生きることを巡る社会的苦悩が浮き彫りになる。それは発病を機にした、職業や地位、家族とのつながりの喪失などの剝奪経験であり、この病気と後遺症が及ぼす身体的な苦しみや、自己の尊厳を巡る困難・葛藤であった。一方でIさんは、そうした困難に満ちたこれまでの経験を振り返るとき、それでもなお歯をくいしばって生きてきたことへの自負を口にした。そんなIさんの言葉からは、老いが深まる中で、しかし、「苦しみを楽しみに変える」という生き様が自らの人生を貫くものとしてあることを、彼が強く意識している様子を示している。

最後に、「豚舎」のその後について少し触れたい。「豚舎」は一九七五年、作業員の高齢化を主な理由に閉鎖された[19]。Iさんはその閉鎖について、「(自分は)まだまだ(働くことが)できた」と語る。だが、作業員の中でも最も若かった彼でさえ、もうそのときには六〇代に近い年齢になっており、作業員の衰えと限界が迫ってきていたのも確かだったという。現在、「豚舎」の跡地は草むらとなっている。そして、そこには記念碑が建てられており、わずかばかり「豚舎」の名残りを伝える。その風景は、入所者の高齢化や逝去とともに、多磨全生園で人々の営んできた生活や文化が過去のものとなりつつあることを示唆している。

一方で、Iさんは自らがハンセン病を患ったがゆえに経験した様々な出来事について、当時へ思いを巡らし、振り返った。閉鎖から四〇年近くが経過し、「豚舎」はすでに園内でも関わりのなかった人々にはその存在が忘れられ、今日のハンセン病問題に関する言説でもほとんど取り上げられることはない。だが、Iさんは自らの人生を振り返る際、その場所での体験について、様々な言葉とともに口にした。Iさんにとって、「豚舎」を巡る出来事とは、人生を通底する生き様を自らに思い起こさせるものだったのではないだろうか。

おわりに——当事者が不在となる時代を前にして

二〇〇一年の「ハンセン病違憲国家賠償請求訴訟」熊本地裁判決から今日、一〇年余りの歳月が経過した。この間、多磨全生園を例にとると、二〇〇一年から二〇一三年で、入所者は四九一名から二二八名に減少し、その平均年齢も八〇歳を超えるようになった[20]。ハンセン病療養所入所者の高齢化は確実に進んでいる。

Iさんもまた、傷痍軍人会やキリスト教会団体の世話役など幅広く活動してきたが、長年ともに生きてきた友人や知人が老い、亡くなってしまったことを、「昔はみんな元気だったんだけど」「ほんと少なくなっちゃってね」と寂しげに語った。彼自身、体の衰えや気力の減退を感じることが多くなったという[21]。老いていく過程とは、「様々な局地戦でそれに抗しつつ」、「全面的にその人が人生から撤退していく」側面〔副田　二〇〇七〕を持つ。Iさんの言葉には、老いの深まりへのやるせなさがただよっていた。

だがIさんは過去について振り返る中で、これまでの人生を貫く生き様を言葉にした。エリクソンは高齢期にある人々のライフコースを実証的に検討する中で、彼らが日々の様々な局面で衰えや死への不安に苛まれながらも、それまでの体験や記憶を糧にして「人生そのものに対する超然とした関心」を生み出し、「絶望」を止揚していく力をもちうることを指摘した［エリクソン他　一九九〇、三六―三七］。Iさんにとって、過去の出来事や経験を想起し物語ることとは、老いにまつわる孤独や死を恐れつつも、自らがいかに生きてきたかを表現し、その人生を積極的に捉え直していこうとする営みであったのではないだろうか。

そしてIさんの生活史からは、近代以降の日本においてハンセン病という病いを患った人々が直面してきた社会的苦悩とともに、そうした苦しみや困難に翻弄されながらも、彼らが主体的に営んできた行為や経験の存在が明らかになる。それらは、個々の主体が社会的な苦悩の只中でいかに実存を模索できるかという、サファリングと創造性の問題にも深い示唆を与えるものであるはずだ。

入所者の高齢化と減少により、今後、ハンセン病に関する過去は体験者の不在を前提とするところから考えられていくことになるだろう。だが、長年に渡る隔離政策のために、ハンセン病という病いを生きてきた人々の体験と記憶が世代的に継承されていくことは困難が予想される。[22] こうした状況を鑑みるとき、ライフストーリー研究の第一人者であるやまだようこの次の指摘は傾聴すべきものであるだろう。人が過去を振り返り、自らの人生を物語っていく営みについてやまだは、語り手が生を主体的に創造していくものであるとともに、経験や知識を「世代をこえてたくみに伝達する」仕組みでもあると提起する［やまだ　二〇〇〇、三一―三二］。文字としては必ずしも資料に書き込まれていないが確かに生きられてきたハンセン病を巡る体験や記憶について、その病いを生きてきた当事者が不在となる時代を前に、彼らの物語から私たちが継承しうるいまが「最後のチャンス」［高野　二〇一五、三七］なのである。[23]

付記　本章は独立行政法人日本学術振興会平成二四年―二五年度科学研究費助成事業（科学研究費補助金）（若手(B)）（課題

番号　二四七三〇四三三）「病いや障害を巡る〈支援〉の社会学的実証研究――ハンセン病問題の事例から」および独立行政法人日本学術振興会平成二三年―二六年度科学研究費助成事業（科学研究費補助金）（基盤（B））（課題番号　二三三三〇一六三）「ハンセン病研究の新視角――〈隔離〉の知から〈つながり〉の知へ」の助成を受けた成果である。

注

〈1〉ハンセン病はらい菌を病原菌として感染・発症する病気であり、病状の進行により皮膚と末梢神経等が損なわれることで、患者の手足や顔面などに多くの障害をもたらすことになった。特に、有効な治療法が確立されていなかった時代においては、失明など、重い後遺症を患う者も跡をたたなかった（国立感染症研究所感染症情報センターのホームページ http://idsc.nih.go.jp/disease/leprosy/page01.html より。二〇一四年一一月三日閲覧）。だが、一九四三年に治療効果が確認された新薬プロミンの登場は、「不治」と理解されてきたこの病気が「可治」であることを明確にした。そして、一九八〇年代に開発された多剤併用療法（Multidrug Therapy: MDT）とWHOによるその無償配布を通じて、患者数は全世界で大きく減少した。詳細はWHOによるファクトシート（http://www.who.int/mediacentre/factsheet/fs101/en）を参照のこと。このように、ハンセン病を巡っては過去三〇年で公衆衛生対策上は大きな成果が上がったが、いかに質の高いハンセン病対策を維持していくか、また、患者・元患者と家族に対する根強い差別の克服が現在も重要な世界的課題となっている［グールド　二〇〇九］。

〈2〉多磨全生園では開園後まもなく、入所者の手で納涼祭が開催されるようになった［多磨全生園患者自治会編　一九七九、一〇五］。だが、園外の人々が現在のように多数訪れるようになったのは、Iさんや他の入所者によると、「らい予防法」の廃止（一九九六年）以降の印象が強いという。

〈3〉プロミンは一九四一年にアメリカのカーヴィル療養所でハンセン病に対する効用が発見され、戦後、日本でも一九四八年前後から療養所で使用されるようになった［全国ハンセン氏病患者協議会編　一九七七、三四―三六］。

〈4〉本章のもとになる調査として、筆者は二〇〇四年八月から二〇一四年一一月時点まで多磨全生園の入所者へのインタビュー調査を行った（性別、出生年、入所年、を記した）。その際、許可のある場合は録音し、それ以外の場合は許可が得られた範囲でメモをとった。また、インタビュー調査とともに、「ハンセン病図書館」（多磨全生園、二〇〇八年三月閉館）や「国立ハンセン病資料館」などでの資料調査を進めている。たとえば、本章では多磨全生園入所者自治会の機関誌『多磨』等の手記を参照している（雑誌名、刊行年、号、頁を記した）。引用するインタビューや資料には今日差別語とされる表現もあるが、資料が示す意味をくみ取るため、そのまま用いた。必要なものには適宜丸かっこでくる形で説明を補った。なお、Iさんへのインタビューは四回（二〇〇五年一二月一一日、二〇〇六年二月九日、二〇〇六年七月二六日、二〇〇六年一一月二六日）、全生園内で行った。また、冒頭の「納涼祭」に関する記述は、二〇〇七年八月二日のフィールドノートをもとにしている。

〈5〉 Iさんへのインタビューの一回目（二〇〇五年一二月一一日）より。

〈6〉 Iさんへのインタビューの一回目（二〇〇五年一二月一一日）より。

〈7〉 Iさんへのインタビューの二回目（二〇〇六年二月九日）より。このIさんのような傷痍軍人をモチーフにした小説も、ハンセン病療養所では入所者によって綴られている。その代表的な作品に宮島俊夫「癩夫婦」［宮島　一九五五＝二〇〇二］がある。その作品では、発病のショックや療養所生活への適応・不適応、有効な治療薬が不在であった時代における病者の葛藤や懊悩が描かれている。文学研究者の西村峰龍は、こうしたハンセン病文学における「軍人癩」の存在について、彼らが経験したであろう「兵士」と「癩者」という自己認識の揺らぎを精緻に検討している［西村　二〇一五］。また蘭は、「満州」とシベリアでの従軍・抑留を経験したハンセン病者のライフストーリーを検討する中で、従軍・抑留時と帰国以降の療養所生活の間にあるつながりや断絶の問題を指摘している［蘭　二〇〇五］。傷痍軍人への援護の制度とその歴史的文脈については、郡司淳の研究に詳しい［郡司　二〇〇四］。

〈8〉 「全生互恵会」は一九三一年に入所者と施設管理者が理事となり発足した財団法人であり、その内容は設立当時と大きく変化しているが、現在も活動を続けている。設立時の資金は貞明皇后の下賜金と入所者からの寄付をもとにしている。活動の主な目的は入所者間の福利厚生の充実であり、戦前・戦後を通じて、入所者間の所得格差の調整という難題に取り組んだ。具体的には、施設への卸売などにより利益が見込まれた養豚・養牛・養鶏や、施設外への販売益が見込まれた機関誌の発行等の事業による収益を管理し、入所者に分配してきた。

〈9〉 Iさんへのインタビューの二回目（二〇〇六年二月九日）より。

〈10〉 「豚舎」については、多磨全生園入所者自治会の機関誌『多磨』（一九六二年一二月号、三〇－三四頁）に、その様子を取り上げたルポルタージュ「ルポ養豚場」がある。そこでは、豚舎の作業の様子とともに、厳しい肉体労働であることから作業賃金が他の作業よりも高い形で設定されていることが記されている。その記事では、療養所における作業の由来や、その先行きに関する予想など、興味深い記述がみられる。

〈11〉　Ｉさんへのインタビューの二回目（二〇〇六年二月九日）より。
〈12〉　先述のような病気の特徴のため、病気が医学的に治癒した現在も、入所者の多くは神経等の損傷や麻痺など、様々な後遺症に苦しんでいる。Ｉさんのこのエピソードは、入所者・退所者が抱えるそうした問題を象徴的に示すものでもある。
〈13〉　Ｉさんへのインタビューの二回目（二〇〇六年二月九日）より。
〈14〉　「豚舎」の活動については先述の『多磨』誌記載のルポルタージュに加え、多磨全生園入所者自治会が園の創立七〇周年記念で刊行した生活記録集『倶会一処――患者が綴る全生園の七十年』（一光社、一九七九年）や大竹章『無菌地帯――らい予防法の真実とは』（草土文化、一九九六年）にも若干の記述がある。
〈15〉　本章では「豚舎」を主に取り上げたが、全生園では一九五〇年代から六〇年代後半に至るまで、入所者が生計を立てていく多様な実践が行われた。例えば、それらは園内に工場を誘致する「厚生作業」や各種の「内職」、居は園内に残しつつ園外へ働きに出る「労務外出」と呼ばれる試みであった。それらはハンセン病療養所各園でも実施されたが、東京の郊外として戦後急速に周囲の開発が進んだ全生園では特に盛んだった。ただし、「労務外出」や各種の試みの存在は、園外へ出られる者／出られない者、働ける者／働けない者といった分割線を入所者の間に引くものでもあり、生活格差が深刻な問題となった［坂田　二〇一二、一一八―一四九］。そうした状況は、「〈可治の病〉となったがゆえの複雑さを内包しながら推移」［廣川　二〇一一、三二一］した戦後日本のハンセン病問題の一端を映し出している。
〈16〉　具体的には、『多磨』に掲載の「おびやかされる軽・中間層――現代療養所論」（一九六〇年一〇月号、九―一一頁）や「療養者の経済生活」（一九六一年七月号、二―九頁）などを参照。
〈17〉　Ｉさんへのインタビューの三回目（二〇〇六年七月二六日）より。
〈18〉　Ｉさんへのインタビューの三回目（二〇〇六年七月二六日）より。
〈19〉　入所者の記録では、閉鎖の経緯について「作業員の高齢化」が理由として挙げられており［多磨全生園患者自治会編　一九七九、二五七］、Ｉさんもインタビューで同様のことを語った。ただし、Ｉさんはもう一つの理由として、「（園）外からの苦情」を挙げていた。かつて武蔵野の森の中にあった多磨全生園は戦後、地域の急速な都市化により周囲の開発が進み、従前は空き地や耕作地だった園の隣接地域は宅地となった。Ｉさんによると、そこに新たに住んだ住民層から、「豚舎」の臭いなどへの苦情が園と自治会に寄せられたという。
〈20〉　多磨全生園の入所者数とその平均年齢については、国立療養所多磨全生園が編纂した『創立百周年記念誌』［国立療養所多磨全生

園　二〇一〇］および全国ハンセン病療養所入所者協議会が発行する『全療協ニュース』二〇一四年一月号を参照した。

〈21〉Iさんへのインタビューの四回目（二〇〇六年一一月二六日）より。

〈22〉隔離政策の下、ハンセン病を患った者とその家族との関係は大きく損なわれており、現在も深刻な問題となっている。また、療養所内で入所者へ行われた断種・堕胎などの手術により、彼らの多くは子どもを持つことを制限された。ハンセン病療養所におけるこうした優生政策の問題については、日弁連法務研究財団が刊行の被害実態調査報告書を参照のこと［日弁連法務研究財団　二〇〇五］。

〈23〉体験者が不在となりつつある状況への危機感から、近年、ハンセン病問題を巡っては市民参加型の証言集や資料集の刊行、療養所のボランティアガイドの養成講座の取り組みなどが進んでいる。全国各地で行われているそうした活動の情報については、佐藤［二〇一五］を参照のこと。またアーキヴィストの高野弘之は、いま資料を読み解くためにも、体験者が不在となった将来において資料を読み解くためにも、「同時代の雰囲気、患者の心情、疾病観や療養所という空間における空気感」など、「日本でハンセン病を患った当事者にしか分からないこと」が非常に重要であることを指摘する。［高野　二〇一五、三七］。

引用・参照文献

青山陽子　二〇一四『病いの共同体――ハンセン病療養所における患者文化の生成と変容』新曜社。

蘭由岐子　二〇〇四『「病いの経験」を聞き取る――ハンセン病者のライフヒストリー』皓星社。

――――　二〇〇五「「満州」・シベリア経験を持つハンセン病者の語り」山田富秋編著『ライフストーリーの社会学』北樹出版、五六―七二頁。

有薗真代　二〇〇八「国立ハンセン病療養所における仲間集団の諸実践」『社会学評論』五九巻二号、三三一―三四八頁。

井上俊　一九九六「物語としての人生」井上俊・上野千鶴子・大澤真幸・見田宗介・吉見俊哉編『岩波講座　現代社会学　第9巻　ライフコースの社会学』岩波書店、一一―二八頁。

エリクソン、E・H／エリクソン、J・M／キヴニック、H・Q　一九九〇『老年期――生き生きしたかかわりあい』朝長正徳・朝長梨枝子訳、みすず書房。

大竹章　一九九六『無菌地帯――らい予防法の真実とは』草土文化。

カウフマン、S・R　一九八八『エイジレス・セルフ――老いの自己発見』幾島幸子訳、筑摩書房。

グールド、T　二〇〇九『世界のハンセン病現代史――私を閉じ込めないで』菅田絢子監訳、明石書店。
桑畑洋一郎　二〇一三『ハンセン病者の生活実践に関する研究』風間書房。
郡司淳　二〇〇四『軍事援護の世界――軍隊と地域社会』同成社。
国立療養所多磨全生園　二〇一〇『創立百周年記念誌』
坂田勝彦　二〇一二『ハンセン病者の生活史――隔離経験を生きるということ』青弓社。
佐藤健太　二〇一五「過去からの声を聞く――ハンセン病文学読書会のすすめ」佐藤健太・谷岡聖史編『ハンセン病文学読書会のすすめ』ハンセン病文学読書会、六―一八頁。
全国ハンセン氏病患者協議会編　一九七七『全患協運動史――ハンセン氏病患者のたたかいの記録』一光社。
副田義也　二〇〇七「老いとゴルフ」『参加と批評』二号、一―三三頁。
高野弘之　二〇一五「同時代の雰囲気をつかむために――読書会とハンセン病アーカイブスの活用」佐藤健太・谷岡聖史編『ハンセン病文学読書会のすすめ』ハンセン病文学読書会、三六―三七頁。
『多磨』財団法人全生互恵会編（各号）
多磨全生園患者自治会編　一九七九『倶会一処――患者が綴る全生園の七十年』一光社。
西村峰龍　二〇一五「文学が描いた「軍人癩」――「兵士」は如何に「癩者」になるのか」『社会文学』四一、一二七―一四〇頁。
日弁連法務研究財団　二〇〇五『ハンセン病問題に関する検証会議――最終報告書』
廣川和花　二〇一一『近代日本のハンセン病問題と地域社会』大阪大学出版会。
藤野豊　一九九三『日本ファシズムと医療――ハンセン病をめぐる実証的研究』岩波書店。
――　二〇〇一『「いのち」の近代史――「民族浄化」の名のもとに迫害されたハンセン病患者』かもがわ出版。
宮坂道夫　二〇〇六『ハンセン病　重監房の記録』集英社。
宮島俊夫　一九五五＝二〇〇二「癩夫婦」大岡信・鶴見俊輔他編『ハンセン病文学全集　第一巻　小説』皓星社。
やまだようこ　二〇〇〇「人生を物語ることの意味――ライフストーリーの心理学」やまだようこ編著『人生を物語る』ミネルヴァ書房、一―三八頁。
吉田裕　二〇一一『兵士たちの戦後史』岩波書店。

第三部　看取りと死をめぐるケア

第7章　自宅での看取りとそのサファリングの諸相
サファリングの創造性と絆の継承の視点から

相澤　出

はじめに

看取りをとらえる視点をめぐって

看取りは悲しい経験である。患者は自らの衰えを感じながら、やがて親しい人たちを遺してこの世を去らねばならない。見守る側もまた、自分にとって大切な人が病み、衰え、やがて亡くなっていく姿を目の当たりにしなければならない。別れの後には寂しさ、喪失感が生じる。もう一方で、亡くなる人にとっても、この世との別れの辛さ、心残りがある。亡くなっていく人にとっても、見守る人にとっても、看取りは苦悩（サファリング）の体験となる。その悲しみと嘆きは、この世を去りつつある人にも、その人を見守り、やがては遺される人にも深くなる。それゆえに看取りとその苦悩は、これまで専ら悲嘆（グリーフ）としてとらえられてきた。しかも死別の悲嘆、喪失感から立ち直れなくなる人もいることを考えれば、その視点は重要であり、それが看取りの苦悩についての先行研究の基礎になってきたのも当然といえよう[1]。

では看取りの苦悩は、ただ悲嘆の経験としてのみとらえられるべきなのであろうか。ここでひとつ、在宅ホスピス・

緩和ケア遺族調査によせられた記述を見ていただきたい。

緩和ケアの看護師さん、先生には大変お世話になりました。ありがとうございます。在宅をすすめられた時は、大変ショックでした。見離された思いが強く感じられました。しかし、それは、見離されたのではなく、患者にとってベストな道を、示して下さったのです。在宅介護は、3週間でしたが、毎日が、すごい充実感でいっぱいでした。3人の子供達も、子供の頃の話しなど、自分が子供でまったく知らなかった事などを、たくさん、母親本人の口から聞かせてもらい、濃密な日々だったと思います。その日数が長いか短いかは、問題にならない程、すばらしい日々を過ごせました。体と心と家族までもケアして頂いた事は、最高の感謝です。息を引き取るまで、足首で脈をとり、ゆったりと看取らせて頂きました。ベッドで、妻をだき、息子達に両手をにぎらせ、遠くにいた娘の声を電話で声を聞かせ、生前好きだったブラウスまで着替える事を、すすめてくださった、看護師さんに心から、感謝しております。「死」にすばらしい生き方があったことを、初めて知りました。勇気がわいてきました。子供達と共にありがとうございました。しっかりと生きております。（男性、六〇代）［相澤・諸岡・田代・藤本・照井・岡部　二〇一一、六九］

この遺族の書かれた記述からは、一見すると逆説的ともいえるものがうかがわれる。家族との死別は悲しく、誰しもできることなら避けたいことである。主治医より在宅を勧められた時、治療の余地のないことを知らされた辛さ、その先にあるであろう死別を想った悲嘆があったことが読み取れる。しかし、それに続く記述は、自宅での看取りの経験が単に苦悩、悲嘆にとどまらないものであったことを示唆している。母と子供たちのこれまでになかった語り合い、発見、そこに新たに加えられた思い出によって、これらは看取りのなかで遺族にかけがえのないものとして残った。悲しいが同時に「すばらしい日々」にもなり、「「死」にすばらしい生き方があったことを、初めて知りました」との思いが綴られている。

着目したいのはここである。もちろん、看取りが悲しい経験であるにしても、看取りの苦悩の意味はそこに納まりきってしまうのであろうか。ここでサファリングの概念をふり返る時、苦しみ、苦難という意味は当然あるものの、それだけにとどまらないものも含まれていることが想起される。サファリングは新しく何かが創造される契機でもあった。悲しく苦しいというだけではない。苦難は避けたいものではあるものの、それは変化を伴い、しかも創造をも内に含んでいる。〈2〉

さらに看取りのなかで、悲しみと共になにか大切なものが受け継がれる、ということもあり、その意義が注目されつつある。これもまた、看取りを喪失と悲嘆の経験としてばかりとらえる視点からは見えにくいところである。このような絆の継承ともいいうるものが、看取る人にとっても、看取られる人にとっても、心の支えとなると考えられている。〈3〉

この看取りのサファリングのなかにある、悲嘆と苦悩にとどまらないものとはいかなるものであるのか、亡くなっていく人と見守り、遺される人との間に受け継がれるものとは何か。この点を看取りの現場での経験談にもとづきながら検討していこう。

自宅での看取りの物語と人文・社会科学

遺族の看取りの体験談を検討する前に、本章の背景についてふれておきたい。人文・社会科学の領域で在宅緩和ケア、なかでも看取りの経験に関する研究は極めて少ない。その理由には、まず在宅緩和ケアの新しさがあげられる。一九七六（昭和五一）年に死亡場所における病院死の割合が在宅死を超えて以降、日本では病院での死亡率は約八割と高止まりしている。これががん患者の場合、九割にまで上る。日本人にとって人が病院で亡くなるのは自明視されるまでに至っている。〈4〉

しかし近年、医療政策の転換によって主要な療養場所、さらには看取りの場所として在宅が位置づけられた。この急激な転換のなかで、在宅緩和ケアと在宅の看取りは突如注目されるようになった。ただし今もなお、方向転換が急であることなどから、地域の側に在宅での療養を支える条件や準備が整っていないところも多い。医療側でも、いまだにこの転換にうまく対応できていないところがある。実際、地域側の担い手として期待された在宅療養支援診療所は全体的に見て、充分に機能しているとは到底言い難い。〈5〉こうした事情も、日本の在宅での看取りを検討した人文・社会科学的な研究の少ない理由のひとつである。

このようななかで、政策上の方向転換以前から、自宅で人生を全うしたいという社会的ニーズに、いち早く応えてきた診療所や病院もあった。こうした在宅緩和ケアの先進的な取り組みが、東北地方の場合、宮城県や福島県でなされてきた。この宮城県での試みは「みやぎ方式」として知られるものである。〈6〉狭義の「みやぎ方式」は、宮城県南部の複数の市町村にわたる「仙南地区在宅ホスピスケア連絡会」の実践を指すが、この実践も含め、もともとの出発点は、宮城県立がんセンターの医師の有志による、患者宅へのボランティアでの訪問医療であった。この試みからさまざまな実践が生まれた。そのひとつが、先ほどあげた仙南地区での活動であり、さらには以下で取り上げる医療法人社団爽秋会による在宅ホスピス・緩和ケアへの取り組みがあった。

医療法人社団爽秋会は、岡部健医師（一九五〇～二〇一二）が一九九七年に設立した岡部医院に始まる。岡部医師は宮城県立がんセンターに勤務した外科医であったが、前述の患者宅への訪問医療を行った医師の一人であった。岡部医師は患者宅への訪問のなかで、在宅看取りを支えるための在宅ホスピス・緩和ケアを専門に手がける診療所の必要性を痛感し、実際にそれを立ち上げた。広義の「みやぎ方式」に共有されているのは、ＷＨＯの指針に即したＱＯＬの維持・向上のためのトータルなケアへの志向である。通常は、これを地域内のさまざまな施設、事業所との連携によって実現しようとする。岡部医師はこれをさらに突きつめ、患者と家族のＱＯＬの維持・向上に必要な職種を法人内でできる限りそろえ、多職種連携のチームケアの徹底を試みた。その結果、現在では末期がんを中心に、年に三〇〇人以上を看取るケアを実現した。〈7〉今回取り上げる事例は、この爽秋会の在宅緩和ケアを利用し、末期がんの患者を看取った遺族の物語である。

本章で取り上げるのは、日本の在宅看取りの現場での遺族の経験、物語（ナラティブ）であるが、これを検討した人文・社会科学的な研究はほとんど無い。〈8〉今日にわかに、社会的にも注目されている在宅緩和ケアであるが、これまでは医療の世界でもあまり注目されてはこなかった領域であり、以前は本格的にこれを手がける在宅療養支援診療所は非常に少なかった。〈9〉それゆえに、本章のごとき研究はほとんど存在しない。

看取りの様相も、病院と自宅とではかなり異なる。しかも、看取りをめぐる文化的な背景なども、日本と欧米では違いがある。そのため、在宅緩和ケアをめぐって、人文・社会科学との連携が求められているものの、いまだ本格化していない。今後、日本では看取りの場として「在宅」が存在感を一層増してくる。在宅の看取りが増加するにつれて、そこで生じる看取りのサファリングに、否が応でも直面する人は多くなる。本章はそのような、今後学問上はもちろん、社会的にも重要性を増すであろう問題へのささやかなアプローチである。

一　家族の生活史から――事例の背景

まず、本章で検討する聞き取りの事例に関して、基本的な事項についてふれる[10]。話者は高河英子さん（仮名、四〇代女性）である。患者は英子さんの姑である高河アサさん（仮名、七〇代女性、後述の「おばあさん」）である。病気は膵臓がんであり、闘病は約一年半である。この間、在宅緩和ケアを利用したのは、二回目の退院後から自宅で亡くなるまでの一ヵ月ほどである。アサさんの闘病中の高河家の家族構成は、アサさんとその夫（七〇代、後述の「おじいさん」）、英子さんと夫（四〇代）である。英子さんと夫の間には三人の子供たちがいるが、皆就職あるいは進学しており同居はしていない。兼業農家であり、英子さんと夫は普段は勤めに出ている。

英子さんのお話は、ご自宅（いうまでもないが、アサさんの療養場所でもあった）に二回訪問し、そこで半構造化の面接でうかがった。この事例もそうだが、一連のご遺族への聞き取りは、患者さんが亡くなってから一年以上経過したご遺族に、調査協力のお願いをした。調査期間は二〇〇八年八月から二〇〇九年一月である。遺族調査は死別に関わる辛い記憶にふれるため、一定の時間を置くなどの配慮をした。聞き取りに際していくつか質問をあらかじめ用意したが、話者にできる限り自由に思い出、体験談、お気持ちを話していただくようにした。それゆえに、準備した質問にはこだわらず、話の流れが用意した問いにふれた時、その点をうかがうという形で聞き取りを行った。本章はいわば、主介護者が看取りのケアのなかで経験し、思い、今もなお大切に記憶している物語をうかがうべく、ライフストーリーに着目したものである〔11〕。

英子さんの話は、姑であるアサさんが元気な頃、さらにはそれ以前にまでさかのぼり、英子さんが高河家に嫁いだ頃の話から始まった。嫁としての英子さんから見た高河家と姑のアサさんの当時の姿がふり返られていった。患者の生活史の話がふれられるのは、特に不自然ではない。しかし、その話は思いのほか詳しく、長いものであった。

アサさんの嫁ぎ先である高河家は「家計としては恵まれてた」が、旧家の嫁として「大変な思いをして、嫁の時代を務めてき」たという。アサさんの「お舅さんは、すごくできる人」であったのに、アサさんから見て自分の夫は「人の気配りも目配りも何にもできない」人であった。それがもとで「おばあさん（筆者補足、アサさん）」は「おじいさん（アサさんの夫）」に対して「常に常に常にストレス溜まって」いたのだという。

「おばあさん」と「おじいさん」の関係は、長年にわたって年中険悪であった。いつも二人の間に「喧嘩」があり、そのたびに家中に緊張感が走り、他の家族も巻き込まれていた。この聞き取り冒頭に、アサさんの闘病以前の高河家の様子が端的に語られた。

そのような高河家に嫁いだ英子さんは、自らを歓迎されざる嫁であったと話す。アサさん自身も、英子さんいわく「お嬢さま」であり、高河家もまた地元の有力な農家であった。しかし、英子さんの実家は宮城県北の、ごく普通の家庭であった。アサさんは息子の結婚相手に対して、イエのつり合いがとれていないと感じ、不満だったようだ、と英子さんはふり返る。

しかも英子さんは、結納など、結婚の一連の準備や手続きが進むなかで、高河家の複雑な内部事情を目の当たりにした。アサさんは不満をかかえながらも準備を進めていく。ところが「おじいさん」は何もせず、関わろうともしない。そうしたおじいさんの様子に、アサさんの怒りが誰はばからず爆発した。その様子が尋常ではなかったため、英子さんの両親は、娘に結婚を思いとどまるように再考をうながしもした。とまどいながらも、英子さんは両親を落ち着かせ、その後結婚した。しかし、結婚後は苦労の連続であった。

結婚後も、アサさんとおじいさんの間は「ずーっと、喧嘩、喧嘩、喧嘩、喧嘩、喧嘩、喧嘩、喧嘩、の、三六五日。

喧嘩のない日は、三六五日のうちの六五日くらいなのかな、ていうくらい」であった。そばにいて巻き込まれるストレスから、英子さんも「もうダメだ。この家には、居られない。夜中に出て行こうか」と思い詰めるほど精神的に辛かったという。

その苦労のなかで英子さんにとって救いとなったのは、子供の誕生であった。アサさんもおじいさんも孫の誕生を心から喜び、とてもかわいがった。ことに初孫が男子であったことも、高河家の跡継ぎの誕生という点で、喜びを大きくしたようだ。[12]

孫たちの存在は、高河家のなかの緊張を少しは和らげてくれたものの、その緊張感が解消されることはなかった。子育てをしていた英子さんの目に、アサさんとおじいさんの関係はどのように映っていたのであろうか。英子さんにとって、アサさんがしっかり者で、仕事ができる、厳しい姑だったとしたら、おじいさんはやさしく、気弱で、かわいそうな人であった。英子さんは、そんなおじいさんを庇うなど、温かく、同情をもって接していた。それに、高河家に走る緊張の原因は、おじいさんに対するおばあさんの怒りや苛立ちであったから、二人の間に波風が立たないように絶えず気を配らざるを得ず、心が休まることがなかった。

英子さんの目に映るアサさんは「すごく頭がいい」だけでなく、「完璧」を求め、「こうじゃないといけない」とこだわりも強い性格の持ち主であった。しかも「田舎だから仕方ないんですけど、あの周りの目もすごく気になる方」でもあったため、自分はもちろん家族にも各々「務め」をしっかり果たすことを求めていた。ところが「おじいさん」はその要求に応えず、「人の気持ちとか、おばあさんの大変さ」を「労ってくれる」こともなかった。そこから生じる怒りの矛先は、「ひどい時には」おじいさんにとどまらず、おじいさんの親である舅、姑に向けられることもあった。もちろん「憎いわけではないんですよ。結局は、あの、自分の旦那の親だから」である。その怒りやストレスは、きょうだいや英子さん夫婦にも降りかかってきた。

アサさんは、高河家の実際上の家長といってよかった。頼りにならないおじいさん（アサさんの夫）に代わり、高河家を盛り立てるためにアサさんは努力し、「一切切り盛りして」いた。イエにとって大切なこと、例えば家産や家業に関すること、生活のさまざまな事柄の仕切りは、アサさんによるものであった[13]。名義は「全部おじいさんの名前ではあれ、土地を売り買いする時でも、何かの貯金の積み立てのことや、保険のことやら、お金のこと、家計のこと、一切、おばあさんがすべてやってた」という英子さんの言葉は、その様子を如実に表現していた。

おじいさんはといえば「何も。一切…。運転手だけなんです。うん。お抱え運転手で。おばあさんの指示で動いて。だから、ロボット人間、なんてよく言ってましたけど。ほんとに、おばあさんが一切やってたので」という有様であった。しかし、頭もよく仕事もよくできるとはいえ、アサさんのおじいさんに対する「えらそう」な態度に違和感を覚えた英子さんは、「陰で、じいちゃんをずっと庇って」いたという。

ただ、同時に、英子さんはアサさんの怒りやストレスの根幹に、おじいさんに対する苛立ちにとどまらないものがあった、と生活史上の背景にふれる。頭のよいおばあさんは、町の豊かな家庭に生まれ、「高校を出てて、大学もあの、行ける、行かせてもらえるくらいのお嬢さま」であった。しかも「高校のときに好きな人がいた」が、親戚からきた高河家への嫁入りの話を進められてしまい、「我慢して我慢して、進学もあきらめ、好きな人もあきらめ」たのだという。嫁入り後も「大農家で」「小姑さんたち」もいるところで苦労に苦労を重ねた。

昔はよくあった話であるが、アサさんが、さまざまな心残りを懐きながら不本意なまま嫁ぎ、辛い思いをしたことは想像に難くない。しかしプライドの高いアサさんは、その辛さに屈さずに努力し、やがて仕事のできる嫁として、イエのなかでの地位を確立していったようである。その自らの苦労とイエへの献身ぶりが、おじいさんの姿と照らし合わされた時、アサさんの怒りはより激しいものになった。英子さんは、アサさんの人生の歩みから、激しい気性と、立派な姑としての姿と、おじいさんへの怒りを理解している。

しかしそのようなアサさんも、自宅の建て替えをすませ、孫たちも成人を迎えると、これまで担ってきたイエに対する務めも軽くなったと感じられたようである。「孫も大体、こう、大きくなって、成人なんかも終わって。で、自分の務めは終わったのかな、これからは、やっと、何にも心配することなく老後を過ごせるのかな、と思っていたんだと思うんです」。辛かった嫁の時代も過ぎ、あてにならないおじいさんに代わって高河家を家長のように支えてきたが、その役割からもようやく自由になれそうであった。そのようなアサさんには、老後に向けたさまざまな希望があった。まだ行ったことがない海外への旅行に思いがはせられることもあった。成長していく孫たち、さらにはその孫たちに将来生まれるであろう子供たち（アサさんにとってはひ孫）への「夢」も語られた。楽しい老後を安心して過ごすためにバリアフリー化もすませた自宅への満足感も語られた。将来の楽しみがアサさんにはあった。

二　療養中の物語《ナラティブ》

病気の発覚

このようなアサさんに病気が見つかった。しかもそれは末期の膵臓がんであった。

あの、私たちもショックでしたね。あの、がんだって言われた時、先生から教えられた時には。「えー？」っていうか。がんていうのは、もう世の中にいっぱいあるものだけれども、身近にあることではないって。なんか、おかしい…、おかしいんですけど。そんな、あの、この、家族の中には関係のない、って言ったらおかしいんですけどね。なんか。うーん、「えー？」って、「うそー？」みたいな、すごいショックで、表現できなかったですね、あの、うん。で、膵臓がんって、聞いた時にはね。

英子さんの言葉には、がんを告知された人と家族の受けるショックがどのようなものかが現れている。そのような病気があり、珍しいものではないことは知っている。しかし、それが他人事ではなく自分や家族のこととなった時の気持ちが正直に語られている。三人称的ともいってよかった事柄が、突如として一人称、二人称の事柄になってしまう。しかも、残された時間は長くはない、と言われた時の混乱は、それまで続き、その後も同じように続くと思われていた「日常」を突き崩してしまう。末期がんとの診断、それを受けての「時間がない時間がない」という切迫感は、英子さんの回想からもうかがわれる。

先生の診察が、九ヵ月。うん、九ヵ月と診断されまして。で、まず、入院、三週間、四週間くらいして、抗がん剤打ったんですかね。そして、その間に、あの、私に、ちょこちょこ、あの、経過の報告があるわけですよ、先生から。「実は、あの、九ヵ月とお話ししたけれども、あの、アサさん…、」うちのおばあさん、アサっていうんですけど、「アサさんの性格だから、ま、九ヵ月と一年くらい、九ヵ月から一年くらいと、お話ししました。だけれども、本当のところは、半年です」って言われたんですね。最初、あの、ま、九ヵ月、がんばれば一年くらい。「一年かぁ」って。

主治医もアサさんの性格なども考えながら、家族に対してもかなり気を遣いながら告知をした様子がうかがわれる〔14〕。この告知を受けて家族だけでなく、英子さんの夫（＝アサさんの息子）とそのきょうだいなど親族が集まって話し合い、「助け合って、看病していこう」と決めたとのことである。

英子さんも驚き、焦りを感じたが、告知されたアサさんの悲嘆はいうまでもなかった。末期のがんであることは、普段は気丈なアサさんを落胆させた。積極的な治療の余地が無いと告げられたことは、治療の余地が無いというだけでなく、医療から見放されたという気持ちをも懐かせたようだ、と英子さんは思い返している。

で、そう言われても、廊下で、あの、会計待つまでも、泣いてましたけどね。おばあさんね、「がんセンターの先生もおれのこと見放した」って。うーん、見放してるんじゃないんですけど、病院からね、見放されたような気になったんでしょうね。がんセンターで治療したかったんだと思うんです。

転　機

アサさんの膵臓がんが末期であり、予後も長くないことは、高河家の人々にとって転機をもたらした。家族の一人が末期がんだから、というだけではない。家族のなかでのそれまでの関係性を塗り替えるような転機となる出来事が起きた。きっかけとなったのは、アサさんの意外とも思われた行動であった。それは英子さんと家族にとって劇的な場面となった。

結局のところは、九ヵ月、一年？「九ヵ月だけれども、あの、今がんばると、一年以上がんばれるから」って。先生から言ってもらって。で、ばあちゃんにしたら、これから、まあ、七Ｘ（七〇代前半）だったですよね。二〇年か三〇年は長生きすれば、まだまだ生きるっていうところを、「一年すか?」みたいな。「たった一年なのすか？ 治んないすか?」みたいな。手術してもダメなんだって言われて、一年…。「でも、手術はもうできません。でも一年生きれます」って言われたって、そんな死を宣告されたら…、「もしかして生きれるかもしれません」だなんて、そんな子供だましみたいな話は通用しないじゃないですか。そしたら、今まで、おばあさんが、これから、頭の中で、いろんな生活設計ね、辛い時期も過ごしてきて、これからだっていう時に、おじいさんが何にも頼りにならないじゃないですか。もう、やっぱり、娘息子に、あの、すがるしかないっていうかね、「頼みます」って。「お願いします」って。かわいそうだったですねぇー。うん。初めて、かわいそう、と思った瞬間かなー。

病気の告知以前には英子さんは、家庭内でのアサさんのふるまいに違和感や反発、息苦しさを覚えつつも、そのふるまいの原因であるおじいさんとの関係や、これまでのアサさんの境遇に気の毒さを感じることもあった。しかしこの時は、以前にはなかった、「心に何も黒いものがなく、ほんとに純粋に「かわいそうだな」と思った瞬間」だったという。

それが、あの…ここでね、ちっちゃくなって、あの、子供たちを前にして、ぺたーんともう、おばあさんももう力ないわけですよ。もう、食欲もないし、食べれないし。それまでもずっと、「食べれない食べれない。なんか痩せてきておかしい」っていうのもあったので。「お願いします」って、あのー、ねえ。病気にでもならなければ、「お願いします」って、子供たちに、こうやって頭を下げる時ってあるのかなーって…。ねぇ。

終末期のがんの告知を受けて、アサさんは家族や親族が集まったその場で、自分の面倒を見てくれるように頭を下げ、お願いをした。それまで実質的な家長として、人一倍プライドが高く、力強く働き、指図はしても家族に頭など下げなかったアサさんが、弱々しく「お願いします」と皆の前で頼んだ。これは英子さんにとって、それまでのアサさんに対する思い、関係性、像が根底から揺るがされる出来事であった。

この劇的な場面は、くり返し英子さんによって思い返され、語られた。小さくなって、弱々しく、皆に対して頭を下げる姿を目の当たりにして、アサさんに対する英子さんの気持ちは大きく変わった。もちろん病院での告知の際、同居する家族が、突如として余命わずかであると知らされた時の焦燥感については、英子さんもすでに話していた。看取りが予想される看病、介護を担わねばならない覚悟、生じるであろう生活の変化に対する不安、患者に残された時間の短さを意識せざるを得ないゆえに出てくる切迫感から、それまでの日常の時間の流れが切り替わる、そのような経験が英子さんにもあった。それゆえにこの場面以前にも、例えば告知の後の時のように、アサさんを気の毒に思うところはあった。しかし、アサさんに対する思いや関係性まで覆ったのは、やはりこの場面をおいて他にはなかった。

だから余計おばあさん、かわいそうだったなぁーって思いますね。「お願いします」って、ここで。その時はコタツだったので、コタツをこういうふうにしてて、皆ここにこう座って、おばあさん、ここに。おばあさん、ここが、あの、指定席だったので。ちっちゃくなって。「お願いします」で、私は、大勢だったので、私、おばあさんの後ろ側に座ってたから、おばあさんのあの、顔じゃなくて、背中を見てたからなんでしょうけど、ちっ…、あんなに、体重がね、体重が…、六五キロくらいあった、体格のいいおばあさんだったのが、もう、五〇キロ以下になったので、ほんとに、こんなのがこんなになっちゃって、こんなになって、「お願いします」って。ほんとに、あの後ろ姿。あー、私、ほんとにかわいそうと思った瞬間。何回も何回もさっきから同じこと、言ってるんですけど。

病気以前のアサさんは体格のいい、元気な人であった。しかし、病気のために体重も減り、気落ちまでしていて、以前の勢いも姿もなかった。以前の元気のよかった時の姿が引き合いに出されながら、あまりに対照的なこの場面でのアサさんの姿が印象的に語られている。それはアサさんが元気なうちには想像もできなかった姿であった。同時に「病気にならないと、そう思ってあげることができないっていうのも、なんかね。皮肉な話なんですけどね。病気にならなくたって、そう思ってあげる気持ちを、もちたいものなんですけれどもね」との後悔がうかがわれる英子さんの言葉は、いかにがんの告知とその後の変化の思いがけなさが大きいか、それを事前に想像することが、実際にはいかに難しいかを示唆している。

親が、あの、病気になって、もう、今までバリバリ、みんなの先頭になって動いてたおばあさんが、それこそ、みんなの先頭になったのが、皆に今度、頼まなくちゃいけない、皆を使ってたのに、皆に頼むっていうことくらい、プライドの高いおばあさんだったのが、ほんとに、ぺしゃんこになっちゃって、ていうか。うーん。変わんなくちゃいけないと思えば、みんなで変わんなくちゃいけないと思いましたけどね。

英子さんの「変わんなくちゃいけない」「みんなで変わんなくちゃいけない」との言葉が、英子さんの受けた衝撃の大きさと、ここが転換点であったことを象徴的に物語っている。アサさんの大病という転機に際して、英子さんの「余計」「ほんとに」かわいそうという言葉も、病気以前の関わり方の延長上で普段よりは多く感じられる憐憫といった、度合いや程度の違いを表出したものではない。むしろ、病気以前のアサさん像のゆらぎ、アサさんとの関係性自体の一変が含意されている。

うーん…、なんか、私はだから、病気になった時点で…、あの、気持ちが変わったのは、そうですね、あのー、「よろしくお願いします」って、皆の前で、下げた時に、「ああ、私…、ねえ、あの、そういう見方をしてきたけれども…、最期まで看取るのが、務めかなー」みたいな。うん…。すごく、あの、気持ち、心に感じましたねー。その瞬間。おばあさんも、皆に頭なんか下げる、立場でもなかったっていうかね。でも、あの、病気をきっかけに、頭を下げなくちゃいけない…、立場になって…。

この転機となった場面のなかで、英子さんはアサさんを最期まで看病しようという気持ちになっていく。

しかし、看取りが予期される大病という事態に接して、いつでも誰にでも、英子さんが経験したような気持ちや関係性の変化が生じるのであろうか。もちろん、病気や死を考えた時に動揺の大きさによって、あるいは生活の激変を予期しての不安によって、それが忘れられない出来事として記憶されることはある。しかし、関係性までが根本的に覆るとは限らない。

むしろ、英子さんとアサさんのそれまでのいきさつを考えれば、大いに生じ得た事態のひとつは、力関係の変化であろう。かつてのアサさんが舅姑に対して優位に立っていったような経過もあり得たろう。あるいは、これまた起こり得たのは、それまでの関係性の強化である。すなわち、病気である姑が、嫁に対してこれまで以上に尽くすように要求することである。大いにあり得た他の可能性ではないこの事例の成り行きに、ケアをめぐる物語のもつ偶然性と一回性の意義、安易なカテゴリー化を拒む現実の複雑さを想わずにはいられない。

つまり、この高河家の事態の経過は、予想されるいくつもの成り行きの可能性のうちの、かなり予期しづらい可能性が展開したものではなかろうか。うがった見方をすれば、アサさんが親族全員に対して、先手を打ったといえなくもない。しかし、その後の事態の推移は、小手先の戦略ではなく、アサさん自身にも気持ちの変化があったことを想像させるものでもあった。それは、看病する英子さんと闘病中のアサさんとのやりとりからうかがわれる。

闘病と付添いのなかでの変化

アサさんの闘病を支えるなかで、英子さんはアサさんに気持ちの変化を打ち明けられるようになった。アサさん自身も、自分ががんの告知の後に、気持ちのあり方が変わったことを実感していたようである。病気のために、アサさん自身はもちろん、家族も生活を変えざるを得なくなった状況への認識と感謝と後ろめたさも口にしている。長文だがそのまま引用しよう。

> そうですね。たぶんね、もうそれまではね、病気がわかる前は、「こんなうちに来て、こんなじいちゃんと結婚して、死んだ方いいわ、死んだ方いいわ」が口癖だったんです。病気になったら「一分一秒でも生きたい」って。うん。つくづく私に、「おかあさん（英子さんのこと）、人間てわがんね《わからない》もんだなぁ。オラ、この前まで、す（死）んだ方いいわ、すんだ方いいわ、こんなくそずずー《ママ（くそじじい）》」なんてね。「くそずず《ママ（くそじじい）》、オラ死んだ方いいわ」なんて言ってたのが、病気になると、「一秒でもいいか

ら長く生きたい。生きたい。とにかく生きたいから。うん」って言われると。あのほんとに、あの、時間がね、貴重なんですよね。あの、私も、仕事に行ってる場合じゃないなーと思って、仕事を辞めたんです。その、あの、でも仕事を辞めることで、「オレのために、仕事…、悪いなー」って。「辞めさせてなー」って。「オレが病気になんなければ、みんなが病院に来ることもないし、会社を辞めることもないし」って、ねぇ。すべて自分のせいで、自分のせいでって。今まで「何で、オレばり《ばかり》、こんなに苦労して」って言ってたのが、「オレばり《ばかり》、ひどい目にあってる。ひどい目にあってる」って言ってたのが、今度は自分（アサさん）が病気になったせいで、みんなに迷惑かけて。

英子さんは、病気を受けてアサさんが見せた大きな変化に驚いただけでなく、その心境の変化を立ち入って理解しようとしている。それまでと違う視点で、あらためてアサさんを理解し直す過程は、英子さん側でアサさんへの関係性が再編されていく過程でもある。

ここで英子さんがふれるのは、アサさんの高河家でのこれまでの働きである。先ほどもふれたが、アサさんは実質的に家長のように責任をもってイエを切り盛りし、誰よりも役割を果たし、貢献してきた。それゆえに、その役割を務めるほどに、時に自分の苦労への嘆きや夫への怒りも、他の家族や親族への強い態度も生まれていた。しかし、誰よりも高河家を支える努力をしてきたからこそ、それができないばかりか、家族に迷惑をかけるに至ったのが悩ましく、自責の念まで生じたのではないか、と英子さんは考える。

それくらい元気な、バリバリの気の強いおばあちゃんなんですけど、自分のせいでみんな病院に来てくれてると思うと、「オレ（アサさん）悪いんだ、オレ悪いんだ」って。うん。はあー、なんかね。うーん、もうほんとに、あの、かわいそう…。すべて自分が悪いっていうか、「病気になったのがオレが悪いんだから」っていうか。誰のせいでもないんですけどねぇ。ほんとにね。何で…。うーん、そう思うと、一緒に住んでてなぁー、なんか、もうちょっと早くに気づいてあげられなかったのかなぁって。もうなんか、ばあちゃんは自分で、病気になった自分が悪い。今度、ばあちゃんは自分で自分を責めてると、私も今度、自分（英子さん）を責め始めるんですよ。「一緒に住んでたのに、なんで、気付かないんだろう」って。

英子さんとの関係性の変化の根底にも、アサさんが自らの病気について、自身を責めていたという事情が働いていると考えられる。自分の看病のせいで、英子さんが仕事を辞めざるを得なくなったのが申し訳ない、という点は注目すべきところである。イエのために稼ぐことを大切にしてきたアサさんにとって、イエの稼ぎ手を減らし、看病のためにイエに負担をかけることは辛かったであろう。これは後に、アサさんによる、英子さんのヘルパー講習の後押しにもつながってくる。

看病、介護のために仕事を辞めた英子さんは、偶然、ヘルパー資格を取る機会に恵まれた。アサさんの通院のかたわら、失業保険の給付のために「職安」に行ったところ、そこにヘルパー資格取得の機会があった。これは英子さんの、その後の職業人生の転機にもなった。

「ホームヘルパーの資格が取れますよ」っていう、職安からのなんか、なんか斡旋でみたいな。「受講料無しで受けれますよ」ていうのがあったので、「この時だ」と思って、前からやりたいな、と。いずれは取りたいと思ってたのが、職安からの紹介で受講料無しで、ってのは、こんなにいいチャンスはないと思って。ただ、そしたら、いろいろ説明を聞いたら、「そのかわり、四〇日間くらい、一日も休み無しで、通ってもらいます」みたいな、だったので。でも、おばあさんにそれを話したら、「オレもがんばっぺ。おかあさん（英子さん）もがんばるんだったら」って言ってくれて。まずはおばあさんに聞かないと、受けていいかどうかもね。

以前から関心もあり、取りたかった資格を取る機会に、英子さんは恵まれた。ちょうどこの頃、アサさんの病状も落ち着いていた。病気が病気だけに「調子の悪い時もあったんですけど、調子のいい時期だった」。その上「おかあさん（英子さん）もがんばったら、オレもがんばっぺ」とアサさんは理解を示し、当時通院治療中ではあったが「病院はじいちゃんに乗せてってもらうから、いいんだ」と配慮も示した。介護に役立ち、後々仕事に活かせる資格でもある。アサさんは英子さんを後押しし、自らをも闘病に奮い立たせもした。

やがて関係性の変化は、呼び方にも表れるようになった。アサさんは、亡くなる一週間ほど前には、英子さんを名前で呼ぶようになっていた。介護をするなかで英子さんは、アサさんが自分に対して呼びかける時、その時々によって違いがあることに気づいた。「イライラの時」には「英子」、「頼っている時」には「おかあさん」との違いがあるようであった。名前で呼ばれるようになったのが印象深かったため、英子さんはそのことを介護・看病の記録にメモしていた。病気になる以前はといえば、アサさんは英子さんを「おかあさん」という、子供がいる嫁の家庭内の地位の呼称で呼び、名前で呼ぶことは無かった。しかし、看取りの段階での短い期間ではあったものの、イライラが募るなど自分の気持ちに余裕が無い時などに、思わず名前を呼ぶようになった。この呼びかけ方の変化から、疎遠さや遠慮にはない、アサさん側の、英子さんへの気を許したような構えが生じたことがうかがわれる。

このようにアサさんの言葉を聞き、受けとめていく過程が、転機の後の関係性の再構築のプロセスでもあった。しかもその再構築は、英子さん側の一方向的なものではなく、アサさんと英子さんの双方で生じていた。確かにあの転機となった場面は、文字通り転換点であった。しかしその時点では、変化の大まかな方向性が出ていたとしても、関係性の具体的な再構築は、それに続くケアのなかで進んでいった。

再入院のなかでの共苦

状態はやがて悪化し、アサさんは嘔吐と吐き気に苦しむようになった。そのため通院ではなく、再入院せざるを得なくなった。付添いをしたのは英子さんであったが、英子さんの都合がつかない時には「おじいさん」が代わった。変わったのはアサさんと英子さんの関係性だけではなかった。この変化は、英子さんの「おじいさん」に対する見方をも変えていった。自身も含め、家族とアサさんとの関係性の変化を、転機となった場面で感じた英子さんであった。アサさん自身も大きく変わった。それでもなお変わらなかった、という点で対照的に浮き上がったのが、おじいさんであった。

ほんとに、こんなに、もうほんとにひっくり返るっていうか、病気って恐ろしいなぁーって。こわ…、人間をこんなに変えるんだなぁーっと思って。本人も周りの家族も。でも、おじいさんは変わらなかったですね。ただ、ほんとの最期の瞬間に目を降ろした時には、ちょっと涙を流したようには見えたんですけど。

この頃、おじいさんは軽度の認知症と診断されていた。しかし、この状況に至っても変化がなかったおじいさんの姿は、英子さんにとって、かつてとは違うものとして解されるようになった。付添いのなかでのおじいさんの姿、アサさんとおじいさんのやりとり、アサさんが口にしたぐちにふれた言葉のふり返りに、その点がうかがわれる。

「来たって、耳聞こえないしな。で、来たら来たで、こう座ってるだけだから、居っことねぇ《いることもない》から帰れば、ってオレ（アサさん）言うんだ」って。

痛いところがあるかどうか、あったらさすってやろうか、あるいは汚れ物があったら洗っておこうか、といった声かけも配慮も「そういうのが一切ないから、来たら来たで座ってるだけだから」といったぐちが、アサさんからこぼれる。何もせず、ただ座っているおじいさんに、アサさんは見舞客がもってきた飲み物や菓子を差し出すこともあったという。その時のやりとりの一コマが思い出されている。

「「はい、飲まん《のみなさい》」と、じいちゃんさやっと《にあげると》、喜んで、うまそうに食って飲んでいくんだ」って。「オレが食わんねぇ《たべられない》のに」って。

アサさんはその頃、具合の悪さから、食欲がわくどころではなかった。英子さんは、このやりとりを「そこがね、たぶん、ばあちゃんは、じいちゃんを試してたと思うんです」とふり返る。英子さんによれば、アサさんがおじいさんに「ばあちゃん食わんねぇから《たべられないのだから》、俺（おじいさん）も」食べない、という態度を期待したのではないかと推察する。食べられない妻に対する心配りが示されるかどうか、おじいさんは試されていたというのである。

だとしたら、おじいさんはその期待を裏切ってしまった。「でも、じいちゃん、ばあちゃんに試されてるのも気付かないで、出されたのは、出されただけ、もう、うまそうに、「おいしいおいしい」って。いろいろもらうんですよね」

と英子さんは嘆じる。試すということのなかには、アサさんの側からのおじいさんの変化への期待がこめられていたのかもしれない。しかし、付添いのなかでも二人の関係には変化の兆しは見られなかった。

おじいさんの面会、夫婦でありながら、面会、ねぇ。一番、夫婦なのに、っていうか、何にもしないでいいから、手握って、「大丈夫か?」で、そんでもいいんだけども、それも、ねぇ。なんかそういうことも、じいちゃんは考えもつかないし。「食べろ」って言われたら食べる。てか、ただ「居ろ」っつったら居るだけ、「帰れ」っつったら帰る。うーん。何の言葉もかけることもできないっていうか、何か下手なこと言ったら、励ますどころか、じいちゃんなりに励まそう、じいちゃんなりに精一杯考えて言ったことが、かえってこう、なんか…。

英子さんはおじいさんの側にも戸惑いや、何かをして不手際をとがめられてアサさんから叱責されることへの恐れがあったのかもしれない、と察している。しかし、その結果の無為が、新たな怒りの種となった。かつて家庭のなかでそうであったように、今度は病院で、周囲を巻き込んでの怒りの爆発となった。こうなると高河家の人々も、おじいさんに期待できない、と思うようになってしまう。

何にもしゃべんないで黙って帰る。そうすると、ばあちゃんはナースコール押しちゃうんですよ。「じいちゃん何にも言わないで出てったから、ちょっと引っ張ってきてけれ《くれ》」とか、看護婦さんまで利用するようになっちゃって。だからもう、「じいちゃんダメだね」って。

この付添いに関する思い出話は、おじいさんとアサさんの関係性に対する、英子さんの理解の仕方が見えるところである。がん告知以前、英子さんにとっておじいさんは不器用で、やさしく、気が弱い人であった。しかし、あの転機以降も変わらないおじいさんの姿は、アサさんとの関係性を再構築していく英子さんにとって、それまでとは違うものとしてとらえられるようになる。アサさんの怒りの所在についても同様である。アサさんがおじいさんとわかりあおうと試み、それがことごとく意に反し、相手の無理解ばかりが露呈されるだけの結果になり、そこから激しい怒りが発せられている、と解されるようになる。英子さんはそのように映るアサさんに同情しながら、目の前の舅と姑の夫婦の間を、さらには以前の記憶を再解釈していく。

病院での付添いのなかで、アサさんと英子さんの関係性は強められていった。それは付添いの負担をめぐるやりとりからうかがわれる。これはその一コマである。

英子さんの義妹（夫の弟の妻）も職場からの仕事帰りの途中に、アサさんの病室に見舞いのために寄ることがあった。アサさんはその様子をしっかり見ており、ある時、義妹が帰った後、英子さんに向かってつぶやいた。「「バッグや、気付いてっか?」って。「バッグ、ショルダーバッグ、この部屋に来ておろしたことねぇんだど《ないんだよ》」って」。英子さんも気付いていたが、ショルダーバッグはいつも義妹の肩に下げられたままであった。親族に余計な気遣いや面倒をかけさせている後ろめたい気持ちは、アサさんの観察眼を一層鋭くさえしてしまったのかもしれない。

「仕事帰りに忙しく来ました。うん、すぐ帰りますっていう格好だべ《だろう》」って。結局のとこは「オレは厄介者さ。忙しく、ね、オレさえ入院しなければ、忙しく病院に寄ってもらう必要もないんだ」って。うん。だから、あの、ま、私も気になってたんですよ。バッグをおろして、病室ですることは別にないんです。私がしてるんだからね。することはないんだけど、例えば、「ばあちゃん、痛い…」…、もう、体もあちこち痛いじゃないですか。

〔うんうんうん〕（以下〔　〕内は聞き手の発話）

私、トイレに行くふりなんか、わざとして、その時に何かしてあげればいいのにな、と思って、ね。例えば、私がいない時に、あの、弟の嫁さんと話したいことあるかもしれないから、「トイレに行ってくるね。あ、ちょっと何か買ってくる。売店行って来るから」とかって言って。でもバッグそのままで、座ったままらしいんですよ。で、だから、「気づいたかー」って。うーん。「気付いてたけどさー、なんか、ばあちゃんもやっぱ気付いてたの?」みたいな感じで。うーん。「オレ（アサさん）なんか、皆忙しくて忙しくて、これから帰って、女なんか仕事も終わってきて、うちに帰って、ご飯の用意もしなきゃねぇ《いけない》のに、オレのとこさ《ところに》寄んなきゃない《いけない》ばっかりに、気ぃ揉ませてなぁ」って。ああー、そういう風に、言う…。

付添いはほぼ英子さんが一手に担うようになっていた。ただ英子さんは、同時に家事もこなさねばならず、かかってくる負担は大きかった。だが、親戚からの協力はなかなか得られなかった。それがもとで義妹などとの間に摩擦が生じもし、これも英子さんの心を重くした。一手に看病と家事を引き受ける英子さんの負担の大きさを、アサさんは察していた。この入院以降も折々に、アサさんは英子さんに気遣いの言葉をかけ、気にしている。一人で大きな負担を強いられながらもがんばる英子さんへの感謝と同情と、親戚たちの動きの悪さに対する洞察と失望がうかがわれる。他人に頼れず、独り苦労する英子さんの姿は、かつてのイエを盛り立てるために努めていたアサさん自身の姿と重なるところもあったろう。立場は違えど、二人は苦しい境遇を分かちあい、観察する視点を共有しながら励ましあい、共感している。

自宅での不思議な体験

再入院後のことである。アサさんからは自宅へ戻りたいとの言葉と、病院にとどまりたいとの言葉がそれぞれ聞かれたという。アサさん自身にも迷いがあった。病気に対するあきらめや自棄、自宅への強い思い、病院から離れることへの不安などがない交ぜになって表れていたようだ。命の危機でもある大病に直面して、迷いや相反する言葉が出てくることは何ら不思議なことではない。そのような時期、英子さんや家族、親戚は、不思議な体験をした。それは、自宅でおばあさんを見た、おばあさんが現れた、という体験であった。その打ち明け話が、家族や親族の間で交わされるようになった。

私も、おばあさん、帰ってくる前かな？　帰ってきてからは、おばあさん帰ってきてからは、なくなったんですけど、帰ってくる前は、うちの一番下の男の子が、あの、二階でちょっと寝てたら、あの、ヒヤッとした手に急に触られたからビックリして目、開いたら、白髪頭のおばあさんが、こうやって、両方のほっぺを押さえてたんですって。で、「ビックリしたんだー、ってこういうことあったんだよー」って。「えー、おかあさん（英子さん）もさぁ、あんたたち、絶対、あの、あんたたちは、まーた、おかあさん、へんなこと言い始まったと思って、信じないかと思って、言わなかったけど。うちの中でね、あの、白いの着た人とか、黒いの着た人の背中だけ、よく見えてたんだよ」、って。

在宅ホスピス・緩和ケアの遺族調査の自由記述などにも、こうした不思議な体験にふれた記述は少なからず出てくる。在宅の看取りの現場での経験談のなかで、不思議な体験の物語は決して珍しいものではない。もちろん、こうした物語は、医療上の論点にはなりにくいものである。しかし、医学の俎上に載せにくいからといって無視したり聞き流すのではなく、まずはいったん聞く耳をもつ、という姿勢が求められよう。その物語が患者、家族、遺族にとって大切なものであればなおさら、そのつぶやきや打ち明け話をひとまず聞きとめる構えが必要である。

一番下の息子なんかは、あの、一番そういうの、三人、子供の中で、一番冷静な息子なのでね、そういう、あの話を、一番通じない、子供の中でも一番そういう話は、この一番下の子には、「また馬鹿なこと言って」みたいな、「何言ってんの？」みたいな、こう、そういう感じなので、で、言ったこともなかったんですけど、息子の方から、あの、「二階で、ちょっと昼寝してしまったら、ここ、こういう風にグッと、冷たいんだけども、湿気っぽい手で、こうやって、押さえられた。白髪頭の白い服着たおばあさん」って、はっきり見えたんですって。

少々怪談めいた話であるが、「でも、怖くなかったんですって」という言葉が示すように、それはむしろアサさんの気持ちを皆で考える大切なきっかけになった。

で、ちょっと話をしたら、「ばあちゃんがさ、退院してくる前はよく見えてたんだよ」って。で、「退院して来たっけさ、ぜんぜん見えなくなったの」って言ったら、そしたらね、それは、それも真顔で、妹が、あ、弟の嫁さんが、妹（義妹）が、「それはね、退院してくる前によく見えてたのは、ばあちゃんなんだよ」って。うん。「ばあちゃんが家に来てたの」って。

〔帰りたかったんですか？〕

うん。「帰りたい気持ちが強かったから、見えてた」って。うん。って、はっきり。「ばあちゃんなんだよ」って。「え？」、「そうなの」「だから、今は、ばあちゃん帰ってきてからは見えないでしょ？」って。「うん、全然見えなくなった」って。あの、「見える暇がないのかな？　忙しくて」とかって。
（いや、それもあるかもしれませんが）
「見えてる暇がないのかな」って言いながら。「ううん、違うの。ばあちゃんが帰ってきたから」って。「ばあちゃんの気持ちが帰ってきてたから見えたんだよ」って。うん。「え？」と思って。それをね、真顔で、はっきりしゃべるんですよ。

英子さんの息子さんが自宅で寝ていた時、白髪頭のおばあさんに触られた、との体験をした。それは息子さんにとって、不思議ではあっても怖い体験ではなかった。しかも、そうした体験は一度だけでもなかった。この打ち明け話は英子さんにとって驚きであった。なぜなら、英子さんもそうした体験をしていたからだが、それだけではない。そういった事象に、およそ関心をもたないと思ってきた息子から思いがけず話を打ち明けられ、語り合うことになったからである。これは英子さんにとって、わが子の新たな一面の発見でもあった。

さらには、義妹からもそうした話が打ち明けられ、皆の前に現れていたのは入院中の「おばあさん」の気持ちだったのではないか、との物語が紡ぎだされていく。この体験は後にも思い返され、おばあさんの退院後にはそうした体験が無かった、との話も付け加えられるところとなった。アサさんの病気がもたらした非日常の状況が、こうした不思議な体験談の、意外な人たちの間での共有をももたらした。その物語の共有のなかで、家族・親族はアサさんの自宅へ戻りたいという気持ちを推し量り、自宅療養を受け容れていく。

帰宅、そして一段と高まる緊張

病勢は強まり、アサさんもひどく衰えていった。その辛さのなかでアサさんは、家族に迷惑をかける身を嘆きつつ、まるで気持ちの通じないおじいさんに対して、怒りを激しくしていった。積極的治療の余地も無いため、アサさんは自宅療養となり、それを受け容れた。自宅はアサさんにとって思い入れのある、お気に入りの家でもあったからである。自宅での看病、介護のなかで英子さんにかかる負担は小さくなかった。アサさんは英子さんの疲れを察し、気遣いの言葉をかけ、互いに励ましあうようなこともあった。末期のがんの場合、寝たきりや認知症の患者の介護と比べると相対的に、長期にわたるケースはそれほど多くはない。しかしだからといって、介護者の負担や苦悩が小さいわけではない。同居家族が複数いるからといって、介護負担の問題や悩みが軽くなるわけでもない。

「おかあさん（英子さん）、やんだくなんねぇか?《いやにならないか》」って、うん。「やんだくなんねぇの?《いやにならない》」って。「やんだくなるよ」とは言えないんですけど、「そうではないよ」って。我慢したって、もうその辺は、我慢してるなっていうのが、ばあちゃん私を見て、わかってるので。でも、大変だよとも言えないので、「がんばろうね」って言ったらいいのかどうなのか、なんかね、「余計なこと考えなくていいよ」なんて言いながら。うん。それの言葉も正解なのか、何が正解で、何がどうなのかもわかんないですけど。

この自宅療養の再開は「おじいさん」にも変化をもたらした。ただし、それは力関係の変化となって現れた。病気で衰えたアサさんは、おじいさんにとってもはや怖い人ではなかった。さらには、そのようなアサさんばかりが皆に相手にされる状況に、疎外感を覚えていたようであった。おじいさんは、自分も病気なのに、アサさんばかり注目されるのが面白くなかったようであった。ここにきておじいさんは、積年の恨みを晴らすかのように、アサさんに対して強く出るようになった。それが明らかになったのは、アサさんが居間に出てくることもできないようになり、寝たきりになった時のことだった。

その時とばかりなのか、なんなのかわかんないんですけど、あのベッドサイドに立って、目線をこうじゃないですよ、上からこうやって、悪口言うんです。あの、この辺の悪口で、あの「スンケ」って。「スンケ」っていうのはヒステリー。もう、ヒステリー、おばあさんとか、ヒステリーでギャーギャーギャーギャー言ってる人のことをね「スンケたがり」って言うんですけど、ベッドサイドに立って、こうやって腰に手を当てて、こっちはなんか、どっか押さえて、「もう昔みたいに、俺（おじいさん）をやっつけらんないべ《やっつけられないだろう》」みたいに、「もう、太刀打ちできないべ」みたいに。ばあちゃんがベッドに横になったまま、じいちゃん、なんかね、こそこそ言ってるのが聞こえるんです。

この様子を見て、英子さんはおじいさんをベッドのそばから強引に引き離し、厳しく叱りつけた。この時、英子さんにとっておじいさんは許せない人になってしまい、おじいさんとの関係も一変してしまった。生じた変化は必ずしも望ましいもの、よいものばかりではなかった。アサさんが亡くなった後も、おじいさんと英子さんの関係はぎくしゃくしたものとなっている。

看取りとその後

退院後、ほどなくしてアサさんの状態は悪化した。看取りの過程で、アサさんは「お迎え」体験をしていたようである。「お迎え」体験とは、看取りのなかで患者が他の人には見えない人や風景を見たという体験であり、在宅緩和ケアの現場ではよくある体験である。なかでも、すでに亡くなった親族や友人など、患者にとって懐かしく、よい想い出がある人が出てきた、という体験が多い〈15〉。これも従来は、医療者の視野に入りにくいか無視されてきた事柄の一種である。アサさんの場合、「あの、亡くなった（アサさんの）お兄さんが、見えてるみたいなんです」とのことであった。

見えてるみたいな、こう、仕草をするんです。こうやって。こうなんかね、必ず、なんか、部屋の、ベッドがここだとしたら、左端の方、なんかこうやって「早く来てけろ、早く来てけろ」って。「あんさん、あんさん」って。「あんさん」ってお兄さんのこと、呼んでたみたいで。あの、そっちに向かって。「そういうのって、ほんとに見えてるのかなー」、って、ね。「あるのかなー」って思いました。「おばあさんには見えてるのかな?」って。

アサさんにとって、実兄は幸せだった実家の時代を象徴する人であったようだ。

ええ、ええ。お父さんお母さんの話よりも、お兄さんの話はよくされてたんですね。うん。一番こう、ね、自分育ててもらった時に、とかね。「あ、見えてんのかなー」。「あんさん、あんさん」はよく言ってましたね。ずーっと。早く連れてってけろっていうことなのか、その、天井の方に向かってね、「早くー、早くー」ってね。ずーっとこの頃から、一二日頃から言い始めて。

危篤となると、親族も集まる回数が増えた。しかし、自宅での看取りは病院でのそれとは違い、緊張感には満ちていたものの、同時に同じ場所で送られる日々の生活と並行したものであった。家族や親戚たちは、代わる代わるアサさんのそばで見守りをし、呼吸の状態の変化を観察し、あるいは口腔内のケアなどをしつつも、お気に入りのテレビドラマがあればそれも見たり、親戚の小さい子供たちははしゃいで遊んだりするなど、緊張のなかにも落ち着きがあるような時間の流れがあった。その見守りのなかでは、ごくありふれた会話のように「「あんさん来たのかな?」って。「またおんちゃん《おじさん》（アサさんの子にとって、あんさんはおじなので）来たのかな?」」という「お迎え」体験をめぐる語らいなどもされていた。こうしたなかで、アサさんは家族に囲まれながら、静かに息を引き取った。

アサさんが亡くなった後、英子さんはアサさんが家に戻ってきているような気になることがたびたびあるという。

> うーん。おばあさんが、ほんとの命日、あ、法事は一三でしたけど、一七が、ほんとに命日なのでね。だから、命日あたりには、仏様、ほんとに、お盆に限らず、命日には、あの、いろんな形で見させてくれるのかなー、なんて思ったりしますね。
>
> （中略）
>
> 見える、最近ね、お盆過ぎた後、九月の境目ていうか、また、スーッと見えたりとか。また見え始まった、ていうか。また見え始まった…。ばあちゃん帰ってきてんのかな?　みたいなね。

アサさんがいるような気がする時、英子さんは「ばあちゃん来ているのかな」と思ったり、話しかけたりすることもあるという。物語は看取りの後も続いているのだ。身近に死者がいる感覚があり、それを共感する人々が周りにいる。英子さんが、今は亡きアサさんと絆のつながりを感じている様子もうかがわれる。

もちろん、英子さんにとってアサさんは厳しい姑であったし、家族を巻き込み悩ませていた頃の思い出や辛さも強く残っている。それゆえに、この物語はただの和解や許しという形で収まる話ではない。しかし、対話の相手としてアサさんは英子さんにとって存在し続けており、転機の後の関係性の変化は今も続いている。

おわりに——看取りのサファリングから看取りの文化へ

サファリングの創造性と絆の継承性という視点から、高河家の事例を検討してきたが、その看取りの物語には、悲嘆という枠には納まりきらないものが見えてくる。英子さんの視点に立てば、アサさんとの嫁姑関係は、長い病気と看取りのなかで大きく再編された。闘病と看取りの過程は、英子さんにとっておばあさんの、人生の歩みをも再解釈しながらの再発見であった。さらに現在、地元の介護事業所でヘルパーとして仕事をする英子さんにとって、人生の転機にもなった。アサさんにとっても、転機以前にはなかった、家族との向き合い方の経験でもあっただろう。もちろん、このような物語の成り行きとなったのは偶然というべきであり、どちらかといえば、現実化する可能性が乏しい方向性であったのではなかろうか。こうした偶然の成り行きのなかで英子さんは、アサさんとの関係性の変化ばかりでなく、わが子の意外な一面の発見や、そのわが子をも含めた家族と親族の間で、看取りのなかで起きた不思議な出来事について語り合う、といった経験もすることとなった。もちろんそこには、おじいさんとの関係性の悪化や、ついにおばあさんと心が通じることがなかったと思われる、おじいさんに対する見方の変容もまた含まれているのだが。

これらはすでに亡くなった人、あるいは亡くなっていく人を介した関係性ともいえる。それまでにはなかった新たな局面が、看取りの過程で、アサさんを取り巻く人々の間に生み出された。この穏やかな看取りの背景には、「お迎え」体験など、不思議とされる出来事とその受容もあるのかもしれない。死の不安と直面した時、さらには看取りの後の悲しみとの向き合い方のなかで、死者との絆は、不安や悲嘆にくれる心の支えにもなった。

こうした物語は、医療的な関心だけでは聞き取れない。こうした看取りのサファリングが内にもつ可能性は、悲嘆というとらえ方からは見過ごされてしまう。その創造性に目を向けた時、ことに死者との絆という論点と重ねた時、看取りの経験がいわゆる「看取りの文化」の基盤をなしていることが視野に入っている(16)。死者との絆の継続性は、悲嘆のケアという点で注目されているが、それを超える意義が見えてくる。

現代の日本社会は、病院への死の囲い込みと徹底した医療化により、死との向き合い方が失われてしまった、といわれる。生活のなかにある在宅の看取りは、その回復の契機ともなる。岡部によれば、看取りの経験は宗教的な原体験でもあり、先祖など死者のまなざしへの意識は、かつて日本社会の倫理性の基盤をなしており、今もそれを生み出す可能性を含むものとされる［奥野　二〇一三、一九七—二〇七］。こうした可能性を看取りのサファリングが内包しているならば、遺族が体験した物語のひとつひとつは、なおさら医療化された取り扱いばかりを受けてよいはずがない。ひとつひとつの看取りの物語に対する開かれた態度が求められる時、これまで看取りの現場との接点がないと思われていた、人文・社会科学のさまざまな視点のもつ可能性が、あらためて問われ、求められてくるように思われる。

注

〈1〉悲嘆に関する議論の状況を概観したものに坂口幸弘［二〇一〇］がある。

〈2〉サファリングの創造性という論点については、浮ヶ谷幸代［二〇一三ａｂ］による研究状況の整理や問題提起がなされており、本章もそれをふまえている。社会学の領域においても、ヴェーバーのカリスマ的指導の成立に関する議論は、「伝統」「現世」に対する「内面からの変革」が「苦悩や熱狂」から生じ、既存の日常的な秩序に対する「全く新たな志向を生み出す」ことに着目しており、こうしたサファリングの創造性の議論と交差し、補強するものといえる［Weber 1980: 142, 訳七五—七六］。中井久夫がサファリングの創造性が発揮された事例として取り上げる中山みきなども、宗教上のカリスマ的指導者である。こうした宗教上のカリスマが出現する背景や経緯を見る上で注目するべき点は、日常の秩序の危機状況、あるいは日常の秩序の矛盾、しわよせが生じている秩序の周縁部分である。こうしたところに非日常的な状況が生じ、その苦悩のなかから既存の秩序や意味の根本的な問い直しが生じる。非日常的な状況のなかで生じる苦悩に含まれる創造性という論点は、さまざまな局面への応用の可能性をもっていると考えられる。

〈3〉近年、グリーフケアや宗教学方面の研究では、絆という論点が注目されている。絆に注目する議論としては、グリーフケアにおいてはディグニティセラピーの視点から提示されたものがある。チョチノフによれば、死別の悲嘆に向き合う際、見守る家族や人々に対して患者がメッセージを遺したり、人生をふり返りつつ記録を遺すといったことが、亡くなる人にとっても遺される人にとっても、有意義であるとされている。患者にとって自分より若い世代など、遺された人たちに自分の人生の上での経験などを語り継ぐ営みは、その人が終末期にあってもなお、大切な役割を有するという点で、スピリチュアリティの上での意義を実感し得る契機となる。遺された言葉は遺族にとって、患者を偲ぶ上で重要なものとなる。こうした世代間にわたる絆の継承性に注目して患者の物語を検討した研究として鷹田佳典［二〇〇六］、田代志門［二〇〇八、二〇〇九］がある。さらに、宗教学では死者との間の絆という論点も提起されている。看取りの後に死別の悲嘆と向き合う時、死者との間に絆の存在が感じられる時、死別がただ生との断絶や喪失の体験にとどまらなくなる。こうした死者との間の絆に注目する議論としてはDennis Klass［Klass, Silverman and Nickman eds 1996］や鶴岡賀雄［二〇一一］がある。こうした視点から在宅緩和ケア遺族の物語を検討したものとして井藤美由紀［二〇一二］、自死の問題を検討したものとしては小川有閑［二〇一二］がある。Dennis Klassも前掲書所収の論文において、盆の死者供養のあり方から日本における絆の継続性について取り上げている。宗教学における絆という論点に関する概論としては池上良正［二〇〇四］がある。

〈4〉池上直己［二〇〇四］を参照。

〈5〉野村・出口・吉田［二〇一一］によれば、調査対象となった在宅療養支援診療所のうち、二〇一〇年四月から一〇月の間に在宅看取りを行ったのは六三・六％であり、三三・九％では無かった。看取り数は一件が一九・一％、二件が一一・四％と多く、平均は三・七件であった（n＝764）。在宅療養支援診療所全体を見ると在宅看取りへの関与は限られており、少数のそれが専門的に、かつ精力的に地域内の在宅看取りを支えているのが現状である。

〈6〉みやぎ方式と仙南地区在宅ホスピスケア連絡会については轡基治［二〇〇八］を参照。

〈7〉岡部健編［二〇〇九］、佐藤・相澤・岡部［二〇一〇］を参照。

〈8〉数少ない先行研究としては井藤［二〇一二］がある。緩和ケアの領域では、看護学の側から遺族への聞き取り調査が行われることもあるが、グラウンデッドセオリーを採るものが多く、ひとつの物語を掘り下げて検討するものが極めて少ない。その上、日本の在宅看取りを、しかも宗教性まで目配りして取り上げたものは、管見の限り見当たらない。本章は、こうした研究の間隙を埋めるものとしての意義を有するものである。

〈9〉さらに、在宅緩和ケアと一口に言っても、現状では在宅緩和ケアの進め方に統一性はなく、それぞれの医療機関ごとの試行錯誤がなされているのが現状である。それゆえ、本章の場合は広義の「みやぎ方式」でのケアを利用されたご遺族への調査・研究となる。さらに付言したいのは、在宅でのケアをめぐっては、周知のように介護負担等の問題によってケアがうまくいかないケースが多発するなど、ケアの包括性が欠けることによって生じる問題に悩まされているところが多い。その点、「みやぎ方式」では介護、ソーシャルワークの重視によってこの点をかなり克服できている。それゆえに、「みやぎ方式」における遺族の物語は、各地でつまずいている問題が乗り越えられた時に表れてくる物語でもある、という点にも留意されたい。

〈10〉本事例の聞き取り調査は井藤美由紀（園田学園女子大学兼任講師）を研究代表とする遺族調査の一環として実施された。この調査は財団法人日本ホスピス・緩和ケア研究振興財団の研究助成を受けた。本章の聞き取りも、井藤と相澤によって行われた。

〈11〉ライフストーリーについての概説として桜井・小林編著［二〇〇五］を参照。

〈12〉この喜びは、世代をまたぎ、継承されるイエに由来する伝統的な絆の継続性に根差すものといえよう。先祖から子孫への絆の継続、世代継承性は、こうした伝統的な生活のなかで重視されてきたものでもあった。柳田國男が論じた「家永続の願い」［柳田　一九三〇＝一九七〇］はまさにこの点に関わるものである。

〈13〉イエに関するこれまでの研究状況を網羅したものとして鳥越皓之［一九九三］がある。

〈14〉がん告知をめぐる問題について、在宅緩和ケア遺族調査にもとづいて論じたものとして田代・藤本・相澤・諸岡［二〇一三］を参照。

〈15〉「お迎え」体験は、医学的には終末期に、ナチュラルダイイングプロセスのなかでよく見られる、治療を必要としない穏やかなせん妄の一種とされる。在宅ホスピス・緩和ケア遺族調査からは四割ほどの患者でこの種の体験があったとの調査結果が得られた。遺族調査の結果を検討し、「お迎え」体験について論じたものとして諸岡・相澤・田代・岡部［二〇〇八］がある。「お迎え」体験をめぐる研究動向については諸岡了介［二〇一四］を参照。

〈16〉「看取りの文化」は明確に定義された概念ではないが、在宅看取りに関する議論のなかで見られるものである。医療化され、病院に囲い込まれた看取りに対して、生活のなかに死を再び位置づけ、死との向き合い方を見直す試みのなかで論じられることが多い。これにふれたものとしては新村拓［一九九八、二〇〇一］、奥野修司［二〇一三］、大出春江［二〇一二］、竹之内裕文［二〇〇七］などがある。

引用・参照文献

相澤出・諸岡了介・田代志門・藤本穣彦・照井隆広・岡部健　二〇一一『２０１１（平成23）年実施　在宅ホスピス遺族調査報告書』

池上直己　二〇〇四「終末期ケアの課題と将来展望」『社会保険旬報』二二一八号、六―一二頁。

池上良正　二〇〇四「序論《絆―共同性を問い直す》」池上良正他編『岩波講座　宗教6　絆』岩波書店、一―二四頁。

井藤美由紀　二〇一二「亡き人との〈絆〉と宗教の力」『論集』三九号、八三－一〇二頁。
浮ヶ谷幸代　二〇一三ａ「序《特集》界面に立つ専門家」『文化人類学』七七巻三号別冊、三八二－三九二頁。
―――　二〇一三ｂ「医療専門家のサファリングとその創造性」『文化人類学』七七巻三号別冊、三九三－四一三頁。
大出春江編著　二〇一二『看取りの文化とケアの社会学』梓出版社。
岡部健編　二〇〇九『在宅緩和医療・ケア入門』薬ゼミ情報教育センター。
小川有閑　二〇一二「自死者と遺族の対話」『死生学年報２０１２』二九－四六頁。
奥野修司　二〇一三『看取り先生の遺言』文藝春秋。
轡基治　二〇〇八「〈宮城県〉介護職を含めた多職種によるチームケア」『ホスピス緩和ケア白書』四〇－四二頁。
坂口幸弘　二〇一〇『悲嘆学入門』昭和堂。
桜井厚・小林多寿子編著　二〇〇五『ライフストーリー・インタビュー』せりか書房。
佐藤隆裕・相澤出・岡部健　二〇一〇「在宅緩和ケア」『癌と化学療法』三七巻一〇号、一八六四－一八六七頁。
新村拓　一九九八『医療化社会の文化誌』法政大学出版局。
―――　二〇〇一『在宅死の時代』法政大学出版局。
鷹田佳典　二〇〇六「故人との絆はいかにして継続されるのか」『年報社会学論集』一九号、一七七－一八八頁。
竹之内裕文　二〇〇七「「看取りの文化」の再構築へむけて」清水哲郎編『高齢社会を生きる』東信堂。
田代志門　二〇〇八「死の臨床における世代継承性の問題」桜井厚・山田富秋・藤井泰編『過去を忘れない』せりか書房。
―――　二〇〇九「受け継がれていく生」岡部健・竹之内裕文編、清水哲郎監修『どう生き　どう死ぬか』弓箭書院。
田代志門・藤本穣彦・相澤出・諸岡了介　二〇一三「病院勤務医のがん患者への予後告知の現状」『緩和ケア』二三巻五号、四一一－四一五頁。
鶴岡賀雄　二〇一一「死後の生」『死生学年報２０１１』二二九－二四二頁。
鳥越皓之　一九九三『家と村の社会学　増補版』世界思想社。
野村真美・出口真弓・吉田澄人　二〇一一「在宅医療を担う診療所の現状と課題」『日医総研ワーキングペーパー』二三三号。
諸岡了介　二〇一四「終末期ケアと〈お迎え〉体験」『緩和ケア』二四巻二号、一〇八－一一一頁。
諸岡了介・相澤出・田代志門・岡部健　二〇〇八「現代の看取りにおける〈お迎え〉体験の語り」『死生学研究』九号、二〇五－二二三頁。

柳田國男　一九三〇（＝一九七〇）『明治大正史　世相篇』（定本柳田國男集　第二四巻）筑摩書房。

Klass. D, P. R. Silverman, S. L. Nickman (eds) 1996 *Continuing Bonds*, Taylor & Francis.

Weber. M. 1980 *Wirtschaft und Gesellschaft*, 5., rev. Aufl. J. C. B. Mohr (Paul Siebeck).（世良晃志郎訳　一九七〇『支配の諸類型』創文社）

第8章 ラオス低地農村部の看取りの現場におけるケアの連鎖

子どもの現場への関わりに注目して

岩佐光広

はじめに——看取りの現場にいる子どもたちへの注目

本章では、東南アジア大陸部に位置するラオス人民民主共和国（以下ラオスと省略）の低地農村部における看取り〔1〕の現場を、そこへの「子ども」の関わりに注目しながら記述・考察することを試みる。

ラオス低地農村部の看取りについては、これまでいくつかの機会に論じてきた。ラオス低地農村部における死にゆく者のケアは、主に自宅において家族によって営まれる。特に高齢期を経て死を迎える場合、そのケアを中心的に担うのは同居する既婚の成人子とその家族である。その背景にある社会・文化的な文脈、その文脈において営まれる死にゆく者のケアの具体的な実践内容、それらの実践を支える考え方や価値観を、看取りの現場におけるフィールドワークの知見をもとに論じてきた［岩佐 二〇〇九ａｂ、二〇一〇、二〇一一、Iwasa 2013］。

しかし、これらの議論では十分に論じていない点が二つある。一つは、看取りの現場における子どもの存在についてである。ラオス低地農村部の死にゆく者のケアを中心的に担うのは大人たちであり、これまでは彼らの営みを中心に論じてきた。けれども看取りの現場を訪れると、そこには子どもたちの姿があり、彼らは補助的な形であれその現場に参与していた。子育てがケアという営みの一つの典型例とされるように、ケアをめぐる議論において子どもは「ケアされる者」として描かれるのが一般的である。(2) だがラオス低地農村部の看取りの現場における子どもの存在は、単に「ケアされる者」として捉えきれるものではない。彼らの「ケアする者」としての関わりも含めてその現場を記述・考察することが求められる。だとすれば、ラオス低地農村部の看取りの現場を、そうした子どもたちの関わりも含む場（あるいは含みうる場）として捉え直すこともまた必要になるだろう。

もう一つは、「死にゆく者のケアを営む者たちは、その現場において求められるケアのやり方、考え方、価値観をいかにして身につけたのか」という問いについてである。看取りの現場に関わる者たちは、そこでのケアについて体系的あるいは専門的に学ぶ機会をもっていたわけではない。それでも彼らは、状況によって具体的な形にはヴァリエーションがあるとしても、一定の型を見出すことのできる看取りの現場を編成し、ケアの実践を展開していた。そうしたケアのやり方、考え方、価値観を彼らが身につけてきた過程に目を向けることは、当地域において「あたりまえ」のこととして営まれている死にゆく者のケアが、修正や変更も含めて継承されてきた／いく様相を捉えるうえで重要な論点である。

しかしながらこれまでの議論は、そのケアを営んでいる（あるいは営むことができると想定できる）大人たちに注目し、彼らが実践していることを記述し、彼らが既に身につけている（あるいは身につけていると想定できる）考え方や価値観を論理的に考察してきたものであった。結果として、それらを彼らがいかに学び身につけてきたのかという点については十分に考察できていなかった。

この点にアプローチするうえで、看取りの現場への子どもの関わりに注目することは重要な手がかりとなる。先に述べたように子どもたちは、死にゆく者のケアを中心的に担うわけではないが、そのケアを担う大人たちを補助する形でその現場に参与している。大人たちが行う種々の活動の現場に手伝いや「遊び」という形で参与することで、さまざまな活動のやり方や知識を学んでいく子どもたちの姿は、多くの民族誌が描いてきたし、理論化もされてきた［Fortes 1938; レイヴ／ウェンガー　一九九三、ロゴフ　二〇〇六］。だとすれば、ラオス低地農村部の看取りの現場に参与する子どもたちもまた、そこで死にゆく者のケアのやり方、考え方、価値観を学ぶ機会を得ていると考えることもできよう。看取りの現場に関わる子どもたちの姿に目を向けることは、死にゆく者のケアを学び、継承していくプロセスの一端を捉える重要な手がかりとなりうる。と同時に、ラオス低地農村部の看取りの現場を、そうしたケアの学びや継承が行われる場（あるいは行いうる場）として捉え直すことにもつながるだろう。

そこで本章では、ラオス低地農村部における看取りの現場を、子どもたちの関わりも含めて死にゆく者のケアが営まれる場であるとともに、子どもたちが死にゆく者をケアすることを学び、継承していく場として捉え直すことを試みる。そしてその現場を記述・考察するために「ケアの連鎖」という概念を設定してみたい。ここでは「連鎖」という言葉を二重の意味を込めて用いる。すなわち一方では、子どもたちが「ケアする者」として関わることで、その現場に参与する人びとのあいだに生起する「共時的なケアの連なり」を捉えるために用いる。もう一方では、子どもたちが「ケアを継承する者」として、その現場でケアのやり方、考え方、価値観を学び、世代を異にする人たちのあいだで生起する「通時的なケアの連なり」を捉えるために用いる。[3] この二つの意味でのケアの連なりを「ケアの連鎖」という一つの概念で捉えることで、「ケアの生成の場面であると同時に、ケアがその場面の参加者によって再生産／更新され、伝達される場面」［工藤　二〇一三、一四］が繰り広げられる場としてラオス低地農村部の看取りの現場を記述・分析してみたい。

以下では、まず調査地の社会的背景と医療実践、ライフコースと世代呼称、看取りの実践を概説しながら、本章の議論の基礎的な情報を提示する。[4] それを踏まえて次に、看取りの現場への子どもの関わりについての事例を提示し、そこで生起している二重のケアの連鎖について考察するとともに、その現場が有する場の性格についての考察を行う。

なお、死にゆく者のケアと一概にいっても、その対象となる者の年齢や社会的属性などはさまざまであり、そのすべてを同時に論じることは難しい。一般にラオスにおいて死は、老衰や一般的な病気などで死を迎える「自然死」と、溺死、転落死、焼死などの事故死やコレラなどの伝染病が死因となる「異常死」とに分けられる。また調査村では、高齢期を経て、自宅において家族によってケアされながら迎えるような死に方を「普通の死（*tai thammada*）」と表現することがある［Iwasa 2013: 134-136］。以下では、自然死のうち特に「普通の死」とみなされる場合に焦点を絞って論じていく。

また、本書においてケアという言葉は、「人と人との関係のなかで生まれる配慮、心配、気遣い、世話という、ケアと呼び得る具体的な感情、態度やふるまい」を総称する用語として用いられている（序章を参照）。こうした意味でのケアに相当するラオス語はいくつかある。たとえば、気にかけることや世話することを意味する「ブン（*buang*）」や「ドゥーレー（*du le*）」、助けることを意味する「スワイ（*suay*）」、養うことを意味する「リアン（*liang*）」などである[5]。以下では煩雑さを避けるためにラオス語での表記は避けケアという言葉で統一することにする。

一　調査地の概要

調査地の社会的背景と医療資源

ラオスは東南アジア大陸部に位置する社会主義国である。メコン川に沿って南北に伸びる国土は約二四万平方キロメートル、その四分の三を山岳部あるいは高地が占め、四方を中国、ヴェトナム、カンボジア、タイ、ミャンマーと接する内陸国である。総人口は約六〇〇万人で、その国民は四九の民族集団[6]から構成される多民族国家でもある。

本章の舞台となるのは、ラオス南部に位置するサワンナケート県の低地農村部、LHN地域である（図1）。県北西部に位置するSK郡に属するLHN地域は、郡の中心地から一〇キロメートルほどの場所にある。調査当時の総人口が約四〇〇〇人、世帯数が七〇〇世帯と、近隣の集落のなかでは規模が大きめの集落である。六村から構成されるこの地域は、三村ずつ北部地区と南部地区に分けられる。そのうち中心的に調査を行ったのが南部地区に位置するDB村である。二〇〇四年三月時点でのDB村の人口は二二四人、世帯数は三九世帯であった。

主要な民族集団はタイ・カタイ語族に分類されるプータイ（*phu thai*）である。主な生業は天水田と灌漑田での水稲作だが、他にも家畜の飼育、河川や水田での漁撈、近隣の森での狩猟採集も行う生業複合がみられる。現金収入は主に生業活動の成果物や手工芸品の販売から得ている。近年になりタイへの出稼ぎや、女性ならば機織企業の下請けなども盛んになっている。また宗教の面では、他の低地農村部にも広くみられるように、上座仏教と精霊祭祀が混淆する信仰と

図1　ラオスと調査地の位置

実践の体系をみることができる。

この地域で行われる医療実践は、「民間セクター」「民俗セクター」「専門職セクター」の三つのセクターに大別することができる［岩佐　二〇〇七］。もっとも日常的に行われているのが民間セクターでの実践である。不調の大半は、休息をとったり、食事内容を変えたり、あるいは家族による看病を受けたりといったこのセクターの実践において対処される。その際、薬局や病院で入手できる製薬や、伝統的に利用されてきた生薬も頻繁に利用される。民俗セクターの実践を担うのは、ラオス語で「モー（*mo*）」と呼ばれる専門職能者である。彼らはその実践内容によって類別される。たとえば、呪文を唱えながら息を吹きかけるパオ（*phau*）と呼ばれる施術を行う者はモー・パオ、生薬（*ya phumman*）の処方やそれを用いた施術を行う者はモー・ヤープンムアン、精霊（*phi*）に起因する問題への対処を行う者はモー・ピーなどと呼ばれる。だが実際は、一人の人が複数の技能を有することが多い。調査村には二名のモーがおり、彼らもまた複数の施術を行う。人びとはさまざまな機会に彼らに施術を依頼する。特にパオは捻挫などの外傷や腰痛などの慢性的な痛みの処置として、生薬は腹部の不調への対処や健康の維持・増進のために頻繁に利用される。

専門職セクターに分類される生物医療の利用も拡大している。この地域内にはヘルスセンターが一施設ある。医師はおらず看護師のみが駐在しており、簡単な手当や薬の処方などを受けることができる。またこの地域からは、郡の中心地にある郡病院と私立のクリニックへのアクセスが比較的容易であり、さらに郡の中心地を走る国道を六〇キロメートルほど北上すれば県病院にもアクセスが可能である。これらの医療施設は、特に緊急あるいは重篤な症状の場合に利用される傾向がある。

こうした複数の医療実践が、調査地の人びとの不調への対処や健康の維持・増進を支えている。そして後述するように、人が死にゆくプロセスにおいてもこれらの医療実践が行われることになる。

ライフコースと世代呼称

次に、ラオス低地農村部におけるライフコースと、それに伴う世代呼称について概観しながら、本章における「子ども」「大人」「高齢者」という言葉が指す内容を確認しよう。

生まれたばかりの新生児は、乳飲み子を意味する「ルーク・キンノム（*luk kin nom*）」などと呼ばれる。この時期の子どもは竹の籠を紐で吊るした簡易のゆりかごに寝かされ、母親や父親は織物や竹細工などの手仕事をしながらその脇に座り、それをブランコのように揺らし子どもをあやす。少しずつ座ったり立ち上がったりできるようになると、手仕事や家事をする両親のそばで遊んだり、抱かれたりする時間が増えてくる。成長に伴い活動の範囲は家の付近へと少しずつ広がり、兄や姉に連れられ遊ぶようになる。食事も、両親の脇に座り食事の輪のなかに加わって自分でとるようになる。この活動範囲の拡大や食事形態の変化が、幼少期の成長の一つの目安となる。

四〜五歳を迎えると、近所に住む同世代の子どもとともに自分たちだけで遊ぶようになる。この頃から家事や炊事、生業活動などの手伝いにも関わるようになり、一〇歳を迎える頃には一通りの手伝いができるようになる［岩佐他　二〇〇八、一〇九―一一七］（写真）。本章で「子ども」という言葉で指すのは、「デックノーイ（*dek noy*）」と呼ばれるこの年頃のことである。(7)

一五〜一八歳になると、青年を意味する「ワイルム（*way lum*）」と総称され、男性ならば「プー・バーオ（*phu bao*）」、女性ならば「プー・サーオ（*phu saw*）」と呼ばれるようになる。この年頃になると、世帯内や親族内での役割が少しずつ増し、村単位で行われる活動にも参加するようになる。一八歳を迎えると、男性ならば「青年組」、女性ならば「女性組」といった村内組織に属する。これらの組織に加わることを通して、村内の祭りなどのイベントや、雨季の際に荒れてしまった道の補修などの社会活動への参加を深めていく。

畑仕事を手伝う子どもたち（2004年，筆者撮影）

二〇歳前後が結婚を迎える時期となる。結婚し夫婦となると「夫（*phua*）」と「妻（*mia*）」となる。そして、子どもが生まれると彼らは「父（*pho*）」と「母（*me*）」となり、それが自らの居を構え独立する一つのタイミングとなる。それに伴い、独立した世帯を構成する成人の男性（*phu say*）と女性（*phu ning*）として、親族内や村内の共同作業においても中心的な役割を果たすようになる［岩佐他　二〇〇八、一一七－一二三］。本章において「大人」という際には、この二〇歳前後からそれ以降の世代で、そのなかでも既婚者を主に想定して用いる。

子が結婚し、マゴ（*lan*）ができると「祖父（*pho thaw*）」と「祖母（*me thaw*）」となる。年齢にして四〇代後半から五〇代がその時期にあたる。だが一般に「高齢者」を意味する「プー・タオ（*phu thaw*）」と呼ばれるのは、もう少し歳をとった六〇代を迎えた頃である。(8) 七〇～八〇歳くらいになり、親族内でも村内でも最高齢に近くなると、敬意を込めて「大父（*pho nay*）」「大母（*me nay*）」と呼ばれる。この段階にある高齢男性および女性は、その人生における成熟度と伝統的知識などが評され、「村の大父母（*pho me nay ban*）」と呼ばれ、家族や親族の関係を超えて尊敬を得るようになる。本章において「高齢者」という場合には、この六〇代以降の世代を総称して用いることにする。

二　調査地における看取りの概要

背景的な情報の最後に、調査地における看取りの概要について述べておこう。ここでは、看取りが行われる場所、その担い手、ケアの内容と分業という三点に分けて論じていく。

看取りが行われる場所

まず調査地における人が死を迎える場所についてみていこう。日本も含む「死の医療化」［Walter 1994］が進行した国や地域では、病院をはじめとする医療施設が死を迎える主な場所となっている。それに対して調査地では、死のプロセスにおいて病院などの医療施設も利用されるが、そこで死を迎えることは稀である。この地域の人が死にゆくプロセスについて、郡病院の医師（三九歳、男性）は次のように説明する。

郡病院において中程度の検査や手術は行えるが、より深刻な症状の場合、処置ができなくなった場合は、治療を継続するか断念するかという選択をする必要がある。治療を継続する場合、県の中心地にある県病院に行くことになる。治療を断念する場合、さらに二つの選択肢がある。一つは、最低限の処置を続け、郡病院で死を迎えることである。もう一つは、自宅に戻って死を迎えることである。治療の可能性がない、あるいは治療を続けても一向に回復する兆しがみられない場合、患者とその家族の大半は自宅に戻ることを選び、家族によるケアを受けながら自宅で死を迎える。

実際、一九九三年から二〇〇三年にかけての郡病院の統計資料をみてみると、年平均で五〇〇〇人ほどの患者が訪れ、約一六〇〇人の入院患者がいるが、そのうち病院で死亡したのは入院患者のうちの一％に過ぎない。くわえて、二〇〇四年から二〇〇五年にかけての調査地での死亡状況をみてみると、確認できた死亡者数は一八人で、川で溺死した一名以外はみな自宅において死を迎えていた。調査地における死を迎える主な場所は、郡病院の医師がいうように、病院ではなく自宅であるということができる〈9〉。

ラオス低地農村部において一般的な家屋の形態は木造高床式である。一階部分には、作業台や織り機が置かれ、日常的な作業を行う場所として利用されたり、農具や漁具などの置き場として使用されたりする。二階部分が居住スペースとなり、壁で仕切られた寝室、炊事場や囲炉裏なども二階に設置される。病状が悪化し「寝たきり」の状態となった者は、寝室ではなく、居住スペースの一角に布団を敷いて寝かされる。したがって、死にゆく者のケアが営まれる主要な空間となるのは、自宅の居住スペースということになる。

死にゆく者へのケアの担い手

高齢期を経て死にゆく者のケアを中心的に担うのは、同居する子ども、特に「末娘（*luk sau la*）」と一般にいわれる。そこには結婚後の居住形態と家族サイクルが関係している。結婚後の居住形態として妻方居住の傾向がみられるこの地域では、息子は結婚すると妻方の親元に暮らすことになり、娘夫婦は親の家にしばらく同居したのち、自分の家を建てて独立する。年齢順に結婚していった場合、最後に残るのは末娘であり、彼女が結婚後も親元に残り、老いた親を世話し、その死を看取るというのである。

とはいえ、年齢順に結婚するとは限らないし、娘が夫方に嫁ぐ場合もあるので、最終的に末娘が親元に残るとは限らない。親も子もそのことを特に問題視することはない。むしろ重視されるのは、上述の家族サイクルが進展する過程での、親の年齢や健康状態との兼ね合いである。実際は、親が老いを感じさせるようになったり体調を崩したりすると、その時点で同居している子夫婦がそのまま同居を続け、彼らが老親のケアの「責任（*kwam hap phit sop*）」を担うことになる。

その責任とは次のような内容を含む。衣食住といった生活の基盤を提供し、経済的に支え扶養する。食事の準備や衣類の洗濯などの日常的な世話をする。病気の際には看病をし、医療費などを工面する。身体の衰えがあれば歩行の介助などの介護を行う。そして、病状が悪化して「寝たきり」の状態になれば看取るまでのケアを行う。老親と同居する子（とその家族）の関係が、老親の扶養、世話、介護、そして看取りが営まれる基本にして最小の単位となる［岩佐　二〇一一、六〇三－六〇四］。

同居する子とその家族に加えて、看取りの現場には近隣に住む子やその家族が手伝いに集う。上述の家族サイクルが進行するなかで、親世帯に同居していた子夫婦（主に娘夫婦）は独立して居を構えることになる。その場所としては、まず親が保有する「屋敷地（*ban*）」の一角が候補となり、屋敷地が手狭な場合は村内の土地が選ばれる傾向がある。この親世帯と近住する子世帯は、家計の単位としては別々になるが、親が保有する農地を共同で耕作し、その成果を共同で消費するという世帯間の関係が継続してみられる［Evans 1995: 124-128］。この世帯間の関係性は、稲作をめぐる生産と消費にとどまるものではない。漁撈や狩猟採集における協働や成果の分配、所有物の共同利用、家事や炊事、家畜の世話やホームガーデンの管理といった日常生活における分業や協働、あるいは各世帯が主催する上座仏教や精霊祭祀の儀礼における分業や協働の文脈ともなる。この親‐子‐キョウダイの世帯間の関係性という日常生活の諸活動の文脈を共有する者が、看取りのケアにも関わることになるのである。

こうした看取りの現場の主な参与者の他にも、断片的な形でそこでのケアに関わる者もいる。たとえば民俗的施術者のモーである。死にゆくプロセスにおいて、家族がモーにパオを依頼したり、生薬の処方を頼んだりすることがある。また、調査村には県病院で働いていたことのある元看護師が住んでおり、彼女は薬局で医薬品を購入し、村内の人からの依頼を受けて簡単な処置や注射、点滴などを行っていた。同様に看取りの現場においても、家族が彼女に点滴や鎮静剤の投与を依頼することもあった。

死にゆく者へのケアの内容と分業

最後に、死にゆく者へのケアの内容と分業についてみておこう。上述したように、看取りの主な担い手は同居する子とその家族であり、先の医療実践のセクターに即せば民間セクターの実践が主になる。

死にゆく者に対する直接的なケアを行うのは、一般に同居する既婚の娘である。老親が自分で身の回りのことができるうちは、食事や着替えの準備や、起きたり歩いたりするときの介助をするにとどまる。けれども、衰弱し「寝たきり」の状態になると、そばに付き添う形で身の回りのこまごまとした世話を行うようになる。とはいえその内容は、病者の看病の内容と大きく異なるものではない。たとえば食事を与えること、身体を拭くこと、着替えの手伝い、下の世話といった身辺の世話や、意識があれば話の相手をしたり、痛む部位があればマッサージをしたりといったことが挙げられる。

世帯内での家事炊事に従事しながら、老親の傍におり実際のケアに関わる大人の女性たちに対して、大人の男性は身辺の世話においては補佐的な役割にとどまる。たとえば老親の状態が悪化し自分で寝返りを打てなくなると、体位の移動などの力のいる仕事もでてくるため男手が求められることもある。だが彼らは、基本的には食事や着替えなどの身辺の世話には関わらず、主に従事するのは日常的な生業活動である。たとえ親が死を迎えつつあっても、日常的な生業活動を抜きにしては日々の生活は成り立たない。日々の糧を得るために不可欠な農業、家畜の世話、漁撈といった生業に従事することが男性たちの主な役割となる。

もう一つ男性の重要な役割がある。それは世帯内での意思決定と、世帯外との交渉事である。先に述べたように、看取りの過程において、村内に住む元看護師や、民俗的施術者によってもケア実践が行われる。彼らへの施術の依頼や、治療選択の判断などについて意見をとりまとめ、決定するのは世帯内の大人の男性の役割となる。また、症状の経過をみながら、遠方に住む親族に連絡をとる必要も生じる。症状が末期となれば、死後の葬送儀礼のための準備（棺の準備、僧侶の招来、親族や知人の招待など）もはじめなければならない。こうした連絡や手配の進行も男性が担う。先にみた女性の役割が世帯内を中心に構成されるのに対していえば、男性の役割は主に世帯外に関わるものといえよう。

この男女間の分業の基本形は、死にゆく者と同居している子夫婦のあいだの分業という形で現れる。そして、同居している他の家族成員の役割も、この大枠にそった形で分担される。一〇代も中頃をすぎれば、女性ならば一通りの家事をこなすことができるし、男性であれば家畜の世話や漁撈などを行うことができる。この年頃の者は、女性ならば食事の準備や掃除、洗濯などの家事を行い、祖父母の介護に当たる母親を手伝う。男性ならば生業活動に従事することで父親を手伝う。そうした手伝いによって、子夫婦は老親のケアに力を注ぐことが可能となるのである。

このように、看取りの現場への関わり方は、参与者の老親との関係、性別、年齢などによって違いが現れる。けれども、たとえば老親の身辺の世話に当たる女性が評価され、補佐的な役割に回る男性たちの関わりが軽視されるわけではない。彼らの感覚からすれば、関わり方は異なるが、それぞれがそれぞれの立場でケアに従事しているのであり、関わり方の違いによってケアへの貢献度に差が生じているわけではないのである。ともすれば、死を迎えつつある者に直接関わりケアをする大人の女性の存在に目が向きがちである。だが、それだけで看取りの現場が構成されているわけではない。関わり方を異にする者たちが、ケアと生活実践の両方を分業・協働することによって、看取りの現場が成り立っているという点には注意しておきたい。

三　看取りの現場におけるケアの連鎖

以上を踏まえ本節では、子どもの関わりに注目しながら看取りの現場についての記述と考察を行う。まず、看取りの現場への子どもの関わりの事例として、ＤＢ村に暮らしていたブンミーさん（仮名、以下同様）の看取りの現場を取り上げ、そこでの子どもの関わりをみていく。それをもとに、ケアの連鎖という視点から当地域の看取りの現場の二つの側面、すなわち死にゆく者をケアする場と、死にゆく者をケアすることを学ぶ場とに分けて考察し、そうした二つの場が同時に成立するその現場の空間的な性質について考察する。

事例――看取りの現場における子どもの参与

ブンミーさんは八〇歳ほどの男性であった。彼は七人キョウダイの次男で、既に他界していた妻とのあいだに息子が二人と娘が四人の計六人の子どもがいた。彼のキョウダイや子どもの多くが同じ地域に住んでおり、姻族も含めれば、調査地には多くの「親戚（*phi nong*）」が暮らしていた。亡くなる二ヵ月ほど前から容体が悪化し、その後「寝たきり」の状態が続いた。二〇〇四年一〇月、ブンミーさんは自宅において家族や親戚、そして同世代の友人たち（*siaw*）が見守るなかで息を引き取った。死因は明らかではないが、彼を看取った人たちは「老衰（*lok sala*）だろう」と話していた。

ブンミーさんの身の回りの世話を中心的に行っていたのは、彼と同居していた次女のソムポーンさん（四〇代）とその家族であった。ソムポーンさんと夫のタオさん（四〇代）のあいだには、五人の娘（二〇歳、一八歳、一六歳、一二歳、一

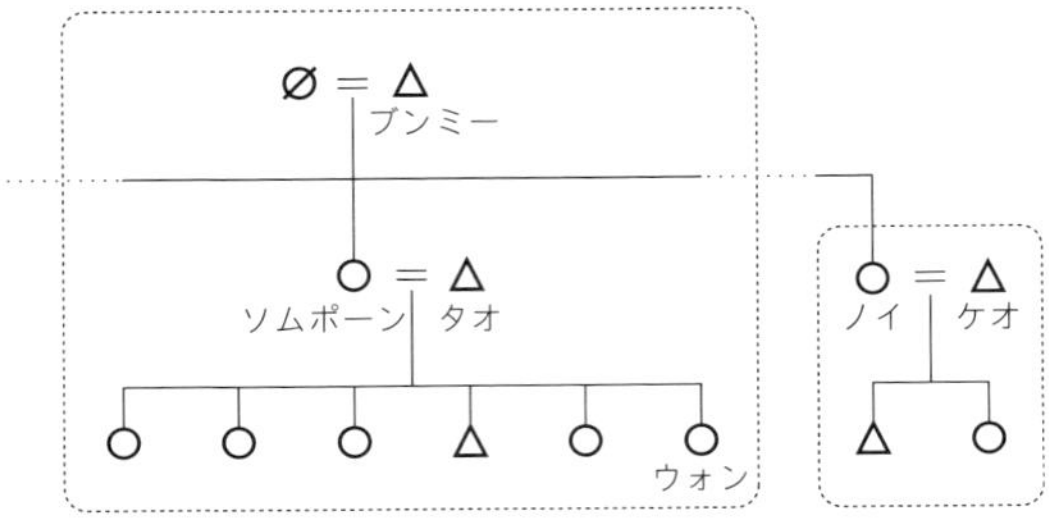

図２　登場人物の親族関係

注：事例に登場する人物以外の親族関係は省略してある。また点線で囲まれている範囲が同居している。

〇歳）と一人の息子（一四歳）の計六人の未婚の子どもがいた。彼らもまたブンミーさんのケアに関わっていた。食事を与えたり身体を拭いたりといった身辺の世話はソムポーンさんが中心となって行い、娘たちは家事や炊事を行ったり、ブンミーさんの身辺の世話を手伝ったりしていた。夫のタオさんと息子は、直接ブンミーさんの身辺の世話に関わることは少なかったが、日々の生活の糧を得るために不可欠の生業活動に主に従事していた。また、製薬を買いに行ったり、モーに施術を頼んだりといった外部との交渉事も、タオさんを中心に行っていた。

くわえて、近隣に住む他の子家族もブンミーさんのもとを訪れ、ソムポーンさんらを手伝いながらブンミーさんのケアに関わっていた。もっとも足繁く通っていたのが、ブンミーさんの末娘であるノイさん（二〇代）である。ノイさん家族は、郡の中心部で働く夫のケオさん（三〇代）、まだ幼い息子（五歳）と娘（三歳）の四人家族であった。近所に居を構えるノイさんは、ブンミーさんのもとをたびたび訪ねては、ソムポーンさんたちを手伝ってブンミーさんの身辺の世話をしたり、食事の準備を手伝ったり、あるいはソムポーンさんに食べ物の差し入れをしたりしていた。

他にもブンミーさんのもとには、同世代の友人たちも毎日のように見舞いに訪れていた。そのなかにはモーである者もいた。彼らは、家族に頼まれたり、友人たちにうながされたりすると、ブンミーさんにパオを行うこともあった。

では、こうしたブンミーさんの看取りの現場において、子どもたちはどのような関わりをもっていたのだろうか。ここでは、ソムポーンさん夫婦の末娘であるウォンを取り上げよう。当時一〇歳だったウォンは、村内の小学校に通っていた。家にいるときは、家の内や外で遊んでいることが多いが、普段からいろいろな手伝いもしていた。たとえば、洗い物や洗濯の手伝いをしたり、それに使うための水を汲んできたりといった家事や炊事の手伝い、ホームガーデンの水やり、小家畜の世話などである。他にも、人を呼びに行ったり、村内の商店に調味料を買いに行ったりなどのちょっとしたお使いを頼まれることもあった。

死を迎えつつあったブンミーさんは居住スペースの一角に寝かされていた。そのため、外に遊びに行っていないときウォンは、ブンミーさんのケアが行われるのと同じ空間で遊んだり勉強をしたりしていた。そのときも騒がしくしないようにしている様子がうかがえた。

さらにウォンは、普段の生活の手伝いと同じように、ソムポーンさんら大人たちの指示を受けながらブンミーさんの身辺の世話に関わってもいた。とはいえウォンには、明確な役割が与えられているわけではなかったし、その現場に常に関わっているというわけでもなかった。その関わりは、直接的なものでも中心的なものでもなく、「手伝い」という形の補助的で周辺的なものであったといえる。たとえば、ソムポーンさんらが用意した食事をブンミーさんのもとに運んだり、ソムポーンさんがブンミーさんの身体を拭くための水を運んだりする。ノイさんが訪れているときに、彼女の子どもの相手をするのもウォンだった。そのとき、子どもたちが大きな声をあげるようなときは注意したりもしていた。モーにパオをしてもらうときには、ロウソクや緑葉などのいくつかのモノを用意する必要があるが、そうしたものをウォンが集めてきたりもしていた。

また次のようなこともあった。私がブンミーさんのもとを訪ねたときのことである。まだ意識のあったブンミーさんにあいさつをし、少し話をしたあと、同じく見舞いにやってきていたブンミーさんの同年代の友人たちと話をしていた。その日ウォンは、ブンミーさんから少し離れたところで遊んでいた。不意にウォンは立ち上がり、炊事場で食事の準備をしていた母親のもとに向かい、「お母さん、おじいちゃんが何かしたそうだよ」といった。ブンミーさんの様子が変わったことに気づいた彼女は、ソムポーンさんを呼んだのである。ブンミーさんは体位を変えたかったようで、やってきたソムポーンさんはブンミーさんの身体を抱え、体位を変えるのを手伝った。

ケアする者をケアする——共時的なケアの連鎖

この事例を踏まえ、まずは、子どもの関わりも含めて死にゆく者のケアが営まれる場としての看取りの現場について検討していこう。

ブンミーさんのケアは、同居する娘であるソムポーンさんとその家族が、それぞれの社会的属性に応じて分業・協働することで行われていた。その現場におけるケアを中心的に担っていたのは大人たちであった。それに対してウォンは、常にその現場に関わっていたというわけではないし、関わったとしてもそれはあくまで「補助的」で「周辺的」なものにとどまる。しかし、だからといってウォンはその現場から切り離されることなく、その現場におり、折にふれて手伝いなどをしていた。ソムポーンさんをはじめとする大人たちは、ウォンがブンミーさんのそばにいたり、大人たちの行うケアを手伝ったりすることを妨げたりはせず、むしろそのことが「あたりまえ」であるかのように振舞っていた。

こうした看取りの現場にいるウォンのような子どもの存在は、どのように捉えることができるだろうか。この点を考える際、シチュエーションは大きく異なるが、日本の北海道の浦河保健所が実施する「ピアサポーター制度」についての浮ヶ谷［二〇〇九、二六六―三二二］の記述と考察が参考になる。ピアサポーター制度とは、精神障害をもつ当事者の退院や地域生活を、他の当事者がピアサポーターとして支援する制度である。そこにはピアサポーターとその制度を利用する当事者をはじめ、保健所の職員、ソーシャルワーカー、看護師などの関係者を含めた多様なアクターが関わる。その記述のなかには、彼らのあいだに生まれる、サポートする側とされる側という一方向的で一義的な関係性に還元できないケアの様相についての事例が豊富に挙げられている。たとえば、当事者をサポートするピアサポーターが逆に当事者からのサポートを受ける事例や、看護師がサポートする／されるという関係に直接関わらずに、そうした関係性を構築するための場を「演出」する事例などである。そうした事例を踏まえ浮ヶ谷は、ケアという営みとその関係性は、固定的な役割関係ではなく、行為主体の位置の変換とそれに伴う動態的な様相を示すものであること、そして、ケアする側とされる側という関係が二者関係にとどまることなく、複数のアクター間でのケアが連鎖し、広がりを帯びていくものであることを強調する［浮ヶ谷　二〇〇九、三〇三―三一一］。

この浮ヶ谷の議論から得られるのは次の視点である。すなわち、ケアをする側とされる側を固定的に捉えず、その現場に参与する人たちの関わりを双方向的なケアの関係性とその連鎖として動態的に捉えようとする視点である。この視点から改めて事例のウォンの関わり方をみてみると、ここまで目を向けていなかったケアの関係性があることに気づく。事例においてブンミーさんを「ケアされる者」として固定化すれば、直接的なケアを行っていたソムポーンさんらが「ケアする者」となる。そのケアの関係性においては、ウォンが行っていた種々の行為はブンミーさんに対する直接的なケアではなく、それを補助するものであり、それゆえウォンの関わりは「周辺的」なものとみなされる。しかし、ブンミーさんのケアに関わるソムポーンさんからみれば、彼女はウォンによる手伝いによって少なからず助けられており、その意味ではウォンによってケアされているともいえる。このウォンの関わりは「ケアする者をケアする」と呼びうるものであり、そこには「ブンミーさんをケアするソムポーンさんをケアするウォン」という共時的に生起しているケアの連なりをみることができる。そうしたケアの連なりは、たとえば、ウォンが子どもの相手をしてくれることで、ソムポーンさんとともにブンミーさんの身の回りの世話を行うことができるノイさんとのあいだにもみることができよう。さらに、ブンミーさんの変化に気づき、ソムポーンさんを呼んだ場面のように、ウォンは「世話すること」としてのケア（caring for）をしていたといえる。そのことが、ソムポーンさんによるケアを喚起（あるいは、先の浮ケ谷の表現を借りれば「演出」）したということもできよう。

こうした視点に立ってみると、子どもたちの現場への関わりだけでなく、大人たちの関わりもまた同様に見直すことができる。前節で述べたように、当地域の看取りの現場は、老親との関係、性別、年齢などに応じて参与者がケア内容を分業・協働することで編成されているが、そこにもケアの連鎖が見出せる。たとえば、別の世帯の事例であるが、ある一九歳の未婚の女性は、歩行の介助などが必要な祖母の身の回りの世話や介護に母親とともに関わっていた。そのことについて話を聞いているなかで、彼女は自分の祖母との関わりをどう思っているかをたずねると、彼女は「私は母を手伝っている（*koy suay me*）」という表現を用いて自身の関わりを説明していた。また、主に生業活動や現金収入活動などに従事する成人男性たちは、直接的なケアにはあまり関わらないが、ケアを行う女性たちも含む世帯の日々の生活を支え、同時に看取りを営むための経済的な基盤を提供している。その点で彼らは、ケアが営まれている「場」を支えているといえよう［岩佐　二〇一一、六〇五］[10]。これらの点も含めて考えるならば、当地域の看取りの現場は、「連鎖していく関係と双方向的な関係とが網の目のように絡まり合いながら形成される連関構造」［浮ヶ谷　二〇〇九、三〇九］によって成立する場として理解するのが適切である。

このようにラオス低地農村部の看取りの現場を捉えたとき、子どもたちの存在を適切な形でその現場に位置づけることができる。死にゆく者をケアするという点では、子どもたちの看取りの現場への関わりは補助的で周辺的なものといえる。しかし、その現場におけるケアの関係性は、死にゆく者とのあいだだけに生成するわけではない。死にゆく者をケアする者をケアしたり、他者のケアを「演出」したり、ケアが営まれる場自体を支えたりといった、死にゆく者をケアするという中心的な関係性には還元できない多様な広がりをもったケアの連鎖が共時的に生起することによって、その現場は成立している。そして子どもたちの関わりもまたこのケアの連鎖のなかに組み込まれており、その点で彼らもまた「ケアする者」ということができるのである。

ケアする者からケアを学ぶ——通時的なケアの連鎖

次に、子どもたちが死にゆく者をケアすることを学び、継承していく場としての看取りの現場について検討していこう。

社会的実践の習得はそれが営まれる場に参与することで可能となるとする考え方は、発達や学習に関する人類学的研究において広くみられるものである。たとえば、マイヤー・フォーテスは、西アフリカのタレンシ社会の子どもたちが大人たちとともに日常生活や儀礼などの社会活動に参加し、それを通じて社会的価値や道徳的義務を身につけていることを描き出している［Fortes 1938］。先に述べたように、当地域の看取りの現場において子どもたちは、そこに生起するケアの連鎖に組み込まれながら、一定の関わりをもってその現場に参与していた。だとすれば、そのことを通じて死にゆく者のケアについて学んでいると考えることができよう。

このとき、補助的で周辺的な形ながらも、その現場から切り離されることなく関わっている子どもたちの立場性が重要な意味をもつ。ジーン・レイヴとエティエンヌ・ウェンガー［一九九三］は、現場への参与を通じた学びのプロセスを「正統的周辺参加（Legitimate peripheral participation）」という概念で説明する。そのプロセスにおいて新参者は、その現場に関わることの「正統性」を認められつつも、まずは「周辺的」に参加し、補助的な作業を行うことになる。この正統的かつ周辺的なポジションは、その現場において他の参与者らが展開する実践の全体像をつかむことのできる俯瞰的な位置取りと視点を保証する。そこにおいて新参者は、各種の作業の進め方、ルールやエチケット、参与者間の関係や協働のあり方などを観察する機会が与えられるというのである。

ブンミーさんの事例だけでなく、他の看取りの現場においても子どもたちの姿は見ることができた。ウォンと同じように、子どもたちは集まって遊んだり話したりしていることが多いが、必要に応じてさまざまな補助的な作業を行っていた。家事や炊事、生業活動の手伝いや、人を呼びに行ったり、必要となったものを借りてきたり買ってきたりといったお使いなどである。そうした彼らの現場への参与の仕方は、手伝いやお使いが中心という点では「周辺的」であるが、その現場から切り離されずにいることができるという点で一定の「正統性」が認められたものといえる。

この周辺的かつ正統的な立場のもとで看取りの現場に関わることは、ケアを営む大人たちの姿から、死にゆく者のケアの技法や作法の全体像とともに、それを構成するケアのやり方や考え方、価値観について学ぶ機会を子どもたちに提供するものと考えられる。たとえば、死を迎えつつある者の身の回りの世話のやり方、それぞれの立場に応じた分業と協働のやり方、そこで求められる態度、すなわち身近な者が死にゆく事態が苦悩の経験であり、それゆえ悲しみの感情を抱いてしまうことは当然のこととしたうえで、その悲しみが「過剰にならない」ようにするという態度［岩佐　二〇〇九a、二五三―二八六］などである。家族や親族、あるいは近隣に住む人の看取りの現場への関わりも含めて、時と場を異にする看取りの現場への累進的な参加を通じて彼らは、そこでの実践の行われ方とその現場の全体的なあり方を身体一杯に吸収していくのである。

こうした視点から子どもたちのケアを学ぶプロセスを捉えるならば、彼らがケアを学ぶ場となる看取りの現場を編成している大人たちもまた、同様のプロセスを経てケアについて学んできたと考えることができる。先述の事例において、ブンミーさんの看取りの現場に中心的に関わっていたソムポーンさんをはじめとする大人たちは、そこで営んでいるケアのやり方を、上の世代が営むケアの現場に関わることを通じて学んできたのだろう。彼らとともにその現場に関わっていたウォンら子どもたちは、ソムポーンさんら大人たちのケアを営む姿から、看取りをめぐるケアの技法と作法を学んでいたのだろう。そして、ウォンらが大人になり看取りの現場に中心的に関わるようになるとき、その姿から今度は彼女の子どもたちがケアについて学ぶことになるだろう。

このように当地域の看取りの現場とは、世代や立場を異にするケアする者の姿からケアを学ぶという「通時的なケアの連鎖」が生起する場であるとともに、世代を重ねて紡がれるケアの連なりの一局面として立ち現れる場でもあるといえるのである。

看取りの現場の「非-非日常性」

ここまで、子どもの関わりに注目しながら、当地域における看取りの現場に生起する二重のケアの連鎖について検討してきた。最後に、この二重のケアの連鎖を可能とする現場にはどのような場の性格があるのかについて考察したい。

看取りの現場では、普段の生活では行われないようなことをする必要がある。たとえば体を拭く、下の世話、体位の移動などの行為は、普段の生活のなかで行われることはほとんどない。また、死にゆく者のケアが進行していく過程で必要となる作業、たとえば遠方に住む親族などへの連絡をどのタイミングでするかを判断することも、普段の生活のなかでは求められることはない。そしてなにより、死を迎えつつある身近な者との関わり方、まだ生じてはいないが避けがたくある死という事態と向き合うための態度などは、看取りの現場に特有のものといえる。人が死にゆくプロセスに特有の行為、判断、態度が要請される看取りの現場は、その点で「非日常的な場」ということができよう。

しかしながらその現場には、同時に、日常的な生活実践と共通するところも多く見出すことができる。特に分業と協働の形態である。看取りの現場における参与者は、死にゆく者との関係、性別、年齢に応じて関わり方を異にしながら分業・協働することは先に述べた通りである。だがその分業と協働の形態は、日常的に営まれる生業活動や生活実践においても行われていることであり、その意味で彼らの日々の暮らしの基調を成すものでもある［岩佐　二〇一一、六〇四―六〇五］。

ラオス低地農村部の看取りの現場とは、日常生活とは異なる行為や態度が求められるが「非日常的」とはいいきれず、しかしながら、日常生活と共通するところがあるからといって「日常的」といいきることもできない、そんな性質を有する場ということができる。この現場の性質は「非日常的ではない」という消極的な形で表現することが適切である。それをここでは「非‐非日常性」と呼ぶことにしよう〔11〕。

この非‐非日常性という場の性質を考えるうえで、ブリジット・ジョーダンが記述するメキシコのユカタン半島に暮らすマヤ（*Maya*）の伝統的な助産術の習得過程が参考になる。その社会では伝統的な助産術は家系によって継承される。けれども伝統的産婆である母親や祖母は、娘（孫娘）に対してその技術や知識を教える努力はほとんどしないという。娘たちは、母親や祖母の活動に周辺的に参加することを通じて、その技術や知識を習得していく。そしてその習得の機会は、出産の現場やそれに関連する場面に立ち会うことだけに特化しているわけではなく、むしろ日常生活の一形態として、成長の過程のなかで生じるさまざまな場面に遍在しているという［Jordan 1989: 932-934］。その記述を踏まえてレイヴとウェンガーは、ユカタンのマヤの伝統的産婆が学ぶのは、「自分がなれ親しんだ家族での特殊技能であり、それは毎日の、広く分散した「ふつうの」活動とは違うけれども、それから際立って分離しているわけでもない労働の一形態」［レイヴ／ウェンガー　一九九三、七三］であると指摘する。

この指摘は、当地域における死にゆく者のケアにもあてはまる。先に述べたように、看取りの現場において求められるのは、死にゆく者のケアに特有の「非日常的な」技法や作法だけではない。同時に日々の生活の基盤を成す「日常的な」生活の技法や作法もまた求められる。前者については、看取りの現場に関わることが重要な学びの機会になることは確かであろう。しかし後者についての学びの機会は、その現場で完結しているわけではない。子どもたちは、日常的に営まれる生活実践や生業活動、世帯単位や村単位で行われる種々の儀礼や催事、出産や結婚といったライフイベントなどの現場にも周辺的に参与しており、成長に応じて関わり方を変えながら累進的に参加の過程を経ながら学びの機会を得ている。

たとえば自宅において出産する場合、母親をはじめとする出産経験のある女性たちは、出産を迎えた女性の身辺の世話をしたり相談に乗ったりしながら、出産の介助まで関わる。夫は、出産の介助に直接関わる場合もあるが、多くの場合は産湯や布などの出産に必要となる物の用意といった補佐的な作業を行う。そして出産と並行するように、出産後に行われる「ユーファイ（*yu fai*）」と呼ばれる産後養生の準備も進められるが、その準備は夫をはじめとする男性たちが行う。そしてその現場においても子どもたちは、それぞれの作業の手伝いという形で周辺的に関わる［岩佐他　二〇〇八、一〇九―一一二］。

だとすれば、看取りの現場にみられる非-非日常性という場の性格は、看取りの場面にかぎらず、日常的な生活実践の現場、儀礼や催事の現場、前述した出産の現場を含む他のライフイベントの現場に共通してみることのできるものだといえよう。それは、看取りの現場にみられるような共時的・通時的なケアの連鎖が、日々の暮らしのなかで立ち現れるさまざまな実践の現場においてもみることができるということでもある。それらの機会に学ばれるのは、それぞれの現場に特有の行為や知識とともに、それらの現場に通底する基盤となっているさまざまな他者との分業・協働の技法と作法である。それは、ラオス語で「ともに働き、ともに食べる（*het nam kan, kin nam kan*）」と表現される、ラオス低地農村部における生き方の根幹を成す「他者とともに暮らすための技法と作法」といえるものである。

レイヴとウェンガーは「子どもたちは大人の現実社会におけるまがうことなき正統的周辺参加者」［一九九三、六］であるというが、当地域の子どもたちも例外ではない。そうした視点からみれば、看取りの現場とは、他者とともに暮らすための技法と作法を彼らが学んでいくプロセスの一局面であり、彼らの人生という文脈において他の現場と連続性をもつものともいえよう。そしてそれゆえに、非-非日常性という性格を有する看取りの現場は、子どもたちが排除されることなく、そこにいることができる場となっているのである。

おわりに

以上、ラオス低地農村部における看取りの現場を、子どもの関わりに注目しながら記述・考察してきた。それは、その現場の中心的なアクターといえる大人たちの関わりに焦点を当てると、ともすれば不可視化されてしまう子どもたちの存在に目を向けることで、当地域の看取りの現場の特性を捉え直す作業でもあった。そこからみえてくることは、子どもたちの関わりも含めた多様なケアの関係性の網の目によって編成される場、彼らの正統的かつ周辺的な関わりゆえに提供される学びの機会の場、そして一定の特殊性を有しながらも日常生活と分節・接合していく場といった、複数の場の性格が重層的に重なり合っているものとしての看取りの現場であった〈12〉。

こうしたラオス低地農村部の看取りの現場にみられる場の性格について考えるうえで、社会学者の三井さよ［二〇一二］の議論が参考になる。近年、日本の医療や福祉の現場ではケアが営まれる「場」が有する力に対する注目が高まっている。だが、場に注目することがケアを論じるうえでどのような視点の転換を求めるかについては十分に考察されてこなかったとし、三井は日本の介護現場での調査知見を交えつつ、理論的な考察を行っている。そのなかでも本章との関係で興味深いのは、さまざまな人やモノが関わり合うことで生み出されるケアの空間の「雑多さ」が、多様な形のケアを生み出す源泉となりうることを指摘している点である。

「雑多」な空間こそが、ケア提供者の想定を超えた利用者・患者の姿を浮かび上がらせ、……一対一で向き合うようなモデルとは異なる豊かな可能性を生み出す。だとすれば、その〈場〉にいるのは、「能力」「専門性」の高いケア提供者だけである必要はない。さまざまな背景や志向性をもつケア提供者がいることには一定の意義がある。すべてのケア提供者の「能力」「専門性」を高めることだけが、ケアや支援の質を高めるわけではない。むしろ、多様なケア提供者の存在を許すような仕組みが、ケアや支援の質を高めるのかもしれない。［三井　二〇一二、四一］

ここまで論じてきたように、ラオス低地農村部の看取りの現場では、中心的なケア提供者ではない子どももそこにおり、その関わりが二重のケアの連鎖を生成する重要な契機となっていた。三井が示す視点に立つならば、正統的ながら周辺的に参与する子どもたちがその現場にいることは、その場に一種の「雑多さ」を生み出しているとみることができる。そしてそのことによって、その現場は一面的な「看取りの現場」にとどまらない、二重のケアの連鎖が生成する重層的な場になっているとも考えられる。そして、そうした場の「雑多さ」を担保する文脈となっているのが、子どもがその場にいることができる看取りの現場の「非‐非日常性」という場の性格にほかならない。

ラオス低地農村部の看取りの現場とは、その現場が有する複数の場の性質が、重なりと広がりをもった共時的・通時的なケアの連鎖を生み出し、そのケアの連鎖によってそれぞれの現場が成り立つという、ケアをめぐる場の性格と人びとの実践のあいだの相互依存的で相互生成的な関係において成立するものなのである。

追記　本章のもととなった調査は、総合地球環境学研究所研究プロジェクト「アジア・熱帯モンスーン地域における生態史モデルの構築――一九四五―二〇〇五」（代表―秋道智彌）の一環として実施された。また、子どもという存在に注目することの重要性については、国立民族学博物館共同研究（若手）「交錯する態度への民族誌的接近――連辞符人類学の再考、そしてその先へ」（代表―岩佐光広）、および科学研究費補助金基盤研究(A)「東南アジアにおけるケアの社会基盤――〈つながり〉に基づく実践の動態に関する研究」（代表―速水洋子）における議論を通じて気づかされたものである。関係者各位、そしてなにより調査に協力いただいた現地の方々に記して謝意を表したい。

注

〈1〉本章では、死にゆく者に対するケアを表現する際、一般に用いられている「終末期ケア」ではなく、「看取り」という言葉を用いる。服部洋一は、「終末期」を「疾病等で余命が近く尽きることが予期されているにもかかわらず、その状況を抜本的に変える手段がない、という、生物医学の進捗がもたらした特殊な時間」としたうえで、「終末期ケア」を「この特殊な時間のなかで実践される患者、家族、専門職のあいだの双方向的な関わり」として定義している［服部　二〇〇四、三七二］。この定義を踏まえれば、「終末期」あるいは「終末期ケア」という言葉は、いわゆる「死の医療化」が進行した社会状況において用いるべき言葉であるといえる。それに対してラオス低地農村部では、後述するように、人が死にゆく過程において生物医療の関与が限定的である。その状況を記述していくうえで「終末期ケア」という言葉を用いることは適切とはいいがたいからである。

〈２〉ケアを行う子どもに注目する議論としては、たとえば家族メンバーのケアを担う子どもである「ヤングケアラー（young carers）」をめぐる議論が挙げられる。ヤングケアラーとは、「家族メンバーのケアや介助、支援を行っている、あるいは行おうとしている一八歳未満の子ども」であり、彼らは「重要なケアや実質的なケアに継続的に従事しており、通常であれば大人が担うであろうレベルの責任を引き受けている」と定義される［Becker 2000: 378］。そしてそのケアの受け手となるのは、障害や慢性病などのためにケアを必要とする家族メンバーであり、親であることが多いが、ときにキョウダイや祖父母や親戚であることもある［Becker 2000: 378］。ヤングケアラーをめぐる議論と本章の議論は、ケア実践における子どもの存在に注目するという点では共通するが、その関心は異なる。前者の主な関心は、家族ケアを中心的に担うことによって子どもに生じる負担や問題の検討にあり、いうなれば児童福祉の課題としてヤングケアラーに注目している。対して本章で取り上げるのは、後述していくように、大人たちが行う看取りの現場に「補助的」かつ「周辺的」に参与する子どもたちの関わりであり、そこからその現場の性格を捉え直すことにある。その点で、本章と関心も共有する形で子どもに注目するケア論は少ないといえよう。

〈３〉この共時的・通時的なケアの連鎖という視点は、共住や共食といった日常生活の諸実践を通じて紡がれる「関係性（relatedness）」という概念を手がかりに親族関係（kinship）の再考を試みてきたジャネット・カーステンの著作［Carsten 1997; Carsten ed. 2000］、および関係性という概念を援用しながら著述された速水洋子によるタイのカレン女性の民族誌［二〇〇九］や、ホワイトとホワイトによる東ウガンダの祖父母とマゴの関係性についての考察［Whyte and Whyte 2004］などから着想を得ている。

〈４〉本章で取り上げる事例は、主に二〇〇四年から二〇〇六年にかけて実施した長期的なフィールドワークにもとづくものであり、その後断続的に行っているフィールドワークの知見は補足的に取り上げるにとどまる。したがって特に断りがない限り、以下の記述は二〇〇四年から二〇〇六年の状況に関するものである。

〈５〉ケアに関するラオス語の検討については岩佐［二〇〇九b、二九―三一］を参照されたい。

〈６〉四九という民族集団の数はラオスが公的に認めているものである。だが研究者によっては、それよりも多い数の民族集団を同定している場合もある［Chazée 1999］。

〈7〉この年頃は学童期にあたり、「学童」を意味する「ナック・ヒアン（*nak hian*）」とも呼ばれる。

〈8〉六〇歳という「高齢者」の目安は、たとえば村長選挙における候補者の年齢の上限とされたり、「長老組織（*neaw hom*）」のメンバーの目安にされたりと、社会制度においてもみることができる。また、後述するように親が老いると既婚の子が同居を継続し扶養するようになるが、DB村においてそうした居住形態がみられるのは六〇代後半を迎えた頃である。その点も考慮すれば、「高齢者」の目安はもう少し高くなると考えられる［岩佐　二〇一一、六〇三―六〇四］。

〈9〉ここでは詳細を論じないが、病院などの医療施設ではなく自宅において死を迎えることには、精霊祭祀との関係をみることもできる。一般にラオスでは、村外で死を迎えた遺体や遺骨は村内に持ち込むことはできないとされ、葬儀のやり方も一般とは異なる場合もある。調査地も同様であり、その理由として「村の守護霊（*phi cyao pu ta*）」に関わる「慣習（*hit*）」に抵触するからだと説明される。もし村外で死を迎えた遺体や遺骨を村内に持ち込む場合には、村の守護霊に対してウシを供犠する必要がある。この慣習は、村外で死を迎えることを禁止するものではない。そもそも不測の事態がある以上、それを禁止することは不可能である。だが人びとは、この慣習を意識しながら、村外で死を迎えることを極力避けようとしている。病院で死を迎えることが少ない状況の背景には、この点が影響していると考えられる。先に取り上げた郡病院の医師は、この慣習に言及しながら、病院で瀕死の状態になった患者を、その家族が点滴などの延命処置を施して村に連れて帰ったケースもあると話していた［岩佐　二〇〇九ａ、一七七―一七九］。

〈10〉さらには、隣国のタイなどに出稼ぎに出ており、生活の場を異にしている者からの送金も、ときにその現場を支える関わりとみなされることがある［岩佐　二〇〇九ａ、二〇四―二〇八］。

〈11〉この表現は、クリフォード・ギアツ［二〇〇二］から着想を得ている。

〈12〉とはいえ、本章の試みは多くの課題を残すものである。その最たるものは、事例も含めて議論全体が「調和的にすぎる」という点である。いうまでもなく、ラオス低地農村部の看取りの現場に参加する者が、みな積極的かつ献身的なわけではないし、ウォンのように現場に関わる子どもたちばかりというわけでもない。分業・協働におけるそれぞれの立場を認め合うといっても、自分の置かれた立場に不満を抱く者もいる。現場がうまく進行しないときにどのように対処しているのか、という点については論じられなかった。これまた調和的な事例を取り上げることで、それに変更や修正が加えられていく側面についても検討することができなかった。これらの点は今後の課題としたい。

引用・参照文献

岩佐光広　二〇〇七「ラオスの医療資源――ラオス医療システムの適切な理解のために」『千葉大学人文社会科学研究』一四号、四四―六一頁。

――　二〇〇九a『生の型、死の構え――ラオス低地農村部における終末期の民族誌からのバイオエシックス再考』千葉大学大学院社会文化科学研究科博士課程学位取得論文。

――　二〇〇九b「親子間のケア関係の動態性――ラオス低地農村部の事例から」武井秀夫編『ケアの民族誌のための方法論』（千葉大学人文社会科学研究科研究プロジェクト報告書第二一一集）、二六―四〇頁。

――　二〇一〇「深める――「良い死」の外側へ」鈴木七美・藤原久仁子・岩佐光広編著『高齢者のウェルビーイングとライフデザインの協働』一三三―一四八頁、御茶の水書房。

――　二〇一一「老親扶養からみたラオス低地農村部における親子関係の一考察」『文化人類学』七五巻四号、六〇二―六一三頁。

岩佐光広・友川幸・金田英子　二〇〇八「出生から結婚まで――ラオス人のライフサイクル」秋道智彌編『くらしと身体の生態史』（論集モンスーンアジアの生態史　地域と地球をつなぐ　第三巻）一〇七―一二五頁、弘文堂。

浮ヶ谷幸代　二〇〇九『ケアと共同性の人類学――北海道浦河赤十字病院精神科から地域へ』生活書院。

ギアツ、クリフォード　二〇〇二『解釈人類学と反=反相対主義』小泉潤二編訳、みすず書房。

工藤由美　二〇一三『先住民組織からケアを描く――チリの首都におけるマプーチェ組織活動の民族誌』千葉大学大学院人文社会科学研究科博士課程学位取得論文。

服部洋一　二〇〇四「ホスピスに見る死の分解――終末期ケアの現場への文化人類学からのアプローチ」『死生学研究』四号、三五〇―三七四頁。

速水洋子　二〇〇九『差異とつながりの民族誌――北タイ山地カレン社会の民族とジェンダー』世界思想社。

三井さよ　二〇一二「〈場〉の力――ケア行為という発想を超えて」三井さよ・鈴木智之編著『ケアのリアリティ――境界を問いなおす』法政大学出版局。

レイヴ、J／E・ウェンガー　一九九三『状況に埋め込まれた学習――正統的周辺参加』佐伯胖訳、産業図書。

ロゴフ、バーバラ　二〇〇六『文化的営みとしての発達――個人、世代、コミュニティ』當眞千賀子訳、新曜社。

Becker, S. 2000 'Young carers' in M. Davies (ed.) *The Blackwell Encyclopedia of Social Work*, p. 378, Oxford: Blackwell.

Carsten, J. 1997 *The Heat of the Hearth: the process of kinship in a Malay fishing community*, Oxford: Clarendon Press.

Carsten, J (ed.) 2000 *Culture of Relatedness: new approaches to the study of kinship*, Cambridge: Cambridge University Press.

Chazée, L. 1999 *The Peoples of Laos: rural and ethnic diversities*, Bangkok: White Lotus Press.

Evans, G. 1995 *Lao Peasants under Socialism and Post-Socialism*, Chiang Mai: Silkworm Books.

Fortes, M. 1938 'Social and psychological aspects of education in Taleland', *Africa* 11(4), Supplement.

Jordan, B. 1989 'Cosmopolitical obstetrics: some insights from the training of traditional midwives', *Social Science and Medicine* 28(9): 925–937.

Iwasa, M. 2013 'Aging and dying in a rural lowland area of Laos: a consideration of the process of creating a "good death" together' in Nanami Suzuki (ed.) *The Anthropology of Aging and Well-being* (Senri Ethnological Studies 80), pp. 123–142, Osaka: National Museum of Ethnology.

Walter, T. 1994 *The Revival of Death* (Reprint edition), New York: Routledge.

Whyte, S. R., and M. A. Whyte 2004 'Children's children: time and relatedness in eastern Uganda', *Africa* 74(1): 76–94.

第9章　〝何もしないケア〟
タイ・エイズホスピス寺院における死の看取り

鈴木勝己

はじめに

一九八〇年代のエイズ流行はタイにおいて大きな社会問題となった。ＨＩＶ感染者の増加は、国家的な規模でエイズに苦しむ人びとを救済していく必要性を高めたのである。エイズは発症すると劇症化し、悲惨な最期を迎える病気として知られるようになり、最大の忌避の対象となった。九〇年代にタイの経済成長が加速し、福祉への財源が確保されるとエイズ対策も政治の道具になった。タクシン政権下、三〇バーツ医療（事実上の国民皆保険）が確立し、エイズの治療機会も増えた。だが、タクシン失脚以降のタイ民主主義の迷走は、国家制度的なレベルで社会福祉のさらなる充実を難しくした側面もある。

エイズという国家的な災厄に対して仏教が果たしてきた役割は大きい。国民に広く信仰される仏教は、タイ社会における安定的な福祉の一翼を担っており、社会的弱者に対する包摂の機能を果たしている。タイにおける社会的弱者の排除と包摂の原理は、国王の温情主義を背景にしながらも、貧困や病気に苦しむ人びとをカルマという道徳論のなかで捉えようとする傾向から理解できる。貧困や病苦は前世の報いであり功徳が不足しているためと考えられてしまう［櫻井・道信編著　二〇一〇、一三〕。タイの上座仏教では功徳の獲得による自力救済が強く求められている。宗教エリートである出家者が輪廻転生からの解脱を目指すのに対し、在家信者は輪廻のサイクルのなかでの地位向上を願う〔石井　二〇〇三（一九七五）、三二―四一、一九九一、一〇五―一一八、小野澤　一九九五、一〇四―一一七〕。ゆえにタイ人男性は生涯のうちに一度は出家して僧侶として修行することが社会的に奨励されている。基本的に在家信者は、来世に裕福な暮らしができる人間に生まれ変わることを期待し、現世での境遇は過去世での功徳の多寡によると考えるのである。貧困や病苦は功徳の多寡によって判断されるものの、仏教寺院は弱者を救済する慈悲のある社会施設であり、住処を失った人びとが最後に行きつく場なのである。

本章は、タイにおけるエイズ救済プロジェクトを担ってきたプラバートナンプ寺[1]におけるフィールドワークの成果である。筆者は外国人ボランティアとして、寺院においてひと月程度の滞在を繰り返すかたちで調査を実施した[2]。寺院のケア全般に従事し、療養者・病者とともに生活しながら自由会話形式の聴き取り調査をすすめた。ここで問われるべきテーマは、エイズの終末期医療における看取りという文化の理解である。寺院の人びとはエイズによる不幸な死とその看取りをどのように意味づけるのだろうか。寺院における看取りでは、ときに必要であろう看護介入を行わないことがある。本章ではこれを〝何もしないケア〟と呼ぶ。看取りの現場では、儀礼的な手続きにしたがい何もしないことによって社会的死が創り出されていく。私たち日本人にとってこのような看取りがまったく無関係というわけではない。寺院における看取りは、死を創り出すことによって死にゆく人びとが生の全体性を取り戻していくための文化資源とも考えられるからである。

一　ホスピス寺院

ホスピス寺院の概略

最初にホスピス寺院の始まりとコミュニティとしての特質について言及し、ホスピス運営の基本方針について説明したい。

実践コミュニティとしての寺院

プラバートナンプ寺は、バンコクから二時間程度北上したタイ中央部ロッブリー県にある。一九九二年、寺院の僧侶アロンゴット師が社会から見捨てられたエイズ病者を救済するタンマラック・プロジェクトをスタートさせた[3]。寺院がホスピスとしての機能を強めていくなか、地域住民による反対運動が起こった。寺院からの生活用水や火葬の煙によって周辺が汚染され、農作物への風評被害が発生し、ロッブリーという街がタイ全土から差別されることを危惧したからである。近年ではＨＩＶ感染予防に関する知識が社会全体に普及し、エイズ病者の救済活動には一定の理解と協力が得られるようになった。ただし、寺院の活動が社会的に認められたとしても、エイズ病者への差別感情や偏見が完全に払拭されたわけではない。人びとのエイズの受け止め方をみる限り、エイズ病者への差別は根深いものがある。

今日、社会的弱者を包摂していく寺院の役割はますます強くなっている。寺院は差別のまなざしを向ける社会から感染者を守り、寺院療養者として正統的周辺参加を促していく実践共同体である［レイヴ／ウェンガー 一九九三、七一—一〇五］。人びとは療養者として寺院の中心的な成員となることで社会からの差別やみずからの運命に抗し、仏教徒として地位を回復しようとする。北タイのエイズ自助グループを分析した田辺は、多様な動機や目的をもった人びとがコミュニティのなかでしだいに知識や技能を獲得していく過程を捉えようとした。そこではカウンセリング、家庭訪問、仏教瞑想、生薬、ヨガ、ホリスティック・ケアの実践を通して自己へのケアを編み出していく自己統治（self-government）がカギとなった［田辺 二〇〇八、四二一—一〇〇］。寺院の療養者は、実践コミュニティの成員として周囲からの差別に対抗し、ケアと功徳を引き出し、仏教徒としての地位を回復していく自己統治の技法を体得する。寺院は実践コミュニティとして機能しており、療養者は独自の自己統治を通して受け入れがたい死をみずからに説き伏せるように受け入れて最期の瞬間まで生き、そして静かに死んでいくのである。

寺院の基本戦略

寺院には社会的弱者を救済する施設としての基本原則がある。寺院は〝療養〟する場であり、〝治療〟の場ではないという原則である。実際に寺院の救済は病院とは異なり、「ここは病院ではない」という言葉は寺院関係者の常套句である。療養者の体調が悪化したとき、たとえば結核、肺の炎症、エイズ脳症のような菌の悪影響、そのほかの日和見感染症に苦しむときには、政府関係者の協力のもと彼らを近隣の提携病院に連れて行き、医師がその治療に取り組むことになっている。治療の甲斐もなく、いよいよ末期の段階になると、医師ではなく僧侶の出番となる。タイにおいて看取りは専門医療だけではなく仏教の対象でもある〈4〉。寺院には宗教施設としての自負や医療機関との役割分担に対して強い意識がある。寺院の人びとは、看取りは必ずしも専門医療の対象というわけではなく、仏法僧の三宝にしたがって自分自身の死生を判断していく必要があるという考えをもつ。これは看取りの際に仏教が果たすべき役割を明確に位置づけることであり、宗教的な実践が死にゆく人びとの資源のひとつとなりえる可能性を示している。

寺院の特徴を明確にするために、いわゆる一般的な看取りについても言及しておかねばならないだろう。寺院は近隣の総合病院、国立ナライ王病院と提携関係にあり、病院関係者と必要な医薬品や病者の受け渡しを行う。ナライ王病院では、病者は感染症病棟に入院し、専門治療を受ける。病院の看護師長〈5〉は、寺院の末期病者に対して「自業自得なので同情する必要はない」と断言する。がんとは違い、エイズはみずからが行った反道徳的な行為の報いとみなすからである。ただし、寺院の病者が病院に入院した場合、必ず最期まで面倒は見るという。同時に看護師長は、一般的にタイではエイズに限らず人の看取りに対して過剰な介入は行わないという。日本のように侵襲的な医療技術を徹底的に駆使した延命は好まない傾向にある。タイと日本では医療資源の有無以前に死の受け止め方が決定的に異なるからである。これは病院においても、自宅においても、程度の差はあるが同じだという。タイにはいまだに発展途上の村落社会も多くあり、そのような地域では末期病者に対する制度的なケアはほとんど提供されない。ウィリアムズらは東北タイの事例をとりあげ、専門医療を担う都市部出身の人びとは東北タイの人びとへの差別意識や信仰体系への理解不足があり、緩和医療を実施するためのインフラ不足から、病院のベッドは治療のためのものであり、療養の場は家庭しかないという状況に言及する［Williams 1996: 98-107］。死生の問題は家族や地域共同体で共有されざるを得ないのである。したがって、看取りは仏教に精通した高齢者によって指導され、伝統的な家庭内のケアが実施される。また、村落でエイズの発病を周囲に知られることは、エイズの否定的メタファーを一身に引き受けることを意味する。過度に付与されるスティグマを恐れて制度的なケアから遠ざかる病者の存在も看過できない[6]。エイズの場合、ほかの重篤な病気よりも自宅でひっそりと亡くなったり、地域社会から追いやられてしまったりするケースが多い。寺院はこのような病者を救済の対象としている。

ケアの場所

寺院のケアの中心は、療養者が寝起きをするふたつの建物である。ここでは重症病棟ワライラック、軽症病棟メータータムとその屋上の隔離病室について説明する。

ワライラック　自立した生活ができない者は、タイ王女の名に由来する病棟ワライラックで共同生活をする。ワライラックはとくに症状の重篤な者が療養する場である。ベッド数はおよそ三〇床あり、看護師一～二名、看護助手一～三名が常駐する。エイズ治療の医薬品ＡＲＶが普及した現在においてもワライラックでは死が日常化しており、ここで最期を迎える者が非常に多い。そのため、外国人ボランティアはワライラックを中心にして活動する。病室には男女の区分や間仕切りは一切ない。寄付や慰問のために寺院を訪れる人びとの見学コースに含まれており、週末は喧噪で落ち着かない雰囲気となる。見世物にされるような境遇を嫌う者もいるが、大半の者は時間を持て余しており、訪問者の慰問を楽しみにしている。病室中央には大型テレビが置かれ、夕食後から消灯時間の二一時頃までＤＶＤの視聴ができる。夕食がすんだ者からテレビ前に移動するのが慣例である。病室には、看護系職員がカルテの作成や服薬管理などの仕事を行うデスクカウンターと、その奥に三人から四人が食事できる休憩スペースがある。デスクカウンターから内側は、重要書類と医薬品が備蓄されていることから寺院職員のみが立ち入れる場所となっている。病棟の裏側には水浴び場とトイレがある。水場の近くには療養者を一時的に隔離するための鉄格子つきのベッドがあるが、現在はほとんど使用されず、おもに資材置き場として利用されることが多い。

メータータム　症状が回復しつつある者は、ワライラックの隣の病棟メータータムの三階で生活する。メータータム（metta tham）とは〝慈悲をなす場所〟とでも訳せるであろう。病室には男女の区分があり、ベッド数はおよそ二〇床である。男女を隔てた中央に看護師ないし看護助手一〜二名が勤務する部屋がある。週末でもメータータムまで訪れる人は少なく、比較的落ち着いた療養環境が保たれている。ここで療養する者は、希望する場合は寺院内で軽作業に従事し、看護助手として同病者をケアすることができる(7)。

隔離病室　メータータムの屋上には施錠された隔離病室、通称カラオケ部屋(8)がある。カラオケ部屋は、寺院職員によって人の出入りが厳しく管理されている。カラオケ部屋へのアクセスは、まず三階中央の看護室の前を通り、屋上へとつながる施錠されたドアを通り抜ける必要がある。さらに三部屋あるカラオケ部屋は全体が白壁で覆われており、白壁にも施錠されたドアがついている。その鍵は古参の看護師が管理している。古参看護師のもとに二〜四名の看護助手がつき、末期病者のケアにあたる。カラオケ部屋での作業は力仕事をともなうため、体力のある比較的若い男性が参加するが、外国人ボランティアがカラオケ部屋で作業することはない。

ホスピス寺院で暮らす人びと

寺院職員　寺院の職員は、通常の医療施設と同様、雇用される形態にある。職員は、看護系職員と事務系職員に大別される。職員への給与は月給にしておよそ五〇〇〇から七〇〇〇バーツ(9)であり、給与水準は相対的にやや低い。ただし、寺院内にいる限り、全国から集まる寄付によって衣食住が確保されるため、普段の生活には困らない。給与水準の低さは仏教功徳を積んでいるという充足感によって補われている。

古参の看護系職員は六ヵ月間の速習で看護教育を終えた准看護師が多く、資格上の制限からほかの医療施設では通用しないという悩みをもちながら、ホスピス寺院という特殊な現場で看護経験を重ねている。若手の看護系職員のなかには正規の看護教育を受けた者もおり、資格の上では古参の看護系職員よりも上位になる。ホスピス寺院は活動の初期、外部から人材を雇用していたが、現在では寄付金を医療者養成の費用にあてて育成段階から人材を確保している。寄付金によって看護教育を受けて看護師になった者は、寺院での一定年数の就業が義務付けられている。さらに寺院では、古参看護師の指示のもとで看護業務をサポートする無資格の看護助手がいる。看護助手には感染者も一般の非感染者もいる。本章では看護師、准看護師、看護助手の看護者を総じて看護系職員と記述する。
事務系職員は臨床に携わる看護系職員とは異なり、社会的な次元のケア[10]に携わっている。本章では地域社会の福祉のあり方や国家制度レベルの支援を総称して社会的なケアとみなしている［広井 二〇〇八、九―一四］。寺院のタンマラック・プロジェクトに貢献することは、タイ社会全体のエイズ対策に対して意義があると事務系職員は考えている。事務系職員は中央政府の保健省との折衝を担い、寺院活動への理解と協力を取り付けている。その結果、寺院の療養環境が改善され、抗レトロウイルス薬であるＡＲＶの無料配布を実現させている。寺院の職員はさまざまな次元から療養者に対して仏教的な慈善を行っているという意識がきわめて強く、高い職業意識をもっている。

ボランティア　ボランティアを希望する外国人[11]は、事務系職員に申し出て登録する必要がある。タンマラック・プロジェクトが始まった当初、寺院はホスピス運営のノウハウがなかったため、諸外国からのボランティアを歓迎していた。今日では、寺院は原則的に外国人ボランティアの受け入れを停止している。ただし、寺院はその性格上、強く訪問を希望する者を拒むことはない。表向き外国人ボランティアの受け入れを停止していても、タイ語を理解し、療養者とのコミュニケーション上の障害が少ないと判断される場合、あるいはこれまでに寺院でのボランティア実績がある場合は許可されることも多い。

寺院のボランティア業務はタイ人と外国人とで区分される。タイ人ボランティアは学生が多く、医療系業務だけではなく、限定的であるが寄付金の管理や各種イベントの計画などの事務系業務のサポートを行う。一方で、外国人ボランティアはワライラックでの看護系業務のサポートに限られる。外国人ボランティアはその大半が本国で専門医療や福祉関係の仕事に携わっている。規格化された看護技術という基準でみれば、外国人ボランティアはタイ人看護者よりも多くの看護知識とノウハウを身につけている場合が多い。だが、両者には直接的な交流はほとんどなく、ときに外国人は寺院に厄介ごとを持ち込む存在とさえみなされる。寺院側が外国人ボランティアを警戒する理由は、タイ仏教の理解不足から誤解され、寺院の活動に対して誹謗中傷が流布されてしまうことへの懸念からである。寺院側には、外国人ボランティアに対して社会的弱者の救済という善行の機会を提供し、訪問を許可しているという意識がある。外国人は、タ

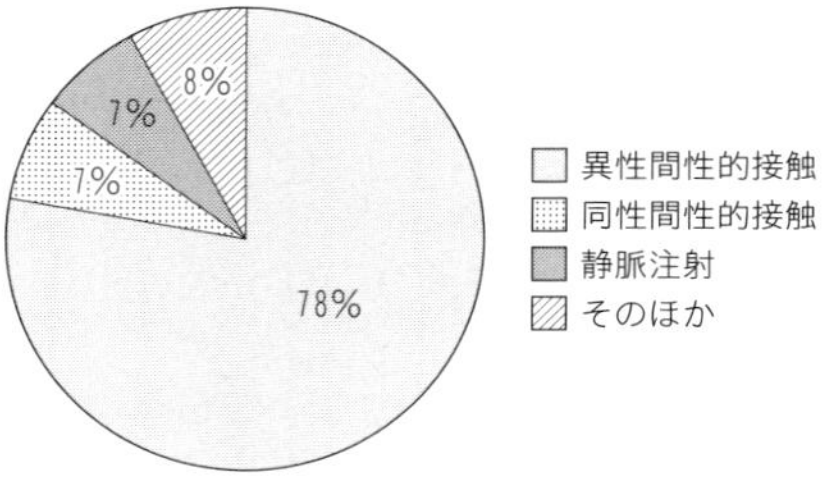

図1　感染経路

Center of Hope Annual Report 2008, AIDS Health Care Foundation. より筆者作成。

イ人看護者や療養者の言動がケアに対する協調性、ボランティアへの感謝や慎み深さに欠けていると感じることが多い。これは寺院のケアがする側とされる側に単純化される関係ではないことを示している。寺院のケアには複数のモードがあり、それぞれの場によって大きく異なる様相をもつ[12]。ゆえに寺院でのボランティア活動にはローカルなケアへの理解が必須なのである。

療養者と病者

タンマラック・プロジェクト全体では四一六名の療養者が寝起きをともにしている[13]。そのうちの一〇〇名前後が寺院で生活する。寺院の療養者はおよそ三つのステージに区分される。本章では、日常生活に支障のない人びとを療養者、集中的な看護ケアを必要とする療養者を病者、とくに臨死期にある者を末期病者として分けて記述する。健康を回復した者は、療養者としてひとりで、あるいは家族とともに寺院敷地内のコテージで暮らすことになる。逆に症状を悪化させた末期病者には要望に応じて酸素吸入や点滴注射という専門治療がなされる。療養者の教育歴は初等教育までが六割を超え、大学教育を受けた者は三%以下である[14]。教育歴と社会階層はある程度の相関関係があり、相対的に寺院内に高学歴者は多くない。感染経路に関しては圧倒的に異性間接触が多い（図1）。男性の場合は娼婦との婚外交渉[15]、女性の場合は夫や恋人との性交渉による。ただし、感染経路には重複があり、また不名誉を避けるための恣意的な回答も確認されている。たとえば刺青や手術時の輸血事故、母子感染がそのほかの感染経路の約八%に含まれるが、いずれも自己申告であり確たる裏づけはない。

寺院には一〇名前後の僧侶が生活しているが、ほとんどの僧侶がHIV感染者である[16]。通常、病気の者は出家できないが、病気の症状が表出していない場合、仏陀の慈悲（metta）から出家が容認される場合がある［Songwathana and Manderson 2001:7-9］。タイ社会では僧侶は王族、教師と並んで尊敬の対象であり、その社会的地位はきわめて高い。ただし、ホスピス寺院の僧侶は感染者であるという事実から一般の僧侶と完全に同じ扱いというわけではない。僧侶は仏暦にしたがって実施される儀礼に参加し、亡くなった療養者の葬儀を行う。寄付金を募るために街に出かけるが、儀礼のために在家信者の自宅に赴くことはない。市井の人びとは感染していても僧侶には相応の敬意を払うので、いかなる差別的な扱いも受けていない。だが、ある事務系職員は、ホスピス寺院の僧侶は一般の僧侶とは違うと明言する。僧侶を区分する意識は、ＨＩＶの感染経路に根拠がある。図１で示したように、実際の感染経路は女性との接触が圧倒的に多いと推測され、タイ社会で厳格に守られる仏教上の禁忌[17]にふれている。また、僧侶は一般人よりも貴重な医薬品が優先的に使用されるなど、優遇されやすかった。ゆえにホスピス寺院の僧侶は、医薬品のために出家したとみなされる傾向さえある。

二 〝何もしないケア〟の実践

事例「アットは早く死んだほうがよい」

寺院における看取りには特徴がある。末期病者は誰にも妨げられることなくひとりで死んでいく。看護者はある時期から一切の看護的な介入を中止するからである。ここではこの看取りの詳細を報告する。なお本章の人物名はすべて仮名である。

タイ北部出身のアット（四〇代、♂）は、末期にウイルスによって四肢が麻痺し、自立した生活が不可能となった。そのままカラオケ部屋で療養することになった。早朝、起床後に数人がかりで汚れた衣服と包帯が交換される。その際に褥瘡をきちんと治療する。八時頃に朝食が用意される。ひとりでは食事をとれないため、看護助手二名がアットの食事の補助をする。だが、アットは食欲がなく、ほとんど残してしまう。朝の看護ケアがひと段落すると、古参看護師のポン（二〇代、♀）は看護助手二名と協力して寝たきりのアットに水浴びをさせる。看護助手はアットを裸にし、四肢麻痺により屈曲したアットの身体を抱え込むように支えてプラスチック製の椅子に座らせた状態を保つ。アットの身体は寝汗や糞尿、褥瘡からの膿、化膿止めの薬品で汚れているため、傷口を痛めないように汚れを丁寧に洗い流す。アットは、たどたどしい言葉と指差しで水をかけて欲しい場所を伝える。薄暗いカラオケ部屋から風通しの良い場所に運び出されて水を浴びるとき、アットは穏やかな表情を見せる。水浴びを終えた後、再び治療が行われる。アットは苦痛で表情をゆがめ、不明瞭ながらも言葉で症状をもっと楽にしてくれるよう求める。何度も苦痛を訴えるアットに対してポンは「文句を言ってはいけない！」と強い口調で叱責する。このようなケアは規則正しく三日間続けられた。

四日目の朝、アットは自分の意志を伝えられなくなった。ままならない身体に対してただ苦しみを味わう沈黙の時間が長くなっていた。この様子を確認したポンは「私たちもアットもこれ以上苦しむのに飽き飽きしている」、「アットは早く死んだほうがよい」とこともなげに言う。これは〝何もしないケア〟の始まりを意味していた。このときから筆者以外は誰もアットのもとへ近寄らなくなった。水浴びも食事も投薬もしない。アットの様子を確認しに行くと、アットは静かにカラオケ部屋の天井を見つめ、苦しげに消耗性の呼吸を繰り返していた。呼吸のたびに浮き出たあばら骨が大きく上下していた。背中の褥瘡が痛むのか時折、苦しげなうめき声をあげていたが、筆者からの問いかけには一切答えることがなかった。アットの様子を報告するとポンはうなずくものの、取り立てて何かをしようとはしない。ポンは筆者に「アットの瞑想を妨げてはいけない」と告げる。その日の昼過ぎに再び看護室を訪れると看護助手たちは「アットはもう死んでしまった」と口々に言いあっている。あわててカラオケ部屋を訪れてみると、以前ほどはっきりしていないものの、アットはまだ静かに呼吸をしている。ただし、すでに意識はなく、ゆっくりと左右に動く眼球には何も映っていないようだった。およそ二時間後にアットは完全に呼吸が止まり、眼球は動きを止めた。

アットの死の解釈

アットはタイ北部チェンマイのホテル従業員として働いていた。基本的な英会話ができることから外国人との付き合いにも慣れていた。寺院での療養生活を通して一時期はかなり元気になり、ほかの病者をケアし、職員とバレーボールに興じるなど活動的であった。感染した理由については、ほかの療養者と同様に多くを語りたがらなかったが、言葉の端々から性交渉によって感染したことがうかがえた(18)。寺院療養者の死は、不特定多数の相手との性交渉や麻薬の静脈注射という悪行の報いとみなされる。だが、アット自身は運が悪かったから感染しただけであり、悪行の報いを受けているわけではないと考えていた。一方で、家族と別れて寺院で死んでいくことは、来世への良き転生を可能にするために仕方がないとも考えていた。寺院における功徳の獲得は、末期病者の生活補助、寺院施設内の清掃、仏教儀礼への参加、本堂での読経など多岐にわたるが、功徳を積めるのは回復期にある比較的元気な時期に限られる。死期が近い末期病者はすでに功徳を積むことはできない。ゆえに仏教功徳の戦術的な読み替えがなされるのである。アットは、みずからの衰弱していく身体を看護者にゆだね、ケアという積徳行（tham bum）の機会を創り出していること、最期に心のなかで仏陀と対話しながら穏やかに死ぬことも功徳であるという。これは寺院の公式見解でなく、療養者が自分たちで読み替えた功徳であり、自分たちで見出した死の意味なのである。

エイズは完治しない。末期病者にとって現世は苦痛に満ちており、死んで楽になることを望む者も多い。上座仏教において自殺は厳禁であるため、仏陀の庇護のもと、できるだけ速やかに楽になることを望む。その結果、ポンらは「早く死んだほうがよい」と断言し、筆者に「瞑想を妨げてはいけない」と諭したのである。ポンらの〝何もしないケア〟は、看護する側がイデオロギーを押しつけることではなく、来世への転生を希求する病者の希望にも合致している。アットの看取りは、死が避けられないアットとポンらの共同作業であった。〝何もしないケア〟は、病者を慣習的に看取ることを意味している。〝何もしないケア〟には、ケアする者とされる者がともに学んでいくべき宗教的な教え、すなわち、生と死のわかちあいが存在している。なぜならアットもまた元気であった頃に同じように仲間を送り出してきているからである。療養者は、ケアという日常実践を通してやがて自分も同じ道をたどることを理解していく。両者の共同作業としてのケアは、来るべき死と死に方に対して同じ考え方や価値観を育んでいくのである。アットは仏教の教えを頭で理解するのではなく、同病者への看取りを通して経験的に理解している。看取りの経験からみずからのカルマを清算する死に方を体得していく。これは看護者のみならず仏陀や死者との互酬関係に基づくケア実践であった。この意味において看取りは療養者と看護者の双方に継承されていく慣習的な技術なのである。

看取りケアのモード

カラオケ部屋に移った初日から三日目まで、アットは手厚いケアと治療を受けている。とくに看護助手たちは、やがて訪れるかもしれない自分たちの死を意識しつつ、熱心にアットのケアに取り組む。だが、四日目に看護介入的なケアが停止され、「アットはもう死んでしまった」と死亡宣告する。ケアのモードを切り替えたのである。この死亡認定は、アットが現世の生と死の狭間にあることを認めているからである。アットは医療ではなく仏教の対象となった。看護助手たちは「意識をなくしたアットはとっくに死んでおり、生まれ変わって幸せな来世に向かいつつある」とみなしている。最期の瞑想によってアットは功徳を積み、来世の幸福が約束されていると考えているのだ。アットの死は仏教的な価値規範を体現したものであり、何もしないことはモードを切り替えた結果としてのケアである。生命倫理学者の加藤はハイデガーの知見からケアを読み解く。加藤によれば、ケアは気遣い（Sorge）であり、気遣う相手とともにあることを意味する。憎悪したり、無視したりする否定的情念さえも他者とともにあることの証左であり、広義のケアに含まれうる［二〇〇五、五］。ケアを狭義の医療からより広い社会的な文脈に置き直すのであれば、アットがひとりで死と対峙することは、来世への良き転生を実現するために不可欠なケアだったと考えられる。いかに苦痛であっても、アットはひとりで死に対峙することで、寺院における良き死を具現化したとも考えられる。

末期病者は寺院に備蓄されている最低限の医薬品では対処できない苦痛に悩まされることが多い。ケアのモードの切り替えは、この苦痛を加速化させるが、結果的に苦痛の終焉を早めてもいる。ポンたちの見解にしたがえば、アットの苦痛は来世の幸福な人生と交換される等価物である。現世のカルマの清算として引き受けなければならない苦痛でもある。功徳の獲得とカルマの清算は民衆による宗教実践[19]なのだ。〝何もしないケア〟によって打ち捨てられたようにみえる死には、狭義の医療に限定されない文化的な文脈が存在している。末期病者が現世を去るときにその苦痛に甘んじることは、来世に転生していく際に通過すべき試練なのである。末期病者は仏陀の加護を受ける前に、みずからの犯した過ちに対して赦しを請い、仏教徒としての地位を回復する必要があるのだ。カラオケ部屋での療養は、病者が死の意味を探求し、確信するための時間である。外国人ボランティアが人権問題を持ち出して寺院を批判することは、寺院という臨床現場におけるケアの文脈を見落としていることを意味する。

カラオケ部屋という場

次にケアの場から看取りを読み解いてみたい。アットが看取られた場所は、カラオケ部屋と呼ばれる隔離病室である。カラオケ部屋にはふたつの役割がある。ひとつは薬物中毒者や暴力傾向のある療養者を拘禁し安全を確保すること、もうひとつは末期病者に瞑想を促すことである。カラオケ部屋は三畳程度であり、その作りからみて病室というよりも独居監房に近い。これは徳のある高僧が即身仏になるために瞑想修行を行う洞窟と同じ空間的特徴をもつ。カラオケ部屋は療養者が静かに自己と対峙し、仏陀と対話をしながら死へ向かう場である。病む者を苦しめる根源は意味の欠如である。アットは日常から断絶し、仏陀とともに死と苦痛の意味を探求するために、自己と向きあうことに四日間を費やすことができた。死は生のひとつの結節点であり、カラオケ部屋は寺院の社会文化的かつ生物学的な死が集約されている場である。同時に現世から来世へと切り替わる希望の場でもある。カラオケ部屋は濃密に死を喚起させる場であるが、同時に再生への道筋が示される特別な場として認識されている。もちろん、アットは自分からカラオケ部屋への移動を希望したわけではなかった。カラオケ部屋に移動した者は、最期は必ず棺に納まった状態で出てくる。看護系職員がアットをカラオケ部屋に移した理由は、症状の悪化によって集中的な看護ケアを必要としたからである。集中的な看護ケアは死に備えるために必須であった。

カラオケ部屋にはきわめて重要な特徴がある。それは水へのアクセスである。タイでは毎年、四月に水かけ祭りのソンクラーン、一一月に水の女神に感謝をささげるロイカトーンを祝う。一般的にタイの人びとは墓を持たず、遺灰を水の流れのある河川や海に流し、転生を祈る[20]。葬儀では功徳を転送するため、遺体に聖水をふりかける。人びとの暮らしは水と濃密な関係がある。水の確保は、寺院で療養生活を送るうえできわめて重要であり、療養者は少なくとも朝晩の二回、水浴びをして身体の清潔さを保つ。カラオケ部屋で療養する者は、薬物乱用者や暴力傾向のある者を除くと、大半がアットと同じく歩けなくなった末期病者である。水浴び、洗顔や洗髪、歯磨きなどの日常の営みがひとりではできず、看護助手らの助けが必要な状態になっている。ワライラックでは病棟の裏手に二ヵ所水場が用意されている。水場には水がめが設置してあり、手桶を使用して水浴びをする。一方でカラオケ部屋では、療養者が仰臥するスペースと水場はわずか数メートルの隔たりであり、水道の蛇口にホースをつなげばベッドと水場はほぼ直結する。水の重要性を考慮するならば、アットは最期の四日間をきわめて特権的な環境で療養していたことを意味する。カラオケ部屋での療養生活は、末期の苦しみや死への不安に満ちている。だが、水浴びをするとき、彼らは瞬間的に生の輝きを取り戻す。食欲はなく、痩せ衰えて骨と皮ばかりであっても、水は最期まで欠かすことはできない。寺院の療養者は水とともに生き、水とともに死んでいくのである。

ケアの混乱

寺院の末期病者は原則的にひとりで死に向かう。このような看取りに対して、タイ人の療養者、看護者、外国人ボランティアとの間で混乱がみられる。

外国人ボランティアとの確執

タイ人と外国人のケアには相いれない対立がある。カラオケ部屋の〝何もしないケア〟とその死は、ワライラックでも確認される。ワライラックでは、末期病者の死亡が宣告されると誰もその病者のベッドに近寄らなくなる。看護介入をしない看取りはカラオケ部屋と共通である。カラオケ部屋はより明確なかたちで〝何もしないケア〟が実施されるに過ぎない。多くの場合、外国人ボランティアには受け入れがたい看取りであり、タイ人看護者との確執の原因となっている。

外国人とタイ人のケアは、それぞれどのようなものだろうか。外国人ボランティアは、ワライラックで病者の衣類や紙おむつの交換、食事の補助、水浴びやトイレなどの身の回りの世話、マッサージを行う。朝の九時頃から一七時頃までは、外国人ボランティアが献身的にケアする。一方でタイ人看護者は、病者の体温、血圧、脈拍の測定という毎日の定期検診に加えて服薬指導を行う。外国人ボランティアのいない早朝深夜の時間帯には衣類や紙おむつの交換、身体の清拭なども行っている。タイ語を解さない外国人が定期検診や書類整理に関与することはない。タイ人看護者も外国人ボランティアにサポートを頼むことはない。同じ場所でケアに携わる者同士であるが、両者に協力関係はなく、緊張感を保ったままである。タイ人看護者はこのようなケアの場の緊張をほとんど無視している。一方で外国人ボランティアはどうにかして意思の疎通をはかり、協働しようとする。オランダ人ボランティアの看護師マリア（二〇代、♀）は、〝何もしないケア〟を実践するタイ人看護者の態度に業を煮やし、その理由を問いただした。タイ人看護助手のノイ（二〇代、♀）は「ほかにも死にかけの病人は大勢いるのだから特定の病人にだけかまうべきではない」と応答する。さらに「彼らは友達ではないのだから、あまり深くかかわり過ぎるべきではない」と続ける。ケアの協働を願うマリアの希望はかなわず、ついには「何を言ってもダメ。結局のところ、彼らがどうなろうと私の知ったことではない」とタイ人看護者と病者を断罪することになる。

このような齟齬はなぜ起こるのだろうか。ひとつは言葉の問題である。外国人は英語を使用し、タイ人はタイ語を使用する。より重大な問題はケア文化の対立である。外国人ボランティアは自己の看護理論を過信し、ローカルな看護文化に気がつかない傾向にある。医学だけではなく、看護学も正統的な源流は西洋にあると信じているからである。帰国後に本格的に医学を学ぼうとしているマリアは、西洋の看護理論を絶対的な理想としていた。一方、ノイは間違いなく中堅の看護者である。ただし、ノイのケアに関する知識や技術体系は、必ずしも西洋の看護理論とは一致しない。この意味において寺院はS・ソンダースを祖とし、キリスト教的な基盤をもつホスピスの典型からはかけ離れている[21]。タイにはローカルなケア文化がある。文化を無視することは、ケアの意味を了解不可能なものにしてしまうだろう。ケアには異なる目的があり、その目的の相違こそが外国人とタイ人を隔てているのだ。

ケアの文化的基盤　ケアの文化的基盤について考察してみたい。アットに対する〝何もしないケア〟は、外国人ボランティアには受け入れがたい。筆者はマリアの憤りを代弁し、アットと同様に〝何もしないケア〟の対象となっていたある病者の様子について以下のように報告する。

筆者　二五番のベッドの人が苦しそうだよ、死にそうだよ。
ノイ　わかっているわ、いいからこのパパイヤサラダ、おいしいから食べなさい。

筆者とノイは同じ現象を目の当たりにしているにもかかわらず、まったく異なる文脈に基づいて発話をしている。このかみ合わない対話は、死の看取りに対する決定的な意識のずれでもあった。二五番ベッドで横たわる末期病者の苦しみを少しでもやわらげることは最優先で実現すべきことであり、そのために手助けできると筆者とマリアは考えていた。これは私たちにとって慣れ親しんだケアの感覚であり、共通に想起されるケア意識とも言えるであろう。浮ケ谷の述べるとおり、ケアの関係は共同性のなかで自動的に起動し、病むことと同じく人間が人間らしくあるひとつの条件でもあるだろう［浮ヶ谷　二〇〇九、三五九―三六〇］。筆者とマリアは二五番ベッドの様子を確認した際、自分たちと目の前で苦しんでいる者との間にケアの関係を起動し、病者の苦しみを軽減させることが自分たちに課せられた役割と捉えていた。ところが、ノイは筆者らの呼びかけに対して正面から受け止めてはいない。筆者らのケアの意識に対して理解は示すものの、それは寺院のやり方ではないという態度を暗に示したのである。ノイは面と向かって否定することなく、さりげなく食の話題をとりあげ、看取りケアに関する私たちの批判的追及をいなそうとしている。これは筆者たちを傷つけることなく、寺院におけるケアのあり方を守ろうとするノイの対人関係上の技術だったのである。

ノイは、死にかけている末期病者を目の当たりにしても決して生活のリズムを崩さない[22]。外国人ボランティアの批判めいた言葉にも動揺することはない。いつもと同じように仲間と食事し、おしゃべりをしながらワライラックでの業務を淡々とこなしていく。その一方で、寺院の看護者は臨死期にある病者の一挙手一投足に意識を向けている。死にゆく病者の状況を的確に把握し、行く末を注意深く探りながらも、看護介入的なケアはしない。死にゆく病者から三メートル程度の距離を置き、ほとんど近づくことはない[23]。だが、これは厳密な意味において何もしないことではない。ノイは末期の苦しみを伝える病者のうめき声に対して以下のように説明する。

あの人は寺院に来る前に不倫で妻を泣かせ、麻薬を使って周りに迷惑をかけてきた。だから今苦しんでいる。ここで苦しんで赦しを得られれば、来世は幸せになる。そうなるよう祈っている。

うめき声をあげている病者に対して看護介入はしないが、仏教の価値規範にしたがい、祈りを通して病者へ功徳の転送を行う。ノイの意識は明確に二五番の病者に向けられ、良き死と来世への転生が祈られている。この祈りは気配りというケアの根源的な意味と合致している。祈りという看取りは、功徳の転送[24]と輪廻転生という上座仏教における生命の円環的推移によって支えられている。いかなるケアであっても文化的基盤となる信念体系を無視することはできない。ノイの同僚である看護助手ゲー（二〇代、♀）は、〝何もしないケア〟を支える信念について次のように述べる。

死に際で苦しんでいる人がいるとき、余計なことはしてはいけないと看護師長に教わった。苦しみをやわらげようとすることはその人のためにならないこと。

ノイやゲーによれば、死にゆく者の苦しみはカルマの清算である。カルマの清算を助けることこそが看取りのケアなのである。ゆえに看取りは具体的に目に見える行為だけではその是非は論じえない。より重要なことは、この看取りケアの思想が死にゆく者と看取る者との間で共有され、長年にわたり継承されてきていることである。

〝何もしないケア〟の互酬関係

寺院のケアは功徳を媒介とした互酬関係に基づいている[25]。そのケアの関係性は仏陀や死者を軸とした三者の相互作用である（図2）。末期病者は看護者に看取りという積徳行の機会を創出し、看護者は〝何もしないケア〟を通して末期病者の輪廻転生を支援する。仏陀や死者は、いわばケアの場の力学における独立変数として寺院のケアの意味を規定している。〝何もしないケア〟は、迷いや葛藤を織り込みつつ功徳を読み替えることによって実施される、末期病者と看護者の共同作業である。それは末期病者からの一方的な要求ではないし、看護者からの押しつけでもない。両者の関係には、仏陀と死者を軸にした互酬関係があるからである。

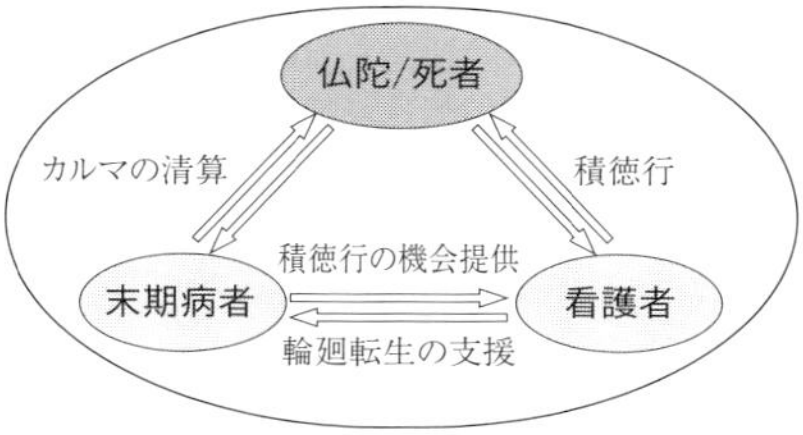

図2　〝何もしないケア〟の互酬関係

では療養者は〝何もしないケア〟の互酬性についてどのように考えているのだろうか。アットは元気な頃にほかの病者の死を看取っていた。そのアットが自分の死に対峙するとき、昏睡期の瞑想のなかで何を思い浮かべていたのかは推測の域を出ない。そこでアットの死を看取った二名の療養者の語りからケアの互酬関係の意味を探っていきたい。以下に、ワライラックでともに過ごした病者コン（四〇代、♂）と看護助手としてアットの死を間近で看取ったバンク（三〇代、♂）の語りを紹介する[26]。

コンは覚せい剤の静脈注射の回し打ちと刺青、婚外交渉によって感染したほぼ寝たきり療養者である。アットがカラオケ部屋に移るまでワライラックで療養生活をともにしている。下肢が麻痺しており自力歩行は困難だが、そのぶん精神活動は活発で人間の死生に対してしっかりとした意見をもつ。アットをカラオケ部屋に送り出し、後に続く自分の死に方を考えたのだろう。コンは〝何もしないケア〟に対して複雑な胸中を抱いている。〈27〉

本当は最期には愛する者に看取られたい。誰だって家族がいいに決まっている。俺たちには選択肢がないんだ。だけど、寺で死ぬことは最大の仏教功徳だ。

コンは迷いつつも「寺で死ぬことは最大の仏教功徳」と述べる。家族に会えず、ひとりで死にゆくことは耐えがたいつらさだが、同時に他者に看取りの機会を与えることによって功徳にもなり、筆者のような外国人に話を伝えておくことも功徳になるという。コンは来世に備えて自分のカルマを清算しなくてはならない。仏陀からの赦しを得て功徳を獲得し、先に亡くなったアットに功徳を転送し、みずからも仏教徒としての地位を回復する必要があると考えている。同時に自分の後に続く療養者からの功徳が転送されることを期待する。コンの見解は公的に認められたものではない。これはアットの死と同じくコンら療養者による功徳と互酬関係の戦術的な読み替えである。看取りの意義を明確にすることは、療養者の自己統治の技法であり、寺院側のケア戦略に対する戦術的な対応でもある。〈28〉

看護助手として働くバンクは、かつて歓楽街パタヤーのバーで働いているときに外国人同性愛者のパートナーから感染した。半身に麻痺があるものの、肉体的にも精神的にも回復期にあり、メータータムで療養を続けている。古参看護師ポンの指導のもと、バンクはカラオケ部屋でアットへのケアに尽力し、最期には〝何もしないケア〟によってアットを看取った。ポンやバンクの看取りはアットを苦しませているようにもみえる。だが、バンクもアットもこれを是としている。バンクはアットの転生を助けたという自負があるのだ。カラオケ部屋での四日間、バンクは誰よりも献身的にアットの世話をした。日常的なケアに尽力し、最期にアットに死の苦しみを甘受させることによって仏教徒としての地位を回復させている。アットの病んだ身体はバンクに人助けという功徳を積ませている。バンクはやがては自分もアットと同じように看取られることを自覚しながら、自分に言い聞かせるように来世について述べる。

俺たちは寺院でこんなに苦労しているし、こうして功徳を積んでいる。だからここで死んだ後の来世は幸せに決まっている。

バンクのいう苦労とは、積徳行となるすべての活動のことである。〝何もしないケア〟によって静かに瞑想しながら死にゆくことは、積徳行を通じて来世の幸福を保証しようとする心的な取り引きなのである[29]。バンクの献身的なケアは金銭的報酬のためではなく、死を創り出すためのサポートが功徳を積む善行と信じられているからであり、自分自身の死と再生のためでもある。「来世は幸せに決まっている」という言葉には一層の力が込められていた。

　何もしない行為の意義は、仏陀という超越的な第三者によって規定されていく。仏教功徳の読み替えは、寺院におけるケアの互酬関係から読み解くことができる。寺院の看取りは、看取る者と看取られる者との相互作用のなかで社会的に容認された死を創り出している。寺院のケア戦略は、上座仏教の理念において死にまつわる苦痛を過去のカルマの清算と意味づけ、受苦の理由を療養者に納得させることである。ゆえに看護者は現在の苦しみはかつての悪行のせいという過去世志向から〝何もしないケア〟を合理化し、仏陀との瞑想において赦しを得るよう日常的に療養者に働きかける。一方、療養者はケアに関する積徳行を通して功徳を獲得・再分配し、功徳という象徴財を積極的に操作することによって、より良い来世を確信しようとする。療養者はすべての営みを積徳行と関連づけることによって功徳を獲得し、現在の苦しみと引き換えに来世は必ず幸福になるという来世志向に生きている。仏教功徳のイデオロギーを読み替えていく戦術は、ケアの互酬関係を軸として末期病者の避けがたい死を次の生に向けて解放していく。

三　看取り文化の比較

看取る側の文化

ケアは、ケアされる側の文化だけではなく、ケアをする側の文化を理解する必要がある。ここではケアをする側からタイと日本の看取り文化の比較を試みたい。

文化ケア概念の再考

寺院の外国人ボランティアの言動は、西洋の看護理論に基づくものであった。看護理論を過信するあまり、ローカルな看護文化への想像力を欠いていた。日本の医療においても同じことが言える。看取る側が文化の影響に気がつくことは看取りの考察にとって意義がある。看護人類学を提唱したM・レイニンガーは、健康の捉え方に対する文化的影響を考慮した文化ケアという概念を提唱した［一九九五、七五－一二四］。だが、文化ケアという概念は、みずからの看護文化を相対化できないという決定的な課題を内包したまま、臨床の場に定着することなく空中分解してしまった[30]。あるいはレイニンガー自身が文化ケアの意義を十分に理解していなかったのかもしれない。文化ケアの臨床応用は、文化の表層から得られた知見を西洋の看護理論のために利用することではない。寺院のケアには上座仏教が基盤にあるが、表層的な理解では寺院における文化とケアの関係性は明らかにできない。西洋の看護理論から離れて上座仏教の価値規範を熟慮する必要がある。このプロセスなしでケアの是非を論ずることは、ケアの文化における自民族中心主義に過ぎない。文化に対して感性のあるケアをここでもう一度問い直す必要がある。

西洋の看護ケアは身体的な苦痛へ対処する技術論が基本となっている。外国人ボランティアは苦痛をやわらげる身体的な介入のみをケアとして想定しがちであった。常に〝何かをすること〟が前提となっており、ケアの場で〝What to do（何をすべきか）〟という意識が支配的だからである。文化ケアは、看取る側の看護理論のなかで相手と共有する論理なしに相手に〝What to do〟を押しつけることではない。寺院のケアは、治療行為によって苦痛を緩和する身体介入的なケアと明確に区別されなければならない。一方で西洋の看護理論にも〝何もしないこと〟に価値を認める場合がある。独自の看護哲学を展開するM・メイヤロフは、〝何もしないこと〟をケアのリズムを変えるための空白とみなした［メイヤロフ　一九八七、三九－四二］。ここで重視されているのは、やはり何かをするための空白であり、空白そのものの価値ではない。しかし、寺院における〝何もしないケア〟は、空白それ自体が実質的なケアである。それは死にゆく者がみずからの置かれている状況を正しく理解していくために必要な空白なのである。

寺院のケアは、伝統社会の災因論と同じく〝Why（なぜか）〟に応えるものでもあった[31]。末期病者がなぜ苦しんでいるのかという根源的な問いに応答することはきわめて困難であろう。これは一般的な看護者が担うべき課題ではないのかもしれない。だが、レイニンガーの主張した文化への感性は、世界観に基づく災厄の読み解きであり、〝Why〟への応答にこそ埋め込まれているべきであろう。寺院では〝Why〟への応答がケアの根幹をなしており、それは脈々と継承されてきた慣習であり、ひとつの看取りのかたちであった。〝何もしないケア〟は、タイのホスピス寺院において末期病者が置かれている状況を再確認するためのケアでもあり、欧米由来の看護ケアとは異なる世界観を基盤とする文化ケアなのである。

看取り文化の成熟

新しい生命の誕生が祝われるように、死もまた祝福される場合がある。たとえば天寿をまっとうした大往生が想起されるかもしれない。日本でも〝終活〟という言葉に代表されるように、死はその人の人生を完成させる大切な節目として考えられるようになった〈32〉。多死社会を迎えつつある現在、寺院の看取りは日本の在宅医療のあり方を再検討する素材になるだろう。日本の在宅医療でも死にゆく者の潜在的な力が問い直されつつあるからである。在宅医療においても死は医療化されつつあり、ひとりで死にゆくことは困難である。家族は末期の水を飲ませたがったり、床ずれをなおそうとしたり、ケアの空白を埋めようとする意識を強くもつ。医療者もまた何もやらないことに対して罪悪感や不安がある。以下に、日本の在宅医療に従事する看護師の経験を紹介したい。

病院ではないのであえて何もしなかったとき、「あなたたち医療者でしょ」と家族から責められ、その結果、病院へ移ってしまったことがある。看取りケアの考え方が理解されずに残念。最期の場面では、何かをすることでしか私たちの存在を証明できない。

〝何もしないケア〟は、看取りという名の見守りである。見守りは単なる怠慢とは違う。だが、その違いがわかりにくいために医療過誤やみなし末期が警戒されてしまうかもしれない。〝何もしないケア〟は、現場に埋め込まれている文化資源を慎重に見極め、注意深く実施されるべきであろう。この在宅医療の看護師は死にゆく患者の潜在的な力を認め、安心して不必要と思われる看護介入を中止したという。だが、自宅で看取ろうとする場合、家族は事前に救急車を呼ばないことに同意できても、実際には戸惑いを隠せないという。〝何もしないケア〟は、理念として理解できても実践するには困難がともなう。目に見える行為としてのケアをやめてしまうことは、医療者にとっても家族にとっても勇気がいるのだ。看取りの文化が新たに創出され、成熟していくのであれば、医療者も家族も自責の念にとらわれることなく、死別にともなう負担を大幅に軽減することができるだろう。

〝何もしないケア〟と向きあうこと

これまで筆者は日本の医療者に向けて研究報告を重ねてきた。ここでは緩和医療に携わる日本人医療者の反応から〝何もしないケア〟の意味を再確認する。

死にゆく者との距離

〝何もしないケア〟が示唆したものは、死にゆく者との距離のとり方であった。寺院の療養者と看護者の間には厳然たる区別があり、両者の違いは埋まることはない。看護者は決して超えることのできない彼我の区分を踏まえたうえで、死にゆく者を見送ることしかできないのだ。彼我の区分は双方がわかりあえないことを意味する。この〝わからなさ〟はお互いの生の不確実性を顕在化している［浮ヶ谷　二〇〇九、一五二―一五八］。死にゆく者に対して距離を置くことは、このわかりあえない相手へ敬意を示すことであろう。〝他者〟の存在がわからないという現実に立ち返るとき、人は未知の経験に対して畏敬の念を抱くだろう。末期病者は看護者よりも先に死を経験することになる。ゆえに寺院の〝何もしないケア〟は、死という未知の世界に旅立つ者に対して敬意を示していると言えるのだ。緩和医療に従事するある日本人医療者は、この点において〝何もしないケア〟に対して理解を示している。

最初は暖かさが感じられなくて意味がわからなかった。けれども人の死とはこういうものだ。最期の瞬間としてこれでもいいのかもしれない。人間は全知全能ではないし、医学は不完全なもの。テキストには書けない看取りだと思う。

「最期の瞬間としてこれでもいいのかもしれない」という語りは、看取りの不確かさを意味している。あるべき明快な解はないのだ。この不確かさは看護者と病者との間の生と死をめぐる決定的なわかりあえなさと関連しているのだろう。ゆえに〝何もしないケア〟もまた看取りの唯一の解ではない。〝何もしないケア〟は必ず実践されるべきというわけではなく、常に実践されることが重要なわけでもない。寺院の場合、看護介入という医療的なケアから宗教的なケアへと切り替わる際に起こりえた、ケアの可能性のひとつでしかない。〝何もしないケア〟が内包する核心的意味は死者への畏敬の念である。

看取りの場において死にゆく者と適切な距離をとることは難しい。そもそも適切さの絶対的な基準がなく、誰にとって適切な距離なのかわかりにくいからである。ゆえに看取りの場にいる人びとは死にゆく者との距離感を見失いがちである。臨床の場において手探りで距離感を探っていく必要がある。専門知識をもつ医療者であっても、死にゆく者が臨床上のある段階に至ったらケアのモードを切り替えるべきであろう。それが死にゆく者に対して敬意を示すことになるからである。重要な点は〝ある段階〟に至るまでは医療者として看護介入的なケアに尽力し、〝ある段階〟に至った時点で看護介入的なケアのモードを切り替えることではないだろうか。寺院では、末期病者と正常なコミュニケーションがとれなくなるとケアのモードが切り替わり、あたかも何もしないようにみえるケアが発動する。日本の医療者はこのケアのモードの切り替えが不得手であるが、タイの看護者は専門医療と仏教のモードを巧みに切り替える技術をもっている。ケアは多元的な営為であるという共通理解があるからである。

死にゆく者の力

看取りは死にゆく者の潜在的な力に気がつくことが重要である。力への気づきは、相手への敬意を示すことを可能にするだろう。寺院の末期病者の死は、輪廻転生による新しい生の獲得と切り離すことができない。仏陀の加護と転生への信念は、死にゆく者にとって重要な文化資源になっている。仏教看護[33]を提唱する藤腹は、現在の看護理論がナイチンゲールに端を発するキリスト教看護である現状に対し、仏教看護の可能性を探求している［二〇一二、一七］。仏教看護の観点では、死は生命の自然の営みのひとつに過ぎない。私たちはこの世に生を受けた瞬間から少しずつ死に向かって歩み続けている。その歩みのなかで最期まで自分らしく生き抜く力を養っていくのだ。避けがたい死に対峙しなければならないとき、私たちが依拠する物語は医学であっても、宗教であっても、あるいはそのどちらでもない、別の物語であってもかまわないのかもしれない。看取りの場では、死にゆく者と遺される者の双方が納得する筋道が示されることが大切なのである。寺院では仏教功徳の価値と来世への転生が双方にとって納得のいく筋道であった。納得のいく筋道は、おそらく日々のケアの繰り返しのなかでお互いの死生観を交渉させていくことによってしか得られないであろう。他者の死を看取ることとは、来るべき自己の死に備えることでもある。最期まで自分らしく生き抜くことは、その人が獲得してきた能力のひとつである。看取る者は死にゆく者の潜在的な力を十分に見極める必要があるだろう。

何もしないことへの許容度は、近親者の死を看取った経験の有無によって異なる。前述した在宅医療看護師は、経験のある人は看取りに対する考え方が成熟している場合が多いという。臨終のときに「もう床ずれをなおさなくていいんだよ」と家族に伝えると、経験のない人からは怒りをぶつけられるが、経験のある人なら「そういう時間なんですよ」「そうですね」というやり取りが成立するという。「そういう時間なんですよ」という言葉は、家族にとっても医療者にとっても、看取りの覚悟を問うものである。この言葉には、死にゆく者の潜在的な力を信じようとする姿勢が読み取れる。今際に何かすることは、死にゆく者のためなのか、遺される者のためなのかをあらためて問い直すと、過度なケアは看取る側の自己満足であり、遺される者が自分自身を慰める行為でしかないのかもしれない。〝何もしないケア〟は看取りのひとつのかたちであり、日本のケア文化に必要となる可能性はある。何もせずに死をわかちあうことは、覚悟の上に成り立つひとつひとつの技術である。その覚悟の源泉となる胆力はどのように獲得できるのだろうか。核家族化の進んだ現在、私たちが看取りを学ぶ機会は著しく減少している。おそらく限られた経験のなかで解を追求し続けることによってのみ、看取りの胆力は養われるのだろう。

おわりに

現代医学は終末期の緩和医療のあり方に対して明確な解が用意できていない。ゆえに看護や福祉の現場では、文化人類学や社会学の研究成果に期待がもたれている。ある臨床状況を精緻に記述する民族誌こそが最善の医療を探求する手がかりとなるかもしれない。このような背景から本章ではタイのエイズホスピス寺院の看取りに関する民族誌的な事実を明らかにし、その知見が今日の医療現場においてどのように活用されうるのかについて検討した。本章で描いた〝何もしないケア〟は、高齢社会に生きる私たちにとって他人事ではない。看取りに解がないのであるならば、看取る者は常に学ぶ姿勢を崩すべきではなく、現場で悩み続ける胆力が求められる。そもそも高度に発展した医療において、死はいったい誰のものだろうか。この問いは医療者だけではなく、一般にも広く問いかけねばならない。私たちが頼りにしている医学は、科学的手法によって大きく発展してきた。だが、死生は科学的な営為だけでは理解できない。人が最期までその人らしく生き抜くためには、生き方において何が正しいのか悪いのかではなく、その人にとって納得のいく筋道こそが大事になる。私たちの死生に関する問いは医療の課題であるだけではなく、私たち自身がその問いを引き受けて答えを出そうとする不断の努力を必要としている。看取りは死にゆく者と遺される者がともに進むべき道筋を探求していく美学の問題である。

付記　本章は平成二四～二五年度の文部科学省「科学研究費若手b」によって助成された研究活動に基づくデータを取りまとめたものである。

注

〈1〉プラバートナンプ寺はタイ仏教において多数派となるマハーニカイ派の寺院である。HIV感染者を救済するホスピス寺院の基本情報については佐々木・櫻井［二〇一二］を参照。佐々木らは、地域社会におけるノーマライゼーションの実現可能性と比較し、寺院の役割を見定めようとする。

〈2〉本章で扱うデータは、二〇〇七年二月から二〇一〇年一月の期間に実施されたフィールドワークにおいて収集された。

〈3〉上座仏教の教えに基づき積極的に社会参画する僧侶を開発僧という。アロンゴット師は、圧倒的なカリスマ性をもってエイズ救済プロジェクトを推進し、聖人崇拝の対象にさえなっている。寺院内には師の肖像画入りの小型ペンダントがお守りとして販売されている。タイ社会と開発僧の関係については櫻井［二〇〇四、二〇〇六、二〇〇八］、浦崎［二〇〇二］を参照。タイ民衆仏教における聖人信仰については［Tambiah 1984］を参照。

〈4〉寺院で活動するタイ人ボランティア（二〇代、♀）は、祖父を病院で看取った苦い経験から最期には必ず自宅に連れ帰るべきだと考えている。祖父は病院で〝みなし末期〟の患者として扱われ、家族が望まないケアがあまりにも多かったという。このような扱いであるならば、病院ではなく、自宅や寺院で看取ったほうが適切であったと今でも悔いているという。

〈5〉知日家である看護師長（五〇代、♀）は数回の訪日経験があり、ある程度日本の医療事情を理解したうえでタイの医療事情を述べた。タイではたとえ近代的な病院であっても仏教的規範と無関係というわけではない。医療者の意識には明確に仏教のカルマ思想があるという。

〈6〉公的な保健政策における感染者へのスティグマとケア提供の拒絶についてはソンワタナとマンダーソン［Songwathana and Manderson 2001］を参照。また、世間に浸透しているエイズの恐怖は人びとの知識量の低さと結びついており、エイズの知識レベルがより低いと、恐怖や嫌悪感はより高い。感染に対する知識量の重要性についてはテモショック、スウィート、ズィフ［Temoshok, Sweet, and Zich 1987］を参照。

〈7〉療養者による軽作業は賃労働であり、週当たり一〇〇から二〇〇バーツ（約三〇〇～六〇〇円前後）の現金収入がある。だが、一般の寺院職員と同様に、現金収入よりも同じ病気に苦しむ人を助けるという善行を労働の動機として強調する。

〈8〉狭い室内空間をカラオケ用の小型スタジオにたとえている。タイでもカラオケを楽しむため施設が定着しており、大型スーパーマーケットなどに設置されている。

〈9〉およそ一万五〇〇〇円から二万円程度である。ロッブリー市街の病院勤務であれば三万円以上、首都バンコクであれば六万円程度とされており、寺院職員とそのほかの職場賃金には格差がある。寺院職員は仏教徒として功徳を積むことのできる意義と給与水準の低さに葛藤しており、職員が転職を希望する場合、その最大の理由は賃金格差である。

〈10〉広井は家族や地域コミュニティのなかで限定的に行われていたケアがより広い文脈において制度化されていく状況をケアの社会化として捉えた。制度を超えたケアの多様性については広井［二〇〇〇］、ケアの次元を環境と福祉まで広げた議論は広井［二〇〇八］を参照。

〈11〉英国、ドイツ、オランダ、ベルギーなどの欧州諸国に加えて、日本からの希望者が中心となっている。ボランティア希望者は医療・福祉・看護の関係者が比較的多い。外国人ボランティアの課題は言葉である。十分なコミュニケーションがとれず、業務に関する最低限の約束事が守られないことから現場に混乱をもたらしてしまう場合がある。

〈12〉吉村はタイ語の〝助ける（chuai）〟に含まれる多様な意味を、その言葉が使用される文脈によって整理する［二〇一二］。〝助ける〟というタイ語の意味の広がりは、そのままタイ社会におけるケア関係の多様性を表している。寺院におけるケアの関係は、その場に応じてケアのモードが切り替わっていく柔軟性をもつ。〝助ける〟というタイ語の（意味の）広がりはケア関係の広がりである。

〈13〉内訳は二〇〇八年一一月の時点で成人三八二名、未成年三四名、男性二六九名、女性一四七名である。この年の死亡者は七二名、退去者は五六名である。これは寺院だけではなく、タンマラック・プロジェクトの生活コミュニティ、通称セカンド・プロジェクトの居住者を含めた数値である［Samnang, V., Center of Hope Annual Report 2008］。

〈14〉タイにおける大学進学率はほかの東南アジア諸国に比較してかなり高い。ユネスコ統計資料によれば二〇〇九年度は約四六％、二〇一二年に五〇％を超えている［UNESCO, Institute for Statistics］。

〈15〉商業的性労働者（Commercial Sex Worker: CSW）にはさまざまなタイプがあり、ＣＳＷの商業的行為と個人的な親密さの境界は曖昧になる。たとえばカリアは、メキシコの男性顧客の社会階級の違いから売春には九つのタイプがあることを分析した［Carrier 1989］。多元的な商業的性行為は、異なるリスクを生じさせ、異なる予防を必要とし、結果的に感染予防を困難にする。

〈16〉タイ全土に広く高名が知れ渡るアロンゴット師を師事し、修行に訪れる僧侶もいる。そのため寺院の僧侶が全員ＨＩＶに感染しているというわけではない。

〈17〉たとえばバスや電車などの公共の乗り物には僧侶専用の座席があり、たとえ満員であっても僧侶の周辺には必ず一定のスペースが確保される。僧侶と女性が接触することを避けるためである。女性の信者が僧侶に何か品物を寄進するときでさえ、直接の接触を避ける専用の布を使用する［石井 一九九一］。女性との接触はすべての修行の成果が水泡に帰すと信じられている。

〈18〉リトルトンによれば、友人同士で飲食をともにし、そのままＣＳＷと性交渉の機会をもつことは、ありふれたタイ人男性の余暇の過ごし方である。だが、エイズの原因として売春を過度に強調することは避けるべきである。感染が疑われるような〝すれた〟娼婦を避け、その代わりに学生などの〝良質な少女〟を相手としたり、ほかの村の複数の女性と一夜をともにしたりすることは、〝乱れた性行為〟ではないことを意味するという［Lyttleton 1994］。タイにおける社会関係、とくにセクシュアリティはエイズの歴史をかたちづくってきた。タイ社会では性を媒介とした関係性は、必ずしも制度化された売春だけに限られない。性産業の統計数値では把握できないほど、〝間接的売春〟はありふれた日常生活のなかに幅広く埋め込まれている［Lyttleton 2000］。セクシュアリティが男女の性差によってまったく異なる意味づけがされ、男性は経験豊富であること、女性は貞淑であることを求める〝性の二重規範〟［Helman 2007］が、タイ社会にも存在するからである。

〈19〉 E・リーチは宗教的な観念を、教義ではなく人びとの日常の暮らしから読み解こうとした［Leach ed. 1968］。タイでは一九〇二年サンガ統治法以降、仏教は国教として王権に組み込まれ標準化され、制度的宗教である仏教と土着の精霊祭祀は融合していくことになった。村落社会における在家信者の信仰は、土着の精霊祭祀と融合しつつ、功徳と悪行のセットによって宗教生活が成立している［Tambiah 1968; 1970］。来世への転生は、現世での積徳行の実践が大事であり、寺院でも人びとはゲームのように功徳の多寡を競い合い、来世での幸福を求める傾向にある。

〈20〉 首都バンコクを含めたタイ中央部では多くの場合、墓がなくても自宅には河に流した遺灰の半分が安置され、遺影とともに供養の対象となる。故人の命日よりも仏教暦に基づく公的なイベントが重視される傾向にある。また、櫻井［一九九二］によれば、農村部では親の養育は老後の世話だけではなく、祖霊になるための死後の供養を含めている。東北部村落社会における遺灰処理についてはタンバイア［Tambiah 1970］を参照。

〈21〉 寺院は西洋社会で想定される典型的なホスピスではないかもしれない。だが、本家の英国のホスピスもさまざまな現実的な課題を抱えている［早坂　一九九五］。日本と同様に、タイも二〇二五年には高齢社会に突入すると言われており［大泉　二〇〇八］、エイズに限定されない終末期緩和医療が必須となる。仏教国タイにおけるアジア的なホスピス運営の試みは、高齢社会の日本にとって示唆に富んでいるはずである。

〈22〉 寺院の看護者は末期病者の死亡確認書などの書類を作成し、来るべき死後の処置を生前にすすめ、サドナウ［一九九二］が言及した一連の社会的死の実践を行っている。死後の処置は非常に速やかであり、寺院での死は、すべて宗教的な文脈に基づいて高度に管理された社会的死とみなすことができるだろう。

〈23〉 一般にタイ社会ではエイズ病者に対して穢れの意識が強く、この意識の強さが寺院でのケアを誤解させてもいる。たとえばコンドームは感染予防と同時に、〝穢れ〟への恐れから使用される。娼婦はなじみの客にはコンドームを使用しない場合もあるが、不潔に見える客には必ず使用する［Sibthorpe 1992］。また、同性愛者の排泄器官を用いた性交渉が否定的な属性を想起させた結果、エイズは汚染された血液の病いという文化的な信念がうまれた［Quam 1990］。実際に寺院訪問者には末期病者の容貌を恐れ、過度に接触を避ける傾向もある。しかし、寺院における看護者と病者との距離は、功徳の転送、死後の遺体処置の丁寧さと迅速さから判断する限り、穢れの意識というよりも宗教的なケアの意識ゆえに置かれている。

〈24〉 功徳の転送は上座仏教の特色のひとつとされる。東北タイの事例を分析した林［二〇〇〇］によると、功徳の転送は転生を願う故人の霊に向けてなされるだけではなく、社会的な善行でもある。ただし、寺院での功徳転送は、僧侶による詠唱も媒介となる水も用いられず、しばしば看護者や療養者個人が祈るというかたちでなされる。寺院ではこのような仏教の教えを読みかえた個人的な実践が非常に多い。

〈25〉 浮ヶ谷［二〇〇九］は地域で暮らす精神障害者に対する専門家のケアの実践に焦点をあて、持続的で互酬的な関係をケアの重要な意味のひとつとしている。互酬的な関係はケアの共同体の基盤となっている。さらにこの互酬関係は寺院の遺体処理の方法にも関連する。寺院で亡くなった療養者はミイラとして神霊化される場合があるが、この遺体処理の方法には文化的な合理性が確保されている［鈴木 二〇一四］。療養者と神霊化した死者との間に寺院という共同体における功徳の互酬関係があるからである。また、広井［二〇一三］はケア提供者としての神仏の存在［二〇〇一］を踏まえて、ケア関係の互酬性における超越者的な視点を問おうとする。宗教的存在は、互酬関係を軸としてケアを提供する人びとの意識に刻まれていくのである。タイ東北部の村落社会における功徳と互酬関係については［Tambiah 1968; 1970］を参照。

〈26〉 注射針の共有は、食事や飲酒、性交渉の機会をともにすることと同じく仲間意識を強化するが、大きな感染源にもなっている。ペイジらはフロリダ州マイアミの貧民地区に住む二三〇名の静脈注射薬物常用者について調査を実施した。対象者のほとんどはアフリカ系アメリカ人である。サンプル中一〇四名がＨＩＶ陽性と判明し、これが注射針共用の実態と相関することは明らかであった［Page et al. 1990］。さらにニアガスらによると、ニューヨークでは静脈注射による薬物使用者たちの〝危険なネットワーク〟が、彼らの社会的ネットワークと重なりあっていることが明らかになった。つまり、注射器の使いまわしを行っている人びとは、すでにお互いに緊密な関係をもった者同士なのである。注射の打ち合いや注射器の使いまわしを行っている人びとの七〇％はそれぞれが配偶者同士や性的パートナー、親友や知人であった［Neaigus et al. 1994］。

〈27〉 寺院で療養するほとんどの者は、無料で療養の機会を提供してくれる寺院に対して恩義を感じており、寺院の運営方針に対して批判的な意見を表明することは稀である。コンは寺院で療養をはじめて間もない頃、新参者という立場から寺院のケアについて率直な意見を述べていた。

〈28〉 ケアの場における〝戦略〟と〝戦術〟の関係性についてはセルトー［一九八七］の概念を参考とした。寺院で暮らす人びとにとってケアをめぐるせめぎ合いは日常実践の相克にほかならないからである。

〈29〉 キューブラー・ロス［一九七一］の歴史的な著書『死ぬ瞬間』は、死と対峙する際に起こりうる反応を五つの段階にまとめることで受容過程を明らかにした。だが、同時にそれは死にゆくプロセスの形式化とも批判される。本章で言及する心的な取り引きは、残された生のための受容段階ではなく、仏教功徳という象徴財産を駆使し、死の意味づけを明確にしていくための心理的な取り引きである。ゆえに欧米のホスピスの基準からみれば、必ずしも生前の寺院療養者のＱＯＬが確保されているわけではない。

〈30〉工藤［二〇〇八］は、ケアリングという概念を非西洋の文化に無批判に持ち込むことを批判する。レイニンガーは専門的ケアに対する民間的ケアを想定するが、専門的ケアは相対化されていない。それは民間的ケアを支える基層的なコスモロジーを十分に解明できていないからである。ケアという営みを概念化して分類するだけではなく、分類した個々のケアとその現象を深く理解する必要がある。

〈31〉浮ヶ谷はエヴァンズ＝プリチャードの呪術論をひも解き、病気を含めて起こりえた災厄に対してWhyという視座について説明する。浮ヶ谷によれば、近代という時代ではWhyという問いは病気になった者の自己批判を促す。すなわち〝閉じた自己〟に陥る傾向にあるという。これに対して他者とのかかわりによって見えてくる、〝開かれた自己〟を用意する［浮ヶ谷　二〇〇五］。本章では、看護における文脈から、宗教における文脈に切り替えていく慣習的な営みがWhyを有意義な問いかけにすると考えられた。これは近年、医学界において隆盛する物語療法（Narrative Based Medicine）の根幹のひとつでもある。

〈32〉近年、高齢者の孤独死を受けて死に方について注目が集まってきている。核家族化を背景とする社会の変化は、結果的に看取り文化のあり方が問われる事態を招いている。たとえば北米社会の事例では〝自立死〟という概念が提唱されている［矢部　二〇一二］。日本においても未婚や独居老人の増加にあわせて死に対する認識が変化している。ひとりで亡くなっていくことへの作法［市川　二〇一二］や人間関係の希薄になった無縁社会における死［島田　二〇一一］が提示されている。いずれも人間の死にゆく力と関連づけられる現象と考えられる。

〈33〉臨床看護に向けた仏教看護の考え方の基盤については［藤腹　二〇〇七］、より具体的な事例と考察については［藤腹　二〇一〇、井上　二〇一〇］を参照。

引用・参照文献

石井米雄　二〇〇四（初版一九七五年）『上座部仏教の政治社会学』創文社。

――――　一九九一『タイ仏教入門』めこん。

市川愛　二〇一二『孤独死の作法』ベスト新書。

井上ウィマラ　二〇一〇『看護と生老病死――仏教心理で困難な事例を読み解く』三輪書店。

浮ヶ谷幸代　二〇〇五「病気の原因をめぐる「いかに」と「なぜ」――自己と他者の人類学」『日本新生児看護学会誌』一一巻二号、二

—八頁。
——— 二〇〇九『ケアと共同性の人類学——北海道浦河赤十字病院精神科から地域へ』生活書院。
浦崎雅代 二〇〇二「多様化するタイ開発僧の行方——HIV/エイズ・ケアに関わる開発僧の出現を事例として」『宗教と社会』八、七九—九一頁。
大泉啓一郎 二〇〇八「タイで進む少子高齢化」日本タイ協会編『現代タイ動向——二〇〇六—二〇〇八』二六六—二八〇頁、めこん。
小野澤正喜 一九九五「宗教と世界観」石井米雄・綾部恒雄編『もっと知りたいタイ 第二版』一〇三—一四七頁、弘文堂。
加藤直克 二〇〇五「ケアと情念」『自治医科大学医学部紀要』二八、一—一〇頁。
キューブラー・ロス、E 一九七一『死ぬ瞬間——死にゆく人々との対話』川口正吉訳 読売新聞社。
工藤由美 二〇〇八「看護人類学論考」武井秀夫・工藤由美編『千葉大学大学院人文社会科学研究科研究プロジェクト報告書 第一九〇集 医療的世界——その人間像の探求』六三—七〇頁。
櫻井義秀 一九九二「家族における互酬性の規範と死者供養——タイ東北部農村家族研究の端緒として」『現代社会学研究』五巻、一三三—一六三頁。
——— 二〇〇四「宗教と社会開発——東北タイの開発僧」『印度哲学仏教学』一九巻、二四五—二七五頁。
——— 二〇〇六「東北タイの仏教と開発——三調査比較」『北海道大学文学研究科紀要』一二〇巻、一—七九頁。
——— 二〇〇八『東北タイの開発僧——宗教と社会貢献』梓出版社。
櫻井義秀・道信良子編著 二〇一〇『現代タイの社会的排除——教育、医療、社会参加の機会を求めて』梓出版社。
佐々木香澄・櫻井義秀 二〇一二「タイ上座仏教寺院とHIV/AIDSを生きる人々——プラバートナンプ寺院を事例に」『年報タイ研究』一二巻、二一—四一頁。
サドナウ、D 一九九二『病院でつくられる死——「死」と「死につつあること」の社会学』岩田啓靖・山田富秋・志村哲郎訳、せりか書房。
島田裕巳 二〇一一『人はひとりで死ぬ』NHK出版新書。
鈴木勝己 二〇一四「埋葬/葬送儀礼」臨床死生学テキスト編集委員会編著『テキスト臨床死生学——日常生活における「生と死」の向き合い方』一七三—一八一頁、勁草書房。
セルトー、M・ド 一九八七『日常的実践のポイエティーク』山田登世子訳、国文社。

田辺繁治　二〇〇八『ケアのコミュニティ――北タイのエイズ自助グループが切り開くもの』岩波書店。

早坂裕子　一九九五『ホスピスの真実を問う――イギリスからのリポート』文眞堂。

林行夫　二〇〇〇『ラオ人社会の宗教と文化変容――東北タイの地域・宗教社会誌』京都大学学術出版会。

広井良典　二〇〇〇『ケア学――越境するケアへ』医学書院。

――　二〇〇一『死生観を問いなおす』筑摩書房。

――　二〇〇八『「環境と福祉」の統合――持続可能な福祉社会の実現に向けて』有斐閣。

広井良典編著　二〇一三『ケアとは何だろうか――領域の壁を越えて』ミネルヴァ書房。

藤腹明子　二〇〇七『仏教看護論』三輪書店。

――　二〇一〇『仏教看護の実際』三輪書店。

――　二〇一二『仏教看護入門』青海社。

メイヤロフ、M　一九八七『ケアの本質――生きることの意味』田村真・向野宣之訳、ゆみる出版。

矢部武　二〇一二『ひとりで死んでも孤独じゃない――「自立死」先進国アメリカ』新潮新書。

吉村千恵　二〇一一「ケアの実践と「障害」の揺らぎ――タイ障害者の生活実践におけるケアとコミュニティ形成」『アジア・アフリカ地域研究』一〇巻二号、二二〇―二五六頁。

レイヴ、J／E・ウェンガー　一九九三『状況に埋め込まれた学習――正統的周辺参加』佐伯胖訳、産業図書。

レイニンガー、M・M　一九九五『レイニンガー看護論――文化ケアの多様性と普遍性』稲岡文昭監訳、医学書院。

Carrier, J.M. 1989 'Sexual behavior and the spread of AIDS in Mexico', in R. Bolton (ed.) *The AIDS Pandemic: a global emergency*, pp. 37-50, Gordon and Breach Science Publishers.

Ford, N. and S. Koetsawang 1991 'The social-cultural context of the transmission of HIV in Thailand', *Social Science and Medicine* 33: 405-414.

Helman, C. G. 2007 *Culture, Health and Illness, 5th ed.*,Hodder Arnold.

Leach, E. R. (ed.) 1968 *Dialectic in Practical Religion*, Cambridge University Press.

Lyttleton, C. 1994 'Knowledge and meaning: the AIDS education campaign in rural northeast Thailand', *Social Science and Medicine* 38: 135-146.

——— 2000 *Endangered Relations: negotiating sex and AIDS in Thailand*, White Lotus.

Neaigus, A., S. R. Friedman, R. Curtis, et al. 1994 'The relevance of drug injectors' social and risk networks for understanding and preventing HIV infection', *Social Science and Medicine* 38: 67–78.

Page, J. B., D. D. Chitwood, P. C. Smith, et al. 1990 'Intravenous drug use and HIV infection in Miami', *Medical Anthropology Quarterly*. (New Series) 4: 56–71.

Quam, M. D. 1990 'The sick role, stigma, and pollution: the case of AIDS' in D. A. Feldman (ed.) *Culture and AIDS*, pp. 29–44, New york: Praeger.

Samnang, V. *Center of Hope Annual Report 2008*, AIDS Health Care Foundation.

Sibthorpe, B. 1992 'The social construction of sexual relationships as a determinant of HIV risk perception and condom use among injection drug users', *Medical Anthropology Quartely* 6 (3): 255–270.

Songwathana, P. and L. Manderson, 2001 'Stigma and rejection: living with AIDS in villages in southern Thailand', *Medical Anthropology* 20: 1–23.

Tambiah, S. J. 1968 'The ideology of merit and the social correlates of Buddhism in a Thai village' in E. R. Leach (ed.) *Dialectic in Practical Religion*, pp. 41–121, Cambridge University Press.

——— 1970 *Buddhism and the Spirit Cults in North-east Thailand*, Cambridge University Press.

——— 1984 *The Buddhist Saints of the Forest and the Cult of Amulets*, Cambridge University Press.

Temoshok, L., D. M. Sweet, and J. Zich 1987 'A three city comparison of the public's knowledge and attitudes about AIDS', *Psychology and Health* 1: 43–60.

Williams, A. et al. 1996 '"They just go home and die": health care and terminal illness in rural northeast Thailand ', *Asian Studies Review* 20: 98–108.

Web 資料

UNESCO, Institute for Statistics. http://www.uis.unesco.org/Pages/default.aspx

第10章　「おぎゃー」と「お金」の間《あわい》

ケアにおける暴力性と創造性

加藤直克

序

ケアする行為においては、ケアするものとケアされるものとの間に明らかに非対称な関係がある。ケアにおいては、ケアを必要としている人（何らかのサファリングを被っている人=care taker）がいて、その人に対してケアを行う人（サファリング対処を提供する人=care giver）がいるからである。現代の日本において、さまざまなサファリングに対処する援助、救済、支援といった行為が、「ケア」として主題化され、社会的に認知され、とくに医療と福祉における中心的な概念となった経緯については、ほかのところで検討した［加藤　二〇一四］。このプロセスを「ケアの社会化」［市野川　二〇〇〇、一一四―一一五］もしくは「ケアの外部化」［広井　二〇〇〇、二一］として捉えることができる。社会化を通じての「ケア」概念の認知以前は、ケアという言葉はたとえ使われたとしても、現在ほど広範な広がりと深い背景を持っていなかった。ケアは社会化されることを通してはじめて「ケア」概念として確立されたと言えよう。それ以前のケアに相当する行為・行動は、「世話」「面倒」「援助」「支え」あるいは「気遣い」といった日常語によって表現されていた。これらの言葉はもちろん今でも、ケア活動の場面で同義語・同類語として使われている。しかしそこには「相身互い」「お互い様」

「互恵性」「情けは人のためならず」という意識、もしくはそれを前提とした人間関係と、その基盤をなす共同体的な感覚があったし、今でもあると思われる。少なくとも、そこでは「ケアする行為における非対称」は、あからさまに意識されてはいなかった。とはいえ「ケア」においても、ケアするものがケアされるものからケアされるという「相補性」あるいは「互酬性」が語られたりする。すなわち「ケアの語り」には、非対称性を超える意識や契機も認められる。その意味で「ケア」は、これらの日常語に通底する意味を浮かび上がらせつつ、それらを現代の問題に応える形で統合するという課題と可能性を秘めた言葉と言える。現代日本における「ケア」という言葉の使用ならびに「ケア」という行為の認知と自覚は、これまでの日常語では対応できない問題状況の出現とそれに対する対処を課題としていると捉えることができよう。

このような「ケア」概念の登場には、第二次大戦後の日本の変貌、列島改造と経済成長に伴う生活と社会の変化が密接に関わっており、そこに表裏一体とも言うべき二つの側面を指摘できる。一つには国と自治体が主導する医療ならびに福祉政策の充実と展開であり、二つには地域共同体の弱体化に伴う、家族形態と家族生活の変貌である。これらは戦後日本の高度成長と近代化、さらに九〇年代以降のグローバル経済ならびに規制緩和による構造改革という一連の歴史的文脈に基づく現象と捉えることができる。その中で人々の意識を大きく変えていった要因は、一つは一次産業から二次産業・三次産業へと産業構造が変化する中での被雇用者（労働者、サラリーマン）の増加であり、二つ目は行動指針としての「個人主義」「自由主義」の浸透である。ただし「個人主義」は思想や文化として自覚的に内面化されたわけではない。現在においても、「個人主義」がどういう考え方、生き方であるかを自覚している人、すなわちそれと対立するさまざまな立場と関連させながら理解している人は少ない[1]。ここに言う「個人主義」とは、さしあたり戦後の日本人に肯定的に受け入れられた「個人的な欲望の解放」である。簡単に言えば、家族や地域が持っていた世間的常識やしきたり・慣習などの伝統的な生き方よりも自分自身の志向や好みを優先させるということである。

「個人主義」は、個人の自立もしくは自主独立という目標ないし理想と相まって、「自己実現」「自分らしさ」「自分探し」「個人のポリシー」といった耳当たりのよい言葉とともに広く受け入れられた。これらの言葉に対して疑問や違和感を抱く人がいたとしても、それが具体的かつ継続的な言説や運動（イデオロギー）として人々の意識に浸透し、政治や社会を方向付けることはなかった。あるいはそうなり得たかもしれない立場や方向性として三つ例示するとすれば、一つには、日本の文化・伝統に根ざす秩序や礼節を尊重する「保守的」な立場、二つには、戦後に流行した実存主義的な思想、すなわち自己とは何か、自己と他者の交わりとは何かを追究する方向、三つには、企業の内部や地域に新たな人的交流基盤を形成しようとする労働運動ないしは地域運動である。これらの試みは「個人主義」を契機とする、人間関係、生活・地域社会・国家の弱体化という「危機」に対して、人々の共通感覚の基盤となるもの（人間性、共同性、公共性、エスニシティ、宗教、芸術、理性など）を提示し、新たな関係性の創出、維持と統合を模索するものであったと言えよう。しかし試みは成功したとは言いがたい。というのも人々の関心を掻き立てたのは、さまざまな企業が生み出す製品やサービスが提供する生活の利便性と快適さであって、それに比べれば一定の理念や展望のもとに、持続的な努力と連帯を要する右のような活動は魅力に欠けていたからである。それは、「近代化」ということが、常に「新たなもの、新奇なもの」を提示することによって時代の先端に立ち、時代をリードするメンタリティを携えていることとも無縁ではない[2]。「新たなるもの、新奇なもの」とは、またビジネスチャンスの別名であり、同時にそこに職を得て生活しようとする人の利害が一致する。人々は「生活者」であるためには「消費者」でなければならず、「消費者」であるためには、まず「被雇用者」「労働者」でなければならない。ここに、「労働者」であることと、欲望の主体、すなわち消費者としての「個人」であることが、一体となって戦後の日本人の骨の髄まで浸透したのである。そこでは、地域に根ざした人間関係も、一時は魅力的に見える人と人とのつながりも持続的な形成力を持ち得なかった。近代化は基本的に個人を既成の枠組みや価値観から解き放とうとするからである。このようにして近代的個人はさまざまなレベルでの他人との結びつきから「自由」になって、しかしいつしか寄る辺なき存在として流動的になっていく。その結果、ジグムント・バウマンの言う近代的個人の「液状化」現象［バウマン 二〇〇一、セネット 二〇〇八参照］が生じるのである。

これは具体的には何を意味するのであろうか。右に述べたように、戦後日本において浸透した人々の意識変化とは、個人の自立、個人の自由、個人の尊重というスローガンの裏で進行していく「消費と所有への志向」という形での欲望の解放であった。それを強力に支えてきたのは、個人的な欲望の満足と喜びにターゲットを絞って製品やサービスを提供してきた企業活動と企業文化である。とすれば個人主義の根底をなす信念とは、端的には「お金がすべて」ということになる。二〇一二（平成二四）年の総務省の統計資料によれば、現在、六〇歳以上の世帯は、世帯のほぼ半数（四九％）であるが、貯蓄額の割合は三分の二（六五・七％）を占める。〈3〉これらは老後の不安や老後の生活のための資金として貯蓄されたものである。この貯蓄への意欲は、日本人の勤勉さと堅実な生活設計の現れとして、国内外から賞賛をもって評価されてきた。また銀行はその預金を企業に資金として提供することで、戦後の経済発展が可能となった。しかし、今になってみると、貯蓄に励んだ高齢者は、自分の人生の成果が結局は預金通帳の残高としてしか残っていないという寒々とした思いを抱いているのではないだろうか。それは何よりも「お金」を最後の拠り所としてきたことの現れである。それゆえ人は、収入や財産に関する情報をもっとも大切な個人情報とする。ということは、個人の尊厳・人格の尊厳と個人の所有する財産とが一体となって個人のアイデンティティを形成しているということである。また人とのつながりも、結局は「金の切れ目が縁の切れ目」であり、金銭的余裕があることが人間関係の維持・継続を担保していることを示している。消費と貯蓄は確かに敗戦後の日本経済を支えてきたし、それなくして現在の日本の姿はあり得なかった。しかし、同時に進行していたのは、「個人主義」の名のもとでの「個人化」、すなわち家族や友人・知人・共同体などの紐帯の希薄化・弱体化であり、自己責任という名のもとでの学歴、職業、世代間そして地域を通じての格差の拡大である。その結果が、中産階級の地盤沈下であり、貧富の格差の増大である。これは資本主義の進行と成熟がもたらす必然的な結果であるとも言われる。「個人化」と「お金以外に頼りにできるものがない」ということは、戦後の日本を貫く根本的特徴と言うことができる。

このように「利害」を生活と行動の原理に置く考え方、いいかえれば「功利主義」は、先進国と言われる欧米諸国が「近代国家」という政治形態をとる限り共通に見られるものである。もちろん功利主義は個人主義とは必ずしも一致しない。むしろベンサムの言うように社会全体の利益を増大させることが功利主義の基本であるとすれば、個人主義とは相反する面を持つとも言える。しかしあらゆる行動の原理を利害に置くという点では、たとえば選好功利主義に基づく個人主義は社会全体の利益増大と矛盾しない。その意味で近代的な個人には、エスニシティや宗教的・芸術的価値観を別にすれば、まさにこの功利主義が浸透している。というのも自分自身の利害について関心を持ち、理性的な判断を下す主体を「人格」と呼ぶのであり、「人格」が近代国家における個人の本質であり、権利の主体だからである。このような意味での「個人の尊重」こそ、日本国憲法第一三条によって保障された国民の「権利」であり、権利に基づく「自由」と「自律」の証であった。しかしそれは、「お金以外に大切なものがない」ということではなかったはずである。むしろ人がお金を「自らが信じる大切なもの」や「自分が欲しいと思うもの」のために使う権利を保障されていること、それこそが「自由」と「自律」の意味であったはずである。自分の収入と財産は何に使おうと自由なのである。ただし、公共の福祉や他人の自由を侵害しない限りにおいてであるが。

一方、「個人化」は「近代社会」「近代国家」という体制が、あからさまではない形で人間に突きつけた「運命」である。それは簡単に言えば、個人が地域に限定された人間関係ならびに生活形態、すなわち共同体の枠組みの中でのみ生活していくことが難しいということである。それを難しくしているものは二点ある。第一点は、近代人は国家を形成しつつ、国家に所属し、国民としての権利と義務を遂行しなければならないということ、これは同時に他国との関係の中で、国家を維持していかなければならないということでもある。国際社会の政治的な動向、その極端な現れが戦争であるが、これと無関係に地域の生活が成立し、そこに埋もれていること（干渉や影響を受けないこと）は不可能ということである。これは最終的には、国家防衛のために国民を戦争へと参加させる、あるいは巻き込むところまでゆく。第二点は、経済を地域のみで維持することが難しいということである。それを端的に示すものが、二〇世紀を通じての巨大な実験とも言える共産主義革命と社会主義的国家運営（福祉国家も含めて）の行き詰まりであり、他方でグローバリズムに象徴される地球規模での資本主義経済の浸透である。地域社会が国家に所属する限り、これら二つの方向性と無縁なままで生活を営むことは不可能である。そしてここでも「お金」はいわば国家の死活問題である。それゆえ人は国民として経済生活を営みつつ、税金を払うという形で、国家の繁栄と維持に貢献しなければならない。とすると、個人主義に基づいて形成された近代国家は、まさに個人の自由を守るための国家が維持されるべきという前提のもと、個人（国民）に

「貢献」と、場合によっては「服従」と「犠牲」を要請する。近代国家における「個人化」は、その生活を最終的に国家によって保障されること（社会保障）であり、他方で「国家への貢献」を限りなく要求される「国民化」であったのである。そして「国民」の最大の貢献とは、グローバル化した経済の中で「被雇用者」「労働者」として生産と消費の生活を営みつつ（内需を支えつつ）、税金の徴収に応じることによって国家財政を支えることである。このことはしかし戦後の日本に起こった事象と言うよりは、実は明治維新以降の日本が辿らざるを得なかった歴史、すなわち富国強兵・殖産興業を柱とする国家体制そのものが持っていた性格と言えよう〔稲垣 二〇〇七、三九〕。しかし「国民化」は他方では、「個人主義」がその歴史的発端において持っていたはずの、国家や共同体から自らを区別して対立し得るという「自由」の危機と見ることもできる。そこにはある場面における「国家権力」「国家体制」への抵抗という契機も「権利」として認められるはずである。それは例えばプライバシーを巡る問題としても現れている。

右に述べた「個人化＝国民化」をさらに強力にサポートし促進するものが、情報化社会と科学技術に支えられた生活である。これは、「個人化」が極まって、脱＝人間化に進むことまでも暗示している。というのも、たとえばわれわれが使う家庭電化製品も、掃除・洗濯・料理をはじめとして人々の手間を省くだけでなく、他人の介在を排除する傾向を持つからである。それゆえ現在われわれは単身生活をしてもそれほど不便を感じないでいられる。現代の生活の隅々にまで浸透している科学技術は、目立たない形で「個人化」を推進しているのである。そして他人の介在もしくは干渉をできるだけ排除したとしても、なお人間にしかできない問題・課題を解決するためには、サービスと呼ばれるシステムを利用することになる。すなわち一定のサービスが商品として提供され、必要に応じてそれを購入するというシステムである。サービスには、サービスを提供する人間が介在しているが、その人との人間関係はおおむねサービスの利用目的に限定されるため、全人的な付き合いや友人関係に発展することはまずない。当然のことながら、医療や福祉も形式的には「人が介在するサービスを購入する」という形を取るのであり、それが医療・福祉におけるサービスの提供者と利用者（購入者）という人間関係の重要な部分を形作っている。そしてここにも「お金」への依存がある。サービスを購入できなければ「個人」は生活できない。個人の集合としての家族や地域も同様である。「個人化」とは生活の「お金」

化であるということがここでも鮮明に見えてくる。そして商品として提供されるサービスや物は、企業ないしは自治体の経済効率性と需要・供給という原則のもとに管理されるがゆえに、消費者である「個人」の行動は経済原則に左右される。科学技術に支えられる生活はこのような意味で経済原則に従わざるを得ない。

また「個人化」は情報化とも一体となっている。われわれは公的なレベルでは、国家と自治体に個人情報を託すことによって、税金の徴収に応じ、公的サービスの供与を受け取ることができる。また私的なレベルでは、キャッシュカードやポイントカードによって、消費者としての利便と利益を享受できる。これらは個人情報であるが、そのセキュリティは常に危険にさらされている。これは個人が情報化されることにつきまとう問題であり、自己責任とはいえプライバシーを守り抜くことが難しい。逆に情報のネットワークから外れると、生活と生命の危険にさらされる恐れがある。この意味で個人は、お金と情報によって作られた「命のハイウェイ」を疾走しつつ、人間関係を維持し自己実現を図るというアクロバティックな人生を送らざるを得ない。その中では、経済的にも健康面でも「強者＝勝ち組」であることが人生の目標となる。しかし、それは同時に「弱者＝負け組」になり得る「脆弱性」を抱えていることでもある。「落ちこぼれ」「引きこもり」「負け犬」「無縁社会」などのさまざまな言葉や社会現象はその現れである。そしてその脆弱性は、個人が、かつては家族や共同体によって生まれながらに与えられ維持されると信じられていた人間関係を、「個人の自由と自立」のために多かれ少なかれ切り離し、切り捨ててきたことの裏返しでもあるのである。(4)

ところでこのような問題提起と考察は、「ケア」概念とどのような関係があるのだろうか。「ケア」概念には、個人の自己実現を支えるという方向での「援助」「支援」と、「社会化されたケア」として国民の生活と社会と、そして国家そのものを支えるという意味の二つの方向が認められる。前者の方向性を象徴する言葉としては、メイヤロフの有名な「一人の人格（person）をケアするとはもっとも深い意味で、その人が成長すること（grow）、自己実現すること（actualize himself）を助けること（help）」がある。(5) これは、「個人化」が進行した現代においても、個人を支援し救済する「ケア」の基本概念と言える。しかし「個人化」が近代国家によってもたらされ、かつその帰結を象徴する現象とすれば、それに対応する「ケア」概念を表現するものとして、中国古代の医書『小品方』（陳延之）にある「上医は国を医（いや）し、中医は民を医し、下医は病を医す」を挙げたい[6]。

この言葉は、コンテクストの違いゆえに牽強付会の誹りを受けるかもしれない。しかしながら、「医す」を「いやす」と読み、そこに「ケアする」という解釈を加えると、ケアのもう一つの視点が鮮明となる。すなわち「病を医す」が個人的な視点、「民を医す」が地域福祉・地域医療、そしてそれを基盤とする共同体もしくはコミュニティの創成と維持という視点、「国を医す」が公衆衛生と社会保障に代表される政治的視点とすれば、まさに「ケア」概念に内在する課題を構造的に示していると言える。すなわち「ケア」概念には、個人を援助すること、家族と地域社会の生活と秩序を守ること、国家による社会秩序の維持管理という三つの側面が含まれることが分かる。そしてこの三者の根底にあって、それらを制度としてシステムを構築しつつ機能させるものが「国家の理念」と「経済基盤」である。これは「ケア」のコストを誰がどのように担い、その配分を決定するかという、社会保障の課題に直結する。また「ケア」が提供する市場の創設という観点からは、福祉社会の充実こそが経済の健全化と発展にも資することを示唆してもいる。その際、個人と地域社会（コミュニティ）と国家、そして貨幣経済の基盤をなしているものが、科学技術と一体化した企業活動である。

以上の概観に基づいて、本論に入っていきたい。その構成であるが、第一節として、ケアがいかなる意味で労働という概念と整合するかを考察する。その際に手がかりとするのは、一つは、労働（labor）と仕事（work）の区別、二点目は専門家と非専門家（家族や知人など身近な人、ボランティアなど）の区別、三点目は有償性と無償性という視点である。そしてケアの行為が、これらの枠組みによってどのように変質するのかしないのかという吟味が、ケア概念を考える上で欠かせないと考えられる。第二節はケア概念を「叫び」「訴え」を意味する「おぎゃー」概念を通して考察する。これは、赤児の発する「おぎゃー」の声を、careという英単語の語源的な意味と絡めて、ケア関係を惹起しケア行為として成立させる象徴的な事態と捉える試みである。そこから人間存在が原初的かつ不可避的に置かれている暴力的事態としての根源的サファリングと、それへの対処としてのケア概念の探求ということにすすみたい。そして第三節として、あらためて序、第一節、第二節がどのように連関しつつ、ケア概念の理解に資するかを見てみたい。

一 ケアという労働と「命の営み」

ケアという言葉がかくも広範に使われるようになった背景は、すでに見てきたように、経済発展に伴う地域社会ならびに地域の人間関係（地縁・血縁と家族）の弱体化と、その裏返しである個人主義という名のもとでの欲望の肯定、そしてその結果としての「個人化」と考えられる。「個人化」は、大家族から核家族への家族形態の変化が、最終的には「核家族」の崩壊にまですすむという事態において次第に鮮明となってきた。この流れを見ると「核家族」もまた一過性の形態とも言え、むしろ「家族とは何か」という根本問題を提起する歴史的な実験場であったとさえ言える。というのも「家族」概念を構成する、父と母と子どもという基本概念が、すでに問いに付されてきているからである。その背景には、父と母と子どもという生物学的集団よりもジェンダーとしての男性と女性に伴う父・夫と母・妻という役割の方が、「家族」の構成と役割に関して根本的な規定を担っているとするフェミニズムの考え方がある。(7) フェミニズムは、女性が「妻」と「母」という地位・役割において伝統的な「家族」概念に組み敷かれ、権利を奪われ、「労働」を踏み付けにされてきたと告発した。ここで注目すべきことは、家族内で「妻」や「母」の行ってきた行為が、あらためて「労働」という視点から見直されたということである。すなわち家事労働が「無償の労働（unpaid work）」あるいは「影の労働（shadow work）」として主題化されたのである。すなわち「女性」は、尊厳を持った主体としての「個人の権利」を剥奪され、「無償の労働」へと駆り立てられてきたという認識である。基本的人権、すなわち個人の自由と尊厳を基本とする憲法のもとでは、この指摘の正当性は明白であった。しかもこの人間観に基づく価値意識は、国連憲章を通して国際的に承認され、まさにグローバルな価値観となっている。それゆえ紆余曲折はあったものの、以上のような主張に基づく家族形態と家族生活の変化も、当然のこととして積極的かつ肯定的に受け入れられた。

家庭で行われてきた仕事、すなわち掃除・洗濯・料理・育児・家族の和と休息の場の提供といった「仕事（work）」

が、あらためて「労働（labor）」という見地から捉え直されると、〈8〉その「労働」に対する賃金は誰がどのようにして支払ってきたのか、あるいは支払うべきなのかということが問題となる。そして女性が女性であるがゆえに、その労働を無償のまま強いられてきたとするならば、それは不当な権利の侵害なのである。しかし他方で、このような女性の「労苦」の軽減に大いに力を発揮したのが、洗濯機、炊飯器、冷蔵庫などの家庭電化製品の普及である。この家庭生活の革命的変化をもたらしたものが日本の電器産業であり、それが内需を喚起し、やがて輸出産業として外貨を稼ぎ、経済大国を形作ってきた。すなわち家庭の「電化」という形で女性の「労苦」の軽減に貢献したのは、科学技術に基づく産業の発展であった。しかし「労苦」が軽減されたからといって、それが直ちに女性の地位と権利の回復に結びついたわけではない。というのも家庭内労働の「無償性」という問題は手つかずのままであったからである。

しかし、女性が「妻」として「母」として家庭内に埋もれている時代は過ぎ去った。女性が新しい「労働力」として、なお給与や地位などの面で差別を受けながらも、社会に積極的に進出し、産業と社会の担い手として活躍の場を広げている。とくに少子化社会においては、最後の労働力として嘱望されてもいる。それに伴って急浮上している問題が、待機児童であり、老人介護である。前者については保育施設の増設や整備が急がれているし、後者については介護施設の増設と介護保険によるケア・マネージメントの充実が叫ばれている。「育児」「介護」という行為を「ケア」行為の典型とすれば、これは「ケアの社会化」を象徴する現象と言うことができる。

試みに「育児」に注目すると、育児は社会化されて始めて、保育士による「労働」の対象として規定され、「有償化」される。とはいえ「育児」は、保育所の内部で完結するものではなく、あくまで部分的な肩代わり以外のなにものでもない。保育所から子どもを引き取って家庭に戻り、より濃厚な本来のケアを続けることが当然のこととして想定されている。とすると、家庭に帰ってのケアという「仕事」は、いかなる意味で「労働」であるのか、という問いを立てることができる。これについては、児童手当ということが一つの解答になり得る。すなわち子育て世代に対する児童手当の支給が、家庭内でのケア行為を「労働」と見立てた上での、ある種の賃金と解釈できるからである。逆に児童手当が増額され、たとえば三人の子どもを育てる家庭に対する児童手当が、外での労働によって得られる給与と拮抗するならば、家庭内の「育児」が十分に「労働」として認知されたとも言える。このことを「介護」にまで広げるならば、その経済効果や国家の負担は別として、これも「労働」として認知される可能性があると言えよう。いずれにせよ、このような仕方で「家庭内における無償の労働」の顕在化と、それに伴う「妻」や「母」という被抑圧者の権利の回復という潮流、もしくは意識の変革は、今後も逆戻りすることはないであろう。しかし、同時に家庭内の「仕事」が、「労働」として認知されることへの抵抗、もしくは批判的な見地というものは考えられないのであろうか。それは、そもそも「権利の回復」が目指すものは何かということに関わってくる。もしも家庭内での「仕事」が、労働として認知され一定の金額（あるいは価値）として評価されるならば、その「仕事」は、その金額以上でも以下でもなくなるということになる。それは家庭内での仕事の可視化・標準化ということになるが、そのことへの抵抗はないのであろうか。たとえば児童手当を「労賃」としては受け取れないという思いがあるとしたら、それは何を意味するのだろうか。それは家庭内の仕事を「労働」として捉えることに対する抵抗の現れではないだろうか。[9]

これについては、家庭内の仕事を「営み」と捉えてみると明確になるのかもしれない。「仕事」と「営み」との違いは何であろうか。「仕事」は有償でも無償でもあり得るという曖昧性をそなえている。しかし「家庭内の営み」は有償であり得るだろうか。「営む」という言葉は、商店や企業を営むという語用から有償性と親和性があるように思えるが、それは「営み」という言葉の本質とは関わりがない。「営み」という言葉は大和言葉である。古語辞典を見ると、「営み」は「いとなし（暇が無い）」を語源とするという解説がある［大野晋編 一九七四］。すなわち「休む暇が無い」「絶え間ない」ということから、「忙しく仕事をする」こと、「脇目もふらず務めを果たすこと」という意味が出てきたという。これが「家庭の営み」という形で、われわれの意識に残っているということは、家庭内では、さまざまなことが間断なく継続的に進行しているということを象徴している。しかし絶え間なく継続しているのは、実は「いのち」であり「命の営み」なのではないだろうか。「家庭」とは間断のない「命の営みの場所」なのであった。ただし、ここに言う「いのち」は、単に「生命」という生物学的な意味ではなく、むしろ人間の身体としてのあり方を意味する。それゆえこの「いのち」を「からだ」もしくは「身（み）」といいかえることができる。そして「からだ」「身（み）」は、単に生物学的個体というだけでなく、環境と遺伝と地域社会・文化がそこへと集中する結び目、結節点である。その「からだが生成し機能する場としての家庭」を主導してきたのは「妻」であり「母」であった。この状況を、女性が家庭内に抑圧的に閉じ込められることによって本来の権利を奪われている、と捉えたのがフェミニズムである。しかしここでは、抑圧者としての「夫」「父」の影は薄い。というのも「夫」や「父」も「からだ」と「身」を営むものである限り、世話と配慮、すなわち不断のケアを必要とするからである。もちろん現代では、とくに家事という仕事の「労苦」を軽減できるさまざまな手段を選べることから、かかる伝統や発想はすでに時代遅れとも言えるし、現代の「夫」や「父」は、みずから世話し配慮を行う「命の営み」の主体であることを積極的に自覚してきてもいる。ところで、この意味での「命の営み」、生殖を伴う持続という家庭生活の本質を、キテイは「依存労働」と呼ぶ〔キテイ 二〇一〇〕。「依存労働」とは、育児・介護といったケアに依存せざるをえない弱者の世話、家庭外での労働によって経済を支えるものの世話、そして自己自身の世話を含めて、主に主婦が担ってきた労働であるが、これは右に述べてきた「命の営み」とほぼ重なる。しかしキテイはあくまでこれを「労働」と捉えることにより、そこに「正義」に基づく「平等」という審級を確立しようとしているのである。これは必ずしも、有償性・無償性という軸とは一致しないが、国家とその構成員である国民が、税金を何に向けてどのように使うかについて「法的権利」と「平等」の認知と実現を目指す限り、広い意味での「有償性」が問われていると見ることができる。しかしここでは「命の営み」を「無償性の領域」として見る視点をさらに考察してみたい。

「命の営み」の連続性、継続性とは「時間」であるが、連続するもの・継続するものということから思い至るのは「時」である。「時（とき）」という大和言葉の語源については、対立する二つの説が注目に値する。一つは「とこ（常）」で、「永続的なもの」とする説、もう一つは迅速という意味での「とく（疾く）」から来るとする説である〔前田富祺 二〇〇五〕。後者の「疾く」は「疾（と）し」という形容詞の連用形であり、「年」という言葉とも関係があるとされる。「年」は穀物の実りを示す言葉で、その刈り取りの時期に向かって懸命に作業を継続させなければならないというイメージに結びつく。まさに時は疾く過ぎゆくことを前提として、その営みこそ農耕社会における「命の営み」であったのであろう。それを支える「家庭の営み」がこのような意味での「時」を形作っていたと考えられる。このとき「時」において恒常的であるのは、自然の営みと一体となった循環的もしくは円環的な時間（「常（とこ）」）であり、「疾く過ぎゆくもの」は、家族・家庭における人の行動と一生である。人の行為は、そのつど意味あるものとして切り取られ、言語化される。それらは特定の「時間」を持つが、すべて「過ぎゆくもの」である。しかし自然そのものは過ぎゆかず、「とこしへ（不変の岩の上の意）」に留まる。そこに人々はいのちの根源としての「神性」や「聖性」を見ていた。「時」はこの意味で「とこしへ（永遠）」（神と自然）と「たまゆら（一瞬）」（人為）との統一の意識であったと言ってよい。

問題を、「ケア」行為の意味に引き戻してみよう。現代の生活が、さしあたり「労働」とその代価である「賃金」に支えられていることは論を俟たない。しかし、そうであればあるだけ、「労働」という言葉に組み入れられない部分も際立ってくる。それが「命の営み」の部分である。すると、家庭内の仕事という次元に入り込むことができた「ケア」行為は、一方で「有償性」ということでは、サービスもしくは商品として「切り取られた、言語化されたもの」であると同時に、「家庭の営み」「命の営み」を守り、かつ支えるという「無償性」の部分にも関わることが避けられない。そして「命の営み」は今日、私秘性、すなわちプライバシーの領域としても意識されている。となると、プライバシーに関わる領域と行為が「仕事」もしくは「労働」として可視化されることには、抵抗があって不思議はない。「ケアという行為」はまさに有償性と無償性の双方に関わるという意味で、中間に位置する。ケアの行為は「仕事」としては有償であるが、「命の営み」という無償性の領域に関わるプライバシーを保護するものでなければならないということである。しかしプライバシーは曖昧な概念である。仲正昌樹によれば、プライバシーは(1)「外部」からの干渉を受けずに、自分たちだけで勝手にやっていくこと、(2)「外部」から情報の面で遮断された状態であること（＝私秘性）という二つの系列を持っているとされる［仲正　二〇〇七、一六九］。前者は「自己決定の自由」という積極的な意味、後者は「放っておいてもらうこと」という消極的な意味としても解釈できる。しかもその両側面は個人と家族の二つの次元で複雑に絡み合い、「外部」に対してだけでなく、内部で対立したりもする。介護や看護など「ケア」の現場では、一般に守秘義務が尊重されなければならないが、逆に共有されるべき情報をどう抽出し、誰にどこまで伝えるかなど難しい問題を含んでいる。とくに、ことがらが言語化・数値化が難しい場合、QOLの評価がケアするものの主観に左右されたり、あるいはプライバシーが侵害されたりといったことが起こり得る。

この問題と関連して、「有償性」と「無償性」の間という点で浮上してくるのが「言語」の問題である。ケアの「有償性」を支えるのは、社会化されたケアを提供する「専門家」という資格である。そして「専門家」の資格を支える要件は、専門家が使う言語とそれに基づく判断、そして判断に基づく行為の正当性である。無償のケアにおいては、言語はこのような厳密性を伴い得ないと同時に、常に家族の感情・情緒に浸透され独自の意味やコンテクストを帯びたりする。そもそも無償のケア（家事・育児）をいかなる感情も情緒も伴わない形で行うのは不可能である。他方、「専門家」による有償のケアにおいては、感情・情緒が前面に出ること、あるいはそれに引きずられることは許されない。といって感情を表出しないままケア行為を行うことも不自然であるし、またケアされるものにとって不安や苦痛の原因ともなり得る。それゆえ、適切な感情表現を行いつつケアを行うことが推奨される。それがケアするものの自発的な自然さからではなく、労働に伴う演技的表現という形でマニュアル化されてしまうと、いわゆる「感情労働」という問題が出てくる［ホックシールド　二〇〇〇、武井　二〇〇一参照］。

以上から、無償のケアにおいては、言葉にならない部分や領域が根本にあり、それに応答しつつその時その場に「適切な言葉」が発せられるという構造になっている。それは、家事・育児が愚痴や嘆きや怒りを伴って行われる場合であっても同じである。そこには暴力性が認められることもあり、とくに児童虐待などでは他者が介入しなければならない場面はある。しかしあくまで「家庭の営み」「命の営み」である限りにおいて、安易に他者が介入することははばかられる。というのも介入の正当性は、行為が言語化されること（解釈・評価）によってはじめて保証されるからであるが、「営み」はそれを拒否する部分があるからである。ケアの行為は、この意味で「言語と非言語の間（あわい）」にあるということができる。そこでつぎに、かかる「言語と非言語の間」を象徴するものとして、赤児の発する「おぎゃー」という声に注目してみたい。

二　ケアの根源としての「おぎゃー」

careという語の意味から「おぎゃー」へ

英単語のcareについて語源を含めた意味については、別の論文で触れておいた［加藤　二〇一四］。そこではcareが、気遣いという心理的側面と世話という行為的側面を持つことが指摘された。語源を参照すると［寺澤編　一九九九］、careが古英語のcaruもしくはcearu（心配、悲しみ）に由来すること、他方でラテン語のcura（苦悩、煩い）を語源とするcureとの直接的関係は認められないものの、意味の類似性から両者が同類語として扱われ、互いに影響を与えてきたことなどが知られる。しかし筆者が注目するのは、caruが苦悩や心配などの表出としての「叫び」とか「呼びかけ」という意味に連なっていることである。それはcaruのcaが軟口蓋における破裂音として、「キャー」とか「ギャー」という音に発するものであり、英語のcallやcryも同じような意味で軟口蓋破裂音を持っていると考えられるからである［寺澤編　一九九九］。一般にインド・ヨーロッパ語族において、意味は母音よりは子音において保持される。それゆえcareの［k］音は、それが使われてきた歴史を通じて、人が発する最も根源的な発声、叫び、呼びかけとして、言語以前の感情表出に連なっていると考えることができよう。そこでこれを日本語に求めるとすれば、ケアという語は赤児が発する「おぎゃー」という泣き声に対応する、いいかえれば「おぎゃー」を原点としていると考えてよいのではないだろうか。以下、作業仮説として「おぎゃー」が発せられる状況とそれへの対応を手がかりに、「ケアすること」の意味を考えてみたい。

「おぎゃー」という赤児の第一声（呱々《ここ》の声）は、胎盤を通しての酸素と栄養の供給という母親の生命活動に徹底的に依存するあり方から、肺呼吸への劇的転換を告げる、いわば一個の生命の独立宣言とも受け取れる。この第一声は、赤児がこの世に誕生したことの全面的な表出であり、赤児からの具体的要求など分節可能なメッセージが一切含まれていない、生理的なもしくは本能的な情動の表出という意味で、特別である。しかしこの「呱々の声」に接して、子を抱く母親の呼びかけやまなざし（生まれたばかりの赤児はしばらく目を見開いて母親を直視すると言われる）を、赤児は全身で受け取る。それが「呱々の声」が赤児の生命の純一にして全面的な表出でありながら、同時に赤児を抱く母親が、これまた純一にして全面的な思いを持って抱き、声を掛けるということなのであろう。もちろん、この後にはじめての授乳などの「命の営み」に即しての両者の「関係」が構築されていくのであるが、はたしてそれを「母親と赤児の二人の人間の関係」という形で捉えてよいだろうか。というのも、ここを例えばキテイのように「依存労働」として捉えると、そこにはすでに「二人の人間の関係」という設定が前提されていることになるからである。

まず、この最初の「おぎゃー」と、それに対する母親の応答とを「ケアすること」の象徴的かつ原初的な場面として設定してみたい。眠る間もないほどの「おぎゃー」への応答のなかで、やがて母親は赤児の泣き方やトーンによって赤児の要求を分節し、対応できるようになる。「おぎゃー」は、次第に生理的欲求や外界の刺激に対する反応の直接的な表出として、メッセージ性を帯びてくるのである。母親は、それを「おしめが濡れた」「おっぱいが飲みたい」「眠くなった」といった個別的な要求のサインとして聞き分ける（分節する）ことを学ぶ。それは「おぎゃー」への応答（関係性）であると同時に、母親と子どもが協働して作り上げていく「命の営み」（統合性）と言ってもよい。「おぎゃー」は、「おしめが濡れたのね」「お腹が空いたのね」などの母親の語りかけと、適切な対応（試行錯誤を伴いつつ）によって、そのつどの満足と快感の静謐さに戻り、赤児は覚醒と睡眠のリズムを確立していく。また赤児の側でも、身体の状況や欲求の大小・深浅・緊急度などにより「おぎゃー」の表現は多様性を帯びていく。同時に赤児の認知能力の発達により「おぎゃー」に対する母親の対応を学習すると、「おぎゃー」に赤児自身の主体的な要求というニュアンスが少しずつ現れてくる。以上から、「おぎゃー」は赤児の身体の状況に直結する表出であると同時に、それを大人の言葉へと解釈され翻訳されるべき「身体の言葉」、市川浩と丸山圭三郎にならえば〈身（み）分け構造〉ということができる［市川　一九八五、一、丸山　一九八七、一六九］。

以上が新生児と母親（養育者）との基本的な関係であり、これを「命の営み」の一つとするならば、母親は赤児という絶対的弱者に向き合うことで、母親がこれまで出会ってきたどの他者よりも強い結びつきを体験することになるはずである。もちろん母親のみがこのような経験をするわけではない。「絶対的な弱者」に関わる限りにおいて、すなわち「命の営み」を全面的に託される限りにおいては、母親に代わる養育者にとっても同じ経験であると言えよう。それはなにものにも代えがたい喜びであるが、同時に負担であり悩みの源であるという意味で、赤児と母親の双方にとっての根源的な受苦（パッション＝passion）である。赤児の脆弱性は、同時に母親の、ケアするものの脆弱性でもある。というのも赤児の脆弱性に向き合う限り、母親は何をおいてもその赤児を世話することを優先せざるを得ない。その意味で母親は赤児よりも脆弱であり、また自ら脆弱であろうとする。「おぎゃー」はその意味で、何よりもまず、誕生してしまったということに伴う絶対的な弱さ・脆弱性の表出であると同時に、それに否応なく対応せざるを得ない「ケアの現場」を象徴する徴（しるし）にほかならない。この意味での「おぎゃー」の表出を「原サファリング」と呼ぶことにしたい[10]。

しかし「おぎゃー」を表出している赤児は、まだ自分がそのように一定の要求を行っているという自覚はない。それゆえそれは反省的な意識（自己意識）に固有な「恐怖」を伴っていないという意味で「無心」である。しかし、右に述べたように「おぎゃー」は、そのつど何らかの要求が込められた「言葉」であり、それを解読し、「適切な」言葉へと翻訳することができるし、そうしなければならない責務が伴う。「お腹が空いたのね」「おしめが濡れたのね」「大きな音に驚いたのね」など。逆に個別的な状況に応じて解釈され、翻訳され、対処が行われなければ、「おぎゃー」は赤児の誕生時の絶対的脆弱性の表出に戻ってしまう。ここをさらに言えば、もしも「おぎゃー」がオノマトペとして「日本語の語彙」の一つであるとしたら、対処が行われない「おぎゃー」は、「おぎゃー」以前へ、すなわち風の音やあるいは機械音と同じ単なる音声へと戻っていくのである。その意味で、「赤児が「おぎゃー」と泣いている」という日本語の文は、すでに赤児の発声を、一定の文脈へと分節し、言語化していく「応答」のプロセスを前提している。このことこそ「おぎゃー」が単なる音の模写ではなく、オノマトペとして「日本語の語彙」になっていることの意味であると考えられる。ルソーは『言語起源論』において、欲求の言葉（language of desire）と情念の言葉（language of passion）を区別している。前者は叫びのようなジェスチャー、後者は発話された言葉であるという。前者は利己心の表現であり社会と対立しているが、後者は共感や同感の原理として、社会の共同性に向けて開かれていると言う［メイナード　二〇〇〇、二七］。その意味では「おぎゃー」は、欲求の言葉と情念の言葉の両方の性格をそなえており、その境界に位置するということになる。

以上のように、「おぎゃー」を「おぎゃー」として受け止めるということは、それを分節して、状況に適合した言語にすくい取り、対処を行うことの準備段階にあることを意味する。それゆえ、なにが原因で泣いているのか分からないまま、対処がうまくゆかないと、親たちは困惑し途方に暮れていく。そして危機感の深まりとともに、ついには「このままでは赤ちゃんが死んでしまう」という思いがよぎる。すなわち「ケアしたい」「ケアしなければならない」状況はありながら、「ケアできない」という思いのみが募っていくとき、赤児の「おぎゃー」は、実は親自身のサファリングであることが顕となっていく。しばしば耳にする「私の方が泣きたいくらい」という述懐がそれである。この事態を、親の心にも「おぎゃー」が誘発されている、と捉えてみよう。するとどうしても言語化できない（対処できない）赤児のサファリングに対して無力な親は、「おぎゃー」に共鳴しつつ一体となるなかで、あたかも自らが「おぎゃー」を表出し、「おぎゃー」の主体となってしまうかのように感じるのである。ひるがえってみればわれわれも、言語化も対処もできない苦しみ、痛み、困窮のなかで、全身で「叫び」や「呼びかけ」を表出する時には、赤児がそうであると同じ意味で「おぎゃー」を発せざるを得ない。この状況を敷衍すれば、われわれは、生涯にわたって誕生時と同じ脆弱性を保持しているということになる。いいかえれば、われわれはみずから「おぎゃー」という叫びを「つねにすでに」「あからさまではない形で」発している存在ということである。この意味で「おぎゃー」は、大人が自分自身を含めての根源的脆弱性（原サファリング）というものを意識し、受け止めている言葉であると言うことができる。そう考えると、「おぎゃー」は何らかの対処に向けて分節され、言語化され得る、またされるべきものとして、言語と非言語の間《あわい》としての「現象」、いいかえれば「未分節の意味のかたまり」と言うことができよう。たしかに「おぎゃー」に外から「意味」を与えることはできる。しかし「おぎゃー」そのもの、「原サファリング」そのものを分節する（言分けする）ことはできない。赤児は「おぎゃー」を自覚的に発しているのではなく、「身分け」として「身（み）づから」発しているに過ぎない。これは状況が改善すれば、「おのずから」静まるのであり、それは持続する「いのち」の波のようなリズムとして捉えることができる。ここに「時」と「いのち」を貫く「持続性」「永遠性」、そして「聖性」を見ることが可能である。この恒常的な未分化の領域が、誕生したものの全一性の根拠であり、ここにおいてわれわれは「死すべきもの」と「死を超えるもの」との統合として「全人的」という言葉の象徴的な意味を受け取ることができるのである。「おぎゃー」に「死の切迫」を読み取るのは、「分別をそなえた」大人が、「命の営み」を赤児の「個体性」において見るからである。たしかにそれは間違ってはいない。しかし、そのことは「おぎゃー」を発している赤児の与り知らぬことである。

赤児が一ヵ月を過ぎるくらいになると、はっきりと人の顔を追うようになるという。そして母親とそれ以外の人の顔を識別し、態度に変化が出てくる。すると「おぎゃー」は、単に生理的・心理的状態の「身分け」の表出ということだけでなく、ある人、すなわち母親に向けて赤児から発せられたメッセージ（要求や願望）という様相を帯びてくる。それはその赤児が一人の娘ないし息子として母親に、あるいは家族に相対していることを意味する。つまり「おぎゃー」は個別的かつ個性的なメッセージとして受け取られる。逆にそのように受け取られ、それに対して「応答の言葉」が繰り返し投げかけられることによって、赤児はやがて自分を「名前を持った誰か」として、すなわち「自我」「人格」をそなえた自己として育っていく。それは自分と他人との間に引かれる一つの線、他人は自分ではないということである。そうなる以前の赤児の全一的世界は、自己のみがあって他者がないと言えると同時に、その自己がまだ無いこと（無心）において、自分の身体も含めて一切が外部（他者）であるとも言える。それゆえに、その無心における全面的他者性は、じつはそこに居合わせる大人の全面的な自己性（他人事ではないこと）へと即座に転換し得るのである。そのことを仏教では古来「自他不二」あるいは「朕《ちん》兆《ちょう》未《み》萌《ぼう》」（道元『正法眼蔵』「山水経」）と表現してきた。釈迦が生まれてすぐに七歩歩み、天と地を指して「天上《てんじょう》天下《てんげ》唯《ゆい》我《が》独尊《どくそん》」と言ったという伝説は、まさに「おぎゃー」の仏教的な解釈と考えてよいのではないか。しかし赤児が成長するとともに、ばらばらだった手足をまさに自己のものとして表象し統合することが生じ（ラカンの言う鏡像段階）、「自己が身体である」のと同時に「自己の身体を所有する」という二重構造を生きるものとなる。そして自己（身体）と自己でないもの（身体の、皮膚の外部）との間に線引きがなされることによって「自己の関心」は「自己ならざる外部」へと開かれ、他者と世界への関心が猛烈に高まる。このプロセスがうまく展開しない場合には、自己と他者との関係性をうまく構築できず、成長・発達に齟齬が生じる可能性が出てくる。

「おぎゃー」がメッセージ性を帯びるということは、大人によって言語化されたサファリング解釈を子どもが受け入れ、やがて「おぎゃー」ではなく、サファリングの言語を表出し伝えるという道が開けること、ルソーの区別に従えば、欲求の言語から情念の言語へ変化していくということである。しかしこの時点ですでに、二次サファリング[11]の可能性にさらされることにも注意しなければならない。子どもは、何らかのサファリングを感じたら、とりあえずそれを主題化し言語化して伝えなければならない。結果的に、原サファリングは、しばしば錯誤や歪曲を伴ったまま言語化され、周囲の大人（他者）によってその子のサファリングとして了解され、対処がなされる。これはその子自身のサファリング対処が訓練され、自立への道を歩むことでもあるのだが、同時に不十分な間違ったケアが引き起こす「二次サファリング」と付きあっていく道でもある。それだけに、二次サファリングへの対処においては、原サファリングを見失わないことが大切である。というのも、二次サファリングへの対応がさらに三次サファリングへ増幅され、さらに複雑な層構造へと繰り込まれ、畳み込まれていくことが起こるからである。いや、われわれが生活する社会は、すでにこのような重層的なサファリング構造とそれに対する重層的な対処（治療・安心・安全への対策としてのシステム）をそなえており、それはどこまでも多様化し複雑化する傾向を持っている。その目的は、医療で言えば、予防・診断・治療のシステム化された対処により、可能な限り原サファリングを排除し、回避することにある。サファリング対処の観点からすれば、原サファリングの持続的表出は、「対処不能」を意味する敗北であり、ついにはケアされるものの「死」を意味するからである。しかしそれは同時に「ケア」するシステムそのものの無効性をも意味する可能性がある。その意味で原サファリングの対処不可能な現出は、ケア・システムそのものの「死」を意味しかねないのである。それゆえシステム化されたサファリング対処（マニュアルなど）は、結果的には原サファリングに向き合わないこと、あるいは相手と自分の双方のサファリングの表出を回避し抑圧する傾向を持つことになる。ここでは、ケアするものとされるものの区別と乖離が起こっているのである。

原サファリングに直面することは、ケアするものが「おぎゃー」の場面に陥ること、相手のパニックに自分のパニックが同調する危険にさらされることである。それゆえ、それを回避し、自分を守ろうとするあまり、理性的に見たら愚かしく短絡的な対応に終始し、相手がさらにひどいサファリングに陥ろうとも、無視するというようなことが起る。児童虐待などはこれが極端な形で現れたものであろう。そこでは、ケアする親が感情の嵐とも言うべき自分自身の「おぎゃー」にからめとられて、身動きできなくなっている。この「余裕の無さ」は、みずからの「おぎゃー」を「切り分けて」、自分と相手を同時に見つめることを阻み、結果的に理性（冷静な対処）を働かせる余地を奪っている。そしてそのことによって「おぎゃー」がさらに増幅されていく悪循環に陥るのである。その際に「おぎゃー」の原点に立ち戻るということは、まず「おぎゃー」を表出しているものが何よりもケアするもの自身であること（ケアする自分の原サファリングであること）を知ることである。そのことによって、相手の「おぎゃー」に自分が襲われるという「恐怖」を切り離すことができる。と同時に、相手に対する対処を行うものが自分であり、自分がそれを行うことができるし、行うべきであるということを知らしめる。それが「応答可能性」としての「責任＝responsibility」ということである。もちろん「応答可能性」には、自分の対処を誰か他の人に預ける、たとえば、医療者や介護者などの専門的な対処に託すということも含まれる。このように他者の「おぎゃー」に接して、それを「おぎゃー」として聴き取っているのはみずからの発している「おぎゃー」に他ならないと見ることによって、他者への恐怖に襲われる自分自身を見つめることができるのである。これが他者の「おぎゃー」に対する恐怖感（「おぎゃー」の場面を避け、抑圧しようとする気持ち）を切り離すきっかけになり得る。ここに「ケアすること」が「大いに切る」という意味での「大切にすること」に繋がる契機を見ることができる［加藤 二〇一四参照］。

「おぎゃー」と原サファリング、われわれが「誕生したもの」であるということ

右に述べたように、「おぎゃー」は決してコミュニケーションを求める赤児自身の言語ではない。「おぎゃー」を「お

ぎゃー」として受け止め、応答することは、赤児に接する大人の行為である。とすれば、次の瞬間にそれが分節され対処が試みられるならば、「おぎゃー」という表現自身は何の役にも立たない冗長な言葉であるとも言える。実際「おぎゃー」もしくは「おぎゃあ」が載録されているのは日本語擬声語・擬態語辞典であって、言葉の意味を解説する国語辞典には採録されていない(12)。確かに赤児が泣いていれば、冷静にその様子を観察し、しかるべき対応・対処、すなわちケアが行われる。このプロセスに「おぎゃー」というオノマトペがそのつど介在しなければならない必然性はない。それゆえ「おぎゃー」は、通常のケアにおいては、大人の意識からは脱落している。にもかかわらず、なぜ日本語において「おぎゃー」が一定のニュアンスや象徴的な意味を伴って人口に膾炙しているのだろうか。それは「おぎゃー」が、単に赤ん坊が泣いていることの描写や模倣にとどまらない「分節不可能な意味のかたまり」であるからである。というのも、先ほど見たように、赤児が泣き止まなかったりすると、大人はさらに呼び立てられている感じが増す。そして呼び立てられていると思ったとたん、そこには常にすでに応答がある。手を差しのべることも、夢中で抱き取ることも、冷静に観察することも、いや無視することも虐待することも、すべて応答である。繰り返すが、赤児自身はまだ自己を持たず、その意味で「誰かに対する他者」ではない限りにおいて、一定の他者に何ごとかの要請を行っているのではない。にもかかわらず、われわれは呼び立てられていると感じ、応答してしまっている。

赤児に接しているわれわれは、それへの応答において一方的に片務的に責任を感じていると言わざるを得ない。このような状況を倫理性の根源として描き出したのが、レヴィナスの「顔」という概念である。レヴィナスは、「顔」は裸形であると言う。すなわち双務的な権利関係を離れて、一方的かつ片務的な応答のみがあるというのである。レヴィナスの「顔」は「おぎゃー」の概念と重なることが見て取れる。しかし、そこでは「顔」は他者として現れる。この他者性は、応答するものの自己性を問いに付すという意味での倫理的緊張性を担っている。しかしだからこそレヴィナスの倫理は、自己と他者の峻別という場面を離れることはないと考えられる(13)。

「おぎゃー」に接して、それとして了解する場面で、「おぎゃー」を発しているのはまぎれもなく赤児でありながら、実は同時にわれわれ自身であるということが語られた。そのときわれわれ自身の「おぎゃー」において、赤児とわれわれは常にすでに「別ではない」存在となっている。それはしばしば精神分析的なアプローチで語られる「母子一体性」ということをもちろん含んでいるであろう。しかしこれを「母子」という特殊な関係性に特化することはできない。もちろん赤児とわれわれは同一ではないし一体でもない。にもかかわらず、気がついたら応答してしまっていること自体が、赤児とわれわれののっぴきならない関係を表している。ここを別の観点からすれば、われわれは赤児に接して、ケアすることへとあらかじめプログラムされているわけではない、と言ってもよいであろう。看護ロボット、介護ロボットであれば、プログラムされた行動を取るだけである。あるいは、子育て中の子どもを守ろうとする動物の行動も、それが本能的行動である限りにおいてプログラムされたものと言うことができよう。しかし「おぎゃー」を発するものがわれわれ自身である限り、否応なく応答することは「おのれ自身のおのずからなる現れ」なのである。しかしこのときの「おのれ」とはどのようなものであろうか。それは日常において自意識と自我をそなえた「誰」としての自己ではない。むしろそのような日常的な自己を超えた自己、自己ならざる自己なのではないだろうか。迫り来る津波の中で無我夢中で人を助けようとするとき、「我を忘れて」ということがしばしば語られる。しかしもちろん意識もあるし、即座に頭と身体をフルに働かせてもいる。しかしそれは普段の自己とは異なった「名付けようのない自己」であり、自己自身の「おぎゃー」は実はそこから発せられているのではないだろうか。とすれば、「おぎゃー」を発しているのは、私が私として意識している自己意識でもないし、もちろん生物学的に遺伝子に組み込まれた利他的行動のプログラムでもなく（そのように解釈することは可能であるし自由であるが）、赤児のおのれとの「間（あわい）」そのものなのではないだろうか。ここをどう表現するかということについては、生物学的、心理学的、言語学的、現象学的、倫理学的、宗教学的、あるいは社会学的にさまざまな概念の選択肢があるように思われる。禅的には「無相の自己」と言ってもよいかもしれないし、他にも「他者」「共同体的な自己」、あるいは「仏」「神の愛」など思索と文化・伝統のコンテクストに応じてさまざまな解釈が可能であろう。(14) しかし大切なことは、「おぎゃー」が赤児のものであると同時におのれのものであり、かつそのどちらでもないという意味で、いわば「宙に浮いた言葉」であるということである。そこには「自己の自己への関係」よりも近く、かつ天地を包むほど広大な空間が広がっている。それゆえに、それは赤児と我との直接的接触もしくは因果関係の構築や限定を超えて、無限の広がりを湛えているのである。その意味では、象徴的には宇宙そのものが発している言葉と言ってもよい。それが「おぎゃー」なのである。それは、「今ここに現れてあること」すなわち「誕生」ということであると言ってよい。

われわれが、赤児の泣き声を聞きつつ、自己自身から発せられる「おぎゃー」へと呼び立てられ、応答せざるを得ないということは、われわれが「誕生したものである」ということである。これに対して権利主体としての「人格」「個人」は、誕生の現場というものを持たない。というのは、それらが概念として構築され構成されたもの、承認されるべきものである限り「誕生しつつあるもの」ではないからである。これは裏返せば、「人格」は「死すべきもの」「死につつあるものではない」ということでもある。通常はわが子の誕生に接したものは、同時に「親として誕生する」と言われる。もちろんこのことは論理的に正しい。しかし、実は生まれるのは親だけではない。赤児の誕生に接したものは、それに呼び立てられていると感じる限り、そのつど新たに「誕生させられている」のである。それが「生まれる＝呼び立てられている＝担わされている」という意味での be born（bear「産む」が「担う」という意味を持っていることに注意）ということの受動性を示していると言えないだろうか。そのとき、われわれを呼び立てているものとは「われわれを生んだもの」である。これを「神」とも「いのち」とも呼ぶことは自由であるが、同時にそれは「人格」を超えた「わたし自身」であり「個」であるとしか言いようのないものでもある。「個人」であることと、その「尊厳」は、「人格の尊厳」として語られることが多いが、これまでの考察からすると「常にすでに」それを超えているのである。そして「個人化」とその脆弱性はここから捉え直されなければならない。

以上が、われわれが赤児の「おぎゃー」という原サファリングに触れたとき、その原サファリングは、同時にわれわれ自身の原サファリングであるということの意味である。そこに自他の区別はない。ということは、とりもなおさずわれわれ自身が「あらゆる瞬間に誕生しつつあるもの」ということなのである。われわれは自分の記憶には留められていない自分自身の誕生の瞬間を、「おぎゃー」という原サファリングに接し、その原サファリングが実は自己のものであると感じる限りにおいて、自らの誕生を目の当たりにしているのである。それは、事実的には自分が徹底的に弱きものとして、援助と救済を叫ぶしかない存在であること、しかも「今ここに誕生しているもの」として、全身でそれを訴えてしまっている存在であるということである。もしも援助が得られないならば、われわれは死ぬしかない。いや「生きる」ということは、本来的に自分ひとりでは不可能であるがゆえに援助に向かって叫ぶことである。そこでは生きることと死ぬこと、生きることと犠牲を強いることとの本来的区別はない。われわれは原サファリングの表出において、まさに死につつあるものとして、あられもなく援助と救済を叫んでいるのである。それゆえ原サファリングとしての「おぎゃー」は、新生児としての赤児に特化した「おぎゃー」ではない。「おぎゃー」は、われわれが一生を通じて、危機の中で無力であるようなあらゆる場面でおのずから表出せざるを得ない原サファリングの端的な現れなのである。そのとき、われわれは誕生以来、両親・家族を中心としてあらゆる人々のケアの輪の中で成長し「自立」する中で、その人間関係と社会生活によって培ってきた「自我」もしくは「人格」という抽象的な自己から逸脱し、あるいは超え出ていく。そしてそのことにおいてのみ、われわれはいつでも自分を他者の救済のために犠牲にし得るのである。いいかえれば、原サファリングの「おぎゃー」をみずからのものとすることにおいて、われわれは自分自身の「おぎゃー」を切り分け（「大切」にし）、誤解を恐れずに言えば「自己と他者のために死んでいくことができる」のである。この意味で「ケアすることとは死ぬこと、死ねること」なのである。

これは「自我」や「人格」を否定することではもちろんない。「自我」や「人格」は、原サファリング「おぎゃー」にからめとられないように、それから距離を取って、みずから有効な対処を講じていく中で構築されてきた安全装置と言うことができよう。すなわち危機的場面において、情報処理とさまざまな判断を組み合わせて、一定の行為や行動を統括するものが「自我」であり「人格」であり、固有名を伴った「誰」である。その「誰」は、内部には誰も立ち入れず、かつ立ち入らせない意識の主体として「自己」であり、他のすべての「誰」に対して「他者」であり得るし、あり続ける。しかし原サファリング「おぎゃー」の表出、もしくは「おぎゃー」との出会いにおいては、われわれはその「自我」「人格」を超え出る場面に遭遇していると言うことができよう〈15〉。

三 「おぎゃー」と「個人」と「お金」

本節では、近代社会の帰結としての「個人化」とケアの原点としての「おぎゃー」がどのように関わるか、さらにそこに「お金」が介在することにより、ケアがどのような可能性と制約とを持つにいたるかを明らかにすることにより、「ケア」概念を明らかにしてみたい。なお紙数の都合で、素描を試みるのみに留める。

序で触れたように、個人は主権者としては近代国家の構成員であり、また私権と私財の所有者としては経済主体である。国家は主権者に対しては、憲法に従って基本的人権と最低限の文化的生活を保障し、また経済主体に対しては、起業による自由な競争と労働者の権利を保障している。しかしバブルの崩壊とデフレ不況による経済成長の鈍化により、労働環境の悪化と格差の増大が進行するにつれ、個人はますます脆弱な存在となってきている。国家からは財源不足による社会保障費の切り詰めと消費税の導入、企業からは終身雇用の廃止、早期退職、就職・転職難などの影響が社会を覆っている。他方で、「個人＝労働者＝消費者」という刻印の裏返しとして、家族や地域における人と人との絆が弱体化している。その端的な現れが「お金がなければ、生活できない、生きていけない」という不安である。それは身体存在の脆弱さをも含めて自立的に生活すること、あるいは家族や近親者・地域の力で生活することの困難として現れている。先の東日本大震災において、日本社会を覆っているこれら根深い問題が、被災者に特化されつつも、むしろ普遍的な問題として浮上していると言えよう[16]。

以上の要約において強調したいことは、「個人」が「おぎゃー」を叫ばなければならない状況、いいかえれば「原サファリング」に立ち戻らなければならない状況が広範に切迫してきているということである。もちろん、人間の歴史を繙いてみれば、悲惨な暴力や過酷な運命に翻弄された人々は数知れない。とくに二〇世紀は戦争の世紀とも言われ、人類史上かつてない大量死を経験してさえもいる。しかしそこで亡くなっていった人がどれほどいたとしても、その人たちは今日の社会におけるような「個人化」という状況のなかにいたのではなかった。「個人化」は近代国家と資本主義のグローバルな浸透という歴史的な状況のなかで、二〇世紀後半から広範かつ顕著に現れているからである。

第二次大戦後の人間の命と生活を守るキーワードは「人権」であったし、いまでもそう在り続けてはいる。しかし「人権」は、法的概念である。「人権」を持ち出して救済を行うことができるのは、国内法と国際法が施行されている限りにおいてである。しかし、そもそも法が有効となるべき社会の健全性が基礎になければ、「人権」も絵に描いた餅になりかねない。その社会の健全性を支えるのが、人々の健全な生活、それに基づく人間関係とその組織、そしてその統合形態としての行政組織であり国家体制であることは言を俟たない。人々の生活が困難であるところ、そして国家自体が揺らいでいるところで「人権」を拠り所とすることは難しい。

また人権の主体は、法的な意味での「人格」である。「人格」は国家の構成員として理性と判断力をそなえた「主体(subject)」である。そしてその身体、もしくは身体存在は、基本的にその所有物として「人格」に従属するとされる。しかし人格が成立するためには、何よりも「身体存在」が先行しなければならない。アガンベンによるビオスとゾーエーの区別はここに関わる〔アガンベン 二〇〇三、七〕。端的に言えば、ビオスは人格であり、ゾーエーは身体である。身体は生物学的・医学的に理解され操作される限りでは、生命装置(機械)であり、「人格」は大脳に特化した「機能」であるとされる。「個人」は、さしあたりは「人格」である限りにおいて法的に国家の保護のもとにある。しかし国家は、「身体存在」そのもの、いいかえれば「生きるもの」「生活するもの」としての個人には直接関わることはないし、できない。そこでそこに介在し、媒介となるのが「お金」である。個人の身体存在は「お金」によって保証される。しかしながら、「身体存在」に危機が迫るとき、まず表出されるのは「おぎゃー」という原サファリングである。それに対処するには、それ自身が「おぎゃー」を発することができる誰か(他者)がいなければならない。その意味で「おぎゃー」の現場こそがケアの現場である。しかしその対応と対処を支援しつつ、まさに個人と社会(自治体)と国家を守るものとして、安全管理の名のもとに複雑な「ケアのシステム」が構築されている。「おぎゃー」を解釈し言語化し、対処を行うものがかかるシステムである限り、そのエネルギー源は「お金」「財源」である。「お金」は「おぎゃー」を分節し、言語化し、対処をほどこすことにより「おぎゃー」を鎮静させ、治める。しかし「お金」は「おぎゃー」を表出することはない。「お金」は生きてはいないからである。「生きている」とは「死ぬものである」という限定（有限性）のもとにあることを言う。分裂と生殖というリプロダクション（これが同時に「死ぬこと」の様態であるが）を通してはじめてゾーエー（生物学的な命）は四〇億年を「生き抜いて」きた。しかし「身体存在」から抽象されたビオス、すなわち「人格」は、死ぬことができない、いいかえれば「人格」には、死を廃棄した、もしくは死から廃棄された「生」しかないのである。[17] それゆえ、「人格」は、身体を再生させることができれば、いつまでも存続していくことになるであろう。たとえ、その身体がもはや有機体ではなくなって、機械装置（たとえば情報のみのメモリー）となったとしても、である。そこではいつのまにか「おぎゃー」は消失し、「おぎゃー」によって応答する「個を超える個」が失われているのである。

とすれば、「個人」が「個人化」によってかくも脆弱となっていること、「おぎゃー」を表出せざるを得ない状況に追い込まれていることは、とりもなおさず個人が「人格」でありつつも、人格を超え出て「身（み）」としての身体存在に立ち戻らなければならない状況を示していると言える。それは「おぎゃー」の原サファリングに立ち戻って、みずからその「おぎゃー」を発しつつ、状況に従ってそれを「切る」こと、「分節」すること、「言語化」すること、そしてその結果を「死すべきもの」として引き受けることを意味する。その際に、いかにして「お金」を身体存在に適「切」なものとするかが重要な課題となる。というのも「お金」も人と人、人と物、物と物とを媒介するものとして「切り」かつ「結ぶ」存在であるからである。ただし「お金」は資本として、金融商品として際限なく増殖するものでもある。そこにお金が身体存在を超えていくありさまが見て取れる。それゆえお金を「生きるお金」とすること、いいかえれば「死んでゆくお金」「死ぬことができるお金」とする可能性と工夫〔ゲゼル　二〇〇七、河邑　二〇〇〇参照〕も、これまでの考察をふまえて「ケアすること」に根本的に関わるということを指摘することができる。以上が、本章の結論である。

注

〈1〉「個人主義」という語の歴史については［ルークス 一九八七、八－五八］参照。

〈2〉近代人の時間意識と歴史意識については、［ハーバマス 一九九〇］参照。

〈3〉貯蓄の状況――統計局ホームページ。http://www.stat.go.jp/data/sav/sokuhou/nen/pdf/h23_gai2.pdf
〈4〉個人化についての全般的な理解については、［三上 二〇一〇］を参照。そこには「個人化は社会的なものの〝終焉〟と同時に進行している」（二頁）とある。この場合の社会的なものとは、家族や地域の自生的かつ制度的な秩序と結びつきを言う。

〈5〉［メイヤロフ 一九八七、Mayeroff 1971: 1］参照。この言葉についての考察は、［加藤 二〇一二、六一－八一］参照。

〈6〉この言葉については国立国会図書館のレファレンス事例詳細を参照。http://crd.ndl.go.jp/reference/modules/d3ndlcrdentry/index.php?page=ref_view&id=1000025171『小品方』については、［真柳 一九八七、四三五－四七六］を参照。

〈7〉フェミニズムについての論考は概観的なものとして、［有賀 二〇〇〇、吉澤 一九九三、岡野 二〇〇三］を参照。

〈8〉ここでは「労働」を「賃労働」と同義と捉えておく、そして「仕事」を賃労働も含むより広い概念としておく。

〈9〉家庭内の仕事が労働として賃金・給与の対象になり得るとすると、家庭の機能が維持されることを自らの利得とするものがその代金を払うことになる。仮にそれを国家とするならば、国家は家庭を「国民を生産する装置」と見ていることになる。すなわち富国強兵といった国家の目的達成のために有用な国民を生産することに対して、しかるべき賃金を払うということである。とすると、女性を労働力の供給源として家庭から解放するということも、これに近い発想と言える。

〈10〉［加藤 二〇一四］参照。「サファリング」はケアが向かう対象という意味を含むという前提で使われている。

〈11〉サファリングに対する対処を原因とする、あるいはそれによって引き起こされるもう一つのサファリングを二次サファリングと呼ぶことにする。［加藤 二〇一四］参照。

〈12〉英語には赤児の泣き声を表す単語としてmewl（ミュール）という語がある。これは赤児の弱々しい鳴き声を模倣したものであり、同時に猫の鳴き声をも表す［尾野編著 一九八四］。もう一つはhowl（ハウル）であるが、これはオオカミや犬の遠吠え、風の唸りのオノマトペである。これも赤児に特化した表現ではない。これらは赤児は本来言語を使用しないという前提において、泣き声を赤児の身体が発する信号と受け取っての言語化と言えよう。

〈13〉［Levinas 1971: 61ff. 訳：レヴィナス 二〇〇五、一一五］。ここでは「かたちを超えた顔の現出」ということが語られる。他者は一定の形象として対象的に捉えることはできない。しかし「現れ」であるかぎり「現前するもの」であり続ける。しかしレヴィナスは第四部「顔のかなた」B「〈エロス〉の現象学」において「接触としての愛撫」を語り、存在するものを超えた「エロス的な裸形」を語る［同書下巻　二〇〇六、一六七］。ここでは「おぎゃー」との近さを感じざるをえないが、その検討は別の機会としたい。

〈14〉筆者はハイデッガーの『存在と時間』に引用されている「クーラ神話」を分析することで、この問題を考察した［加藤　二〇〇四、一〇五―一二六］。

〈15〉「ケアすること」が「犠牲となること」ということを単純に捉えてはならない。「死ぬこと」は同時に「生きること」なのであって、そこに本来区別はないのである。ここにおいては「死」という名詞と「死ぬ」という動詞の違いを明確にすることが大切である［加藤　一九九五、二一一―三〇］。さらには文学作品としては、森鷗外の『高瀬舟』、シラーの『美と芸術の理論――カリアス書簡』の寓話を取り上げたいが、別の機会としたい。

〈16〉アリソンの『不安な日本』（仮題、未邦訳）は、このような状況を文化人類学的視点から活写している［Allison 2013］。

〈17〉じつはアガンベンの言う「ゾーエー＝身体」が「ビオス＝人格」の対立概念である限り、日本語の「身（み）＝いのち」の持つ統合性と豊穣性にはおよばないと考えられるが、ここでは論じることはできない。

引用・参照文献

アガンベン、G　二〇〇三『ホモ・サケル』高桑和巳訳、以文社。
有賀美和子　二〇〇〇『現代フェミニズム理論の地平』新曜社。
市川浩　一九八五『〈身（み）〉の構造』、青土社。
市野川容孝　二〇〇〇「ケアの社会化をめぐって」『現代思想』二八巻四号、一一四―一二五頁。
稲垣久和　二〇〇七『国家・個人・宗教』講談社現代新書。
今村仁司　一九九四『貨幣とは何だろうか』ちくま新書。
岩井克人　一九九三『貨幣論』筑摩書房。
ウィニコット、D・W　一九八四『子どもと家庭』牛島定信監訳、誠信書房。
上野千鶴子　二〇一一『ケアの社会学』太田出版。
浮ヶ谷幸代　二〇〇九『ケアと共同性の人類学――北海道浦河赤十字病院精神科から地域へ』生活書院。
大野晋他編　一九七四『岩波古語辞典』岩波書店。

岡野八代 二〇〇三『シティズンシップの政治学』白澤社。
オニール、J 一九八四『言語・身体・社会』須田朗他訳、新曜社。
尾野秀一編著 一九八四『日英擬音・擬態語活用辞典』北星堂書店。
加藤直克 一九九五「「死」と「死ぬこと」の差異をめぐる考察」『自治医科大学紀要』第一八巻、二一一–三〇頁。
―― 二〇〇四「ケアとは何か」平山正実・朝倉輝一編著『ケアの生命倫理』一〇五–一二六頁、日本評論社。
―― 二〇一二「ケアからケアへ――ケアの意味への再帰的アプローチ」実存思想論集ⅩⅩⅦ『生命技術と身体』六一–八一頁、理想社。
―― 二〇一四「ケアはいつケアとなるか――原サファリングと二次サファリング」浮ヶ谷幸代編著『苦悩することの希望――専門家のサファリングの人類学』二七–五〇頁、協同医書出版社。
柄谷行人 二〇一〇『世界史の構造』岩波書店。
川本隆史 一九九五『現代倫理学の冒険』創文社。
川本隆史編 二〇〇五『ケアの社会倫理学』有斐閣。
河邑厚徳他 二〇〇〇『エンデの遺言』NHK出版。
キテイ、E・F 二〇一〇『愛の労働あるいは依存とケアの正義論』岡野八代他監訳、白澤社。
木村敏 二〇〇八『臨床哲学の知』洋泉社。
鯨岡峻 一九九七『原初的コミュニケーションの諸相』ミネルヴァ書房。
葛生栄二郎 二〇一一『ケアと尊厳の倫理』法律文化社。
ゲゼル、S 二〇〇七『自由地と自由貨幣による自然的経済秩序』相田愼一訳、ぱる出版。
ゴプニック、A 二〇一〇『哲学する赤ちゃん』青木玲訳、亜紀書房。
小松美彦 二〇一二『生権力の歴史』青土社。
佐伯啓思 二〇〇〇『貨幣・欲望・資本主義』新書館。
阪本俊生 二〇〇九『ポスト・プライバシー』青弓社。
品川哲彦 二〇〇七『正義と境を接するもの――責任という原理とケアの倫理』ナカニシヤ出版。
渋谷望 二〇〇三『魂の労働』青土社。

スローン、M　二〇一〇『赤ちゃんの科学』早川直子訳、NHK出版。
セネット、R　二〇〇八『不安な経済／漂流する個人』森田典正訳、大月書店。
芹沢俊介　一九八九『現代〈子ども〉暴力論』大和書房。
武井麻子　二〇〇一『感情と看護』医学書院。
田中智志　二〇〇二『他者の喪失から感受へ』勁草書房。
寺澤芳雄編　一九九九『英語語源辞典』研究社。
仲正昌樹　二〇〇七『「プライバシー」の哲学』ソフトバンク新書。
中山將、高橋隆雄編　二〇〇一『ケア論の射程』九州大学出版会。
ノディングズ、N　一九九七『ケアリング』立山善康他訳、晃洋書房。
バウマン、Z　二〇〇一『リキッド・モダニティ』森田典正訳、大月書店。
服部健司・伊東隆雄編著、井部俊子監修　二〇〇四『医療倫理学のABC』メヂカルフレンド社。
ハーバマス、J　一九九〇「近代の時間意識と自己確認の要求」轡田収訳『近代の哲学的ディスクルス』I、三島憲一他訳、岩波書店。
浜田寿美男　一九九九『「私」とは何か』講談社。
檜垣立哉　二〇一二『子供の哲学』講談社。
広井良典　二〇〇〇『ケア学――越境するケアへ』医学書院。
フリードソン、E　一九九二『医療と専門家支配』進藤雄三・宝月誠訳、恒星社厚生閣。
保坂渉　二〇〇五『虐待――沈黙を破った母親たち』岩波書店。
ホックシールド、A・R　二〇〇〇『管理される心――感情が商品になるとき』石川准・室伏亜希訳、世界思想社。
前田富祺監修　二〇〇五『日本語源大辞典』小学館。
松木邦裕　一九九六『対象関係論を学ぶ』岩崎学術出版社。
真柳誠　一九八七「『小品方』に見る疾病背景の分析と服薬指示――治療と養生の接点について」『日本医史学雑誌』三三巻四号、四三五―四七六頁。
丸山圭三郎　一九八七『生命と過剰』河出書房新社。
三上剛史　一九九三『ポスト近代の社会学』世界思想社。

――――　二〇一〇『社会の思考――リスクと監視と個人化』学文社。

メイナード、泉子・K　二〇〇〇『情意の言語学』くろしお出版。

メイヤロフ、M　一九八七『ケアの本質』田村真・向野宣之訳、ゆみる出版。

山之内靖　一九九六『システム社会の現代的位相』岩波書店。

吉澤夏子　一九九三『フェミニズムの困難』勁草書房。

ルークス、S　一九八七「個人主義の諸類型」S・ルークス／J・プラムナッツ『個人主義と自由主義』田中治男訳、平凡社。

ルクレール、S　一九九八『子どもが殺される――一次ナルシシズムと死の欲動』小林康夫・竹内孝宏訳、誠信書房。

レヴィナス、E　二〇〇五『全体性と無限』（上）、二〇〇六、同（下）熊野純彦訳、岩波文庫。

Allison, A. 2013 *Precarious Japan*, Duke University Press.

Levinas, E. 1971 *Totalité et infini*, Le Livre de Poche: Original Edition, Martinus Nijhoff, La Haye, p. 61ff.

Mayeroff, M. 1971 *On Caring*, Harper & Row.

あとがき

本書は、編者が研究代表者となって組織した国立民族学博物館の共同研究「サファリングとケアの人類学的研究」(二〇〇九年度〜二〇一二年度)と題したプロジェクトの成果論集である。共同研究の目的は、以下のとおりである。

現代社会は、少子高齢化と世代間格差、慢性病化と医療格差、経済格差、生死の操作性、価値観の多様性などを背景に、「いかに生き、老い、病み、死ぬか」に関わる意思決定や選択を個人に迫る社会であり、故に本人や周囲の人のみならず倫理的葛藤を抱える専門家に至るまで更なるサファリング(苦悩の経験)を生み出している。本研究は、現代社会での具体的な生活の場や臨床の場から生み出されるサファリングの意味を問い、サファリングをめぐるケアのあり方を再検討することで、「すべての人間に共通する生を構成する根源的なスタイル」としてのサファリングとケアの概念の人類学的再構築を試みるものである。さらに、サファリングとケアの人類学的研究の意義を社会に発信し、かつ医療福祉の現場に寄与するために、人類学の近接領域の研究者、そして生老病死《しょうろうびょうし》に向き合う専門家との学際的な交流を通して、相互参加型の共同研究の取り組みの一つのかたちを提示するものである。

共同研究では人類学、社会学、哲学・倫理学、理学療法学、社会福祉学の研究者をコアメンバーとして、「すべての人間に共通する生を構成する根源的なスタイル」としてのサファリングとケアの新たな概念化に向けて学際的に取り組んできた。その成果として、現代社会においてサファリングがどのような現実に現れているのか、ケアはどのような日常生活の文脈のなかで行われているのか、そしてサファリングは排除や否定の対象ではなく創造性の根源になりうること、ケアの特性としてケアの互酬性、ケアの場所性、ケアの継承性について検証してきた。さらには、サファリングとケアとの不即不離の関係について明らかにしてきた。

他方で、「学際的な交流」として医師（漢方医含む）、看護師、宗教者、作業療法士、成年後見人、葬儀業界のエンバーマーなど、生老病死の現場で活動する多種多様の専門家を招き、「相互参加型の共同研究の取り組みの一つのかたち」を模索してきた。「一つのかたち」として、現代日本の医療福祉の専門家が抱える苦悩をとりあげた『苦悩することの希望』（協同医書出版社）を二〇一四年に刊行している。関心がある方は、こちらも合わせて目を通していただけたら幸いである。

今日、医療福祉を取り巻く状況は、病み、老い、そしていずれは死を迎える私たちにとって必ずしも幸せをもたらしているとは限らない。本書ではその一端を明らかにしてきたわけだが、新たな課題も生じている。

人の誕生、すなわち妊娠、出産をめぐる医療技術の進歩は「産む／産まない」に関わる自己決定の名のもとに、女性やパートナーに苦渋の選択を迫っている。本書では、結論に至るその導き方が女性やその関係者を巻き込んだ多元的な関係性の中でさまざまであることを報告した。一個人のなかでも時間を経るにしたがって結論が変化するケースもあり、唯一の答えを導くことは困難な状況にある。複雑かつ難しい問題を抱えながら生きる私たちは、生活の文脈からかけ離れたところで進展する医療技術に、今後どのように付き合っていけばよいのだろうか。

また本書では、慢性の病いの経験において、病気に対する意識や身体症状、身体感覚、感情が時間軸の中で「揺れ」の状態にあることが確認された。医学的診断が客観的で実証的であるとしても、経験される病いは個別具体的であり、人生をかたちづくる物語であることを実感させられた。また、病気の発症に対して「なぜ私が？」の答えを持ちえない現代社会において、偶然を必然に変えようとする生の営みの軌跡について報告された。しかし、それでもなお「なぜ私が？」という問いは永遠の謎として残されたままである。医学では説明のつかないこの問いに、今後私たちはどのように向き合っていくのだろうか。

病いの経験は、それが身体的な病いであろうと精神的な病いであろうと、生きていく上での困難を生み出している。とりわけ、現代社会では「インクルージョン」という名のもとで、社会的差別の対象者をマジョリティ社会に包摂する試みがなされているが、本書では隔離収容政策（先住民の居留地政策を含む）によって生まれた社会的苦悩が現存していることが確認された。高齢者や精神障がい者の「社会的入院」がいまもなお存続する日本の施設収容化の状況は、当事者やその関係者そして私たちに「地域で暮らすこと」「全体的生を支えること」の意味を問いかけている。

高齢社会を迎えた日本では「住み慣れた場所でいつまでも」「自宅ではない在宅で」というコンセプトのもと、高齢者を支える国家政策として地域包括ケアシステムに取り組んでいる。ところが、病院で死を迎える人が八〇％以上の日本では、死をどこでどのように迎えるかという問題に目を向け始めたばかりである。それでも、近年、国内の諸地域を見渡せば、クリニックレベルでの緩和ホスピスケアや小規模のホームホスピスケアなどを試みる人たちが現れ、新たな看取り文化の構築に着手していることがわかる。「住み慣れた場所で死を迎えたい」という本音と「実際は困難である」という現実とのギャップに、今後私たちはどのように折り合いをつけていくのだろうか。

これらの問いは未だ残されていることから、研究者や専門家だけではなく、読者とともに考えていかなければならない課題である。医療福祉をめぐる問題を専門家や保健行政に委ねておくだけでは限界があり、今後の医療福祉を創っていくのは私たちであるという自覚と取り組みが不可欠である。いいかえれば、私たちにいまできることはなにか、と問いかけ続けることが重要なのである。

最後に、本書のようなエスノグラフィを産生するための基盤となるフィールドワークが、人類学者である私にどのような成果をもたらしたのか、私自身の取り組みを簡単に記して締めくくりたい。今日の人類学がフィールド社会といかなる関係を取り結ぶことができるか、ひいてはそれが人類学の社会的な貢献にいかに関与してくるのかを改めて問うことになると考えたからである。

これまで私は、二〇〇六年の一ヵ月調査を除いて、二〇〇五年から断続的ではあるが、北海道浦河町を、年二回から三回、一週間から二週間の滞在で定期的に訪れている。二〇一五年八月で一〇年の月日が流れた。そのあいだ、浦河町の精神医療をめぐる状況や精神障がいをもちながら地域に暮らす〈浦河べてるの家〉のメンバーたちの生活も目まぐるしく変化し、常に新たな情報や発見がもたらされている。こうした経験は、フィールドワーカーとしての醍醐味であるし、だれでも似た経験をもっていることだろう。そうした刺激を受けるなかで、私自身、人類学者として成果を文化人類学界や社会に発信し続けてきた。それだけでなく、フィールドの人たちと対話を続けることにより、人類学者としても人としても育ててもらったと実感している。

浦河町の精神保健福祉を取り巻く状況は、浦河赤十字病院（以下浦河日赤）精神科病棟の実質上の廃止に伴い、精神科医川村敏明氏を院長とする浦河ひがし町診療所の開設（二〇一四年五月）とともに、新たな局面を迎えている。浦河日赤の通院患者にとって通院先は浦河日赤から一〇〇メートルも離れていない診療所の外来になっただけであり、それほど通院事情に変わりはない。それに比べて、長期入院重症患者が退院して共同住居に入居することは、当事者にとってもスタッフにとっても大きな試練となっている。しかし、スタッフも当事者の暮らしの場を求めて精神医療の新たなあり方に挑戦し始めた。もちろん、これまでともに歩んできた〈浦河べてるの家〉の取り組みを資源としていることは間違いないが、それだけでなくこれまで以上に地域に根を張る活動を模索し始めたのである。

診療所の開設に向けて、そして開設した後も湧き上がるスタッフたちの妄想（夢）は、私自身のフィールドに関与したい気持ちを大いに刺激した。開院以来、診療所の抱える悩みの一つは、隣接地域の中でももっとも遠隔地にあるえりも町の精神医療をいかに展開していくかという課題であった。えりも町に在住する精神障がい者やひきこもりの人をいかに拾い上げていくか、限りある人的資源の範囲でいかに継続的な支援を提供できるか、が問われていたのである。

私自身がこうした課題にふれるにあたり、診療所での自分の役割を妄想するようになった。そこで、私が参加していた東日本大震災後の〈カフェデモンク〉（宗教者による移動傾聴喫茶）の活動を、えりも町で展開できないかというアイデアを診療所のスタッフに提案した。その後、〈カフェデモンク〉主催者の金田諦應住職の中継ぎにより、診療所のスタッフとえりも町の法光寺住職との連携によって、二〇一五年八月二六日に第一回、九月一六日に第二回の〈カフェデモンクえりも〉が開催されたのである。
〈カフェデモンクえりも〉には、えりも町から寺院や教会の宗教者、当事者とその家族、役場の保健師やボランティア、浦河町から診療所のスタッフや当事者、〈浦河べてるの家〉のスタッフや当事者など、総勢三〇人ほど多種多様の立場の人が集まった。〈カフェデモンクえりも〉は、地域のかかえる苦悩が吐露される場となり、苦悩に向き合うことにより地域ケアが生まれる場となることが期待されている。一般的に日本の地域包括ケアシステムは医療福祉の多職種連携が前提となっているが、〈カフェデモンクえりも〉では宗教者が連携チームの一員として大きな役割を担っているのである。人類学者としての私もまた、連携チームの一員としての役割を模索しながら、〈カフェデモンクえりも〉の活動を今後見届けていくつもりである。

これまでの自分の人類学的な営みを振り返り、フィールドの人との対話にとどまらずフィールドに積極的にかかわることになった経緯を記してきたが、おそらくこうした経験はフィールド調査を長期にわたって継続している人類学者であれば、同様に思い当たるだろう。フィールドでの積極的なかかわりは、社会での人類学者の立ち位置を確認し、人類学的な営みが社会にどのようにコミットできるかという人類学者の応答性について考える好機となる。

もちろん、人類学者の応答性は一様ではないが、私の場合、共同研究から始まり、その成果として二つの論集を刊行した今、フィールドにコミットする経験を通してエスノグラフィック・リサーチの意義を実感しながら、フィールドでの今後の役割を考えているところである。人類学的な営みがエスノグラフィックな論集を完成させることにとどまらず、多方面に展開していく可能性を秘めていることを記して、あとがきを締めくくることにする。

二〇一五年九月秋晴れの日に

浮ヶ谷　幸代

ま　行

や　行

ら　行

さ　行

事項索引

人名索引

加藤直克（かとう　なおかつ）
自治医科大学名誉教授
主な著作
「ケアはいつケアとなるか――原サファリングと二次サファリング」浮ヶ谷幸代編『苦悩することの希望』協同医書出版社，2014年。
「ケアからケアへ――ケアの意味への再帰的アプローチ」実存思想協会編『生命技術と身体』実存思想論集 XXVII，理想社，2012年。
「ケアとは何か――クーラ神話を手がかりとして」平山正実・朝倉輝一編著『ケアの生命倫理』日本評論社，2004年。

ッチの教育自治と「文化」復興」『立教アメリカン・スタディーズ』（立教大学アメリカ文化研究所）第30号，2008年。

坂田勝彦（さかた　かつひこ）
東日本国際大学福祉環境学部准教授
主な著作
「現代日本におけるノスタルジアと「地域の記憶」――映画『フラガール』を巡る言説の社会学的解読から」今泉礼右編『グローカル時代の社会学』みらい，2013年。
「炭鉱離職者の移動」吉原和男編者代表『人の移動事典――日本からアジアへ・アジアから日本へ』丸善出版、2013年。
『ハンセン病者の生活史――隔離経験を生きるということ』青弓社，2012年。

相澤　出（あいざわ　いずる）
医療法人社団爽秋会岡部医院研究所主任研究員
主な著作
「医療過疎地域における在宅緩和ケアの展開――宮城県登米市における在宅療養支援診療所の試みから」『社会学研究』第92号，2013年。
「在宅ホスピスケアという選択――看取りの現場の経験談が示唆するもの」『社会学年報』第39号，2010年。
「地域で生き，地域で最期を迎える」岡部健編著『在宅緩和医療・ケア入門』薬ゼミブックレットNo.4，薬ゼミ情報教育センター，2009年。

岩佐光広（いわさ　みつひろ）
高知大学人文学部准教授
主な著作
"Aging and Dying in Lowland Rural Area of Lao P. D. R.: A Consideration of the Process of Creating Together a "Good Death"", Suzuki, Nanami (ed.), *The Anthropology of Aging and Well-being* (Senri Ethnological Studies 80), 2013.
「老親扶養からみたラオス低地農村部における親子関係の一考察」『文化人類学』75(4)，2011年。
鈴木七美・藤原久仁子・岩佐光広編『高齢者のウェルビーイングとライフデザインの協働』御茶の水書房，2010年。

鈴木勝己（すずき　かつみ）
早稲田大学人間科学部eスクール教育コーチ
主な著作
「埋葬／葬送儀礼」臨床死生学テキスト編集委員会編著『テキスト臨床死生学――日常生活における「生と死」の向き合い方』勁草書房，2014年。
「臨床世界における実演的な物語」B.ハーウィッツ，T.グリーンハル，V.スカルタンス編，斎藤清二・岸本寛史・宮田靖志監訳『ナラティブ・ベイスト・メディスンの臨床研究』（第3章翻訳担当）金剛出版，2009年。
「心身医療への民族誌アプローチ――病いの語りの倫理的証人になること」江口重幸・斎藤清二・野村直樹編著『ナラティヴと医療』金剛出版，2006年。

著者紹介（掲載順）

浮ヶ谷幸代（うきがや　さちよ）
後掲（奥付）の編者紹介を参照。

菅野摂子（すがの　せつこ）
電気通信大学女性研究者支援室特任准教授
主な著作
「「出生前検査」を通して構想する多元的共生社会」菅沼隆・河東田博・河野哲也編『多元的共生社会の構想』現代書館，2014 年。
「選択的中絶とフェミニズムの位相」『社会学評論』64(1)，2013 年。
柘植あづみ・菅野摂子・石黒眞里『妊娠――あなたの妊娠と出生前検査の経験をおしえてください』洛北出版，2009 年。

鷹田佳典（たかた　よしのり）
早稲田大学人間総合研究センター招聘研究員
主な著作
「イギリスにおける死別の社会学の展開――T・Walter の議論を中心に」澤井敦・有末賢編『死別の社会学』青弓社，2015 年。
『小児がんを生きる――親が子どもの病いを生きる経験の軌跡』ゆみる出版，2012 年。
「悲しむ主体としての看護師――遺族ケアの手前で考えること」三井さよ・鈴木智之編『ケアのリアリティ――境界を問い直す』法政大学出版局，2012 年。

近藤英俊（こんどう　ひでとし）
関西外国語大学外国語学部特任准教授
主な著作
「恐怖の入居者――偶然的他者の呪術的必然性」『社会人類学年報』Vol. 40，2014 年。
「偶然化と呪術――ある起業家の賭けと苦境をめぐって」落合雄彦編『スピリチュアルアフリカ』晃洋書房，2009 年。
「プロローグ――瞬間を生きる個の謎，謎めくアフリカ現代」阿部年晴・小田亮・近藤英俊編『呪術化するモダニティ――現代アフリカの宗教的実践』風響社，2007 年。

渥美一弥（あつみ　かずや）
自治医科大学医学部教授
主な著作
「「植民地」という状況――カナダ先住民サーニッチが「インディアン」として現代を生き抜くということ」風間計博他編『共在の論理と倫理――家族・民・まなざしの人類学』はる書房，2012 年。
「「資源」としての民族誌的「情報」――カナダ・ブリティッシュコロンビア州先住民サーニ

編者紹介

浮ヶ谷幸代（うきがや　さちよ）

相模女子大学人間社会学部人間心理学科教授

主な関心領域

慢性病や精神障がいとともに生きる人たちの経験や生活世界。医療福祉の専門家と宗教者の専門性研究。苦悩とケアの研究。老いと看取り，死についての研究など。

主な著作

単 著 書『身体と境界の人類学』春風社，2010 年。
　『ケアと共同性の人類学——北海道浦河赤十字病院精神科病棟から地域へ』生活書院，2009 年。
　『病気だけど病気ではない——糖尿病とともに生きる生活世界』誠信書房，2004 年。

編 著 書『苦悩することの希望——専門家のサファリングの人類学』協同医書出版社，2014 年。

共編著書『病いと〈つながり〉の場の民族誌』明石書店，2009 年。
　『現代医療の民族誌』明石書店，2004 年。

論　　文「界面に立つ専門家——医療専門家のサファリングの人類学 序」『文化人類学』第 77 巻 3 号，2013 年。
　「医療専門家のサファリングとその創造性——患者，利用者，依頼人との距離感という困難を越えて」『文化人類学』第 77 巻 3 号，2013 年。
　「ケアと協働の構築——病者と医療者と人類学者と」『文化人類学研究』第 13 巻，2012 年。
　「現代社会における「生きづらさ（苦悩）」の病いと生の技法」『国立歴史民俗博物館研究報告』，2011 年。
　他，多数。

苦悩とケアの人類学
——サファリングは創造性の源泉になりうるか？

2015 年 12 月 25 日　第 1 刷発行　　定価はカバーに表示しています

編　者　浮ヶ谷幸代
発行者　上原寿明

世界思想社
京都市左京区岩倉南桑原町 56　〒 606-0031
電話 075(721)6500
振替 01000-6-2908
http://sekaishisosha.jp/

（印刷・製本 太洋社）

ISBN978-4-7907-1672-3